Compliance und Strafverfahren

Intradisziplinäre Forschung zur Compliance
Studien zur Rechtsentwicklung und -praxis
Herausgegeben von Andrea Lohse und Roman Seer

Band 1

Zur Qualitätssicherung und Peer Review der vorliegenden Publikation

Die Qualität der in dieser Reihe erscheinenden Arbeiten wird vor der Publikation durch Herausgeber der Reihe geprüft.

Notes on the quality assurance and peer review of this publication

Prior to publication, the quality of the work published in this series is reviewed by editors of the series.

Henrik Zapfe

Compliance und Strafverfahren

Das Spannungsverhältnis zwischen Unternehmensinteressen und Beschuldigtenrechten

PL ACADEMIC RESEARCH

Bibliografische Information der Deutschen Nationalbibliothek
Die Deutsche Nationalbibliothek verzeichnet diese Publikation in der Deutschen Nationalbibliografie; detaillierte bibliografische Daten sind im Internet über http://dnb.d-nb.de abrufbar.

Zugl.: Bochum, Univ., Diss., 2013

D 294
ISSN 2196-9795
ISBN 978-3-631-64548-2 (Print)
E-ISBN 978-3-653-03701-2 (E-Book)
DOI 10.3726/978-3-653-03701-2

PL Academic Research ist ein Imprint der Peter Lang GmbH.

Peter Lang – Frankfurt am Main · Bern · Bruxelles · New York · Oxford · Warszawa · Wien

Dieses Buch erscheint in einer Herausgeberreihe bei PL Academic Research und wurde vor Erscheinen peer reviewed.

www.peterlang.com

Inhaltsverzeichnis

§ 1. Einleitung

A. *Ausgangsüberlegungen*

I. Compliance als Selbstregulierung

José Mourinho, im Jahr 2011 der Trainer des Fußballvereins Real Madrid, sticht nach einem knapp verlorenen Supercup-Spiel mit seinem Finger ins Auge des Barcelona-Assistenztrainers und wird deswegen für einige Spiele vom spanischen Verband gesperrt. Der deutsche Presserat rügt die Bildzeitung, weil diese im Rahmen ihrer Prozessberichterstattung fortlaufend Fotos des angeklagten mutmaßlichen Kindesentführers veröffentlicht. Die Deutsche Forschungsgemeinschaft (DFG) erteilt einem Wissenschaftler eine schriftliche Rüge, weil er in einem Forschungsantrag fremde Texte ohne Zitation übernommen hatte.

Dass Private selbst Regeln aufstellen, anwenden und durchsetzen, um in einem bestimmten Bereich für Ordnung zu sorgen[1], ist weit verbreitet. Neben den bereits angesprochenen Feldern findet sich Selbstregulierung etwa auch im Vereinsrecht, im Technikrecht, im Urheberrecht, im Arbeitsrecht (Tarifverträge, Betriebsvereinbarungen) und im Umwelt-, Agrar- und Lebensmittelrecht.[2]

Diese Entwicklung hat auch vor dem Gesellschaftsrecht nicht Halt gemacht: Börsennotierte Aktiengesellschaften müssen sich zum einen an den Vorgaben des Deutschen Corporate Governance Kodex orientieren[3], die von vielen als Akt der Selbstorganisation der Wirtschaft angesehen werden[4]. Auf der anderen Seite stellen Gesellschaften intern Compliance-Regeln auf, die unter anderem den ordnungsgemäßen und gesetzeskonformen Ablauf der Geschäfte sicherstellen sollen und deshalb als Akt der Selbstregulierung bezeichnet werden können.[5]

---

1 So der Definitionsvorschlag zum Begriff der „privaten Selbstregulierung" als Gegenbegriff zur rein staatlichen Regulierung von *Buck-Heeb/Dieckmann* Selbstregulierung im Privatrecht (2010), 24.

2 Vgl. zu weiteren Beispielen *Buck-Heeb/Dieckmann* Selbstregulierung im Privatrecht (2010), 8 ff. Trotz der weiten Verbreitung dieses Phänomens wurden übergreifende systematisierende Untersuchungen zur Selbstregulierung im Privatrecht erst in den letzten Jahren unternommen. Vgl. neben *Buck-Heeb/Dieckmann* Selbstregulierung im Privatrecht (2010) auch die Arbeiten von *Bachmann* Private Ordnung (2006) und *Meder* Ius non scriptum (2008).

3 Bzw. Abweichungen von diesen Vorgaben auf ihrer Internetseite veröffentlichen, § 161 AktG.

4 Vgl. die Nachweise bei *Buck-Heeb/Dieckmann* Selbstregulierung im Privatrecht (2010), 100.

5 *Buck-Heeb/Dieckmann* Selbstregulierung im Privatrecht (2010), 94 f.; Vgl. zu den genaueren Systematisierungsmöglichkeiten *Bachmann* Private Ordnung (2006), 39 ff.

Die Vorzüge privater Selbstregulierung sollen vor allem liegen in der Flexibilität der Regeln, der Geschwindigkeit ihrer Aufstellung, der Professionalität und Sachnähe der Regelgeber, der Akzeptanz der Regeladressaten sowie der Kosteneffizienz auf Seiten des Staates.[6]

II. Selbstregulierung und Selbstkontrolle

Auch privat aufgestellte Regeln können aber nur dann Erfolg haben, wenn sie effektiv durchgesetzt werden. Dafür muss der Regelgeber Kontrollmaßnahmen durchführen[7], die – abhängig von den jeweiligen Besonderheiten des selbstregulierten Bereichs – mit mehr oder weniger großen Schwierigkeiten verbunden sein können. Bei einem Fußballspiel gibt es einen Schiedsrichter, der besondere Vorkommnisse nach dem Spiel an seinen Verband meldet, möglicherweise – für die Beteiligten bedauerlicherweise – gibt es sogar Fernsehbilder. Presseerzeugnisse sind öffentlich und werden vom Presserat im Einzelfall auf ihre Vereinbarkeit mit dem Pressekodex überprüft. Die DFG kann die bei ihr eingereichten Forschungsanträge auf inhaltliche wie auf formale Mängel überprüfen.

Andere Felder, die von Privaten einer Selbstregulierung unterzogen wurden, sind dagegen weniger leicht zu kontrollieren. Ob Mitarbeiter eines Unternehmens sich im Einklang mit den jeweiligen Compliance-Richtlinien verhalten, wäre für die Unternehmensleitung normalerweise erst dann erkennbar, wenn Verstöße bekannt werden. Da keinesfalls darauf vertraut werden kann, dass alle Verstöße publik werden, müssen stichprobenartige Kontrollen dafür sorgen, dass wenigstens etwas Licht ins Dunkel gelangt. Außerdem ist das Unternehmen auf Hinweise aus dem Kreis der Mitarbeiter angewiesen. Selbst wenn Verdachtsfälle auftauchen, ist das Ausmaß wohl nur in seltenen Fällen sofort abzuschätzen. Insbesondere bei Korruptionsdelikten kommen neben der Führungsebene auch einfache Mitarbeiter als Mittäter, Gehilfen oder bloße Mitwisser in Betracht.[8] Hier sind dann umfangreiche Ermittlungen erforderlich, damit durch eine Aufklärung und Sanktionierung des Fehlverhaltens eine bessere Regelbefolgung für die Zukunft bewirkt werden kann.

Die Selbstregulierung und Selbstkontrolle in Unternehmen ist also in tatsächlicher Hinsicht besonderen Schwierigkeiten ausgesetzt: Zum einen wegen der Vielzahl der möglicherweise involvierten Personen, zum anderen wegen der Besonderheiten, die sich aus der hierarchischen Struktur innerhalb von Unternehmen ergeben.

---

6 Vgl. *Bachmann* Private Ordnung (2006), 54; *Buck-Heeb/Dieckmann* Selbstregulierung im Privatrecht (2010), 220 ff.

7 *Buck-Heeb/Dieckmann* Selbstregulierung im Privatrecht (2010), 290 f.

8 *De Vries* in: Arbeitsstrafrecht im Umbruch (2009), 75, 79.

III. Unternehmerische Selbstkontrolle als Herausforderung an das Recht

Daneben ergeben sich zusätzliche Probleme aus dem besonderen rechtlichen Umfeld, welches Ziel der Selbstregulierung und Selbstkontrolle ist: Zwischen dem Regelgeber (dem Unternehmen) und den Regeladressaten (den Mitarbeitern) besteht ein Arbeitsverhältnis, dessen Inhalt zu maßgeblichen Teilen bereits durch gesetzliche Wertungen vorgegeben ist. Das wirft vor allem die Frage auf, ob ein Unternehmen neben den bereits bestehenden vertraglichen Pflichten eines Arbeitnehmers durch Compliance-Regeln zusätzliche Pflichten aufstellen kann. Wurden etwa Anzeigepflichten nicht ausdrücklich arbeitsvertraglich geregelt, ist deren Reichweite Ergebnis eines am Gesetz orientierten Interessenausgleichs – ein Interessenausgleich, der ja nicht ohne weiteres schon deswegen einen anderen Inhalt bekommen kann, weil sich die eine Seite eine bessere Regelkonformität davon verspricht, dass die andere Seite über möglichst viele Ereignisse Anzeige erstatten muss.

Problematisch ist außerdem, dass die unternehmerische Selbstkontrolle in einem Teilbereich die Aufklärung und Verfolgung von Verhaltensweisen zum Ziel hat, die an sich auch der Staat durch eigene Verfolgungsmaßnahmen aufklären und sanktionieren könnte. Gerade wenn die unternehmenseigenen Aufklärungsbemühungen ein erhebliches Ausmaß annehmen, könnte man in Zweifel ziehen, ob die staatlichen Behörden sich diese Konkurrenz ohne weiteres „gefallen" lassen müssen.

Aber auch der von Kontrollmaßnahmen betroffene Mitarbeiter hat unter Umständen ein großes Interesse daran, die Mitwirkung an der unternehmenseigenen Aufklärung zu verweigern, gerade wenn Informationen aus dem Unternehmensbereich an Strafverfolgungsbehörden gelangen. Hier droht nämlich eine Aushöhlung der Rechte, auf die er sich in einem Strafverfahren berufen könnte.

Unternehmenseigene Kontroll- und Aufklärungsbemühungen stellen damit das Recht vor eine Herausforderung: Die im Zusammenhang mit Compliance-Programmen durchgeführten Maßnahmen müssen sich mit den Wertungen des Arbeitsrechts vereinbaren lassen. Ein mögliches Konkurrenzverhältnis zu staatlichen Verfahren muss beachtet werden. Schließlich muss mit Blick auf ein mögliches späteres Strafverfahren nach Lösungen gesucht werden, die auch die Rechte und Interessen des betroffenen Mitarbeiters berücksichtigen.

B. Ziel der Untersuchung

Im Zentrum der Arbeit soll das Spannungsverhältnis zwischen Unternehmensinteressen und den Rechten der von Compliance-Maßnahmen betroffenen Mitarbeiter stehen. Die Arbeit soll einen Beitrag zur Präzisierung der Mitwirkungspflichten von

Mitarbeitern leisten, vor allem was deren Anzeige- und Auskunftspflichten anbelangt. Außerdem soll die Rechtsstellung der Mitarbeiter als Betroffene einer Internen Ermittlung der Rechtsstellung gegenübergestellt werden, die ihnen in einem Strafverfahren zukäme. Nach der Darstellung der jeweiligen Konfliktlagen soll Ausschau gehalten werden nach Lösungsansätzen: Dabei stehen zunächst Möglichkeiten des geltenden Rechts im Vordergrund, bevor der Compliance-Gedanke für neue Lösungsmöglichkeiten nutzbar gemacht werden soll.

C. Gang der Untersuchung

I. Spannungsverhältnis zwischen Unternehmensinteressen und Mitarbeiterrechten

Im ersten Teil der Arbeit steht das Spannungsverhältnis zwischen den Unternehmensinteressen und den Mitarbeiterrechten im Vordergrund (§§ 2, 3).

Unterschieden wird zwischen der Perspektive des Unternehmens und der Perspektive des von Kontrollmaßnahmen betroffenen Mitarbeiters.

Die Unternehmensinteressen werden herausgearbeitet, indem die rechtlichen Pflichten der Unternehmensleitung zur Einführung eines Compliance-Programms sowie zur Reaktion im Falle von Verdachtsfällen dargestellt werden (§ 2 A. IV.; § 2 C III.) Neben rechtlichen Pflichten ist die Unternehmensleitung möglicherweise auch faktischen Zwängen ausgesetzt (§ 2 C I., II).

Dargestellt wird, welcher präventiven (§ 2 A I., II., III) und welcher repressiven (§ 2 C. IV.) Maßnahmen sich das Unternehmen bedienen kann, um Compliance im Unternehmen herzustellen und ob letztere Maßnahmen aus soziologischer Sicht erfolgversprechend erscheinen (§ 2 A V.). Da insbesondere repressive Kontrollmaßnahmen nicht selten einhergehen mit sog. Mitarbeiteramnestien, welche wiederum Risiken für die jeweiligen Interessen in sich bergen, werden auch die hierzu diskutierten Aspekte dargestellt (§ 2 D.).

Aus Sicht des Mitarbeiters ist von Bedeutung, wann er arbeitsrechtlich zur Anzeige von Fehlverhalten im Unternehmen verpflichtet ist (§ 2 B.) und welche Rechte aus einem möglichen späteren Strafverfahren ihm durch eine diesem vorgelagerte Interne Ermittlung möglicherweise verlorengehen (§ 3 B.).

II. Generelle Zulässigkeit privater Ermittlungen in Unternehmen

Damit überhaupt ein Spannungsverhältnis zwischen dem Interesse des Unternehmens an umfassender eigener Aufklärung und dem Interesse des Mitarbeiters am weitestmöglichen Festhalten zukünftiger Beschuldigtenrechte angenommen werden kann, dürfen umfassende private Ermittlungen nicht generell unzulässig sein (§ 3 A.).

III. Ansatzpunkte für die Auflösung des Spannungsverhältnisses

Schließlich wird nach Lösungen gesucht, auf welche Weise Interne Ermittlungen eines Unternehmens nicht die Rechtsstellung eines Mitarbeiters in einem möglichen späteren Strafverfahren bedrohen. Dafür werden zunächst verschiedene rechtliche Ansatzpunkte diskutiert (§ 4 A., B.). Abschließend erfolgt ein Lösungsvorschlag, der Rekurs nimmt auf den Grundgedanken von Compliance, die Selbstregulierung (§ 4 C.)

D. Reichweite der Untersuchung

Ausgespart bleibt die datenschutzrechtliche Beurteilung von Internen Ermittlungsmaßnahmen. Soweit es um die Konkurrenz zwischen unternehmenseigenen und staatlichen Aufklärungsbemühungen geht, bleibt die Darstellung auf die Aufklärung von Straftaten beschränkt, das Konkurrenzverhältnis zum Ordnungswidrigkeitenverfahren wird also ausgeblendet.

E. Stand der Forschung

I. Spannungsverhältnis zwischen Unternehmensinteressen und Mitarbeiterrechten

Ob es eine Rechtspflicht zur Einführung von Compliance-Programmen gibt, wurde bereits ausgiebig diskutiert.[9] Seltener wird die Frage gestellt, ob sich Unternehmensleitungen dem Risiko einer Strafbarkeit aussetzen, wenn sie sich gegen die Einführung von Compliance-Programmen bzw. allgemein gegen die Einführung von Vorsorgemaßnahmen in ihrem Unternehmen entscheiden[10].

Die grundsätzliche rechtliche Pflicht von Unternehmensleitungen zum Einschreiten gegen mögliche Gesetzesverletzungen im Unternehmen wird gesellschaftsrechtlich ganz überwiegend bejaht[11], wobei die Art und Weise dieses Einschreitens dabei oft im Unklaren bleibt[12]. Die faktischen Zwänge zur Internen Aufklärung werden vor allem von Praktikern thematisiert[13].

9 Vgl. die Nachweise in den Fn. 66 ff.

10 Vgl. hierzu *Theile* wistra 2010, 457 ff. und *Michalke* StV 2011, 245, 248 ff.

11 Vgl. die Nachweise in den Fn. 267 ff.

12 Hierzu aber etwa *Wagner* CCZ 2009, 8, 13, *Reichert/Ott* ZIP 2009, 2173, 2176 und *Wuttke* Straftäter im Betrieb (2010), 83 f.

13 Zum Beispiel in *v. Rosen* (Hrsg.) Internal Investigations (2010).

Die Bestandteile und die Wirkungsweise von Compliance-Programmen sind bereits sowohl grundsätzlich als auch bereichsspezifisch aufbereitet worden[14]. Allerdings wurde ihre Wirkungsweise – soweit ersichtlich – noch nicht aus soziologischer Sicht – betrachtet.

Ein weitgehend unbestelltes Forschungsfeld sind die sog. Mitarbeiteramnestien, die bis jetzt ebenfalls vor allem aus Sicht der Praktiker auf problematische Gesichtspunkte untersucht wurden[15].

Wann Arbeitnehmer zur Anzeige von Fehlverhalten in ihrem Unternehmen verpflichtet sind und ob diese Anzeigepflichten im Interesse des Unternehmens ausgeweitet werden können, wird erst seit neuerer Zeit thematisiert[16] – auch hier ist die Diskussion im Fluss.

Ein zusammenfassender Vergleich der Rechte, die einem Mitarbeiter während einer Internen Ermittlung zustehen, und der Rechte, die ihm bei einer strafrechtlichen Ermittlung gegen ihn zustünden, wurde noch nicht unternommen.

II. Generelle Zulässigkeit privater Ermittlungen in Unternehmen

Die Zulässigkeit privater Ermittlungen in einem Unternehmen wurde erstmals ausführlich im Zusammenhang mit der sog. VW-/*Lopez*-Affäre erörtert, bei der im Jahr 1993 eine Mitarbeitergruppe um den Manager *Lopez* von Opel zum Konkurrenten VW wechselte und dabei mutmaßlich 20 Kartons mit sensiblen Daten über Einkaufspreise und Herstellungskosten mitgehen ließ.[17] Opel erstattete nicht nur Strafanzeige, sondern leitete auch umfassende Interne Ermittlungen ein, die für Aufsehen in Politik und Medien sorgten.[18]

Ausgehend von einem Rechtsgutachten von *Krey*[19] entwickelte sich eine Diskussion, die bis zum heutigen Tage anhält[20], wenngleich in neueren Abhandlungen weniger auf konkrete Einzelfälle als vielmehr auf die mittlerweile erfolgte allgemeine Professionalisierung privater Ermittler („*Forensic Services*") Bezug genommen wird[21].

---

14 Vgl. nur Hauschka (Hrsg.), Corporate Compliance, 2. Aufl. (2010).

15 *Göpfert/Merten/Siegrist* NJW 2008, 1703, 1704; *Wastl/Pusch* RdA 2009, 376; *Breßler/Kuhnke/Schulz/Stein* NZG 2009, 721; *Annuß/Pelz* BB-Special Nr. 4 (2010), 14.

16 Vgl. vor allem die Ausführungen von *Schulz* Ethikrichtlinien und Whistleblowing (2010), 146 ff., *Schulz* BB 2011, 629 ff. und *Böhm* Non-Compliance (2011), 163.

17 Vgl. ausführlich zum Sachverhalt und zu den juristischen Konsequenzen den Wikipedia-Artikel zu *José Ignacio López de Arriortúa* (abgerufen am 19.10.2011).

18 Vgl. die Nachweise bei *Krey* Zur Problematik privater Ermittlungen (1995), 19 (Fn. 3).

19 *Krey* Zur Problematik privater Ermittlungen (1995).

20 Maßgeblich sind unter anderem die Monografien von *Hassemer/Matussek* Das Opfer als Verfolger (1996), *Bockemühl* Private Ermittlungen (1996) und *Mende* Grenzen privater Ermittlungen (2001).

21 *Godenzi* Private Beweisbeschaffung (2008).

Gemeinsam ist den Arbeiten, dass sie – analog zum Fall VW/*Lopez* – von einer bereits feststehenden Verletzteneigenschaft des jeweiligen Unternehmens ausgehen.[22] Aus dieser Wahl des Untersuchungsgegenstands folgt auch die Vorgehensweise bei der Untersuchung: Geprüft wird die Vereinbarkeit eines Rechts des Verletzten auf eigene Ermittlungen mit strafprozessualen Prinzipien und mit einzelnen strafprozessualen Vorschriften bzw. mit einer Gesamtschau strafprozessualer Vorschriften[23]; auch Vergleiche mit der Diskussion um das Recht des Beschuldigten auf eigene Ermittlungen werden vorgenommen[24]. Im Vordergrund steht jedenfalls aufgrund der jeweils postulierten Verletzteneigenschaft stets der Zusammenhang mit einem (möglichen) Strafverfahren.

Dieser Ausgangspunkt erscheint bei heutiger Betrachtung als nicht ausreichend differenziert. Denn die Verletzteneigenschaft des Unternehmens muss zu Beginn Interner Ermittlungen gar nicht unbedingt feststehen. Gerade durch das umfassende Bemühen von Unternehmen um Compliance kommt es möglicherweise vermehrt auch im Vorfeld konkreter Verdachtsmomente zu Maßnahmen der Selbstüberprüfung. Auch bei solchen Maßnahmen, denen noch kein Zusammenhang mit einer möglichen Rolle im Strafverfahren innewohnt, stellt sich die Frage der Zulässigkeit. Hier geht es aber nicht um die Ausübung und die Reichweite konkreter strafprozessualer Rechte, sondern um private Ermittlungen seitens Privater *losgelöst* von möglichen strafprozessualen Rechten. Die Frage der Legalität solcher Ermittlungen „Dritter" lässt sich daher auch nicht im Hinblick auf die Rolle des „Ermittelnden" im Strafverfahren beantworten, sondern muss unter Berücksichtigung anderer Aspekte diskutiert werden[25], zu denen in dieser Arbeit folgende gerechnet werden: Ergibt sich bereits aus der Möglichkeit zur Vorbereitung zivilrechtlicher

22 So jedenfalls *Krey* Zur Problematik privater Ermittlungen (1995), *Hassemer/Matussek* Das Opfer als Verfolger (1996), *Mende* Grenzen privater Ermittlungen (2001) und *Godenzi* Private Beweisbeschaffung (2008). *Bockemühl* Private Ermittlungen (1996), 35 ff., 38 erörtert abstrakt das Recht von Beschuldigten, Verletzten und Zeugen auf eigene Ermittlungen.

23 *Krey* Zur Problematik privater Ermittlungen (1995), 30 ff.; *Bockemühl* Private Ermittlungen (1996), 32 ff.; *Hassemer/Matussek* Das Opfer als Verfolger (1996), 39 ff.; *Mende* Grenzen privater Ermittlungen (2001), 127 ff.; *Godenzi* Private Beweisbeschaffung (2008), 74 ff. Bei *Mende* Grenzen privater Ermittlungen (2001), 77 ff. finden sich außerdem umfangreiche verfassungsrechtliche Erwägungen.

24 *Hassemer/Matussek* Das Opfer als Verfolger (1996), 16 ff.

25 Manche der folgenden Aspekte spielen freilich auch bei der Frage der Zulässigkeit privater Ermittlungen des Verletzten eine Rolle und wurden dementsprechend bereits thematisiert, so etwa die „zivilrechtliche Ermittlungsbefugnis" von *Krey* Zur Problematik privater Ermittlungen (1995), 24 und die mögliche „Verschmutzung von Erkenntnisquellen" von *Hassemer/Matussek* Das Opfer als Verfolger (1996), 25 ff. Bei der Diskussion um die Vereinbarkeit privater Ermittlungen „Dritter" mit strafprozessualen Prinzipien kann auf die Diskussion zum Recht des Verletzten auf eigene Ermittlungen zurückgegriffen werden.

Maßnahmen ein Recht Privater, Straftaten aufzuklären?[26] Sollen strafprozessuale Prinzipien allgemein die Zuordnung von Ermittlungen an den Staat sicherstellen, die auf die Aufklärung von Straftaten zielen?[27] Ergibt sich eine Unzulässigkeit privater Ermittlungen daraus, dass staatliche Ermittlungen (etwa durch frühzeitige private Zeugenbefragungen) möglicherweise negativ beeinflusst werden?[28] Führt die Gefahr, dass mögliche spätere strafprozessuale Rechte von Mitarbeitern ausgehöhlt werden, zur Unzulässigkeit privater Ermittlungen?[29]

III. Ansatzpunkte für die Auflösung des Spannungsverhältnisses

Wenn erörtert wird, wie das beschriebene Spannungsverhältnis aufgelöst werden kann, erfolgt dies zumeist eher punktuell.

Manche suchen nach Lösungen im geltenden Recht. Im Zusammenhang mit Mitarbeiterbefragungen wird teilweise auf das Nemo-tenetur-Prinzip hingewiesen. Über dessen Anwendbarkeit[30] und die sich daraus möglicherweise ergebenden Konsequenzen[31] wird allerdings noch gestritten. Auch die Pflichtenstellung des Arbeitgebers wird als mögliche Quelle für den Schutz von Mitarbeiterrechten während einer laufenden Internen Ermittlung genannt[32]. Aus Anlass eines aktuellen Beschlusses des LG Hamburg[33], das die Beschlagnahme von Informationen aus einer Internen Ermittlungen bei der verantwortlichen Anwaltskanzlei für rechtmäßig erklärte, wird diskutiert, ob Ermittlungsergebnisse aus Internen Ermittlungen mit einem Beschlagnahmeverbot belegt werden müssen[34]. Schließlich wird auf die Parallelität der Situation des befragten Mitarbeiters zur Situation des Gemeinschuldners hingewiesen und dementsprechend über die Verwertbarkeit von Informationen aus Internen Ermittlungen in nachfolgenden Strafverfahren diskutiert[35].

---

26 S. 112 f.

27 S. 113 ff.

28 S. 118 ff.

29 S. 120.

30 Vgl. allgemein zur Anwendbarkeit außerhalb des Strafverfahrens *Wolff* Selbstbelastung (1997), 99 ff. Eine vertiefte Auseinandersetzung mit der Anwendbarkeit bei Befragungen im Rahmen von Internen Ermittlungen findet sich – soweit ersichtlich – erstmals bei *Knauer/Buhlmann* AnwBl 6/2010, 387 ff. Vgl. davor bereits die Ausführungen von *Jahn* StV 2009, 41, 43 f.

31 Für ein Auskunftsverweigerungsrecht sind *Maschmann* in: Maschmann (Hrsg.), Corporate Compliance und Arbeitsrecht (2009), 149, 175 f. und *Wastl/Litzka/Pusch* NStZ 2009, 68, 71. Tendenziell für ein Verwertungsverbot *Jahn* StV 2009, 41, 43 f.

32 Für eine Verortung in der Treuepflicht des Arbeitgebers sind *Sidhu/v. Saucken/Ruhmannseder* NJW 2011, 881 ff.

33 LG Hamburg, Beschl. v. 15.10.2010, 608 Qs 18/10, NJW 2011, 942.

34 Ausführlich hierzu *Jahn/Kirsch* StV 2011, 152 ff. und *Jahn* ZIS 2011, 453 ff.

35 Vgl. hierzu etwa *Bittmann/Molkenbur* wistra 2009, 373, 375; *Böhm* WM 2009, 1923, 1924; *Brunhöber* GA 2010, 571 ff.; *Theile* StV 2011, 381 ff.

Über das geltende Recht hinaus gehen Stimmen, die dem Staat ein Erstzugriffsrecht beim Verdacht auf Straftaten in Unternehmen zubilligen möchten[36]. Andere plädieren dafür, vor allem das Verfahren von Internen Ermittlungen näher auszugestalten[37].

In der vorliegenden Arbeit sollen die einzelnen Vorschläge gesammelt und diskutiert werden. Gerade aus dem übergreifenden Blick ergibt sich die Möglichkeit, die Gefahren von Internen Ermittlungen für Mitarbeiterrechte zu veranschaulichen und eventuelle Lösungswege aufzuzeigen.

36 *Jaeger* der kriminalist 01/2008, 19, 23. Ähnlich auch *de Vries* Kriminalistik 2011, 83, 88.

37 *Pfordte* in: DAV-FS (2009), S. 740, 757; *Minoggio* Firmenverteidigung (2010), Rn. 1277; *Momsen/Grützner* DB 2011, 1792, 1794. Einen Vorschlag für eine Ausgestaltung des Verfahrens von Internen Ermittlungen hat der Strafrechtsausschuss der Bundesrechtsanwaltskammer gemacht, vgl. die Ausführungen des Vorsitzenden *Ignor* CCZ 2011, 143 ff.

§ 2. Compliance und Non-Compliance im Unternehmen

Unternehmen haben ein großes Interesse daran, dass Gesetze und sonstige relevante Regeln von den Mitarbeitern befolgt werden. Diesem Zweck dienen Compliance-Programme, die vor allem präventiv der Begehung von Regelverletzungen vorbeugen sollen (A.).

Möglicherweise will sich das Unternehmen aber nicht auf die Wirksamkeit präventiver Maßnahmen verlassen, sondern zusätzlich auf Hinweise von Seiten der Mitarbeiter zurückgreifen. Dafür muss geklärt werden, welche gesetzlichen Anzeigepflichten Mitarbeiter treffen und ob diese Anzeigepflichten im Interesse des Unternehmens ausgedehnt werden können (B.).

Tauchen entsprechende Verdachtsfälle auf Regelverstöße im Unternehmen auf, hängt die Reaktion der Unternehmensleitung von den Umständen des Einzelfalls, aber auch möglichen Rechtspflichten zur Aufklärung ab. Wenn die Entscheidung für eine unternehmensinterne Aufklärung gefallen ist, muss außerdem das konkrete Vorgehen abgestimmt werden (C.)

Insbesondere bei umfangreichen Aufklärungsbemühungen des Unternehmens zählt dazu unter Umständen auch die Aufstellung sog. Amnestieprogramme, die vor allem die Mitwirkungsbereitschaft der Mitarbeiter erhöhen sollen (D.).

A. Compliance-Programme als Prävention gegen Regelverletzungen

"*Compliance*" lässt sich übersetzen mit "Erfüllung" oder "Einhaltung".[38] Dagegen bedeutet der Ausdruck "*in compliance with*" eher "in Übereinstimmung mit" oder "gemäß". Der Begriff "*Compliance*" bezeichnet also sowohl eine Tätigkeit als auch einen Zustand – was ihn im deutschen Sprachgebrauch etwas unhandlich macht.

Wenn im wirtschaftsrechtlichen Zusammenhang von Compliance die Rede ist, schwingen in der Regel beide Bedeutungen mit: Compliance umschreibt das Ziel, dass sich Unternehmen und ihre Organe im Einklang mit dem geltenden Recht bewegen sollen.[39] Gleichzeitig wird der Blick aber auf das Handeln der Unternehmen und ihrer Mitarbeiter gelenkt: Welche konkreten Maßnahmen sind erforderlich, damit das Ziel, die Regelkonformität, auch erreicht werden kann?

---

38 *Hamblock/Wessels* Wörterbuch Wirtschaftsenglisch, 7. Aufl., S. 590.

39 *Hauschka* in: Hauschka (Hrsg.), Corporate Compliance, 2. Aufl. (2010), 1, 3. Vgl. zu den Risiken, die aus einer „Non-Compliance" resultieren können, *Böhm* Non-Compliance (2011), 68 ff.

I. Zielrichtung von Compliance-Programmen

Gemeinsam ist den meisten Compliance-Definitionsversuchen, dass sie von Unternehmen die Einrichtung von Compliance-Programmen verlangen, um die Einhaltung von Gesetzen sicherzustellen. Während sich manche Definitionen auf die Einhaltung von Gesetzen beschränken,[40] werden andernorts auch nichtgesetzliche Regelwerke – unternehmensinterne[41] und unternehmensexterne Regeln – mit einbezogen[42].[43] Für den juristischen Diskurs genügt es, wenn man sich vor Augen hält, dass Compliance – jenseits aller ethischen und wirtschaftlichen Gesichtspunkte – als Kernbestandteil jedenfalls auch die Einhaltung von Recht und Gesetz beinhaltet und dass Unternehmen dieses Ziel durch verschiedene eigene Maßnahmen aktiv zu fördern versuchen.[44]

II. Bestandteile von Compliance-Programmen

Die Grundstruktur eines Compliance-Programms lässt sich mit den Elementen Verhinderung von Compliance-Verstößen *(prevent)*, Kontrolle bzw. Aufdeckung von Verstößen *(detect)* und Reaktion des Arbeitgebers bei Verstößen *(react)* umschreiben.[45]

Zur Prävention gehört das Informieren der Mitarbeiter über die Inhalte des Compliance-Programms. Dazu veröffentlicht das Unternehmen Konzernrichtlinien, ver-

---

40 *Forst* DuD 2010, 160; *Hemeling* CCZ 2010, 21; *Röh* BB 2008, 398; *U. H. Schneider* ZIP 2003, 645.Vgl. ausführlich zur Eignung von Compliance-Programmen zur Kriminalprävention *Sieber* in: Tiedemann-FS (2008), 449, 474 ff.

41 Zu solchen unternehmensinternen Regeln zählen Ethik- bzw. Verhaltenskodizes, kritisch hierzu *Theile* ZIS 9/2008, 406, 418.

42 *Eisele* in: Schimansky/Bunte/Lwowski (Hrsg.), Bankrechts-Handbuch, Band II, 3. Aufl. (2007), § 109, Rn. 1; *Kremer/Klahold* ZGR 1/2010, 115, 117; *U. H. Schneider/S. H. Schneider* ZIP 2007, 2061; *Sieg* in: FS-Buchner (2009), 859; Vgl. auch die Formulierung in 4.1.3 DCGK: „Der Vorstand hat für die Einhaltung der gesetzlichen Bestimmungen und der unternehmensinternen Richtlinien zu sorgen und wirkt auf deren Beachtung durch die Konzernunternehmen hin (Compliance)".

43 Auch hinsichtlich der erforderlichen Maßnahmen finden sich Unterschiede: Teilweise ist nur von „vorbeugenden Maßnahmen" die Rede (*Eisele* in: Schimansky/Bunte/Lwowski (Hrsg.), Bankrechts-Handbuch, Band II, 3. Aufl. (2007), § 109, Rn. 1; *Röh* BB 2008, 398), meistens aber erfolgt eine solche Beschränkung nicht und es findet sich eine Formulierung wie „Gesamtheit aller Maßnahmen und Vorkehrungen" (So bei *Kremer/Klahold* ZGR 1/2010, 115, 117 und *U. H. Schneider* ZIP 2003, 645). Nur vereinzelt wird bereits in der Definition deutlich, ob der Compliance-Begriff auch repressive Elemente enthält (*Forst* DuD 2010, 160 sieht das repressive Element in den „[...] Maßnahmen, die darauf hinwirken, dass gesetzliche Pflichten gesellschaftsintern tatsächlich beachtet werden").

44 Für eine Beschränkung des Compliance-Begriffs auf diese sog. *hard compliance* auch *Bock* Criminal Compliance (2011), 20.

45 So die Darstellung bei *Sieg* in: FS-Buchner (2009), 859, 860 ff.; vgl. auch *Moosmayer* Compliance (2010), 31 und *Böhm* Non-Compliance (2011), 54 ff.

teilt Merk- und Informationsblätter und führt Schulungsmaßnahmen bei den Mitarbeitern durch.[46]

Für die Identifizierung von Verstößen gegen das Compliance-Programm kann das Unternehmen im Einzelfall vielleicht auf Hinweise aus dem Unternehmen – zB durch das Whistleblowing – zurückgreifen. Um den Anforderungen aus § 130 OWiG gerecht zu werden, muss die Unternehmensleitung aber zusätzlich regelmäßige unangekündigte Stichprobenkontrollen, sog. Compliance-Audits, durchführen.[47]

Aufgedeckte Compliance-Verstöße werden anschließend sanktioniert. Das Sanktionsspektrum umfasst arbeits- und zivilrechtliche Maßnahmen und richtet sich nach der Schwere des Verstoßes und der lokalen Rechtslage.[48] Weitere Aspekte dieser Stufe sind die Frage, ob und inwieweit das betroffene Unternehmen mit Behörden zusammenarbeitet und schließlich, ob das Compliance-Programm einer Überarbeitung bedarf.[49]

Damit ist aber nur beschrieben, wie ein Compliance-Programm aussehen *kann*. Konkrete Vorgaben ließen sich bis vor kurzem weder dem deutschen Recht noch der Rechtsprechung entnehmen. Erst neuerdings werden Empfehlungen im Sinne einer "*best practice*" formuliert, und zwar sowohl von staatlicher[50] als auch von privater[51] Seite.

III. Arbeitsrechtliche Verankerung von Compliance

Teil der Einrichtung eines Compliance-Programms ist – neben der personellen und finanziellen Ausstattung einer entsprechenden Abteilung – die Verpflichtung der Mitarbeiter auf die Compliance-Inhalte. Die Compliance-Inhalte sind zumeist in entsprechenden Ethik- bzw. Verhaltensrichtlinien zusammengefasst. Wie die

---

46 Vgl. ausführlich *Kremer/Klahold* ZGR 1/2010, 115, 127 ff.

47 *Kremer/Klahold* ZGR 1/2010, 115, 132.

48 *Sieg* in: FS-Buchner (2009), 859, 871.

49 *Kremer/Klahold* ZGR 1/2010, 115, 135 f.

50 Von Bedeutung ist in diesem Zusammenhang das Rundschreiben der Bundesanstalt für Finanzdienstleistungsaufsicht (BaFin) v. 7.6.2010 („MaComp“), das allgemeine und besondere Strukturvorgaben für Compliance-Programme von Wertpapierdienstleistungsunternehmen iSd § 2 IV WpHG enthält und § 33 I Nr. 1 WpHG entsprechend präzisiert (Vgl. für Einzelheiten die ausführliche Darstellung und Bewertung der MaComp bei *Engelhart* ZIP 2010, 1832 ff. und *Lösler* WM 2010, 1917 ff.).

51 Das Institut der Wirtschaftsprüfer (IDW) hat am 11.3.2011 den für die Prüfung von Compliance Management Systemen maßgeblichen Prüfungsstandard 980 verabschiedet, vgl. hierzu etwa *Wolf* DStR 2011, 997 ff.

Inhalte von Verhaltensrichtlinien Teil der arbeitsrechtlichen Pflichten eines jeden Mitarbeiters werden können, wurde in letzter Zeit ausgiebig untersucht.[52]

1. Direktionsrecht des Arbeitgebers

Soweit nicht anderweitig festgelegt, kann der Arbeitgeber die Arbeitsbedingungen nach billigem Ermessen bestimmen (§ 106 GewO). Dieses sog. Direktionsrecht kann der Arbeitgeber nutzen, um Ethikrichtlinien zu implementieren. Dabei dürfen allerdings nur bestehende vertragliche Verpflichtungen konkretisiert und nicht neue Verpflichtungen geschaffen werden.[53] Sofern die Weisung nicht bloß das Arbeitsverhalten, sondern das Ordnungsverhalten konkretisiert, ergeben sich Mitbestimmungsrechte des Betriebsrates nach § 87 I Nr. 1 BetrVG.[54] Die Weisung ist ein einseitiges, empfangsbedürftiges Rechtsgeschäft, weshalb seine Wirksamkeit vom Zugang beim Empfänger abhängig ist.[55] Der Zugang ist dann erfolgt, wenn die Richtlinien so in den Empfangsbereich der Arbeitnehmer gelangen, dass diese davon Kenntnis nehmen können. Das kann durch einen Aushang am Schwarzen Brett geschehen, besser – auch im Hinblick auf die spätere Beweisbarkeit – wird es im Regelfall sein, sich den Erhalt und die Kenntnisnahme schriftlich bestätigen zu lassen.[56]

Eine andere Möglichkeit der einseitigen Implementierung von Ethikrichtlinien bietet die Änderungskündigung, die aber voraussetzt, dass eine Implementierung mittels des Weisungsrechts nicht möglich ist.[57]

---

52 *Triskatis* Ethikrichtlinien im Arbeitrecht (2008), 75 ff.; *Mengel* Compliance und Arbeitsrecht (2009), 11 ff.; *Schneider* Die arbeitsrechtliche Implementierung von Compliance- und Ethikrichtlinien (2009), 94 ff.; *A. Wagner* in: Maschmann (Hrsg.), Corporate Compliance und Arbeitsrecht (2009), 65 ff.; *Willemsen* Einführung und Inhaltskontrolle von Ethikrichtlinien (2009), 41 ff.

53 *Kock* MDR 2006, 673; *Mengel* Compliance und Arbeitsrecht (2009), 14 f.; *Schneider* Die arbeitsrechtliche Implementierung von Compliance- und Ethikrichtlinien (2009), 99; *Wagner* in: Maschmann (Hrsg.), Corporate Compliance und Arbeitsrecht (2009), 65, 70 f.; *Willemsen* Einführung und Inhaltskontrolle von Ethikrichtlinien (2009), 41, 45.

54 *Schneider* Die arbeitsrechtliche Implementierung von Compliance- und Ethikrichtlinien (2009), 100 f.; *Willemsen* Einführung und Inhaltskontrolle von Ethikrichtlinien (2009), 41, 45; *Rolshoven* in: Renz/Hense (Hrsg.), Wertpapier-Compliance (2010), 899, 905, zur Abgrenzung zwischen Arbeits- und Ordnungsverhalten 911.

55 *Schneider* Die arbeitsrechtliche Implementierung von Compliance- und Ethikrichtlinien (2009), 98.

56 *Mengel* Compliance und Arbeitsrecht (2009), 26; *Wagner* in: Maschmann (Hrsg.), Corporate Compliance und Arbeitsrecht (2009), 65, 72.

57 *Wagner* in: Maschmann (Hrsg.), Corporate Compliance und Arbeitsrecht (2009), 65, 75 f.; Willemsen Einführung und Inhaltskontrolle von Ethikrichtlinien (2009), 46 ff.

2. *Einbeziehung in den Individualvertrag*

Ethikrichtlinien können auch individuell mit jedem Mitarbeiter im Rahmen des Arbeitsvertrages vereinbart werden. Entweder die Richtlinien sind bereits bei der Neueinstellung Teil des Vertrags oder sie werden durch eine Zusatzvereinbarung den bereits bestehenden Arbeitsverträgen beigefügt.[58] In beiden Fällen unterliegen die – vorformulierten – Verhaltensrichtlinien der Inhaltskontrolle der §§ 305 ff. BGB.[59] Eine AGB-Kontrolle findet aber auch statt, wenn im Vertragsdokument ein dynamischer Verweis auf die jeweils geltenden Richtlinien enthalten ist.[60]

3. *Kollektivrechtliche Einführung*

Kollektivrechtlich gibt es die Möglichkeiten der Einführung per Tarifvertrag oder per Betriebsvereinbarung. Die Einführung durch Tarifvertrag kann sowohl eine branchenweite Geltung als auch eine Geltung nur für das jeweilige Unternehmen zum Ziel haben.[61] Bis jetzt kommt der Einführung durch Tarifvertrag aber keine praktische Bedeutung zu.[62]

Eine andere Möglichkeit ist die Einführung der Verhaltenrichtlinie über eine Betriebsvereinbarung. Die Betriebsvereinbarung hat den Vorteil, dass ihr durch die Mitarbeiter im Regelfall die größte Akzeptanz entgegen gebracht wird.[63] Ein Nachteil ist, dass keine einseitige Änderung seitens des Arbeitgebers mehr erfolgen kann und dass leitende Angestellte, Geschäftsführer und Organmitglieder nicht von einer Betriebsvereinbarung erfasst werden.[64] Auch die Betriebsvereinbarung unterliegt inhaltlichen Grenzen, die aber weniger streng ausgeprägt sind als bei den §§ 305 ff. BGB.[65]

---

58 Willemsen Einführung und Inhaltskontrolle von Ethikrichtlinien (2009), 49 ff.

59 Ausführlich *Schneider* Die arbeitsrechtliche Implementierung von Compliance- und Ethikrichtlinien (2009), 146 ff.

60 Zu dieser problematischen Vorgehensweise *Schneider* Die arbeitsrechtliche Implementierung von Compliance- und Ethikrichtlinien (2009), 152 ff.; vgl. hierzu auch *Triskatis* Ethikrichtlinien im Arbeitrecht (2008), 78 ff.; *Mengel* CCZ 2008, 85, 86; *Müller-Bonanni/Sagan* BB-Special Nr. 5 (2008), 28, 30.

61 *Schneider* Die arbeitsrechtliche Implementierung von Compliance- und Ethikrichtlinien (2009), 173 ff.; *Triskatis* Ethikrichtlinien im Arbeitrecht (2008), 93.

62 *Triskatis* Ethikrichtlinien im Arbeitrecht (2008), 96.

63 *Mengel* Compliance und Arbeitsrecht (2009), 35; *Schneider* Die arbeitsrechtliche Implementierung von Compliance- und Ethikrichtlinien (2009), 172.

64 *Rolshoven* in: Renz/Hense (Hrsg.), Wertpapier-Compliance (2010), 899, 910 f.

65 *Mengel* Compliance und Arbeitsrecht (2009), 35.

IV. Die Einführung von Compliance-Programmen als Rechtspflicht

1. Herleitung aus gesellschafts- und aufsichtsrechtlichen Vorschriften

Jedes Unternehmen hat die Gesetze zu beachten. Aber den Unternehmen mancher Branchen hat der Gesetzgeber noch eine darüber hinausgehende Pflicht auferlegt: Sie müssen unternehmensintern eine Organisation schaffen, die die Beachtung der gesetzlichen Bestimmungen gewährleistet. Das betrifft etwa Kredit- und Finanzdienstleistungsinstitute (§ 25 a KWG), Wertpapierdienstleistungsunternehmen (§ 33 I WpHG iVm § 25 a I KWG), Betreiber genehmigungsbedürftiger Anlagen iSd BImschG (§ 52 a BImschG) und Versicherungsunternehmen (§ 64 a VAG).

In der Literatur wird die Frage diskutiert, ob die Einrichtung eines Compliance-Programms für Unternehmen auch außerhalb der genannten Spezialregelungen rechtlich verpflichtend ist.[66] Manche Stimmen leiten eine solche Rechtspflicht für alle Unternehmen im Wege einer Gesamtanalogie aus den spezialgesetzlichen Vorschriften her[67], andere halten jedenfalls den Vorstand einer AG für verpflichtet[68] oder machen eine solche Rechtspflicht von den Umständen des Einzelfalls abhängig[69].

Der Meinung, die eine Rechtspflicht für alle Unternehmen annimmt, wird zu Recht entgegen gehalten, dass damit gerade kleineren Unternehmen ein erheblicher Mehraufwand aufgenötigt würde, der angesichts der überschaubaren Risiken der

66 Vgl. die ausführliche Darstellung bei *Bachmann* in: Gesellschaftsrecht in der Diskussion 2007, 66, 67 ff.; nach Ansicht von *Liese* BB-Special 2008 (Nr. 5), 17, 22 erübrigt sich die Diskussion schon deswegen, weil die gesetzlich vorgeschriebenen Organisations- und Aufsichtspflichten des Aktien- und Ordnungswidrigkeitenrechts mit den zentralen Elementen eines Compliance-Systems im Wesentlichen deckungsgleich seien.

67 *U. H. Schneider* ZIP 2003, 645, 648; *U. H. Schneider/v. Buttlar* ZIP 2004, 1621, 1622; *U. H. Schneider/S. H. Schneider* ZIP 2007, 2061, 2063; *U. H. Schneider* NZG 2009, 1321, 1323; *U. H. Schneider/Nowak* in: Kreutzmann-FS (2010), 855, 861.

68 *Bürkle* BB 2005, 565, 568, 569; ähnlich *Fleischer* in: Fleischer (Hrsg.), Handbuch des Vorstandsrechts (2006), § 8, Rn. 43; *Fleischer* BB 2008, 1070, 1072; *Vetter* in: Wecker/van Laak (Hrsg.), Compliance in der Unternehmerpraxis (2008), 29, 32; nach Ansicht von *Bürkle* BB 2007, 1797, 1798 und *Campos Nave/Bonenberger* BB 2008, 734, 735 wird diese Auffassung bestätigt durch die Regelung in 4.1.3. DCGK. Hiergegen aber zu Recht *Thüsing* Arbeitnehmerdatenschutz und Compliance (2010), 16 f. und *Hauschka* in: Hauschka (Hrsg.), Corporate Compliance, 2. Aufl. (2010), § 1, Rn. 23.

69 *Hauschka* ZIP 2004, 877, 878; *Bachmann* in: Gesellschaftsrecht in der Diskussion 2007, 66, 68; MüKo-AktG/*Spindler*, 3. Auflage, § 91, Rn. 36 *Reichert/Ott* ZIP 2009, 2173, 2174; *Hauschka* in: Hauschka (Hrsg.), Corporate Compliance, 2. Aufl. (2010), § 1, Rn. 23; *Kremer/Klahold* ZGR 2010, 113, 120; *Ringleb* in: Ringleb/Kremer/Lutter/v. Werder (Hrsg.), Deutscher Corporate Governance Kodex (2010), Rn. 624; *Kort* in: Hopt-FS (2010), 983, 995; *Böhm* Non-Compliance (2011), 61 ff.

Geschäftstätigkeit oft gar nicht notwendig ist.[70] Auch sind die genannten Vorschriften zu vielgestaltig und einzelfallbezogen, um als allgemeiner Rechtsgedanke für eine Gesamtanalogie dienen zu können.[71]

Ob das eigene Unternehmen anfällig für Rechtsverstöße ist, und inwieweit eine Verpflichtung zum Gegensteuern durch organisatorische Maßnahmen besteht, muss der Einschätzung der Unternehmensleitung überlassen werden. Sie ist es ja auch, die bei einer Fehleinschätzung die haftungsrechtlichen Konsequenzen (wegen des Verstoßes gegen die Sorgfaltspflicht nach § 93 I 1 AktG, § 43 I GmbHG) zu tragen hat.[72] Außerdem ist möglicherweise nicht für jedes Risiko ein Compliance-Programm das adäquate Gegenmittel, so dass es sogar kontraproduktiv sein könnte, die Unternehmensleitung zur Einrichtung eines – evtl. sogar eines bestimmten – Compliance-Systems für verpflichtet zu halten.[73]

2. Strafbarkeitsrisiko der Unternehmensleitung aus § 266 StGB

Aber auch wenn eine allgemeine Rechtspflicht zur Einführung von Compliance-Programmen nicht angenommen werden kann, sieht sich eine Unternehmensführung, die gänzlich darauf verzichtet, entsprechende Vorsorgemaßnahmen im Unternehmen zu treffen, möglicherweise dem Vorwurf der Strafbarkeit wegen Untreue (§ 266 StGB) ausgesetzt.[74]

a) Missbrauchs- oder Treubruchstatbestand?

Ob der Missbrauchs- (§ 266 I, Alt. 1 StGB) oder der Treubruchstatbestand (§ 266 I, Alt. 2 StGB) einschlägig ist, richtet sich danach, ob dem Täter ein rechtsgeschäftliches oder ein tatsächliches Handeln vorgeworfen wird: Wenn die Schädigung eine rechtliche Folge der bestehenden und eingesetzten Vertretungsmacht ist, geht der Missbrauchstatbesatnd nach der überwiegenden Ansicht als lex specialis vor.[75]

---

70 *Hauschka* ZIP 2004, 877, 878; *Hauschka* in: Hauschka (Hrsg.), Corporate Compliance, 2. Aufl. (2010), § 1, Rn. 23; *Sieg/Zeidler* in: Hauschka (Hrsg.), Corporate Compliance, 2. Aufl. (2010), § 3, Rn. 24.

71 *Kremer/Klahold* ZGR 2010, 113, 119.

72 *Hauschka* in: Hauschka (Hrsg.), Corporate Compliance, 2. Aufl. (2010), § 1, Rn. 23. Haftungsvoraussetzung ist, dass die Organisationspflichtverletzung wenigstens mitursächlich für den Schadenseintritt gewesen ist, vgl. mwN *Rieder/Holzmann* AG 2011, 265, 270. Die fehlende Einrichtung eines Kontrollsystems zur Verhinderung von pflichtwidrigem Verhalten im Unternehmen kann auch einen ausreichenden Grund für eine außerordentliche Kündigung darstellen, vgl. OLG Jena v. 12.8.2009 – 7 U 244/07, NZG 2010, 226.

73 *Sieg/Zeidler* in: Hauschka (Hrsg.), Corporate Compliance, 2. Aufl. (2010), § 3, Rn. 24.

74 Vgl. ausführlich hierzu *Theile* wistra 2010, 457 ff. und *Michalke* StV 2011, 245, 248 ff.

75 Vgl. nur *Rengier* BT I, 12. Aufl., § 18, Rn. 3, 8.

Die Entscheidung etwa eines AG-Vorstands gegen die Einführung von Compliance-Programmen bzw. allgemein gegen die Durchführung von Vorsorgemaßnahmen fällt unter seine Leitungskompetenz (§ 76 I AktG).[76] Die Willensbildung erfolgt dabei – sofern nichts anderes bestimmt ist (§ 77 I 2 AktG) – nach dem Prinzip der Gesamtgeschäftsführung (§ 77 I 1 AktG) durch einstimmigen Beschluss[77], der ein mehrseitiges Rechtsgeschäft ist[78]. Dieses Rechtsgeschäft verpflichtet die Gesellschaft aber nicht im Außenverhältnis. Auch wenn es später also aufgrund von Gesetzesverletzungen zu Bußgeld- oder Schadensersatzforderungen gegenüber dem Unternehmen kommen sollte, ist diese Schädigung keine rechtliche Folge des Vorstandsbeschlusses gegen Compliance-Maßnahmen.[79]

Fehlt es hingegen an einem Vorstandsbeschluss, scheidet der Missbrauchstatbestand bereits deswegen aus, weil diesem Unterlassen kein rechtsgeschäftlicher Erklärungswert zukommt[80].

Eine Strafbarkeit der Unternehmensleitung kann sich in beiden Fällen nur aus dem allgemeinen Treubruchstatbestand (§ 266 I, Alt. 2 StGB) ergeben.

b) Treubruchshandlung

aa) Vermögensbetreuungspflicht

Sowohl Missbrauchs- als auch Treubruchstatbestand setzen nach überwiegender Ansicht voraus, dass den Handelnden eine Vermögensbetreuungspflicht trifft.[81] Voraussetzung dafür ist, dass den Täter als Hauptpflicht eine besonders herausgehobene Pflicht treffen muss, fremde Vermögensinteressen wahrzunehmen und dass er die Möglichkeit zur selbstständigen verantwortlichen Entscheidung innerhalb eines gewissen Ermessensspielraums hat.[82] Bei Vorstandsmitgliedern einer Aktiengesellschaft ist die Vermögensbetreuungspflicht Teil ihrer umfassenden Leitungsaufgabe (§ 76 I AktG).[83]

---

76 Vgl. statt aller *Hüffer*, 9. Aufl., § 76, Rn. 9a.

77 *Hüffer*, 9. Aufl., § 77, Rn. 6.

78 *Köhler* BGB AT, 28. Aufl., § 5, Rn. 9 (für Personenverbände). Die für den Vorstandsbeschluss eines Vereins geltenden Vorschriften sind auf die AG entsprechend anwendbar, vgl. Hölters/*Weber* AktG (2011), § 77, Rn. 21.

79 So auch (für den Fall, dass der Vorstand gänzlich untätig bleibt) *Theile* wistra 2010, 457, 459.

80 Vgl. zu diesem Erfordernis MüKo-StGB/*Dierlamm*, § 266, Rn. 123.

81 Vgl. mwN SSW-StGB/*Saliger* (2009), § 266, Rn. 9 ff. und MüKo-StGB/*Dierlamm*, § 266, Rn. 30.

82 Park/*Zieschang*, 2. Aufl., § 266, Rn. 23.

83 *Seibt/Schwarz* AG 2010, 301, 302 mit umfangreichen Nachweisen.

bb) Pflichtverletzung

Aufgrund der Akzessorietät des § 266 StGB kommen für die untreuerelevante Pflichtverletzung grundsätzlich alle Rechtsnormen in Betracht.[84] Gleichzeitig bedeutet eine außerstrafrechtliche Pflichtverletzung nicht automatisch auch die Strafbarkeit dieser Pflichtverletzung, sondern es bedarf einer strafrechtsautonomen Prüfung.[85]

Eine Rechtspflicht zur Einführung eines Compliance-Programms ist nach überzeugender Meinung abzulehnen.[86] Unterlässt es ein Vorstand allerdings gänzlich, Vorsorge gegen bestandsgefährdende Risiken zu treffen, verstößt er gegen § 91 II AktG. Denn nach dieser Vorschrift ist der Vorstand verpflichtet, die Früherkennung bestandsgefährdender[87] Risiken durch geeignete Maßnahmen zu gewährleisten, was nicht nur die Einrichtung von Früherkennungsmaßnahmen, sondern auch die laufende Überwachung der Funktionstüchtigkeit dieser Früherkennungsmaßnahmen umfasst.[88]

Damit eine solche Pflichtverletzung auch als nach § 266 StGB strafbare Pflichtverletzung aufgefasst werden kann, muss sich die Pflicht auf fremdes Vermögen beziehen bzw. - jedenfalls auch – den Schutz dieses fremden Vermögens bezwecken.[89] Das lässt sich im Hinblick auf § 91 II AktG bejahen[90], denn die Pflichten aus § 91 AktG präzisieren einen Teilbereich der bereits aus §§ 76 I, 93 AktG folgenden Pflicht, Schaden vom Unternehmen abzuwenden[91].

---

84 SSW-StGB/*Saliger* (2009), § 266, Rn. 31; *Beulke* in: Eisenberg-FS (2009), 245, 250 ff.

85 SSW-StGB/*Saliger* (2009), § 266, Rn. 31; *Beulke* in: Eisenberg-FS (2009), 245, 252; *Helmrich/Eidam* ZIP 2011, 257, 260.

86 Vgl. S. 16 ff.

87 Wann eine Bestandsgefährdung iSd § 91 II AktG vorliegt, ist umstritten, vgl. Hölters/*Müller-Michaels* AktG (2011), § 91, Rn. 6.

88 Vgl. ausführlich *Hüffer*, 9. Aufl., § 91, Rn. 6 ff.

89 BGHSt 55, 288, 299 f.; BGH NJW 2011, 1747, 1749; SSW-StGB/*Saliger* (2009), § 266, Rn. 32; *Bosch/Lange* JZ 2009, 225, 227. Nach dem Beschluss des BGH v. 13.4.2011 – 1 StR 94/10 (NJW 2011, 1747, 1749) zur Kölner CDU-Parteispendenaffäre können allerdings auch eigentlich nicht vermögensschützende Normen dadurch vermögensschützenden Charakter erhalten, dass die Beachtung dieser Pflichten im Innenverhältnis zwischen Treugeber und Treunehmer (etwa durch Satzung) vereinbart wird. Erste Stellungnahmen attestieren diesem Beschluss Sprengkraft (*Brand* NJW 2011, 1751, 1752; *Rönnau* StV 2011, 753, 755) und beklagen den weitgehenden Verzicht auf eine argumentative Herleitung (*Jahn* JuS 2011, 1133, 1135). Deutlich positiver dagegen *Bittmann* wistra 2011, 343 f. und *Corsten* wistra 2011, 389 f.

90 *Windolph* NStZ 2000, 522, 524; *Mosiek* wistra 2003, 370, 374; *Brammsen* wistra 2009, 85, 91; *Theile* wistra 2010, 457, 461; *Michalke* StV 2011, 245, 249.

91 MüKo-AktG/*Spindler*, 3. Aufl., § 91, Rn. 1 ff.

c) Vermögensnachteil

Ein Verstoß gegen § 91 II AktG führt aber noch nicht direkt zu einem Vermögensnachteil. Ein solcher Vermögensnachteil droht erst dann, wenn es in der Folge zu rechtswidrigen Verhaltensweisen von Mitarbeitern und damit schlussendlich zu Bußgeld- oder Schadensersatzansprüchen gegen das Unternehmen kommt. Ein Vermögensnachteil ließe sich allerdings dann begründen, wenn aufgrund der unterlassenen Maßnahmen zur Früherkennung von bestandsgefährdenden Risiken bereits eine schadensgleiche Vermögensgefährdung angenommen werden könnte.[92] Dafür müsste nach wirtschaftlicher Betrachtung durch die Gefährdung bereits eine gegenwärtige Minderung des Vermögenswertes eingetreten sein, was wiederum nur bei einer „konkreten" Vermögensgefährdung, also einem „naheliegenden Vermögensverlust" der Fall sein soll.[93]

Ob das Auslösen von Schadensersatzansprüchen und Sanktionen als schadensgleiche Vermögensgefahr gewertet werden kann, ist noch weitgehend ungeklärt. Während die Rechtsprechung zu einer extensiven Haltung tendiert und das Auslösen von Sanktionen und Schadensersatzklagen grundsätzlich als ausreichend erachtet, um das Vorliegen einer schadensgleichen Vermögensgefährdung zu bejahen[94], ist das Meinungsbild in der Literatur gespalten[95].

aa) Schadensgleiche Vermögensgefahr wegen des Verzichts auf Compliance-Maßnahmen?

Doch lassen sich die üblicherweise diskutierten Sachverhalte wohl nicht ohne weiteres mit dem Fall vergleichen, dass eine Unternehmensleitung auf Vorsorgemaßnahmen iSd § 91 II AktG verzichtet.

Zwar ist auch bei Pflichtverletzungen wie der Manipulation von Wein[96], dem Fälschen von Überweisungsbelegen[97] oder dem pflichtwidrigen Umgang mit Parteis-

92 *Theile* wistra 2010, 457, 461.

93 BGHSt 44, 376, 384; BGHSt 48, 354, 357 f.; BGH NJW 2008, 1827, 1829.

94 BGH MDR 1979, 988; BGH NStZ 2000, 375; LG Bonn NJW 2001, 1736, 1739. Im Fall *Siemens* hielt der BGH mittelbare Vermögensfolgen für unbeachtlich und gelangte zu der aufsehenerregenden Feststellung, im Einrichten und Führen sog. „Schwarzer Kassen" liege bereits ein endgültiger Vermögensschaden, vgl. BGH NJW 2009, 89, 91 f.

95 Gegen die Möglichkeit einer Untreuestrafbarkeit unter Bezugnahme auf ein enges Schutzzweckkriterium *Seier* in: Achenbach/Ransiek, Hdb WiStra (2008), 366, 413. Für eine Untreuestrafbarkeit bei Handeln „ohne legitimierenden Grund" Schönke/Schröder/*Perron*, 28. Aufl., § 266, Rn. 37. Differenzierend *Jäger* in: Otto-FS (2007), 593, 603: unmittelbarer Vermögensbezug des schadens-/sanktionsauslösenden Verhaltens.

96 BGH MDR 1979, 988.

97 BGH NStZ 2000, 375.

penden[98] der Eintritt des Vermögensnachteils noch davon abhängig, dass beispielsweise ein Schadensersatzanspruch geltend gemacht oder eine Sanktion verhängt wird. Schon die jeweilige Pflichtverletzung weist in diesen Fällen allerdings in die Richtung, aus der der Vermögensverlust herrühren könnte.

Beim Unterlassen von Maßnahmen iSd § 91 II AktG ist dagegen noch vollkommen unklar, ob es in der Folge zu rechtswidrigen Handlungen durch Mitarbeiter des Unternehmens kommt und auf welche Weise dem Unternehmen ein Schaden droht. Das bloße Unterlassen von Maßnahmen iSd § 91 II AktG ähnelt deshalb eher einer abstrakten Gefährdung, wie sie etwa einer unordentlichen Buchhaltung innewohnt. Bei einer solchen unordentlichen Buchhaltung sind nach Ansicht der Rechtsprechung die Umstände des Einzelfalls bei der Entscheidung darüber von Bedeutung, ob eine schadensgleiche Vermögensgefährdung vorliegt.[99] Beim Unterlassen von Maßnahmen nach § 91 II AktG könnte man solche Umstände möglicherweise annehmen, wenn das Unternehmen in einem besonders korruptionsanfälligen Bereich oder in für Korruption bekannten Ländern tätig ist und es in der Vergangenheit bereits zu entsprechenden Verstößen und Sanktionen gekommen ist. Eine Unternehmensleitung, die angesichts solcher Umstände dennoch auf Gegenmaßnahmen verzichtet, muss sich wohl – jedenfalls aus Sicht der Rechtsprechung – den Vorwurf gefallen lassen, dass sie das Vermögen des Unternehmens so konkret gefährdet, dass dies einem Vermögensnachteil nahekommt.

bb) Restriktionsansatz

Allerdings wurden bis jetzt keine allgemein anerkannten Kriterien dafür entwickelt, wann eine bloß abstrakte und wann eine konkrete schadensgleiche Vermögensgefahr vorliegt[100] – und das Abstellen auf die Umstände des Einzelfalls ist naturgemäß mit erheblichen Unsicherheiten verbunden. In der Literatur wird kritisiert, die als Verletzungsdelikt konzipierte Untreue werde in ein konkretes Gefährdungsdelikt umgedeutet, um so die eigentlich nicht vorhandene Versuchsstrafbarkeit zu ersetzen.[101] Um der Uferlosigkeit des Untreue-Tatbestandes entgegenzuwirken, wurden verschiedene Restriktionsansätze gemacht.[102] Eine Auseinandersetzung mit allen vertretenen Ansätzen würde an dieser Stelle den Rahmen sprengen.

---

98 Jedenfalls erwogen von LG Bonn NJW 2001, 1736, 1739.

99 BGHSt 47, 8, 11.

100 *Beulke* in: Eisenberg-FS (2009), 245, 262.

101 Vgl. unter anderem MüKo-StGB/*Dierlamm*, § 266, Rn. 195; *Bernsmann* GA 2007, 219, 229 ff.; *Seier* in: Achenbach/Ransiek, Hdb WiStra (2008), 409; *Beulke* in: Eisenberg-FS (2009), 245, 262.

102 Vgl. etwa die Zusammenstellung bei SSW-StGB/*Saliger* (2009), § 266, Rn. 68 ff.

Gerade in Fällen, in denen es um die Strafbarkeit des Auslösens von Schadensersatzansprüchen oder Sanktionen geht, erscheint die Auffassung überzeugend, die das Unmittelbarkeitsprinzip nicht nur beim Betrug, sondern auch bei der Untreue anwenden will – eine Auffassung, die sich teilweise auch bereits in der Rechtsprechung wiederfindet[103]. Danach kann eine konkrete schadensgleiche Vermögensgefährdung nur dann angenommen werden, wenn die Vermögensgefährdung unmittelbar durch die Untreuehandlung herbeigeführt wurde und die Vermögensgefahr unmittelbar in den endgültigen Schaden übergehen kann.[104]

Bezogen auf das Auslösen von Sanktionen bedeutet das, dass es grundsätzlich einer konkreten Gefahr nicht entgegensteht, dass der endgültige Verlust noch von eigenmächtigen Handlungen Dritter (wie etwa der Mitarbeiter) abhängt. Allerdings muss dann die Sanktion selbstvollstreckend sein, darf also nicht noch von einer Ermessensausübung abhängig sein.[105]

Gerade das wird aber bei der Verhängung von Bußgeldern gegen das Unternehmen typischerweise der Fall sein, und auch bei Schadensersatzansprüchen seitens privater Geschädigter steht vor dem Vermögensnachteil noch die Entscheidung für die Geltendmachung der Forderung.[106]

3. Ergebnis

Nicht alle Unternehmen sind rechtlich verpflichtet, ein Compliance-Programm aufzulegen. Dies ist abhängig von den Umständen des Einzelfalls und bleibt der Einschätzung und Bewertung der Unternehmensleitung überlassen. Verzichtet die

---

103 Im Fall *BSR* verneinte der 5. Senat des BGH die Strafbarkeit wegen Untreue aufgrund zu befürchtender Ersatzansprüche und Prozesskosten nach Aufdeckung des Betrugs. Ein solcher Vermögensnachteil setze mit der Aufdeckung der Tat einen Zwischenschritt voraus und sei daher nicht unmittelbar, vgl. BGH NJW 2009, 3173, 3175. Dagegen hielt der 1. Senat des BGH einen unmittelbaren Zusammenhang zwischen pflichtwidriger Handlung und Vermögensnachteil für nicht erforderlich (Kölner CDU-Parteispendenaffäre, NJW 2011, 1747, 1751).

104 *Matt* NJW 2005, 389, 391; MüKo-StGB/*Dierlamm* (2006), § 266, Rn. 197; *Brüning/Wimmer* ZJS 2009, 94, 98; SSW-StGB/*Saliger* (2009), § 266, Rn. 71; *Theile* wistra 2010, 457, 462. Handelt es sich – anders als hier – um für das Unternehmen nützliche Pflichtverletzungen, dann macht es mit Blick auf das Rechtsgut des § 266 StGB Sinn, bereits die strafrechtliche Relevanz der Pflichtverletzung und nicht erst die Unmittelbarkeit des Vermögensnachteils zu verneinen, vgl. *Bernsmann* GA 2009, 296, 307.

105 SSW-StGB/*Saliger* (2009), § 266, Rn. 71, 75; *Theile* wistra 2010, 457, 462; *Jahn* JuS 2011, 1133, 1134. Zuzugeben ist freilich, dass dem betroffenen Unternehmen auch bei „selbstvollstreckenden" Sanktionen der Rechtsweg offen steht, dass also auch bei solchen Sanktionen der Vermögensnachteil unter Umständen nicht direkt, sondern erst nach einer gerichtlichen Überprüfung eintritt.

106 *Theile* wistra 2010, 457, 462. Vgl. in diesem Zusammenhang auch den Beschluss des BGH v. 13.4.11 – 1 StR 94/10.

Unternehmensleitung gänzlich auf Vorsorgemaßnahmen, stellt dies einen Verstoß gegen § 91 II AktG dar. Eine Strafbarkeit der Unternehmensleitung wegen Untreue (§ 266 StGB) wird aber in der Regel ausscheiden, wenn man der zutreffenden Ansicht folgt, die den im Rahmen der Betrugsstrafbarkeit entwickelten Unmittelbarkeitsgrundsatz auch auf die Untreue (§ 266 StGB) anwendet.

V. Effektivität von Compliance-Maßnahmen

1. Präventive Compliance-Maßnahmen

Compliance-Programme werden nicht vorrangig zu dem Zweck eingeführt, der Durchsetzung staatlicher Normen zum Erfolg zu verhelfen. Falls ein Unternehmen sich zu entsprechenden Maßnahmen entschließt, obwohl es dazu nicht verpflichtet ist[107], geschieht das nicht altruistisch zum Wohle der Allgemeinheit, sondern weil sich das Unternehmen davon selbst Vorteile verspricht bzw. glaubt, dadurch Nachteilen aus dem Weg gehen zu können.[108] Aber natürlich profitiert letztendlich nicht nur das Unternehmen selbst, sondern auch die Allgemeinheit von einer höheren Rechtskonformität in Unternehmen. Nicht einheitlich beurteilt wird allerdings, ob Compliance-Programme tatsächlich als effektives Mittel für dieses allseits erwünschte Ziel anzusehen sind.

Manche sehen in Compliance-Maßnahmen eine Verdichtung der strafrechtlichen Sozialkontrolle[109] oder sind Compliance-Programmen unter Präventionsgesichtspunkten generell positiv gegenüber eingestellt[110]. Andere verweisen auf die Wirkungslosigkeit von Compliance-Programmen etwa im Fall *Siemens* und mahnen daher eher zur Zurückhaltung.[111] Schließlich werden auch grundsätzliche Bedenken gegen den Rückzug des Staates aus der Kriminalprävention geltend gemacht.[112]

Dass auf Prävention angelegte Compliance-Maßnahmen (Schulungen, Unternehmensrichtlinien etc.) auch tatsächlich einen Effekt auf die Kriminalprävention besitzen, scheint nahezuliegen: Jedem Mitarbeiter werden die für seinen Bereich relevanten gesetzlichen Normen noch einmal verdeutlicht. Dabei können manche

107 Vgl. die ausdrücklichen Pflichten in § 25 a KWG, § 33 I WpHG iVm § 25 a I KWG, § 52 a BImschG, § 64 a VAG.

108 Vgl. auch *Hefendehl* JZ 2006, 119, 124: „Compliance-Programme werden schließlich ganz nüchtern auch deshalb propagiert, weil sie die Haftungsrisiken innerhalb des Unternehmens verringern."

109 *Theile* ZIS 2008, 406, 411; *Theile* wistra 2010, 457. Ähnlich auch *Kölbel* MschrKrim 2008, 22, 33 („Förderung der Wirksamkeit des Strafrechts"), allerdings differenzierend im Hinblick auf die fehlende unmittelbare rechtsstaatliche Bindung der privaten Selbstkontrolle.

110 *Sieber* in: Tiedemann-FS (2008), 449, 484: „bessere Alternativen nicht erkennbar".

111 *Hefendehl* JZ 2006, 119, 124; *Hefendehl* ZStW 119 (2007), 816, 845 f.

112 *Wessing* in: Volk-FS (2009), 867 ff.

komplizierte strafrechtliche Normen wie §§ 298, 299, 331 ff. StGB durch Beispiele erläutert und andere (§ 266 StGB) in Bezug auf ihren Verbotsbereich möglicherweise sogar inhaltlich bestimmt werden.[113]

Auf der anderen Seite dürften solche Schulungen, gerade was den absoluten Verzicht auf Korruption betrifft, an der Realität vieler Mitarbeiter vorbeigehen, etwa wenn es um die Auftragsvergabe in nicht-westlichen Ländern geht.[114] Zusätzlich lässt sich der Nutzen von Präventionsmaßnahmen auch deswegen mit guten Gründen hinterfragen, weil Wirtschaftsstraftaten typischerweise wohl nicht aufgrund der Unwissenheit um strafrechtliche Zusammenhänge, sondern von intelligenten, sozial unauffälligen und kühl kalkulierenden Tätern begangen werden.[115] Ob sich diese Täter durch einen bloßen Appell an ihre Moral beeindrucken lassen, ist durchaus zu bezweifeln.

2. Repressive Compliance-Maßnahmen

Umso mehr rückt die repressive Seite von Compliance in den Vordergrund und damit die Frage, ob wenigstens Kontroll-, Überwachungs- und Sanktionsmaßnahmen positive Auswirkungen auf die Regelbefolgung im Unternehmen haben und damit einen Beitrag zur Prävention leisten können.

Natürlich ließe sich auch dies nur durch empirische Studien belegen oder widerlegen; hier soll dagegen aus soziologischer Perspektive untersucht werden, ob der Anspruch, der hinter Compliance steht – Sicherstellung von Regelkonformität im Unternehmen – überhaupt mit den dafür eingesetzten Mitteln und dem dafür vorgesehenen Umfang verwirklicht werden kann.

Zur Aufdeckung von Regelwidrigkeiten wird in der Praxis vor allem auf Whistleblowing-Systeme und Stichprobenkontrollen zurückgegriffen. Tauchen Verdachtsfälle auf, wird diesen nachgegangen. Aufgedeckte Regelverletzungen werden arbeitsrechtlich sanktioniert. Präventiv könnten solche Maßnahmen wirken, indem sie nicht nur zur Verbesserung des Compliance-Systems ingesamt beitragen – das Unternehmen „lernt“ aus seinen Fehlern –, sondern indem gleichzeitig andere Mitarbeiter von eigenen rechtswidrigen Handlungen abgeschreckt werden. Doch gerade diese zuletzt genannte generalpräventive Wirkung stößt möglicherweise selbst an Grenzen, wenn nicht nur einige wenige, sondern sehr viele Verfehlungen aufgedeckt und sanktioniert werden müssen.

---

113 *Theile* ZIS 2008, 406, 411.
114 *Theile* ZIS 2008, 406, 411, 416.
115 *Hefendehl* JZ 2006, 119, 124.

a) Die These von der „Präventivwirkung des Nichtwissens“

Der Soziologe *Heinrich Popitz* hielt Mitte der 60er Jahre einen vielbeachteten Vortrag an der Universität Freiburg mit dem Titel „Über die Präventivwirkung des Nichtwissens“.[116]

Seine Ausgangsthese lautet, dass eine totale Verhaltenstransparenz menschlicher Gesellschaften unmöglich ist.[117] Total wäre die Verhaltenstransparenz nur dann, wenn alle Individuen einer Gesellschaft ein vollständiges Wissen über das Verhalten aller anderen Individuen besäßen. In Wirklichkeit erreichen wir aber nur ein partielles Wissen voneinander, der jeweilige Ausschnitt und der Umfang des Wissens richten sich dabei nach dem jeweiligen sozialen Umfeld (zB Freundeskreis, Beruf), in dem wir uns als Individuum bewegen. Ein vollständiges Wissen über das Verhalten aller anderen Individuuen ist für *Popitz* zunächst deswegen nicht erreichbar, weil eine solche Verhaltentransparenz auf subjektive (Unbehagen) und objektive (organisatorische) Sperren stoßen würde.

Vor allem aber – und das ist der Kern der These von der Präventivwirkung des Nichtwissens – sieht Popitz die totale Verhaltenstransparenz aus zwei anderen Gründen als unmöglich an:

Erstens würde die Kenntnis aller Normbrüche in einer Gesellschaft zu einer vollständigen Aushöhlung der Legitimität der Normen führen und damit letztendlich das Normensystem zum Kollabieren bringen.[118] Denn wenn der Normbruch seinen Ausnahmecharakter verliert, geht auch die damit verbundene Prangerwirkung verloren, und in der Folge kommt es zu mehr Normbrüchen.[119]

Zweitens würde bei Bekanntwerden aller Normbrüche auch das Sanktionssystem kollabieren, denn kein Sanktionssystem wäre der Belastung gewachsen, alle Normbrüche in einer Gesellschaft bestrafen zu müssen.[120]

116 Abgedruckt unter anderem in Recht und Staat, Heft 350 (1968).

117 *Popitz* Recht und Staat, Heft 350 (1968), 6 ff.

118 *Popitz* Recht und Staat, Heft 350 (1968), 9 ff.

119 *Popitz* Recht und Staat, Heft 350 (1968), 17: „Wenn auch der Nachbar zur Rechten und zur Linken bestraft wird, verliert die Strafe ihr moralisches Gewicht“.

120 *Popitz* Recht und Staat, Heft 350 (1968), 15 f. Damit ein Sanktionensystem funktionieren kann, muss es nach *Popitz* also die Verhaltensinformation begrenzen (12 f.). Das könne auch durchaus auf manipulative Weise erfolgen, etwa wenn ein Erzieher, der nicht alle Fehler eines Kindes korrigieren kann oder will, sich entschließen muss, einige nicht zu sehen (13 f.). Aus juristischer Perspektive kann ergänzt werden, dass auch das Strafverfahrensrecht Möglichkeiten bietet, das Sanktionensystem zu entlasten, ohne dabei die Normgeltung anzutasten (§§ 153 ff. StPO).

Aus diesen Hypothesen zieht *Popitz* den Schluss, dass der Dunkelziffer eine präventive Wirkung zukomme: „Die Strafe [könne] ihre soziale Wirksamkeit nur bewahren, solange die Mehrheit *nicht* ⌐bekommt, was sie verdient⌐."[121]

Die Gedanken von *Popitz* griff unter anderem *Lüderssen* auf.[122] *Lüderssen* bezweifelte unter Gerechtigkeitsgesichtspunkten die kriminalpolitische Konsequenz der Ausführungen von *Popitz*, die darin besteht, möglichst nichts gegen eine hohe Dunkelziffer zu unternehmen: Die Menschen müssten dann schließlich „[...] massive Ungleichheiten in Kauf nehmen, was seinerseits zu Indolenz, ja Fatalismus führen [könne]."[123]

Dennoch scheint *Popitz* mit seinen Annahmen nicht ganz falsch zu liegen: Erst jüngst wurde der (erfolgreiche) Versuch unternommen, die erste Hypothese des *Popitz*´schen Modells – ein Normensystem kollabiert, falls zu viele Normverstöße bekannt werden – empirisch zu belegen.[124]

Überträgt man dieses Modell nun auf die Ausgangsfrage, ob repressive Compliance-Maßnahmen einen Beitrag zur Kriminalprävention leisten imstande sind, könnte man zu dem Ergebnis kommen, dass Compliance-Programme nicht zur Aufdeckung aller Gesetzesverstöße im Unternehmen führen dürfen, sondern vielmehr

121 *Popitz* Recht und Staat, Heft 350 (1968), 20.

122 *Lüderssen* Strafrecht und „Dunkelziffer" (1972), 6 ff., 21 ff.

123 *Lüderssen* Strafrecht und „Dunkelziffer" (1972), 21. Auch Lüderssem erkennt aber die Realität der selektiven Strafpraxis an und folgert daraus die Verpflichtung der Gesellschaft, „[...] mit großem Aufwand den Tatbestand der ihr zugute kommenden Delinquenz zu mildern", vgl. 23 f. Nach Ansicht von *Schultz* in: Henkel-FS (1974), 239, 243 ist in Abhängigkeit von der Bedeutung des zu schützenden Rechtsguts zu bestimmen, ob eine hohe Dunkelziffer in Kauf genommen werden muss, wenn andere Möglichkeiten fehlen, um rechtskonformes Verhalten zu erwirken.

124 Vgl. *Diekmann/Przepiorka/Rauhut* ZfS, Jg. 40, Heft 1 (2011), 74 ff.: Das Experiment bestand in einem Würfelspiel. Die Testpersonen durften – anonym und unbeobachtet – würfeln und erhielten jeweils die gewürfelte Augenzahl in Schweizer Franken, es sei denn, sie würfelten eine 6 (das sollte die Normabweichung verstärken). Da nur die Testpersonen selber die gewürfelte Augenzahl wussten, wurden sie in Versuchung geführt, zu mogeln. Eine Überprüfung der Richtigkeit der Angaben war dennoch aufgrund der großen Anzahl der Testpersonen möglich, denn statistisch sollte die Verteilung der Augenzahlen ja in etwa gleich sein. Die Testpersonen wurden in drei Gruppen eingeteilt. Die erste Gruppe durfte zweimal ohne Intervention würfeln (Kontrollgruppe). Der zweiten Gruppe (info 1) wurden nach dem ersten Wurf die Ergebnisse vorangegangener ähnlicher Würfelexperimente bekannt gegeben, bei denen eine auffällige Häufung der Augenzahl 4 und 5 zu beobachten gewesen war. Der dritten Gruppe (info 2) schließlich wurden vor dem zweiten Wurf die gemeldeten Ergebnisse des ersten Wurfs bekannt gegeben. Bei allen Gruppen fand sich eine überdurchschnittliche Häufigkeit bei den gemeldeten Augenzahlen 4 und 5 (77 ff.). Während allerdings in der Kontrollgruppe kein Anstieg der Häufigkeit der Augenzahl 5 zwischen erstem und zweitem Wurf zu beobachten gewesen war, wuchs der Anteil einer berichteten 5 in den anderen Gruppen (info 1 +2) beim zweiten Wurf an.

eine „eingebaute Bremse“ haben müssen. Andernfalls könnten sie nämlich das exakte Gegenteil von dem erreichen, was sie eigentlich bezwecken.

b) Die These vom Nichtwissen als Katalysator für Normverstöße

Auf der anderen Seite ist Vorsicht geboten vor der Übertragung von Erkenntnissen eines soziologischen Modells, das auf Perfektionsannahmen („totale Verhaltenstransparenz“) basiert, die mit den tatsächlichen Gegebenheiten einer Gesellschaft bzw. eines Unternehmens nur wenig zu tun haben.[125] Zu beachten ist auch die besondere Konstellation, wenn Regelverstöße durch Mitarbeiter an ihrem Arbeitsplatz begangen werden. Anders als bei staatlichen Sanktionen steht bei Sanktionen seitens des Unternehmens weniger die Prangerwirkung im Vordergrund als vielmehr die Furcht der Mitarbeiter vor dem Verlust ihres Arbeitsplatzes und damit ihrer Existenzsicherung. Da entsprechende Sanktionen subjektiv als schärfer empfunden werden dürften, ist die Schwelle, bei der es zum Kollaps des Normensystems kommt, wohl erheblich höher als im Verhältnis Bürger-Staat.

Aber nicht nur die fehlende Realitätsnähe ist ein Problem, auch lässt das *Popitz*´sche Modell wichtige Parameter außer Acht. Zu diesem Schluss kommen *Groeber/Rauhut* in einer aktuellen Untersuchung.[126] Sie weisen darauf hin, dass das Modell variiert werden muss für Fälle, in denen Dritte („*inspectors*“) die Einhaltung von Normen kontrollieren und für erfolgreiche Arbeit eine Belohnung erhalten. In diesen Fällen könne Nichtwissen auch zur verstärkten Begehung von Normverstößen führen. Wenn nämlich diese Dritten nur von wenigen Normverstößen Kenntnis erhielten, würden sie auch weniger Anstrengungen unternehmen, um Normverstöße aufzudecken. Wenn dadurch Normverstöße, die früher aufgedeckt worden wären, nun verborgen blieben, würden die Normunterworfenen („*norm targets*“) wegen der geringeren Aufklärungswahrscheinlichkeit weniger abgeschreckt und in Zukunft mehr Normverstöße begehen. Der Effekt der moralischen Stabilisation der Normunterworfenen (aufgrund ihrer Unkenntnis der Gesamtzahl der Normverstöße) werde also überlagert von dem durch die geringere Aufdeckungswahrscheinlichkeit ausgelösten Anreiz, mehr Normverstöße zu begehen.[127]

Dieses Modell kommt der Situation in einem Unternehmen näher als das Modell von *Popitz*, weil es mit dem Compliance-Officer und seiner Abteilung Personen im Unternehmen gibt, deren Aufgabe (unter anderem) die Aufdeckung von Normverstößen ist. Gleichzeitig kann auch dieses Modell die Wirkungsweise von Aufklärung

---

125 Vgl. hierzu auch die Kritik von *Lüderssen* Strafrecht und „Dunkelziffer“ (1972), 6 f.

126 Comp Math Organ Theory 16/2010, 1 ff. *Groeber/Rauhut* übersetzen dies auch in ein mathematisches Modell.

127 *Groeber/Rauhut* Comp Math Organ Theory 16/2010, 1, 22 ff.

und Prävention im Unternehmen nicht zufriedenstellend erklären. Denn die Aufklärungsbemühungen eines Compliance-Officers dürften sich im Regelfall auf etwa demselben Niveau bewegen und nur im Einzelfall gesteigert sein, wenn es Anhaltspunkte für schwerwiegendes Fehlverhalten gibt. Dass diese Kurve zu andereren Zeiten auch eine Beule nach unten aufweisen kann, ist schwer vorstellbar. Schon aus unmittelbarem Eigeninteresse wird kein Compliance-Officer die Aufklärungsarbeit nur deswegen schleifen lassen, weil seiner Auffassung nach die Mitarbeiter seines Unternehmens im Großen und Ganzen regelkonform handeln.

3. Ergebnis

Auch wenn soziologische Modelle keine eindeutigen Antworten über die Effektivität oder Ineffektivität von Compliance-Maßnahmen geben können, schärfen sie doch den Blick im Hinblick darauf, welche Parameter für die Effektivität von Compliance-Maßnahmen von Bedeutung sein können.

VI. Zusammenfassung zu Teil A

Zur besseren unternehmensinternen Durchsetzung gesetzlicher (und anderer) Regelungen greifen manche Unternehmen auf das Instrument der Compliance-Programme zurück. Diese umfassen typischerweise präventive Maßnahmen (zB Schulungen) ebenso wie Mechanismen zur Aufdeckung von Regelverstößen (Compliance-Audits, Whistleblowing); auch mögliche Sanktionen gegen belastete Mitarbeiter werden hierzu gezählt.

Dem Unternehmen stehen verschiedene Wege offen, seine Mitarbeiter zur Wahrung von Compliance-Regeln zu verpflichten (Weisungsrecht, Individualvereinbarung, Kollektivvereinbarung). Dabei bietet das Weisungsrecht weniger Gestaltungsspielraum als die Einführung über Individual- oder Kollektivvereinbarungen. Dafür müssen die Inhalte von Individual- und Kollektivvereinbarungen den jeweiligen gesetzlichen Anforderungen genügen (etwa §§ 305 ff. BGB).

Nicht einheitlich beurteilt wird die Frage, ob sich aus gesellschafts- und aufsichtsrechtlichen Vorschriften eine allgemeine Rechtspflicht zur Einführung von Compliance-Programmen herleiten lässt. Nach einer überzeugenden Ansicht ist dies abhängig von den Umständen des Einzelfalls (Vorkommnise in der Vergangenheit, Branche) und muss der Einschätzung und Bewertung der Unternehmensleitung überlassen werden. Eine Unternehmensleitung, die gänzlich auf die Durchführung von Früherkennungsmaßnahmen im Unternehmen verzichtet, läuft Gefahr, sich wegen Untreue (§ 266 StGB) strafbar zu machen. Treten nämlich weitere Umstände im Einzelfall hinzu (zB besonders korruptionsanfälliges Geschäftsumfeld), kann dies nach dem extensiven Ansatz der Rechtsprechung genügen, um unter dem Gesichtspunkt der schadensgleichen Vermögensgefährdung eine Untreuestrafbarkeit zu bejahen. Die besseren Gründe sprechen allerdings dafür, den aus dem Betrug (§ 263 StGB) bekannten Unmittelbarkeitsgrundsatz auch für die Untreue heranzuziehen und § 266 StGB restriktiv auszulegen.

Zur kriminalpolitischen Bedeutung von Compliance-Programmen ist bis jetzt wenig bekannt, unterschieden werden muss jedenfalls zwischen präventiven und repressiven Compliance-Maßnahmen. Präventive Maßnahmen (Schulungen) erscheinen verheißungsvoll, ihre Wirksamkeit lässt sich aber nicht nur aufgrund von Negativ-Beispielen aus der Praxis in Zweifel ziehen (Siemens), sondern auch wegen der typischerweise intelligenten und kalkulierenden Täter von Wirtschaftsstraftaten. Zur Beurteilung der repressiven Maßnahmen (Aufdeckung, Sanktionierung) kann auf Modelle der Soziologie zurückgegriffen werden. Diese können aber allenfalls grobe Verhaltensstrukturen erklären, da sie jeweils entweder auf Perfektionsannahmen basieren (Präventivwirkung des Nichtwissens) oder der Rollenverteilung in einem Unternehmen zwar nahekommen, diese jedoch nicht präzise genug abbilden (Nichtwissen als Katalysator für Normverstöße).

B. Aufdeckung von Regelverletzungen durch Whistleblowing

Wesentlicher Bestandteil von Verhaltensrichtlinien sind nicht selten Hinweisgeber-/"Whistleblowing"-Systeme.[128] Ziel des Unternehmens ist die erleichterte Aufdeckung von Verstößen gegen die Verhaltensrichtlinien bzw. allgemein gegen Compliance-Regeln. Das kann durch die bloße Bereitstellung eines internen oder externen Whistleblowing-Systems geschehen, verbunden mit der Erwartung, dass Arbeitnehmer auf diesem Wege Verstöße melden sollen. Das Unternehmen kann diese Meldung aber auch als Rechtspflicht der Arbeitnehmer ausgestalten. Hierbei stellt sich die Frage, welchen Grenzen eine solche Rechtspflicht ausgesetzt ist.

I. Systematisierung der Informationspflichten von Arbeitnehmern

Die (mögliche) Pflicht zum „Whistleblowing“ lässt sich als Ausschnitt der Informationspflichten begreifen, die einen Arbeitnehmer treffen können.

Diese Informationspflichten lassen sich auf verschiedene Art und Weise systematisieren. Zum einen kann danach differenziert werden, von wem die Initiative für die Informationserteilung ausgeht:[129] Auskunftspflichten werden erst durch entspre-

128 *Fahrig* NJOZ 2010, 975, 977.

129 So der Vorschlag von MünchArbR/*Reichold*, 3. Aufl., § 49, Rn. 4; *Reichold* in: Bauer-FS (2010), 843, 845 f.

chende Fragen des Arbeitgebers ausgelöst, Anzeigepflichten muss der Arbeitnehmer dagegen spontan und eigeninitiativ nachkommen.

Als zweites ist der Bezug des Informationsinhalts von Bedeutung. Steht die Information im Zusammenhang mit den Aufgaben des Arbeitnehmers, kann man von einer Informationspflicht im eigenen Aufgabenbereich sprechen, ohne einen solchen Zusammenhang von einer Informationspflicht außerhalb des eigenen Aufgabenbereichs.

Schließlich richtet sich der Umfang der Informationspflichten auch danach, ob mit der Information eigenes oder fremdes Fehlverhalten preisgegeben werden soll; auch im Hinblick auf diesen Aspekt muss daher differenziert werden.

Bei den Anzeigepflichten soll im Folgenden der Frage nachgegangen werden, wann Arbeitnehmer die Pflicht trifft, ein Fehlverhalten Dritter anzuzeigen, und zwar im eigenen Aufgabenbereich wie auch außerhalb des eigenen Aufgabenbereichs. Diese Konstellation dürfte auch den typischen Fallkonstellationen des Whistleblowing entsprechen. Inwiefern Arbeitnehmer auch dazu verpflichtet sein können, eigenes Fehlverhalten anzuzeigen, soll dagegen nur am Rande eine Rolle spielen.[130]

Bei den Auskunftspflichten hingegen ist besonders die Frage virulent, ob Arbeitnehmer verpflichtet sein können, eigenes Fehlverhalten preiszugeben, und zwar auch dann, wenn sie dadurch unter Umständen ihre Rechtsposition in einem späteren Strafverfahren gefährden.[131]

II. Anzeigepflichten von Arbeitnehmern

Im Rahmen der Behandlung der Anzeigepflichten soll vor allem gezeigt werden, wann Arbeitnehmer arbeitsrechtlich die Pflicht trifft, ein Fehlverhalten Dritter anzuzeigen. Da in diesem Bereich noch erhebliche Unsicherheit besteht, wird zunächst die hierzu ergangene Rechtsprechung dargestellt.

1. Rechtsprechung

a) BAG v. 12.5.1958 (2 AZR 539/56)[132]

Eine GmbH verlangt von einem früheren leitenden Angestellten Schadensersatz, weil dieser seinen Kontroll- und Überwachungspflichten nicht nachgekommen sei. Infolgedessen habe ein Mitarbeiter über einen Zeitraum von zwei Jahren Gelder

---

130 S. 44 f.
131 S. 122 ff.
132 NJW 1958, 1747.

veruntreuen können. Der leitende Angestellte hafte daher neben dem Mitarbeiter als Gesamtschuldner für den entstandenen Schaden.

Nach Ansicht des BAG kann sich eine Überwachungspflicht nicht nur aus einer Vertragsabsprache, sondern auch aus dem Grundsatz der Treuepflicht ergeben. In bestimmten Fällen und aus gegebenem Anlass treffe den Arbeitnehmer eine "aktualisierte" Überwachungspflicht, deren Umfang ebenfalls einzelfallabhängig sei. Im konkreten Fall bejahte das BAG eine solche Überwachungspflicht und betonte folgende Gesichtspunkte: die besondere – ranghöchste – Stellung des Beklagten im Betrieb; die Ausgestaltung seiner Tätigkeit, zu der Geschäftsführungsbefugnisse und eine Einzelprokura gehörten; die überschaubare Anzahl an Mitarbeitern; der umfassende Überblick über das gesamte Geschäftsgeschehen.

b) ArbG Hamburg v. 2.12.1969 (2 Ca 566/68)[133]

Das ArbG Hamburg hatte einen Fall zu entscheiden, in dem es offensichtlich (es ist nur eine Kurzfassung der Urteilsgründe abgedruckt) um die Bestimmung der Anzeigepflichten eines Arbeitnehmers ging, der drohende Schäden außerhalb seines Aufgabenbereichs wahrgenommen hatte. Nach Ansicht des ArbG Hamburg muss der "einfache" Arbeitnehmer" grundsätzlich nur solche Unregelmäßigkeiten anzeigen, die seinen eigenen Arbeitsbereich betreffen – denn Denunzianten würden nicht gern gesehen. Dagegen könnten weitergehende Anzeigepflichten nur begründet werden, wenn weitere Merkmale vorlägen: Vertrauensstellung oder gehobene Position im Betrieb; hoher Schaden; besondere Schwere der Straftat; Wahrscheinlichkeit von Wiederholungen trotz Drohung mit einer Anzeige. Außerdem müsse in solchen Fällen die Zumutbarkeit einer Anzeige genau geprüft werden, wofür die Kammer wiederum Kriterien nennt: Persönliche Beziehungen zu dem Anzuzeigenden; zu erwartende Stellung unter den Arbeitskollegen nach der Anzeige; Art und Weise der Kenntniserlangung; die Möglichkeit, auf sich selbst den Verdacht zu lenken; Dauer der Betriebszugehörigkeit; Versuch, den Anzuzeigenden von seinem Tun abzuhalten.

c) BAG v. 18.6.1970 (1 AZR 520/69)[134]

Ein kaufmännischer Angestellter bei einem Versorgungsunternehmen ist unter anderem dafür zuständig, mit den Hauskassierern abzurechnen. Obwohl er bei einem der Hauskassierer Unterschlagungen vermutet, unterlässt er die Meldung an seinen Arbeitgeber.

---

133 DB 1970, 739.
134 NJW 1970, 1861.

Das BAG bejaht die Haftung des kaufmännischen Angestellten. Es könne dahinstehen, ob einen Arbeitnehmer in jedem Fall die Pflicht treffe, gegen den Arbeitgeber gerichtete Schädigungen Dritter dem Arbeitgeber mitzuteilen. "Jedenfalls besteh[e] eine solche Verpflichtung, wenn sich die schädigende Haltung in dem Aufgabenbereich abspielt, mit dem der betreffende Arbeitnehmer betraut ist, und wenn eine Wiederholungsgefahr besteh[e], d.h. es nicht von der Hand zu weisen [sei], daß durch ein Unterlassen der Meldung des Arbeitnehmers an den Arbeitgeber der dem Arbeitgeber entstehende Schaden nicht behoben oder sogar vergrößert wird." Aus der Stellung des Arbeitnehmers, dessen Sachnähe und dem Interesse des Arbeitgebers an der Vermeidung zukünftiger Schädigungen ergebe sich eine aktualisierte Kontroll- und Überwachungspflicht. Die arbeitsvertragliche Treuepflicht gebiete es, dass der Arbeitnehmer Meldung machen müsse über Gefahren aus seinem Arbeitsbereich und Gefahren im Zusammenhang mit Personen, mit denen er aufgrund des Arbeitsvertrages zusammenzuarbeiten habe. Da schon die Treuepflicht verletzt sei, komme es auf die Auslegung des zwischen des Parteien geschlossenen Vertrages nicht mehr an.

d) LAG Berlin v. 9.1.1989 (9 Sa 93/88)[135]

Ein Fleischergeselle wehrt sich gegen die ordentliche Kündigung durch seinen Arbeitgeber, ein Fleischgroßhandelsunternehmen. Er soll dabei geholfen haben, in einem Fleischgroßmarkt ein Warenversteck einzurichten. Nach Entdeckung des Warenverstecks durch andere Mitarbeiter war eine Videokamera installiert worden. Videoaufnahmen zeigten später, wie der Betriebsobmann dem Fleischergesellen den Standort des Verstecks wies. Dieser langte in das Versteck hinein, allerdings ohne etwas herauszuholen. Dabei wurde aber ein unter seinem Gürtel befindliches Bockwurstpaket sichtbar, das der Geselle sofort wieder zurechtrückte und unter seinem Kittel verbarg.

Da dem Fleischergesellen keine strafbare Handlung nachgewiesen werden konnte, prüft das LAG Berlin die Rechtmäßigkeit einer ordentlichen Verdachtskündigung. Neben den genannten Indizien stützt seiner Ansicht nach die Tatsache den Verdacht, dass der Geselle sich weigerte, an der Aufklärung der Vorfälle mitzuwirken und dabei sogar die Kenntnis des Verstecks abstritt. Das LAG hält außerdem fest, dass der Fleischergeselle seiner in der Treuepflicht wurzelnden Meldepflicht nicht nachgekommen sei. Da auch der damalige Betriebsobmann in den Vorfall verwickelt gewesen sei, hätte der Geselle seinem Arbeitgeber von dessen schädigenden Handlungen Mitteilung machen müssen, vor allem dann, wenn dadurch weiterer Schaden hätte verhindert werden können.

---

135 BeckRS 1989, 30454810.

e) BGH v. 23.2.1989 (IX ZR 236/86)[136]

Der Beklagte arbeitet als freier Mitarbeiter für die Klägerin, eine Wehrtechnikfirma. Für die Verhandlungen mit dem Verteidigungsministerium von Singapur über die Lieferung von Amphibienfahrzeugen wird eine andere Firma mit der Vertretung der Klägerin beauftragt. Im Zuge dessen wird auch ein Wettbewerbsverbot vereinbart. Die beauftragte Firma hält sich nicht an dieses Wettbewerbsverbot, lässt sich aber dennoch von der Wehrtechnikfirma Provisionen für die Vertretung auszahlen. Hiervon erlangt der beklagte freie Mitarbeiter Kenntnis, leitet diese Information aber nicht an die Wehrtechnikfirma weiter. Einen Teil der an die beauftragte Firma gezahlten Provisionen verlangt die Klägerin nun vom Beklagten als Schadensersatz.

Der BGH prüft zunächst, ob der Beklagte gegen eine Pflicht aus § 666 BGB verstoßen hat. Dies scheitere aber schon daran, dass sich Mitteilungspflichten nach § 666 BGB nur auf die dem Beauftragten übertragenen oder von ihm wahrgenommenen Aufgaben aus dem Geschäftskreis des Geschäftsherrn erstrecken. Der Beklagte habe aber lediglich im Produktionsbereich mitgewirkt und keine Vertriebsaufgaben übernommen. Auch gegen die allgemeine vertragliche Treuepflicht habe der Beklagte nicht verstoßen: Weder sei ihm allgemein die Überwachung anderer Dienstverpflichteter übertragen worden noch habe ihn aufgrund seiner betrieblichen Stellung eine aktualisierte Überwachungspflicht getroffen: Die schädigende Handlung habe sich bereits nicht in seinem Aufgabenbereich abgespielt. Ob ein Arbeitnehmer auch darüber hinaus verpflichtet sei, schädigende Handlungen Dritter anzuzeigen, könne dahingestellt bleiben. Jedenfalls wäre eine Anzeige unzumutbar gewesen, denn der Arbeitnehmer hätte sich sonst auch selbst eines vertragswidrigen Verhaltens bezichtigen müssen.

f) LAG Hamm v. 29.7.1994 [18 (2) Sa 2016/93][137]

Einem Versandarbeiter wird unter anderem deswegen gekündigt, weil er den Diebstahl eines Silikonkartons nicht seinem Arbeitgeber angezeigt hat. Das LAG Hamm verwarf die außerordentliche, bestätigte aber die ordentliche Kündigung. Die schädigende Handlung sei im Arbeitsbereich des gekündigten Mitarbeiters passiert, außerdem habe Wiederholungsgefahr bestanden.

g) Zusammenfassung

Nach den bis jetzt entschiedenen Fällen trifft Arbeitnehmer bei schädigenden Handlungen Dritter dann eine Mitteilungspflicht, wenn es sich um Gefahren aus

136 AP BGB § 611 Treuepflicht Nr. 9.
137 BeckRS 1994, 30461299.

ihrem Aufgabenbereich handelt oder wenn Personen involviert sind, mit denen sie aufgrund ihres Arbeitsvertrages zusammenarbeiten müssen und wenn eine Wiederholungsgefahr zu befürchten ist. Das folgt nach Ansicht der Rechtsprechung aus der Treuepflicht und bedarf keines Rückgriffs auf die jeweilige vertragliche Regelung. Ausnahmsweise entfällt die Mitteilungspflicht, wenn sich der Arbeitnehmer sonst selbst einer vertragswidrigen Handlung bezichtigen müsste.

Bei Unregelmäßigkeiten außerhalb des eigenen Aufgabenbereichs verweist das ArbG Hamburg auf Kriterien, die bei der Bestimmung einer Anzeigepflicht zu berücksichtigen seien. Allerdings wird wegen des verkürzten Abdrucks nicht deutlich, wie das ArbG Hamburg diese Kriterien im entschiedenen Fall konkret gewichtet hat.

2. *Präzisierungsversuche der Literatur*

a) Meinungsspektrum

In der Literatur wird die Frage der Anzeigepflicht außerhalb des eigenen Aufgabenbereichs zumeist nur am Rande behandelt. Nach der überwiegenden Ansicht trifft den Arbeitnehmer dann eine Informationspflicht, wenn er Kenntnis hat von – bereits eingetretenen oder bevorstehenden – Personen- oder erheblichen Sachschäden.[138] Eine andere Ansicht hält Arbeitnehmer generell nicht für verpflichtet, Schäden und Risiken außerhalb ihres Wirkungsbereiches anzuzeigen, und zwar auch dann nicht, wenn es sich um strafbare Handlungen von Kollegen handelt oder der eingetretene oder zu erwartende Schaden außergewöhnlich hoch ist.[139] Schließlich will eine Ansicht das Vorliegen einer Anzeigepflicht außerhalb des eigenen Wirkungsbereichs von einer konkreten Interessenabwägung anhand der gegebenen Einzelumstände abhängig machen.[140]

b) Die Konzeption von *Schulz*

Eine eingehende Behandlung der Problematik findet sich bei *Schulz*[141]. Seiner Ansicht nach trifft die Anzeigepflicht jeden Mitarbeiter – unabhängig von der Hier-

---

138 Erman/*S. Edenfeld*, 12. Aufl., § 611, Rn. 493; *Zöllner/Loritz/Hergenröder*, Arbeitsrecht, 6. Aufl., 157; *Hromadka/Maschmann* Arbeitsrecht Bd. 1, 4. Aufl., 209; *Preis* Arbeitsrecht, 3. Aufl., 359; Schaub/*Linck* ArbR-Hdb., 13. Aufl., § 55, Rn. 44. Erman/*Edenfeld*, 12. Aufl., § 611, Rn. 490 will eine Anzeigepflicht in Bezug auf Untergebene eher bejahen als in Bezug auf gleichgestellte Arbeitskollegen und verlangt in Bezug auf letztere ein "Anschwärzen" nur in schwerwiegenden Fällen. Vgl. auch *Böhm* Non-Compliance (2011), 163.

139 *Boemke* Arbeitsrecht, 2. Aufl., § 11, Rn. 42.

140 *Dütz* Arbeitsrecht, 14. Aufl., § 4, Rn. 154.

141 *Schulz* Ethikrichtlinien und Whistleblowing (2010), 146 ff. und *Schulz* BB 2011, 629 ff.

archieebene im Unternehmen – gleichermaßen. Danach soll jeder "[...] Arbeitnehmer [...] verpflichtet [sein], ihm bekannt gewordenes Fehlverhalten von anderen Arbeitnehmern und Dritten dem Arbeitgeber anzuzeigen, wenn ein konkreter Verdacht besteh[e], das Fehlverhalten im sachlichen, räumlichen und personalbezogenen Zurechnungszusammenhang zum Betrieb/Unternehmen steh[e], das Fehlverhalten dazu geeignet [sei], das Unternehmen zu schädigen und das Fehlverhalten mit Strafe oder Geldbuße bedroht [sei]."[142] Diese Meldepflicht trifft nach Ansicht von *Schulz* deswegen alle Mitarbeiter eines Unternehmens gleichermaßen, weil die von ihm präzisierte Meldepflicht als Schutzpflicht in den Bereich der vertraglichen Rücksichtnahmepflichten (§ 241 II BGB) falle.[143] Die Schutzpflicht sei als selbstständige Leistungspflicht gerade nicht leistungsbezogen und deshalb unabhängig von Bezügen zur Hauptleistungspflicht zu bestimmen.

Nach dieser Konzeption gibt es damit zwei Arten von Meldepflichten: Zum einen die Meldepflicht in Bezug auf Vorkommnisse im eigenen Arbeitsbereich, wie sie von der Rechtsprechung konkretisiert wurde. Diese Meldepflicht sei als unselbstständige, leistungsbezogene Nebenpflicht einzuordnen.[144] Für Geschehnisse außerhalb des eigenen Arbeitsbereichs müsse die Meldepflicht dagegen aus den vertraglichen Rücksichtnahmepflichten (§ 241 II BGB) hergeleitet werden und sei daher eine selbstständige, nichtleistungsbezogene Nebenpflicht.[145]

3. Eigene Bewertung

Nach einer begrifflichen Bestimmung (aa) werden die Anzeigepflichten im folgenden sowohl für Ereignisse im eigenen Aufgabenbereich (bb) als auch für Ereignisse außerhalb des eigenen Aufgabenbereichs (cc) dogmatisch eingeordnet. Anschließend wird die Relevanz dieser dogmatischen Einordnung erläutert (b).

a) Dogmatische Einordnung der Anzeigepflichten

aa) Begriffsklärung

Die Terminologie der die Hauptleistung begleitenden Pflichten ist bis heute uneinheitlich.[146] Es soll hier der Auffassung gefolgt werden, die zwischen Nebenleis-

142 *Schulz* Ethikrichtlinien und Whistleblowing (2010), 173.
143 *Schulz* Ethikrichtlinien und Whistleblowing (2010), 164.
144 *Schulz* Ethikrichtlinien und Whistleblowing (2010), 163.
145 *Schulz* Ethikrichtlinien und Whistleblowing (2010), 164.
146 Vgl. ausführlich mwN Staudinger/*Olzen* (2009), § 241, Rn. 147 ff. Allgemein zur dogmatischen Einordnung von Haupt- und Nebenpflichten im Arbeitsverhältnis *Böhm* Non-Compliance (2011), 33 ff.

tungspflichten (§ 241 I BGB) und nicht leistungsbezogenen Nebenpflichten (Schutz-, Obhuts- und Rücksichtnahmepflichten, § 241 II BGB) differenziert.[147]

Die Rechtsprechung hat die Anzeigepflichten der Arbeitnehmer bis jetzt stets aus der sog. Treuepflicht hergeleitet.[148] Darunter wurde früher eine selbstständige, von der Arbeitspflicht unabhängige Verhaltenspflicht verstanden, die wiederum ihren Ursprung in den Besonderheiten des zwischen den Arbeitsparteien bestehenden "personenrechtlichen Gemeinschaftsverhältnisses" haben sollte.[149] Doch diese Lehre wird – spätestens seit dem durch die Schuldrechtsreform im Jahr 2002 eingefügten § 241 II BGB – als veraltet angesehen. Die heute ganz überwiegende Auffassung verwendet den Begriff nur noch zur Bezeichnung der arbeitsvertraglichen Nebenpflichten, wobei dies teilweise nur die Rücksichtnahmepflichten nach § 241 II BGB[150], teilweise auch die Nebenleistungspflichten nach § 241 I BGB umfasst[151].

bb) Anzeigepflichten im eigenen Aufgabenbereich

Bis jetzt bejaht die Rechtsprechung eine Anzeigepflicht jedenfalls dann, wenn die möglicherweise anzeigepflichtige Information dem "Aufgabenbereich"[152] bzw. dem "Arbeitsbereich"[153] des Arbeitnehmers entstammt.[154] Daraus scheint *Schulz* den Schluss zu ziehen, dass die Rechtsprechung damit jeweils die Anzeigepflicht im eigenen Aufgabenbereich aus den Nebenleistungspflichten herleitet.[155] Allein der Bezug zu den Aufgaben des Arbeitnehmers sagt aber noch nichts darüber aus, ob es sich bei der jeweiligen Anzeigepflicht um eine Nebenleistungspflicht oder eine Nebenpflicht handelt. Denn auch Nebenpflichten lassen sich nur mit Blick auf den Inhalt des Schuldverhältnisses bestimmen (§ 241 II BGB), wobei vor allem der Rechtscharakter und die Dauer des Schuldverhältnisses und die Intensität des damit

---

147 *Medicus/Lorenz* Schuldrecht I, 18. Aufl., § 15, Rn. 118 ff.; Staudinger/*Olzen* (2009), § 241, Rn. 147 ff. Eine neuere Ansicht unterscheidet noch zwischen Nebenleistungspflichten und leistungsbezogenen Nebenpflichten, die zwar beide § 241 I BGB zugeordnet werden sollen. Auf letztere Pflichten sollen aber die §§ 282, 324 BGB analog Anwendung finden, vgl. *Gröschler* in: Konzen-FS (2006), 109, 112 ff., 127.

148 BAG v. 12.5.1958 - 2 AZR 539/56, NJW 1958, 1747; BAG v. 18.6.1970 - 1 AZR 520/69, NJW 1970, 1861; LAG Berlin v. 9.1.1989 - 9 Sa 93/88, BeckRS 1989 30454810; BGH v. 23.2.1989 - IX ZR 236/86, AP BGB § 611 Treuepflicht Nr. 9.

149 ArbR/*Blomeyer*, 2. Aufl., § 51, Rn. 2.

150 *Hromadka/Maschmann* Arbeitsrecht Band 1, 207.

151 ArbR/*Richardi*, 3. Aufl., § 47, Rn. 2 f.

152 BAG v. 18.6.1970, 1 AZR 520/69, NJW 1970, 1861; BGH v. 23.2.1989, IX ZR 238/86.

153 LAG Hamm v. 29.7.1994, 18 (2) Sa 2016/93 (BeckRS 1994 30461299); ArbR/*Blomeyer*, 2. Aufl., § 54, Rn. 6 ff.

154 Weitere Voraussetzung ist, dass Wiederholungsgefahr besteht, dass also bei Unterlassen der Anzeige der Schaden nicht behoben oder sogar vergrößert wird, vgl. oben.

155 *Schulz* Ethikrichtlinien und Whistleblowing (2010), 163 ff.

verbundenen sozialen Kontakts eine Rolle spielt.[156] Bei Arbeitsverhältnissen werden wegen dessen Charakter als Vertragstyp mit starker persönlicher Bindung im Vergleich zu anderen Schuldverhältnissen erweiterte Schutzpflichten angenommen.[157] Dazu zählt unter anderem die Schadensabwehr im Betrieb, welche die Arbeitnehmer verpflichtet, Gefahren zu verhindern oder zu beseitigen und – falls sie dazu nicht imstande sind – Anzeige zu machen.[158] Diese Anzeigepflichten iSv § 241 II BGB setzen keinen Bezug der Gefahr zur Arbeitsleistung voraus, sondern es genügt ein Betriebsbezug. Dagegen sind Informationspflichten dann Nebenleistungspflichten, wenn sie dem Leistungs- und nicht dem Integritätsinteresse des Gläubigers dienen.[159] Den Arbeitnehmer trifft etwa die Nebenleistungspflicht, dem Arbeitgeber solche persönlichen Umstände mitzuteilen, die ihm die Erfüllung der Arbeitspflicht unmöglich machen oder zumindest erschweren (zB Schwangerschaft, Krankheit).[160]

Die Abgrenzung zwischen Schutzpflichten und Nebenleistungspflichten kann dann Probleme bereiten, wenn durch die Gefährdung des Betriebs auch die Arbeitsleistung des Arbeitnehmers beeinträchtigt ist, wenn also zB einem Arbeitnehmer die ordnungsgemäße Erbringung seiner Arbeitsleistung dadurch erschwert wird, dass andere Arbeitnehmer Straftaten zulasten des Arbeitgebers begehen.

Hier ist nicht nur das Leistungsinteresse des Arbeitgebers, sondern auch sein Integritätsinteresse betroffen, so dass unklar ist, ob die Anzeigepflicht in diesem Fall als Nebenleistungspflicht oder als Nebenpflicht einzuordnen ist ("doppelrelevante Pflicht"). In Zweifelsfällen erfolgt die Abgrenzung zwischen Leistungs- und Rücksichtspflichten durch eine wertende Einzelfallbetrachtung anhand der Frage, ob die jeweilige Pflicht die Bewahrung oder die Veränderung der gegenwärtigen Güterlage zum Ziel hat.[161] Wenn Mitarbeiter Straftaten zum Schaden ihres Unternehmens verüben, wird die (kurz- oder auch nur langfristige) Beeinträchtigung von Unternehmenswerten in der Regel erheblich mehr ins Gewicht fallen als eine verminderte Arbeitsleistung von Mitarbeitern, so dass die Anzeigepflicht in diesen Fällen als Nebenpflicht gemäß § 241 II BGB einzuordnen ist.

---

156 Schulze u.a./*Schulze*, BGB, 6. Aufl., § 241, Rn. 5.

157 Schulze u.a./*Schulze*, BGB, 6. Aufl., § 241, Rn. 5.

158 Vgl. ausführlich zur Struktur der Anzeigepflichten des Arbeitnehmers *Reichold* in: Bauer-FS (2010), 842, 852 ff.

159 Staudinger/*Olzen* (2009), § 241, Rn. 162.

160 *Hromadka/Maschmann* Arbeitsrecht Bd. 1, 4. Aufl., 208 f.; *Zöllner/Loritz/Hergenröder*, Arbeitsrecht, 6. Aufl., 157.

161 Staudinger/*Olzen* (2009), § 241, Rn. 160.

cc) Anzeigepflichten außerhalb des eigenen Aufgabenbereichs

Erfährt ein Arbeitnehmer Dinge, die keinen Bezug zu seinen Arbeitspflichten haben, also außerhalb seines Aufgabenbereichs stehen, kann ihn nur eine Anzeigepflicht als Ausprägung seiner Nebenpflichten nach § 241 II BGB treffen.

b) Relevanz der dogmatischen Einordnung

Die dogmatische Einordnung der Anzeigepflicht kann dann eine Rolle spielen, wenn der Arbeitgeber von einem Arbeitnehmer Schadensersatz verlangen möchte, weil dieser ihn nicht über schadensbringende Ereignisse – wie etwa die Tatsache, dass andere Mitarbeiter Straftaten zulasten des Unternehmens begehen – informiert habe. Während sich der Schadensersatz neben der Leistung in jedem Fall nach § 280 I BGB richtet, unabhängig davon, ob die Anzeigepflicht im konkreten Fall als Nebenleistungspflicht oder Nebenpflicht einzuordnen war, ist beim Schadensersatz statt der Leistung zu differenzieren: Schadensersatz wegen Verletzung einer Nebenleistungspflicht kann der Arbeitgeber nach §§ 280 I, III, 281 BGB (bzw., wenn die Arbeit nicht nachgeholt werden kann, § 283 BGB) verlangen, Schadensersatz wegen Verletzung einer Nebenpflicht nach § 280 I, III, 282 BGB. Allerdings wird der Schadensersatz statt der Leistung in der zugrunde liegenden Konstellation zumeist nur eine untergeordnete Rolle spielen. Wenn Arbeitnehmer ihrem Arbeitgeber die Kenntnis von Straftaten im Unternehmen vorenthalten, wird dadurch in der Regel vor allem ein Schaden an Rechtsgütern des Arbeitgebers entstehen, der sich auch durch eine nachträgliche Anzeige des Arbeitnehmers nicht beheben lässt[162], und der damit bereits als Schadensersatz neben der Leistung ersetzt werden kann. Wurde der Arbeitnehmer durch die Straftaten anderer Mitarbeiter gleichzeitig auch noch an der ordnungsgemäßen Erfüllung seiner Hauptleistung gehindert, dann könnte man – vorausgesetzt, die Arbeit kann nicht nachgeholt werden – in Bezug auf diesen Schaden an einen Schadensersatz statt der Leistung gemäß §§ 280 I, III, 283 BGB denken. Zu beachten ist, dass der Arbeitnehmer bei betriebsveranlassten Tätigkeiten unabhängig von der konkreten Einordnung des Schadensersatzes haftungsprivilegiert ist[163] und dass abweichend von § 280 I 2 BGB der Arbeitgeber die Beweislast auch für das Verschulden trägt (§ 619 a BGB).

162 Vgl. zur Abgrenzung von Schadensersatz statt der Leistung und Schadensersatz neben der Leistung *Medicus/Lorenz* Schuldrecht I, § 30, Rn. 352 ff.

163 MünchArbR/*Richardi*, 3. Aufl., § 51, Rn. 63, *Richardi* in: Bauer-FS (2010), 842, 849.

4. Vorschlag für eine Präzisierung der Anzeigepflicht außerhalb des eigenen Aufgabenbereichs

Wann Arbeitnehmer eine Anzeigepflicht trifft, wenn sie von Gefahren bzw. Straftaten außerhalb ihres Aufgabenbereichs erfahren, lässt sich nicht allgemein und abschließend sagen. Es lassen sich aber Grundmuster bilden, anhand derer die Umstände des Einzelfalls beurteilt werden können. Dabei ist zu berücksichtigen, dass eine zu weit gefasste Anzeigepflicht nicht unbedingt im Interesse des Arbeitgebers liegt: Eine solche Pflicht würde von Mitarbeitern als Zwang zur Denunziation aufgefasst und unabhängig von tatsächlichen Vorkommnissen zur Vergiftung des Betriebsklimas führen. Im folgenden wird ein Vorschlag zur Präzisierung der Anzeigepflicht außerhalb des eigenen Aufgabenbereichs gemacht, anhand der Parameter Art des Fehlverhaltens (aa), betriebliche Stellung des Anzeigepflichtigen (bb), betriebliche Stellung der anzuzeigenden Person (cc), Verdachtsdichte (dd) und Zumutbarkeit (ee).

aa) Art des Fehlverhaltens

Die Frage, welche Gefahren bzw. welches Fehlverhalten anderer Mitarbeiter dem Arbeitgeber zu melden sind, wird unterschiedlich beurteilt. Der wohl überwiegende Teil der Literatur verweist in diesem Zusammenhang formelhaft auf "bevorstehende oder bereits eingetretene schwere Sach- oder Personenschäden".[164] Andere Stimmen versuchen das anzuzeigende Fehlverhalten zu konkretisieren und greifen dabei auf ein Tatbestandsmerkmal des § 130 I OWiG zurück.[165] Nur Verstöße gegen "betriebsbezogene" Pflichten iSd § 130 I OWiG sollen danach anzeigepflichtig sein. Ziel dieser Auffassung ist es, solche Verhaltensweisen herauszufiltern, die für Unternehmen schädlich sein können[166] und gleichzeitig dem Umstand Rechnung zu tragen, dass die Aufdeckung von Pflichtverletzungen oft zufällig geschieht und sich deshalb eine Begrenzung der Anzeigepflicht nach der betrieblichen Stellung der anzeigepflichtigen Personen nicht empfiehlt.[167]

Es ist allerdings nicht ersichtlich, inwiefern das Merkmal der betriebsbezogenen Pflichten iSd § 130 I OWiG geeignet sein soll, die Anzeigepflicht nach § 241 II BGB einzugrenzen. Nach keiner der zur Auslegung dieses Merkmals vertretenen Ansichten ist Voraussetzung, dass das Unternehmen durch den Verstoß gegen

164 Erman/*S. Edenfeld*, 12. Aufl., § 611, Rn. 493; *Zöllner/Loritz/Hergenröder*, Arbeitsrecht, 6. Aufl., 157; *Hromadka/Maschmann* Arbeitsrecht Bd. 1, 4. Aufl., 209; *Preis* Arbeitsrecht, 3. Aufl., 359; Schaub/*Linck* ArbR-Hdb., 13. Aufl., § 55, Rn. 44.

165 *Mahnhold* NZA 2008, 737, 739; *Schulz* Ethikrichtlinien und Whistleblowing (2010), 165 ff.

166 *Schulz* Ethikrichtlinien und Whistleblowing (2010), 165.

167 *Mahnhold* NZA 2008, 737, 739.

betriebsbezogene Pflichten selbst geschädigt wird.[168] Das Merkmal der Betriebsbezogenheit soll lediglich die Reichweite der Aufsichtspflicht des Unternehmensinhabers begrenzen[169], um diesen vor einer sonst als zu weit empfundenen Haftung zu bewahren. Dagegen kommt eine Anzeigepflicht des Arbeitnehmers nach § 241 II BGB nur in Betracht, wenn Rechtsgüter des Arbeitgebers in Gefahr sind. Das Merkmal der betriebsbezogenen Pflichten umfasst also Verhaltensweisen, die nicht nach § 241 II BGB anzeigepflichtig sind – und kann daher nicht sinnvollerweise zur Präzisierung herangezogen werden. Sofern das Merkmal lediglich dazu herangezogen wird, um das Erfordernis eines sachlichen, räumlichen oder personalbezogenen Zusammenhangs des Fehlverhaltens zum Unternehmen zu verdeutlichen[170], ist es entbehrlich. Was das Unternehmen schädigt oder zu schädigen droht, steht notwendigerweise auch in einem solchen Zusammenhang zum Unternehmen.

Entscheidend ist allein, ob aus Sicht des Arbeitnehmers die Anzeige Schaden vom Arbeitgeber abwendet. Dies ist dann nicht der Fall, wenn ein Verhalten lediglich Kollegen schädigt. Da § 241 II BGB anders als § 823 I BGB auch das Vermögen schützt[171], könnte man den Arbeitnehmer für verpflichtet halten, bei bereits eingetretenen Schäden dem Arbeitgeber den jeweiligen Verursacher mitzuteilen, damit dieser seine Schadensersatzansprüche geltend machen kann. Das würde aber aus der Schadensabwendungspflicht nach § 241 II BGB eine Schadensbeseitigungspflicht machen. Daher trifft den Arbeitnehmer ebenso wie in seinem eigenen Aufgabenbereich bei bereits eingetretenen Schäden nur dann eine Anzeigepflicht, wenn eine Wiederholungsgefahr zu befürchten ist.[172]

Zuzustimmen ist der Auffassung, dass das zu meldende Verhalten eine gewisse Erheblichkeit aufweisen muss und dass deswegen nur mit Strafe oder Geldbuße bedrohtes Verhalten anzuzeigen ist.[173] Wenn die rechtliche Bewertung zweifelhaft ist – man denke etwa an Sachverhalte im Bereich von § 266 StGB –, könnte Rechtssicherheit dadurch hergestellt werden, dass allen Arbeitnehmern eine kostenlose Rechtsberatung (zB in Gestalt eines Ombudsmannes) zur Verfügung gestellt wird.

bb) Relevanz der betrieblichen Stellung des Anzeigepflichtigen

Fraglich ist, ob auch die Stellung der möglicherweise anzeigepflichtigen Person im Unternehmen von Bedeutung ist. Als Beispiel sei die Sekretärin A genannt, die von ihrer Freundin, der Sekretärin B, erfährt, dass deren Chef in kriminelle Machen-

---

168 Vgl. ausführlich zu den einzelnen Ansichten KK-OWiG/*Rogall*, 3. Aufl., § 130, Rn. 77 ff.
169 KK-OWiG/*Rogall*, 3. Aufl., § 130, Rn. 78.
170 So wohl *Schulz* Ethikrichtlinien und Whistleblowing (2010), 168.
171 Staudinger/*Olzen* (2009), § 241, Rn. 413.
172 *Reichold* in: Bauer-FS (2010), 843, 853.
173 *Schulz* Ethikrichtlinien und Whistleblowing (2010), 168 f.

schaften verstrickt sei. Nach Ansicht von *Schulz* kann die Art der Tätigkeit bzw. die Stellung im Unternehmen nicht herangezogen werden, um die Anzeigepflicht von Arbeitnehmern außerhalb ihres Aufgabenbereichs zu konkretisieren. "Eine Unternehmensförderungspflicht und Schadensabwendungspflicht [treffe] jeden Arbeitnehmer, unabhängig von seiner Stellung im Unternehmen, unabhängig von der Art der Tätigkeit und unabhängig davon, ob er Beobachtungen im eigenen oder fremden Arbeitsbereich mach[e]."[174]

Dieser Versuch, eine für alle Mitarbeiter eines Unternehmens gleichermaßen bestehende Anzeigepflicht zu konstruieren, kann nicht überzeugen. Wie bereits erwähnt, richten sich die Nebenpflichten nach dem Inhalt des Schuldverhältnisses (§ 241 II BGB) und damit auch nach den im Einzelfall bestehenden Aufgaben und Pflichten des Arbeitnehmers. Diesen Weg geht auch die Rechtsprechung, wenn sie bei der Herleitung einer Anzeigepflicht im eigenen Aufgabenbereich von einer Überwachungs- und Kontrollpflicht auf eine Meldepflicht schließt.[175] Es ist nicht einzusehen, weshalb die Pflichtenstellung bei der Herleitung von Anzeigepflichten außerhalb des eigenen Aufgabenbereichs unbeachtet bleiben sollte, nur weil kein Bezug zu den Hauptleistungspflichten des jeweiligen Arbeitnehmers vorliegt. Der leitende Angestellte verfügt im Vergleich zur Sekretärin auch außerhalb seines Aufgabenbereichs über weiterreichende Kontakte, Zugangs- und Zugriffsmöglichkeiten etc. und damit allgemein über ein breiteres Wissen über die Abläufe im Unternehmen. Diese faktischen Auswirkungen seiner betrieblichen Stellung haben zwar keinen direkten Zusammenhang mit den ihm übertragenen Aufgaben, müssen aber dennoch berücksichtigt werden, wenn es darum geht, schutzwürdige Integritätsinteressen des Arbeitgebers zu bestimmen.

Zu differenzieren ist zwischen "einfachen" Arbeitnehmern und leitenden Angestellten mit Vorgesetztenfunktion. Den "einfachen" Arbeitnehmer treffen außerhalb seines Aufgabenbereichs keine Anzeigepflichten: Seine betriebliche Stellung ist typischerweise gekennzeichnet durch eine höhere Fungibilität als dies bei leitenden Angestellten der Fall ist. Gleichzeitig erhält er eine geringere Entlohnung, die es rechtfertigt, das davon abgedeckte Risiko (bei Nichtanzeige droht immerhin Schadensersatz) gegenüber leitenden Angestellten zu begrenzen. Schließlich ist dem Argument des ArbG Hamburg[176] Recht zu geben: Denunzianten werden nicht gerne gesehen, und die Auswirkungen einer Anzeige dürften Mitarbeiter auf unteren Hierarchieebenen eines Unternehmens in einem stärkeren Maße betreffen als Mitarbeiter auf höheren Hierarchieebenen. Vorgeschlagen wird nun, eine Anzeigepflicht auch bei "einfachen" Arbeitnehmern anzunehmen, wenn erhebliche Schä-

174 *Schulz* Ethikrichtlinien und Whistleblowing (2010), 164.
175 BAG v. 18.6.1970 - 1 AZR 520/69, NJW 1970, 1861.
176 ArbG Hamburg v. 2.12.1969 - 2 Ca 566/68, DB 1970, 739.

den, zB Personen- oder Sachschäden, drohen.[177] Allerdings trifft einen Arbeitnehmer, der eine erhebliche Gefahr für die Sicherheit und Gesundheit von Beschäftigten oder einen Defekt an Schutzsystemen feststellt, bereits eine öffentlich-rechtliche Meldepflicht nach § 16 I ArbSchG. Es ist nicht ersichtlich, warum die Anzeige von Sicherheits- und Gesundheitsgefahren außerhalb des eigenen Aufgabenbereichs auch unbedingt Teil der privatrechtlichen Anzeigepflicht nach § 241 II BGB sein muss.

Nicht von § 16 I ArbSchG erfasst sind Sachschäden ohne Sicherheits- bzw. Gesundheitsgefahren. Wenn man den Begriff der Sachschäden weit versteht, könnte man darunter auch gravierende Wirtschaftsstraftaten mit hohen finanziellen Schäden für das Unternehmen verstehen. Um solchen Gefahren wirkungsvoll entgegenzuwirken, könnte man versucht sein, auch zufällige Wissensträger wie zB Sekretärinnen in den Kreis der Anzeigepflichtigen mit einzubeziehen. Das würde aber übersehen, dass diese zufälligen Wissensträger von den kriminellen Machenschaften nicht als Folge ihrer betrieblichen Stellung, sondern zufällig erfahren. Außerhalb von Unternehmen muss ein zufälliger Wissensträger etwa geplante Straftaten nur ausnahmsweise anzeigen (§ 138 StGB). Innerhalb des Unternehmens kann von diesem Grundsatz nur abgewichen werden, wenn sich dies gerade aus der betrieblichen Stellung ergibt. Damit wird auch nicht verkannt, dass gerade Sekretärinnen oftmals über profundes Wissen in Bezug auf "ihr" Unternehmen, auch über kriminelle Vorgänge ihrer Vorgesetzten, verfügen dürften. Dieses Wissen müssen sie unter Umständen im Rahmen einer Befragung (in den Grenzen ihrer Auskunftspflicht nach §§ 241 II, 242 BGB) offenbaren[178], sie müssen es aber nicht von sich aus anzeigen.

Leitende Angestellte haben grundsätzlich auch außerhalb ihres Aufgabenbereichs die Pflicht, Gefahren und schädigendes Verhalten anderer Mitarbeiter anzuzeigen. Neben den bereits genannten Aspekten folgt dies aus dem Vertrauen, das ihnen andere Mitarbeiter aufgrund ihrer gehobenen Stellung entgegenbringen.

cc) Relevanz der betrieblichen Stellung der anzuzeigenden Person

Auch bei leitenden Angestellten stellt sich die Frage, ob diese grundsätzliche Anzeigepflicht auch außerhalb ihres Aufgabenbereichs zu begrenzen ist. So wird von manchen (wohl unter dem Aspekt der Zumutbarkeit) die Anzeigepflicht in Bezug auf Untergebene eher bejaht als in Bezug auf gleichgestellte Arbeitskollegen: Ein "Anschwärzen" von Arbeitskollegen könne nur in schwerwiegenden Fällen bejaht

177 *Reichold* in: Bauer-FS (2010), 843, 853.
178 Vgl. S. 122 ff.

werden.[179] Für eine solche Begrenzung könnte sprechen, dass die notwendige Zusammenarbeit erschwert wird, wenn auch Arbeitskollegen jederzeit die Pflicht zur gegenseitigen Denunziation haben. Dem könnte aber dadurch entgegengewirkt werden, dass eine Anzeigepflicht bei als relativ gering anzusehenden Verstößen erst dann entsteht, wenn ein "klärendes Gespräch" mit dem Arbeitskollegen erfolglos geblieben ist. Bei gravierenden Verstößen von Arbeitskollegen muss eine Anzeige sofort erfolgen. In diesen Fällen tritt das Betriebsklima zurück hinter das schützenswertere Interesse des Arbeitgebers, von schweren Pflichtverletzungen seitens leitender Angestellter zu erfahren.

dd) Verdachtsdichte

Bei der erforderlichen Verdachtsdichte lassen sich verschiedene Stufen denken: von Vermutungen, über konkrete Verdachtsmomente[180], evident drohende Schäden[181] bis zum sicheren Wissen. Die Verpflichtung, auch bloße Vermutungen anzuzeigen, bedeutete nicht nur für den Anzeigenden die Gefahr arbeitsrechtsrechtlicher Sanktionen, sondern würde zudem ein Klima der Denunziation begünstigen.[182] Ähnliches gilt aber auch, wenn man konkrete Verdachtsmomente genügen lässt. Die Schadensabwendungspflicht nach § 241 II BGB verlangt vom Arbeitnehmer nicht, dass er seinem Arbeitgeber eine "Ermittlungsgrundlage" in Form tatsächlicher Anhaltspunkte zur Verfügung stellt, sondern, dass er ihn vor Schäden bewahrt. Darum ist Voraussetzung der Anzeigepflicht, dass der betreffende Arbeitnehmer keine Zweifel mehr am drohenden Schadenseintritt hat, weil dieser für ihn bereits evident ist. Setzt man den Verdachtsgrad auf diese hohe Stufe, wirkt man einem Klima der Denunziation entgegen und entlastet den Arbeitnehmer, der sich ausnahmsweise trotz Evidenz doch geirrt hat, von negativen Folgewirkungen seiner Anzeige.

ee) Zumutbarkeit

Schließlich muss die Anzeige zumutbar sein, dh dem Anzeigesteller ohne größere Schwierigkeiten möglich sein. Diese Schwierigkeiten können in zu erwartenden persönlichen Nachteilen liegen (erhebliche Verschlechterung des Ansehens im Betrieb), es kann aber auch unzumutbar sein, langjährige befreundete Arbeitskollegen anzuschwärzen. Ob eine Anzeige zumutbar war oder nicht, kann nur anhand der konkreten Umstände des Einzelfalls beurteilt werden. In der Regel wird eine anonyme Anzeige eher zumutbar sein als eine offene Anzeige.

179 Erman/*Edenfeld*, 12. Aufl., § 611, Rn. 490.
180 So der von *Schulz* Ethikrichtlinien und Whistleblowing (2010), 171 geforderte Verdachtsgrad.
181 So der von *Reichold* in: Bauer-FS (2010), 843, 853 geforderte Verdachtsgrad.
182 *Schulz* Ethikrichtlinien und Whistleblowing (2010), 170.

ff) Zusammenfassung

Außerhalb des eigenen Aufgabenbereichs sind Arbeitnehmer ohne Vorgesetztenfunktion nur nach § 16 I ArbSchG anzeigepflichtig, eine privatrechtliche Anzeigepflicht nach § 241 II BGB trifft sie nicht. Leitende Angestellte müssen außerhalb des eigenen Aufgabenbereichs Anzeige machen, wenn sie von einem mit Strafe oder Geldbuße bedrohten Verhalten erfahren, das evident den Arbeitgeber zu schädigen droht und wenn die Anzeige im Einzelfall zumutbar ist.

5. Pflicht zur Selbstanzeige?

Fraglich ist, ob nicht nur fremdes, sondern auch eigenes Fehlverhalten unter Umständen dem Arbeitgeber angezeigt werden muss (§ 241 II BGB). Man denke an den Mitarbeiter eines Chemie-Werks, der grob fahrlässig oder sogar vorsätzlich[183] durch fehlerhaftes Befüllen eines Säurebehälters einen erheblichen wirtschaftlichen Schaden auslöst. Ist dem Arbeitgeber der Schaden bereits bekannt und droht keine weitere Gefahr, ist der Arbeitnehmer nicht verpflichtet, sein eigenes Fehlverhalten selbst anzuzeigen.[184] Denn wie auch bei der Auskunftspflicht[185] ist es einem Arbeitnehmer unzumutbar, Umstände zu anzuzeigen, die kündigungsrechtlich verwertet werden könnten.[186]

Ist dem Arbeitgeber der Schaden jedoch nicht bekannt und droht ein erheblicher Schaden für Menschen oder Sachen, könnte man daran zweifeln, ob dem Arbeitnehmer die Offenbarung des eigenen Fehlverhaltens unzumutbar ist, selbst wenn er damit die Grundlage für seine eigene Kündigung liefern müsste. Hier könnte die Interessenabwägung durchaus zugunsten des Arbeitgebers ausfallen. Auf der anderen Seite ist daran zu erinnern, dass die Beschäftigten bei Gefahren für Sicherheit oder Gesundheit bereits die öffentlich-rechtliche Meldepflicht (gegenüber dem Arbeitgeber) nach § 16 I ArbSchG trifft. Außerdem dürfte sich der betreffende Mitarbeiter im Falle des Untätigbleibens – je nach Umständen des Einzelfalls – erheblichen strafrechtlichen und zivilrechtlichen Konsequenzen ausgesetzt sehen.

Vor diesem Hintergrund erscheint es nicht erforderlich, entgegen arbeitsrechtlicher Beweislastregeln dem Arbeitnehmer eine privatrechtliche Selbstanzeigepflicht im Falle eigenen Fehlverhaltens aufzuerlegen. Während Arbeitnehmer also je nach Zuordnung der Information zum eigenen oder fremden Aufgabenbereich durchaus

---

183 Vgl. den Sachverhalt in OLG Karlsruhe v. 6.9.1988 – 1 Ss 68/88, NStZ 1989, 287.

184 So auch das OLG Karlsruhe v. 6.9.1988 – 1 Ss 68/88, NStZ 1989, 287.

185 Vgl. S. 126 f.

186 So auch *Rudkowski* NZA 2011, 612, 613. Bei der Auskunftspflicht sind wegen der besonderen Konfrontationssituation unter bestimmten Voraussetzungen Abweichungen von diesem Grundsatz möglich, vgl. S. 127 ff.

verpflichtet sein können, fremdes Fehlverhalten anzuzeigen, besteht keine Pflicht (nach § 241 II BGB), eigenes Fehlverhalten anzuzeigen.

III. Möglichkeiten der Erweiterung dieser Anzeigepflichten

Unternehmen haben ein Interesse an einer umfassenden Umsetzung ihrer Compliance-Vorgaben und möchten die dargestellten Pflichten der Arbeitnehmer möglicherweise erweitern.

1. Inhaltliche Grenzen

a) Abhängigkeit von der Art der Implementierung

Die gesetzlichen Grenzen einer solchen Erweiterung der Anzeigepflicht richten sich nach der Art der Implementierung. Grundsätzlich können Arbeitnehmer über das Direktionsrecht, individualvertraglich und kollektivrechtlich auf Compliance-Inhalte verpflichtet werden.[187]

Eine Einführung über das Direktionsrecht (§ 106 GewO iVm § 315 BGB) scheidet aber wohl aus, wenn es um die Festlegung von Meldepflichten im Rahmen eines Whistleblowing-Systems geht.[188] Das Direktionsrecht soll ungeschriebene und möglicherweise zweifelhafte Regeln konkretisieren, darf aber die Grenze zur Rechtssetzung nicht überschreiten.[189] Der Arbeitgeber darf also durch eine Weisung zB bestimmen, welche schweren Verstöße bzw. Gefahren gemeldet werden müssen oder das Verfahren für die Meldung solcher Verstöße festlegen.[190] Er darf aber nicht anweisen, dass fortan *jeder* Verstoß gemeldet werden müsse, denn das würde über die nebenvertraglichen Treuepflichten der Arbeitnehmer weit hinausgehen.[191]

Eine solche Anzeigepflicht könnte auch nicht über eine Betriebsvereinbarung (§ 77 BetrVG) eingeführt werden.[192] Das liegt daran, dass der Betriebsrat nicht

---

187 Vgl. S. 13 ff.

188 Hingegen können nach Ansicht von *Fahrig* Die Einführung eines Verhaltenskodexes (2010), 92 f. "konstitutive" Whistleblowing-Klauseln grundsätzlich auch über das Direktionsrecht (§ 106 GewO) eingeführt werden. Bei der dann erforderlichen Billigkeitsprüfung müssen aber die Grundrechte der betroffenen Arbeitnehmer umfassend berücksichtigt werden, was jedenfalls in der Regel zu einer Beschränkung der Anzeigepflicht auf gravierende Verstöße führen wird, vgl. auch HK-ArbR/*Kreuder*, 2. Aufl., § 611 BGB, Rn. 495 ff. Ähnlich wie hier *Böhm* Non-Compliance (2011), 174 f.

189 *Mengel* Compliance und Arbeitsrecht (2009), 14 f.

190 *Mengel* Compliance und Arbeitsrecht (2009), 17.

191 So auch *Bartel/Huppertz* AuA 2006, 204, 205; *Willemsen* Einführung und Inhaltskontrolle von Ethikrichtlinien (2009), 229; allgemein skeptisch gegenüber der Einbeziehung von Verhaltensrichtlinien über das Direktionsrecht *Eisenbeis/Nießen* in: Leinemann-FS (2006), 697, 708.

192 AA *Böhm* Non-Compliance und Arbeitsrecht (2011), 185 f.: Da individualvertraglich über-

dafür legitimiert ist, Regelungen zu treffen, die die Arbeitnehmer einseitig zugunsten des Arbeitgebers belasten: Die Mitbestimmung soll dem Arbeitgeber keine Rechte einräumen, die dieser nicht bereits hat.[193]

Dagegen bestünde grundsätzlich die Möglichkeit einer vertraglichen Vereinbarung. Bei einer individualvertraglichen Abrede ist auch im Arbeitsrecht eine Erweiterung der vertraglichen Nebenpflichten nur durch §§ 134, 138 BGB[194] begrenzt.[195]

b) AGB-rechtliche Grenzen

Anders hingegen, wenn Vertragsbedingungen verwendet werden, die für eine Vielzahl von Verträgen vorformuliert wurden und die der Arbeitgeber dem jeweiligen Arbeitnehmer bei Abschluss der Änderungsvereinbarung stellt. Dann erfolgt eine Kontrolle dieser Vertragsbedingungen anhand der §§ 305 ff. BGB.

Liegen Vertragsklauseln iSd § 305 I BGB vor, muss außerdem noch berücksichtigt werden, dass der Arbeitnehmer bei Abschluss des Arbeitsvertrags als Verbraucher (§ 13 BGB) anzusehen ist.[196] Da der Arbeitgeber in der Regel bei Abschluss des Vertrags als Unternehmer (§ 14 BGB) tätig wird[197], finden die §§ 305 ff. BGB nach Maßgabe des § 310 III BGB Anwendung, was unter anderem bedeutet, dass bei der Beurteilung der unangemessenen Benachteiligung nach § 307 I, II BGB auch die den Vertragsschluss begleitenden Umstände zu berücksichtigen sind.

---

haupt keine Abrede über Mitwirkungspflichten getroffen worden sei, bestehe ein regelungsfreier Raum, der auch durch eine Betriebsvereinbarung ausgefüllt werden könne. Hiergegen wird zu Recht eingewandt, dass dann die Parteien jede Einzelheit regeln müssten, um verschlechternde Veränderungen durch eine Betriebsvereinbarung auszuschließen (*Fastrich* RdA 1994, 129, 133). Das läuft zwar auf eine „Fiktion des Willens von Arbeitgeber und Arbeitnehmer" hinaus (so *Böhm* Non-Compliance und Arbeitsrecht (2011), 186), eine solche Fiktion geschieht aber auch sonst, wenn Vertragsparteien einen Gegenstand nicht ausdrücklich regeln und deshalb die gesetzlichen Regelungen greifen.

193 *Hromadka/Maschmann* Arbeitsrecht Bd. 2 (2004), 358 f. Nach *Willemsen* Einführung und Inhaltskontrolle von Ethikrichtlinien (2009), 212 scheitern Ethikklauseln, die arbeitsvertragliche Nebenpflichten erweitern, in der Regel an der im Rahmen des § 75 BetrVG vorzunehmenden Verhältnismäßigkeitsprüfung.

194 Nach Ansicht von *Klebe/Wroblewski* in: Zachert-GS (2010), 313, 318 ff. verstoßen obligatorische Whistleblowingpflichten stets gegen § 138 BGB. Dagegen existiert für *Böhm* Non-Compliance und Arbeitsrecht (2011), 176 „[...] keine allgemein anerkannte Werteordnung [...], welche eine Verpflichtung zur Weitergabe von Informationen über ein Fehlverhalten Dritter generell und undifferenziert missbilligt." In dieser Allgemeinheit sind wohl beide Auffassungen problematisch: Die Frage der Sittenwidrigkeit wird sich nur anhand der Umstände des jeweiligen Einzelfalls beurteilen lassen.

195 Allgemein klargestellt durch BAG NZA 2005, 1111, 1116.

196 BAG NZA 2005, 1111, 1115; BAG NZA 2006, 324, 328; BAG NZA 2006, 423, 427; BAG NZA 2007, 614, 615; bestätigt durch BVerfG v. 23.11.2006, NZA 2007, 85.

197 D/B/D/*Däubler*, 3. Aufl., Einleitung, Rn. 74.

Durch AGB erweiterte Anzeigepflichten müssen zunächst dem Maßstab des § 307 II Nr. 1 BGB gerecht werden: Sie dürfen keine Bestimmungen enthalten, die mit wesentlichen Grundgedanken der gesetzlichen Regelung, von der abgewichen wird, nicht zu vereinbaren sind. Anerkannt ist, dass unter den Begriff der "gesetzlichen Regelung" auch solche rechtlichen Regeln fallen, die die Rechtsprechung durch Auslegung, Analogie oder Rechtsfortbildung aus dem Gesetz abgeleitet hat.[198] Hintergrund der Regelung in § 307 II Nr. 1 BGB ist, dass dort, wo bereits ein Gerechtigkeitsmodell für eine Thematik vorhanden ist, dieses Gerechtigkeitsmodell auch als konkreter Maßstab für die Inhaltskontrolle dienen soll.[199]

aa) Anzeigepflicht im eigenen Aufgabenbereich

Das bedeutet für die vertragliche Erweiterung von Anzeigepflichten im eigenen Aufgabenbereich (§ 666 BGB), dass wohl nicht ohne weiteres vom Erfordernis der Wiederholungsgefahr abgewichen darf. Zudem dürfte auch eine Anzeigepflicht, die ohne Rücksicht auf die Stellung des Arbeitnehmers und die Höhe des zu erwartenden Schadens jede Unregelmäßigkeit anzeigepflichtig macht, gegen wesentliche Grundgedanken der gesetzlichen Regelung der §§ 241 II, 242 BGB verstoßen.[200]

Zwar können nach Ansicht der Rechtsprechung auch solche Bestimmungen, die mit wesentlichen Grundgedanken der gesetzlichen Regelung nicht vereinbar sind, kompensiert werden, wenn dies durch die Gewährung anderer rechtlicher Vorteile ausgeglichen wird oder wenn die Abweichung vom Gesetz durch höherrangige Interessen des AGB-Verwenders gerechtfertigt ist.[201] Ein solches höherrangiges Interesse wird sich aber bei der Aufstellung von derart weitgehenden Whistleblowingklauseln durch den Arbeitgeber nicht begründen lassen:[202] Das Whistleblowing begegnet nicht nur erheblichen datenschutzrechtlichen Bedenken, sondern setzt

198 D/B/D/*Däubler*, 3. Aufl., § 307, Rn. 219.

199 Staudinger/*Coester* (2006), § 307, Rn. 229.

200 So die wohl allgemeine Meinung: *Schuster/Darsow* NZA 2005, 273, 276; *Mengel/Hagemeister* BB 2007, 1386, 1389; *Triskatis* Ethikrichtlinien im Arbeitsrecht (2008), 222; *Fritz* in: Maschmann (Hrsg.), Corporate Compliance und Arbeitsrecht (2009), 111, 116; *Willemsen* Einführung und Inhaltskontrolle von Ethikrichtlinien (2009), 229; *Schulz* Ethikrichtlinien und Whistleblowing (2010), 170.

201 BGH NJW 1982, 644, 645; BGH NJW 1991, 1886, 1888; BGH NJW 1991, 2414, 2415.

202 Näher zu den betroffenen Interessen *Kock* MDR 2006, 673, 674. Für *Wuttke* Straftäter im Betrieb (2010), 106 überwiegen im Zweifel die Interessen des Arbeitnehmers. Nach Ansicht von *Lelley* Compliance im Arbeitsrecht (2010), Rn. 511 kann es kein schutzwürdiges Interesse von Arbeitnehmern geben, Compliance-Verstöße unentdeckt zu lassen. Ähnlich auch *Böhm* Non-Compliance und Arbeitsrecht (2011), 178 ff., der zwar das grundsätzlich schützwürdige Interesse bejaht, es aber hinter die Interessen des Arbeitgebers zurücktreten lässt.

den Whistleblower grundsätzlich auch einem Kündigungsrisiko aus.[203] Besonders bei der Zulassung anonymer Meldungen droht die Gefahr des Missbrauchs, nämlich von wahrheitswidrigen und ehrverletzenden Anzeigen.[204] Angesichts der existenzsichernden Bedeutung von Arbeitsverhältnissen stößt die Auferlegung tiefgreifender Verhaltenspflichten zum Nachteil anderer auf Bedenken: Arbeitnehmer müssen grundsätzlich selber darüber entscheiden dürfen, ob sie Kollegen „verpfeifen“ und damit ihre eigene Stellung im Betrieb und damit möglicherweise auch ihren Arbeitsplatz gefährden möchten. Jedenfalls tritt das Interesse des einzelnen Arbeitnehmers nicht von vornherein hinter das Interesse des Arbeitgebers an einer umfassenden Aufklärung von Compliance-Verstößen zurück.[205]

bb) Anzeigepflicht außerhalb des eigenen Aufgabenbereichs

Dagegen hat die Rechtsprechung bis jetzt noch keine genaueren Kriterien für die Auskunftspflicht außerhalb des eigenen Aufgabenbereichs herausgebildet, so dass auch noch kein Gerechtigkeitsmodell als Maßstab für die Beurteilung vertraglicher Anzeigepflichten in diesem Bereich existiert. Allerdings wird man allgemein sagen können, dass die Voraussetzungen für eine solche Anzeigepflicht eher noch enger formuliert werden müssen als bei der Anzeigepflicht innerhalb des eigenen Aufgabenbereichs.

c) Der Formulierungsvorschlag von *Fahrig*

Fahrig macht einen Vorschlag für eine aus seiner Sicht zulässige Whistleblowing-Klausel:[206]

„Arbeitnehmer, die feststellen, dass es während der Arbeit oder im Rahmen des außerbetrieblichen Bereichs zu unrechtmäßigem Verhalten im Sinne dieses Verhaltenskodexes gekommen ist oder einen entsprechenden Verdacht haben, müssen dies melden. Die Arbeitnehmer haben die Informationen über unrechtmäßiges Verhalten der Arbeitskollegen grundsätzlich unverzüglich dem Unternehmen anzuzeigen; es sei denn, ihnen ist die Anzeige auf Grund entgegenstehender berechtigter Interessen unzumutbar.“

Problematisch an diesem Formulierungsvorschlag ist, dass er die Anzeigepflicht nicht von der Schwere des beobachteten Fehlverhaltens abhängig macht und nicht nach der betrieblichen Stellung der anzeigepflichtigen Person differenziert. Eine Ausnahme wird nur für den Fall der Unzumutbarkeit gemacht. Der Arbeitgeber hat

---

203 HzA/*Künzl* (3/2010), Gruppe 1, Rn. 1068/4; HK-ArbR/*Kreuder*, 2. Aufl., § 611, Rn. 495.

204 MünchArb/*Reichold*, 3. Aufl., § 49, Rn. 11.

205 Anderer Ansicht ist *Böhm* Non-Compliance (2011), 181 mit der Begründung, die Gewissensfreiheit der Arbeitnehmer werde nur in relativ geringem Maß betroffen.

206 *Fahrig* NJOZ 2010, 975, 978.

aber bereits kein schutzwürdiges Interesse daran, von jedem Verstoß gegen den Verhaltenskodex zu erfahren, so dass es auf die Zumutbarkeit der Anzeige im Einzelfall gar nicht mehr ankommt. Davon abgesehen stellt sich auch die Frage, ob das Merkmal der "Unzumutbarkeit" überhaupt ein taugliches Mittel darstellt, die Anzeigepflicht einzugrenzen: Kriterien dafür, was unzumutbar sein soll und was nicht, werden nicht genannt, so dass unklar bleibt, welche Sachverhalte davon erfasst sind. Im Übrigen dürfte die Etablierung einer solchen Whistleblowing-Klausel weder über die Ausübung des Direktionsrechts noch über die Einführung über AGB möglich sein: Das Direktionsrecht scheidet aus, weil der Bereich der zulässigen Weisung verlassen wird, wo nicht mehr bereits bestehende Pflichten konkretisiert werden. Die Einführung über AGB scheitert daran, dass eine solche Klausel wesentlichen Grundgedanken der gesetzlichen Grundlage der Anzeigepflicht (§ 241 II BGB) widerspricht: Die Schadensabwendungspflicht beinhaltet keine Pflicht, möglicherweise rechtswidriges Verhalten auch dann zu melden, wenn keine Rechtsgüter des Arbeitgebers betroffen sind.

d) Ergebnis

Die Anzeigepflichten von Arbeitnehmern können grundsätzlich erweitert werden, wobei die jeweiligen Grenzen abhängig sind von der Art der Implementierung, die das Unternehmen für die Erweiterung der Anzeigepflichten wählt. Den weitesten Spielraum für Änderungen, gleichzeitig aber auch die strengste rechtliche Kontrolle, bieten Klauseln, die dem AGB-Recht unterfallen. Solche Klauseln müssen mit wesentlichen Grundgedanken der gesetzlichen Regelung zu vereinbaren sein (§ 307 II Nr. 1 BGB). Das bedeutet für die Erweiterung von Anzeigepflichten im eigenen Aufgabenbereich, dass wohl nicht ohne weiteres vom Erfordernis der Wiederholungsgefahr abgewichen werden darf. Bei der Erweiterung von Anzeigepflichten außerhalb des eigenen Aufgabenbereichs wird man einen strengeren Maßstab anzulegen haben als bei der Erweiterung von Anzeigepflichten im eigenen Aufgabenbereich.

2. Mitbestimmungspflichtige Klauseln

Grenzen für eine Erweiterung von Anzeigepflichten können sich auch daraus ergeben, dass dem Betriebsrat ein Mitbestimmungsrecht zusteht. Das ist dann der Fall, wenn durch die jeweilige Regelung Fragen der Ordnung des Betriebs und des Verhaltens der Arbeitnehmer im Betrieb betroffen sind (§ 87 I Nr. 1 BetrVG). Ob Whistleblowing-Klauseln Fragen der Ordnung des Betriebs berühren, richtet sich vor allem danach, ob eine bloße Meldeerwartung oder eine Meldepflicht statuiert werden soll.

a) Meldepflicht

Nach Ansicht der Rechtsprechung[207] löst eine Meldepflicht jedenfalls dann ein Mitbestimmungsrecht des Betriebsrats gemäß § 87 I Nr. 1 BetrVG aus, wenn gleichzeitig ein Verfahren bereitgestellt wird, auf das die Arbeitnehmer zurückgreifen sollen (zB "Telefon-Helplines"). Nach Ansicht einiger Stimmen aus der Literatur muss der Betriebsrat aber auch ohne die Bereitstellung eines solchen Verfahrens beteiligt werden: Denn bei einer allgemeinen Anzeigepflicht seien generell Gefahren für den sozialen Zusammenhalt im Betrieb – und damit für die "Ordnung" im Sinne von § 87 I Nr. 1 BetrVG – zu befürchten.[208]

b) Meldeerwartung

Ob der Betriebsrat auch zu beteiligen ist, wenn das Unternehmen eine bloße Meldeerwartung äußert, wird unterschiedlich beurteilt.

aa) Meinungsspektrum

Teilweise wird das Mitbestimmungsrecht verneint, wenn die Klausel in einer Verhaltensrichtlinie enthalten ist, die lediglich Appellcharakter hat.[209] Nach der Gegenauffassung muss auch in diesem Fall der Betriebsrat beteiligt werden.[210] Schließlich wird ein Mitbestimmungsrecht bei einer Klausel angenommen, die zwar keine Meldepflicht statuiert, aber dennoch ein bestimmtes Verfahren für die Meldung vorsieht.[211]

bb) Stellungnahme

Ein Mitbestimmungsrecht des Betriebsrats besteht dann, wenn Fragen der Ordnung des Betriebs und des Verhaltens der Arbeitnehmer im Betrieb geregelt werden sollen (§ 87 I Nr. 1 BetrVG). Dieses sog. Ordnungsverhalten umfasst das betriebliche Zusammenleben und Zusammenwirken der Arbeitnehmer, wohingegen in Abgrenzung dazu das Arbeitsverhalten solche Maßnahmen erfasst, mit denen die

207 BAG NZA 2008, 1248, 1253. Vgl. die umfangreichen Nachweise aus Literatur und Rechtsprechung bei *Schneider* Die arbeitsrechtliche Implementierung von Compliance- und Ethikrichtlinien (2009), 196 f.

208 *Willemsen* Einführung und Inhaltskontrolle von Ethikrichtlinien (2009), 255; *Schneider* Die arbeitsrechtliche Implementierung von Compliance- und Ethikrichtlinien (2009), 197.

209 *Simon/Kock* DB 2005, 1800, 1801; *Barthel/Huppertz* AuA 2006, 204, 205; *Schneider* Die arbeitsrechtliche Implementierung von Compliance- und Ethikrichtlinien (2009), 198.

210 *Dzida* NZA 2008, 1265, 1268; *Eisenbeis/Nießen* in: Leinemann-FS (2006), 697, 715 [Fn. 73]: "im Zweifel"; *Klebe/Wroblewski* in Zachert-GS (2010), 313, 323: auch bei nicht obligatorischen Whistleblowing-Regeln Mitbestimmungspflicht, sofern mehr als bloße Konkretisierung der Arbeitspflicht.

211 So wohl Schuster/Darsow NZA 2005, 273, 276.

Arbeitspflicht im Verhältnis zwischen Arbeitgeber und Arbeitnehmer näher konkretisiert wird.[212] Verbindliche Verhaltensvorschriften werden dem Ordnungsverhalten zugerechnet.[213] Aber auch nicht-verbindliche Normen können dem Ordnungsverhalten unterfallen, sofern sie darauf gerichtet sind, die vorgegebene Ordnung des Betriebs zu gewährleisten und aufrechtzuerhalten und sofern nicht lediglich die Arbeitspflicht konkretisiert wird.[214]

Whistleblower-Klauseln sind jedenfalls auch darauf gerichtet, eine Ordnung im Betrieb zu gewährleisten. Denn diese beinhalten die Erwartung, dass Verstöße gegen Verhaltensrichtlinien gemeldet werden. Und Verhaltensrichtlinien enthalten in der Regel nicht nur eine Konkretisierung der arbeitsvertraglichen Haupt- und Nebenpflichten, sondern auch allgemeine Verhaltensvorgaben, die den Kontakt der Arbeitnehmer untereinander sowie mit Dritten betreffen.[215] Zwar hat das BAG entschieden, dass einzelne Teile einer Verhaltensrichtlinie, die mitbestimmungspflichtig sind, nicht die gesamte Verhaltensrichtlinie mitbestimmungspflichtig machen.[216] Insbesondere könne nicht eine – mitbestimmungspflichtige – Pflicht zum Whistleblowing mit gleichzeitiger Bestimmung des Verfahrens "vor die Klammer" gezogen werden und damit die gesamte Verhaltensrichtlinie mitbestimmungspflichtig machen.[217] Damit ist aber nicht gesagt, dass nicht der Bezugspunkt einer nicht-verbindlichen Whistleblowing-Klausel – nämlich wiederum die Verhaltensrichtlinie – zur Entscheidung darüber herangezogen werden darf, ob diese Whistleblowing-Klausel die Ordnung im Betrieb betrifft und damit grundsätzlich mitbestimmungspflichtig iSd § 87 I Nr. 1 BetrVG ist. Vielmehr liegt es nahe, dass eine solche Klausel, die auch zur Aufdeckung von Verstößen gegen allgemeine Verhaltensvorgaben, sich auf das betriebliche Zusammenwirken und Zusammenleben der Arbeitnehmer auswirkt.[218] Denn wer ständig mit einer "Meldung" rechnen muss, wird auch sein soziales Verhalten daran ausrichten. Auch eine nicht-verbindliche Whistleblowing-Klausel, die nur eine Meldeerwartung zum Ausdruck bringt, ist daher darauf ausgerichtet, die Ordnung im Betrieb zu gewährleisten.

Es dürfte sich bei der Whistleblowing-Klausel aber außerdem nicht nur um eine Konkretisierung der Arbeitspflicht handeln. Eben dies wird von den Stimmen vorgebracht, die ein Mitbestimmungsrecht verneinen: Durch den Hinweis auf Verhaltensrichtlinien werde der Arbeitnehmer nur auf seine aus § 241 II BGB folgende

212 ErfK/*Kania*, 11. Aufl., § 87 BetrVG, Rn. 18.
213 ErfK/*Kania*, 11. Aufl., § 87 BetrVG, Rn. 19.
214 BAG NZA 2000, 1176, 1177.
215 Vgl. die Aufzählung bei *Fahrig* NJOZ 2010, 975, 977.
216 BAG NZA 2008, 1248, 1253.
217 BAG NZA 2008, 1248, 1253.
218 So auch *Böhm* Non-Compliance (2011), 100.

Pflicht aufmerksam gemacht, Schäden vom Arbeitgeber abzuwenden.[219] Dagegen spricht aber, dass die Verhaltensrichtlinien, auf die solche unverbindlichen Whistleblower-Klauseln verweisen, in der Regel mehr darstellen als eine bloße Konkretisierung der arbeitsvertraglichen Schadensabwendungspflicht.

Als Beispiel[220] sei nur die vom BAG untersuchte "Honeywell"-Verhaltensrichtlinie genannt. Das Unternehmen "Honeywell" verbot seinen Mitarbeitern unter anderem "[...] unwillkommene sexuelle Zudringlichkeiten oder Körperkontakte, Gesten und Aussagen sexuellen Inhalts sowie das Zeigen oder Verbreiten von Bildern, Karikaturen oder Witzen sexueller Natur."[221] Diese Anweisung ging über die Anforderungen des AGG hinaus und war daher teilweise mitbestimmungspflichtig.[222] Wenn aber auch Verstöße gegen Verhaltensrichtlinien gemeldet werden sollen, die nicht unmittelbar zu Schäden des Arbeitgebers führen (sondern zB lediglich eine Belästigung anderer Mitarbeiter darstellen), wird der Arbeitnehmer nicht nur auf seine Schadensabwendungspflicht nach § 241 II BGB aufmerksam gemacht. Dann handelt es sich bei einer unverbindlichen Whistleblower-Klausel aber nicht nur um eine Konkretisierung der Arbeitspflicht.

Auch bei einer Whistleblower-Klausel, die eine bloße Meldeerwartung zum Ausdruck bringt, hat der Betriebsrat ein Mitbestimmungsrecht nach § 87 I Nr. 1 BetrVG, wenn die entsprechende Verhaltensrichtlinie auch das Zusammenleben und Zusammenwirken der Arbeitnehmer im Betrieb betrifft.

IV. Exkurs: Innerbetriebliche Informationspflichten als Garantenpflichten iSv § 13 I StGB

Spätestens seit einer Entscheidung des BGH aus dem Jahr 2009 wird darüber gestritten, ob Pflichten, die ein Mitarbeiter eines Unternehmens arbeitsrechtlich übernimmt, gleichzeitig zur Bestimmung seiner strafrechtlichen Garantenpflichten herangezogen werden können.

1. Die Diskussion um die Garantenpflicht des Compliance-Officers

Eigentlich hatte der 5. Strafsenat des BGH in seiner Entscheidung vom 17.7.2009[223] nur darüber zu befinden, ob sich der Leiter der Rechtsabteilung einer Anstalt des öffentlichen Rechts wegen Unterlassens (§ 13 I StGB) strafbar macht, wenn er einen Kalkulationsfehler nicht dem zuständigen Vorstandsmitglied mitteilt und die

---

219 *Schneider* Die arbeitsrechtliche Implementierung von Compliance- und Ethikrichtlinien (2009), 198; *Lelley* Compliance im Arbeitsrecht (2010), Rn. 508.

220 Allgemein zu Inhalten von Verhaltensrichtlinien *Fahrig* NJOZ 2010, 975, 977.

221 Zitiert bei BAG NZA 2008, 1248, 1249.

222 BAG NZA 2008, 1248, 1255.

223 BGHSt 54, 44.

Anlieger in der Folge mehr zahlen, als sie eigentlich müssten. Gleichzeitig nahm der BGH aber auch Stellung zu Strafbarkeitsrisiken des Compliance-Officers:[224] "Deren Aufgabengebiet [sei] die Verhinderung von Rechtsverstößen, insbesondere auch von Straftaten, die aus dem Unternehmen heraus begangen werden und diesem erhebliche Nachteile durch Haftungsrisiken oder Ansehensverlust bringen können [...]. Derartige Beauftragte [treffe] regelmäßig strafrechtlich eine Garantenpflicht iSd § 13 I StGB [...], solche im Zusammenhang mit der Tätigkeit des Unternehmens stehende Straftaten von Unternehmensangehörigen zu verhindern. Dies [sei] die notwendige Kehrseite ihrer gegenüber der Unternehmensleitung übernommenen Pflicht, Rechtsverstöße und insbesondere Straftaten zu unterbinden [...]."

An dieser Bemerkung des BGH hat sich eine heftige Diskussion entzündet. Zunächst wird kritisiert, dass "Compliance" keinesfalls bereits qua definitione die Verpflichtung beinhalte, Straftaten im Unternehmen und aus ihm heraus zu unterbinden.[225] Vielmehr sei nach dem jeweiligen Berufsbild und der unterschiedlichen Reichweite der damit verbundenen Pflichten zu differenzieren.[226] Teilweise wird aber zugestanden, dass jedenfalls nach dem "klassischen" Berufsbild des Compliance-Officers diesem auch Kontroll- und Überwachungsaufgaben zukommen.[227] Zwar besäße ein Compliance-Officer in der Regel keinerlei Weisungsrechte, er könne aber Straftaten dadurch "unterbinden", indem er den Vorstand über entsprechende Vorfälle informiert und dadurch erst in die Lage versetzt, Gegenmaßnahmen zu ergreifen.[228]

Das genügt manchen nicht, um eine Garantenstellung iSd § 13 I StGB zu bejahen: Der Compliance-Officer verfüge – anders als die Geschäftsleitung – nicht über die "Befehlsgewalt" bzw. das "Mittel der Verbandsdisziplin". Gerade hieraus leite die hM aber die "Geschäftsherrenhaftung" der Unternehmensorgane her. Werde nun nur die Überwachungsaufgabe ohne das Weisungsrecht übertragen, führe dies nicht

224 BGHSt 54, 49 f.

225 *Michalke* AnwBl 10/2010, 666, 668.

226 *Barton* jurisPR-StrafR 22/2009 Anm. 1; *Barton* RDV 2010, 19, 23; *Deutscher* WM 2010, 1387, 1391; *Kraft* wistra 2010, 81, 84; *Mosbacher/Dierlamm* NStZ 2010, 268, 269; *Rübenstahl* NZG 2009, 1341, 1342. Vor allem die Zielrichtung der dem Compliance-Officer auferlegten Pflichten muss bestimmt werden, bevor eine Aussage zu seiner Strafbarkeit getroffen werden kann (vgl. hierzu – bezogen auf den Leiter der Rechtsabteilung in BGH 5 StR 394/08 – *Rotsch* ZJS 2009, 712, 716 ff.). Soll der Compliance-Officer die "Gefahrenquelle Unternehmen" überwachen, ist er auch dann Garant iSv §13 I StGB, wenn Straftaten aus dem Unternehmen heraus Schaden an Rechtsgütern Dritter zu verursachen drohen, vgl. *Rönnau/Schneider* ZIP 2010, 57.

227 *Kraft* wistra 2010, 81, 84.

228 Vgl. ausführlich zur missverständlichen Formulierung des BGH *Favoccia/Richter* AG 2010, 137, 138 f.

zu einer abgeleiteten Garantenstellung des Compliance-Officers.[229] Nach anderer Ansicht wird die fehlende Weisungsbefugnis des Compliance-Officers ausgeglichen durch dessen umfassende Informationssammlung und Informationsauswertung. Dies sei zwar nur ein Teil der Herrschaft, die die Garantenstellung des Betriebsinhabers begründe, es sei aber der entscheidende Teil und somit ausreichend für die Bejahung einer Garantenstellung iSd § 13 I StGB.[230]

Diejenigen, die eine Garantenstellung des Compliance-Officers für möglich halten, richten den Inhalt dieser Pflicht an den von ihm übernommenen Aufgaben aus:[231] Wenn der Compliance-Officer Verdachtsfällen im Unternehmen nachgehe und seinen Berichtspflichten an die Unternehmensleitung nachkomme, dann ende hier seine Pflichtenstellung. Keinesfalls könne ihn darüber hinaus noch die Pflicht treffen, bei Untätigkeit der Unternehmensleitung die Strafverfolgungsbehörden einzuschalten.

2. Garantenpflicht sonstiger Mitarbeiter?

Noch weniger geklärt als die Garantenpflicht des Compliance-Officers dürfte die Frage sein, ob und in welchem Umfang sonstige Mitarbeiter eines Unternehmens einer Garantenpflicht unterliegen. Die hM bejaht bei Leitungspersonen eines Unternehmens eine Garantenstellung bezüglich betriebsbezogener Straftaten und Ordnungswidrigkeiten von Mitarbeitern ("Geschäftsherrenhaftung").[232] Diese Aufgabe kann delegiert werden, so dass nunmehr andere Unternehmensangehörige – wie den Compliance-Officer – eine entsprechende Garantenpflicht trifft, während bei der Geschäftsführung nur noch die Pflicht zur Überwachung und Kontrolle des Beauftragten verbleibt.[233]

Problematisch ist nun, dass man nicht nur den Compliance-Officer, sondern auch die ihm untergeordneten Mitarbeiter der Compliance-Abteilung als Adressaten einer entspechenden Garantenpflicht ansehen könnte. Um den Kreis noch weiter zu fassen: Auch einfache Mitarbeiter, die einer Whistleblowing-Pflicht unterliegen, müssen zur Unterbindung von Straftaten dadurch beitragen, dass sie im Verdachts-

229 *Berndt* StV 2009, 689, 691; zweifelnd auch *Deutscher* WM 2010, 1387, 1392.

230 *Rönnau/Schneider* ZIP 2010, 53, 58; ähnlich *Dannecker/Dannecker* JZ 2010, 981, 990: "Auch eine nur partielle Aufgabenübertragung steht der Garantenbewehrtheit nicht entgegen, wenn die Erfüllung der übernommenen Aufgabe weiterhin für das Rechtsgut dieselbe Bedeutung hat wie zuvor."

231 Vgl. hierzu *Barton* RDV 2010, 19, 24; *Favoccia/Richter* AG 2010, 137, 141 (Fn. 37); *Kraft* wistra 2010, 81, 86; *Michalke* AnwBl 10/2010, 666, 670; *Ransiek* AG 2010, 147, 153; *Rönnau/Schneider* ZIP 2010, 53, 58 ff.

232 Vgl. die Darstellung des Streitstandes bei *Wittig* Wirtschaftsstrafrecht (2010), 49 ff.

233 *Krieger/Günther* NZA 2010, 367, 369.

fall Informationen an die Whistleblowing-Stelle weiterleiten. Sind auch sie strafbar wegen Unterlassens (§ 13 I StGB), wenn sie dieser Pflicht nicht nachkommen?

a) Zum Whistleblowing verpflichtete Mitarbeiter

Jedenfalls in Bezug auf letztere lässt sich anknüpfen an die oben dargestellte Diskussion zur Garantenpflicht des Compliance-Officers. Die Garantenstellung des Compliance-Officers lässt sich noch dadurch rechtfertigen, dass bei ihm die fehlende – aber an sich für die Bejahung einer Überwachungsgarantenstellung notwendige – Weisungsbefugnis ausgeglichen wird durch die "Macht", sowohl präventiv als auch repressiv zentrale Anlaufstelle des Unternehmens für compliance-relevante Informationen zu sein.[234] Die Entscheidung darüber, ob Informationen relevant sind und deshalb dem Vorstand vorgelegt werden müssen, impliziert in der Regel auch die Verhängung von Maßnahmen durch den Vorstand, ist jedenfalls notwendige Voraussetzung für das Handeln des Vorstands. Da der Compliance-Officer der "Gefahrenquelle Unternehmen" am nächsten steht und zugleich durch die Weiterleitung von Informationen maßgeblich auf Gegenmaßnahmen Einfluss nehmen kann, erscheint es nachvollziehbar, ihn für das strafrechtskonforme Handeln der Mitarbeiter in Haftung zu nehmen.

Eine derartige Machtposition kommt dem einfachen Mitarbeiter, der andere Mitarbeiter der Begehung von Straftaten verdächtigt, nicht zu. Er verfügt nur über punktuelles Wissen, bei dem zudem nie sichergestellt sein wird, ob nicht auch noch andere Mitarbeiter über ein vergleichbares Wissen verfügen. Der zweite bedeutende Unterschied zum Compliance-Officer besteht darin, dass das Wissen des einfachen Mitarbeiters nicht unmittelbar die Entscheidungsgrundlage des Vorstands bildet. Auch wenn sich ein Mitarbeiter zur Mitteilung entscheidet, wird die Relevanz dieses Wissens erst noch durch den Compliance-Officer geprüft. Die Erfüllung der Whistleblowing-Pflicht hat daher nicht dieselbe Bedeutung für das bedrohte Rechtsgut[235] wie die Entscheidung des Compliance-Officers, ob jener sein Wissen weiterleitet.

Entscheidet sich also der zum Whistleblwoing verpflichtete Mitarbeiter, sein Wissen nicht zu offenbaren, mag das zivilrechtliche Konsequenzen haben, eine Strafbarkeit wegen Unterlassens (§ 13 I StGB) scheidet aber aus.

b) Dem Compliance-Officer untergeordnete Mitarbeiter

Mitarbeiter, die für den Compliance-Officer arbeiten, nehmen Teil an der Informationssammlung. Teilweise wird daher die Ansicht vertreten, auch sie könne eine

234 Vgl. hierzu *Rönnau/Schneider* ZIP 2010, 53, 58.
235 So das Abgrenzungskriterium bei *Dannecker/Dannecker* JZ 2010, 981, 990.

Garantenpflicht nach § 13 I StGB treffen, jedenfalls dann, wenn die Aufgaben nicht zu sehr aufgeteilt seien.[236] Die Frage, ob im Einzelfall eine Garantenstellung bestehe oder nicht, richte sich nach den Umständen des Einzelfalls, insbesondere nach dem Maß der eingeräumten Selbstständigkeit und Eigenverantwortlichkeit sowie der Position innerhalb der Unternehmenshierarchie und dem Einfluss innerhalb der Organisation.[237]

Es muss aber bezweifelt werden, dass sich auf diese Weise vorhersehbar (Art. 103 II GG, § 1 StGB) entscheiden lässt, welche Mitarbeiter auf welcher Hierarchiestufe einer Compliance-Abteilung eine Garantenstellung innehaben und welche nicht. Eine klarere Abgrenzung lässt sich dadurch erreichen, dass man auch bei untergeordneten Mitarbeitern einer Compliance-Abteilung ihre arbeitsvertraglich festgelegten Aufgaben in den Mittelpunkt stellt. Nur das, was arbeitsvertraglich gefordert ist, kann Grundlage für die Herleitung einer Garantenstellung sein. Hier ist dann entscheidend, wie weitgehend die jeweilige Informationspflicht des Mitarbeiter reicht. Eine Garantenpflicht kommt überhaupt nur dann in Betracht, wenn es zu den Aufgaben – und ggf. zu den Pflichten – eines Mitarbeiters gehört, das zuständige Vorstandsmitglied (bzw. bei dessen Untätigkeit: den Vorstandsvorsitzenden oder das Gesamtgremium) zu informieren. Ist der Mitarbeiter nur verpflichtet, den Compliance-Officer zu informieren, genügt das – wie auch bei sonstigen Mitarbeitern des Unternehmens – nicht. Des weiteren kommt es darauf an, ob der betreffende Mitarbeiter gleichermaßen wie der Compliance-Officer Zugang und Überblick über die gesammelten Informationen hat, da sich erst hieraus die erforderliche Machtstellung ergibt.

V. Zusammenfassung zu Teil B

Nach der arbeitsgerichtlichen Rechtsprechung sind Arbeitnehmer bei schädigenden Handlungen Dritter zur Anzeige gegenüber ihrem Arbeitgeber verpflichtet, wenn wenn es sich um Gefahren aus ihrem Aufgabenbereich handelt oder wenn Personen involviert sind, mit denen sie aufgrund ihres Arbeitsvertrages zusammenarbeiten müssen und wenn eine Wiederholungsgefahr zu befürchten ist. Bei Gefahren außerhalb des eigenen Aufgabenbereichs ist hingegen noch weitgehend unklar, wann hier eine Anzeigepflicht besteht.

Dogmatisch lassen sich Anzeigepflichten sowohl aus § 241 I BGB als auch aus § 241 II BGB herleiten. Da es aber in der Regel um die Abwehr von Gefahren für Rechtsgüter des Arbeitgebers gehen wird, müssen Anzeigepflichten von Mitarbeiter

236 *Dannecker/Dannecker* JZ 2010, 981, 990.
237 *Dannecker/Dannecker* JZ 2010, 981, 990.

vor allem auf § 241 II BGB gestützt werden. Relevanz entfaltet die dogmatische Herleitung bei der Bestimmung von Sekundäransprüchen des Arbeitgebers.

Vorgeschlagen wird folgende Präzisierung der Anzeigepflicht außerhalb des eigenen Aufgabenbereichs: Arbeitnehmer ohne Vorgesetztenfunktion sind außerhalb ihres eigenen Aufgabenbereichs nur nach § 16 I ArbSchG anzeigepflichtig, eine privatrechtliche Anzeigepflicht nach § 241 II BGB trifft sie nicht. Leitende Angestellte müssen außerhalb des eigenen Aufgabenbereichs Anzeige machen, wenn sie von einem mit Strafe oder Geldbuße bedrohten Verhalten erfahren, das evident den Arbeitgeber zu schädigen droht und wenn die Anzeige im Einzelfall zumutbar ist. Eine Pflicht, eigenes Fehlverhalten anzuzeigen, besteht wegen der arbeitsrechtlichen Beweislastregeln, wonach der Arbeitgeber die für eine Kündigung relevanten Gründe beibringen muss, nicht.

Möchten Arbeitgeber die gesetzlichen Anzeigepflichten erweitern, müssen sie dies durch Individualvereinbarungen tun. Diese Vereinbarungen müssen jedoch den AGB-rechtlichen Grenzen genügen. Eine Whistleblowing-Klausel, die undifferenziert grundsätzlich jedes regelwidrige Mitarbeiterverhalten anzeigepflichtig macht, verstößt gegen AGB-rechtliche Grenzen.

Bei der Beteiligungspflicht des Betriebsrates an der Einführung einer Whistleblowing-Klausel ist zu differenzieren, ob durch die Whistleblowing-Klausel eine Meldepflicht oder eine bloße Meldeerwartung zum Ausdruck gebracht werden soll. Bei einer Meldepflicht ist der Betriebsrat zu beteiligen. Whistleblowing-Klauseln, die eine Meldeerwartung zum Ausdruck bringen, sind dann mitbestimmungspflichtig, wenn die ihr zugrundeliegende Verhaltensrichtlinie auch das Zusammenleben und Zusammenwirken der Arbeitnehmer im Betrieb betrifft.

Die Diskussion über die Garantenpflicht des Compliance-Officers wirft die Frage auf, ob möglicherweise auch andere Mitarbeiter eines Unternehmens einer solchen Garantenpflicht unterliegen. Dies lässt sich verneinen für Mitarbeiter, die zum Whistleblowinng verpflichtet sind, denn sie verfügen nicht über die dafür erforderliche Machtposition. Bei Mitarbeitern, die dem Compliance-Officer untergeordnet sind, kommt eine Garantenpflicht nur dann in Betracht, wenn sie arbeitsvertraglich ebenfalls zur Information des zuständigen Vorstandsmitglieds verpflichtet sind.

C. Unternehmensinterne Sachverhaltsaufklärung als Reaktion auf Non-Compliance

Ein Compliance-Programm kann dabei helfen, das Risiko etwa für Rechtsverstöße durch Mitarbeiter des Unternehmens zu minimieren. Ganz ausschalten lässt sich dieses Risiko jedoch nicht. Werden mögliche Rechtsverstöße durch Mitarbeiter bekannt (I.), muss sich die Unternehmensleitung entscheiden, ob es den Sachverhalt selbstständig aufklären möchte. Hierfür kann die jeweilige Interessenlage maßgeblich sein (II.), es können aber auch rechtliche Pflichten eine Rolle spielen (III.). Nach der grundsätzlichen Entscheidung für eine unternehmensinterne Aufklärung erfolgt die Entscheidung darüber, wer die Aufklärung durchführen soll (IV.).

I. Typische Auslöser

Die möglichen Informationsquellen für Hinweise auf Regelverstöße sind vielfältig.[238]

Neben den bereits erwähnten Whistleblowing-Systemen können entsprechende Information auch über die üblichen unternehmens- oder konzerninternen Berichtspflichten an die Unternehmens- bzw. Konzernspitze gelangen. In manchen Fällen offenbaren sich Mitarbeiter auch der Presse.

Hat ein Mitarbeiter sich selbst strafbar gemacht, kann er unter Umständen von einer gesetzlichen Kronzeugenregelung wie § 46 b StGB Gebrauch machen, wenn er umfassend kooperiert. Eine ähnliche Möglichkeit bietet das Kartellrecht Unternehmen, die sich an der Aufklärung von Kartellrechtsverstößen beteiligen.

Auch im Kündigungsschutzverfahren vor dem Arbeitsgericht kann ein Mitarbeiter ein großes Interesse daran haben, über Vorgänge im Unternehmen „auszupacken". Denn möglicherweise gelingt es ihm auf diese Weise, Zweifel zu streuen an der Verhältnismäßigkeit der Kündigung oder an der Einhaltung der Kündigungsfristen (§ 626 II BGB).

Schließlich können auch Verpflichtungen des Unternehmens gegenüber staatlichen Behörden der Ursprung für die Aufdeckung von Verdachtsfällen sein, etwa im Falle gesetzlicher Meldepflichten oder falls das Unternehmen US-amerikanischen Regelungen wie dem *Foreign Corrupt Practices Act* unterworfen ist.

II. Beispiele für die Notwendigkeit unternehmensinterner Sachverhaltsaufklärung

Sollten Hinweise auf Regelverletzungen die Unternehmensleitung erreichen, hat diese – abhängig von den Umständen des Einzelfalls – möglicherweise ein großes Interesse daran, den entsprechenden Sachverhalt umfassend aufzuklären. In der Regel sind äußere Faktoren maßgeblich für den Entschluss, eine Interne Ermittlung durchzuführen.[239] Allgemein kann unterschieden werden zwischen solchen Inter-

238 Vgl. ausführlich zum Folgenden *v. Rosen* (Hrsg.) Internal Investigations (2010), 44 ff.

239 So auch *Böhm* Non-Compliance (2011), 92. Gleichzeitig können aber natürlich auch autonome Motive eine Rolle spielen, wenn das Unternehmen etwa Schadensersatzansprüche gegen

nen Ermittlungen, die durchgeführt werden, um staatlichen Bonusregelungen zu genügen und solchen, die ein Unternehmen als Folge von Auskunftspflichten durchführt.

1. Bonusregelungen

a) Wirtschaftliche Tätigkeit mit Bezug zu den USA

Unternehmen, die sich wirtschaftlich in den USA betätigen, unterliegen in vielfältiger Weise auch den dortigen Regulierungen. Hat ein deutsches Unternehmen Wertpapiere bei der US-Börsenaufsicht SEC registrieren lassen, finden der *Securities Act* sowie der *Securities Exchange Act* Anwendung.[240] Der *Foreign Corrupt Practices Act* gilt unter anderem für alle Unternehmen, die im Hoheitsgebiet der USA wirtschaftlich tätig sind oder als Aktienemittenten an einer amerikanischen Börse notiert sind. Schließlich gibt es noch den *Sarbanes-Oxley-Act*, der relevant ist für Wirtschaftsunternehmen, die an einer amerikanischen Wertpapierbörse notiert sind oder die Wertpapiere anderweitig in den USA anbieten.

All diese Gesetze verpflichten zwar nicht ausdrücklich zur Durchführung unternehmensinterner Ermittlungen. Sie beinhalten aber bei Verstößen gegen bestimmte Vorgaben erhebliche Sanktionsmöglichkeiten. Gleichzeitig bieten sie den Behörden einen erheblichen Ermessenspielraum, sowohl hinsichtlich des „ob" der Verfolgung als auch hinsichtlich der Höhe der zu verhängenden Strafe.[241] Und bei der Ausübung des Ermessens spielt eine große Rolle, ob das Unternehmen durch Internal Investigations selbst zur Aufklärung beigetragen hat.

b) Kartellrecht

Kartellabsprachen können den freien Wettbewerb unmöglich machen, vor allem wenn sie die Festsetzung von Preisen, Produktions- und Absatzquoten oder die Aufteilung von Märkten und Kunden (sog. hardcore-Kartelle) umfassen.[242] Die an einem Kartell Beteiligten haben angesichts teilweise drastischer Bußgelder ein erhebliches Interesse daran, Stillschweigen zu bewahren, und zwar auch nach dem Ausstieg aus dem Kartell – denn erst jetzt beginnen die Verjährungsfristen zu laufen.[243] Um die "Mauer des Schweigens" dennoch zu durchbrechen, gibt es auf nationaler und europäischer Ebene sogenannte Kronzeugen- oder Bonusregelun-

Mitarbeiter vorbereiten oder das von einem Regelverstoß ausgehende wirtschaftliche Risiko bestimmen und begrenzen will, vgl. *Böhm* Non-Compliance (2011), 91.

240 Hierzu und im folgenden ausführlich *Behrens* RIW 2009, 22, 23 ff..

241 *Behrens* RIW 2009, 22, 26.

242 *Ohle/Albrecht* WRP 2006, 866.

243 MüKo-EuWettbR/*Klose* Leniency-Bekanntmachung, Rn. 2.

gen. Diese stellen unter bestimmten Voraussetzungen die Reduzierung oder sogar den Erlass des Bußgeldes in Aussicht, wenn das Unternehmen dabei mithilft, ein Kartell aufzudecken. Die EU-Kommission hat die Anforderungen in ihrer "Kronzeugenmitteilung" vom 7.12.2006 zusammengefasst.[244] Ist der Kartellverstoß noch unentdeckt, muss das Unternehmen Informationen und Beweismittel beibringen, die einen Anfangsverdacht begründen und eine Nachprüfung ermöglichen.[245] Hat es bereits eine Nachprüfung gegeben, muss der Antragsteller sogar zwingende Beweismittel ("*smoking guns*") liefern. Hier kann es durchaus auch zu einem "Wettlauf" mit anderen potentiellen Antragstellern kommen, denn bereits beim zeitlich gesehen zweiten Antragsteller kommt nur noch eine Reduzierung der Geldbuße in Betracht.[246] Eine schnelle und präzise Aufklärung der Sachverhalte ist daher nötig, soll der Antrag überhaupt eine Chance auf Erfolg haben.[247]

c) Vergaberecht

Im Vergaberecht gibt es Vorschriften, die den Ausschluss von Bietern vorsehen, wenn in den jeweiligen Unternehmen „nachweislich eine schwere Verfehlung begangen wurde, die die Zuverlässigkeit als Bewerber in Frage stellt“[248]. Bei europaweiten Ausschreibungen öffentlicher Aufträge ist ein Bieter wegen Unzuverlässigkeit auszuschließen, wenn der Auftraggeber davon Kenntnis hat, dass eine Person, deren Verhalten dem Unternehmen zuzurechnen ist, eine bestimmte Katalogstraftat (zB Korruption) begangen hat.[249] Ein Ausschluss kann unter bestimmten erhöhten Voraussetzungen sogar zu einer Sperre in künftigen Vergaben führen, so dass dem betroffenen Unternehmen sehr daran gelegen sein kann, seine Zuverlässigkeit wiederherzustellen.[250] Diesen Weg eröffnen die Vorschriften, indem sie entweder bereits durch ihren Wortlaut dem Auftraggeber Ermessen einräumen[251] oder – bei zwingenden Ausschlussgründen – ausdrücklich die Voraussetzungen nennen, unter denen ausnahmsweise von einem Ausschluss abgesehen werden darf[252]. Ein ent-

---

244 Ausführlich hierzu *Albrecht* WRP 2007, 417 ff.
245 Vgl. hierzu und im folgenden *Itzen* BB-Special 2008 (Nr. 5) 12, 15.
246 Mittlerweile beinhalten sowohl die Kronzeugenmitteilung der EU-Kommission als auch die Bonusregelung des Bundeskartellamtes sog. "Marker-Systeme", die dem Antragsteller in begründeten Fällen unter Wahrung seines Ranges eine Frist zur Vervollständigung seines Antrags gewähren. Dies dürfte den "Wettlauf" aber eher noch verschärfen.
247 *Itzen* BB-Special 2008 (Nr. 5) 12, 15.
248 § 16 I Nr. 2 c) VOB/A (Ausgabe 2009 m. Ber. v. 19.02.10); § 6 V c) VOL/A (Ausgabe 2009).
249 § 4 VI VOF (Ausgabe 2009); § 6 IV VOL/A-EG (Ausgabe 2009); § 6a I VOB/A-EG (Ausgabe 2009 m. Ber. v. 19.02.10).
250 *Ohrtmann* NZBau 2007, 278, 280; *Dreher* in FS-Franke (2009), 31.
251 § 6 V c) VOL/A.
252 § 6 V VOL/A-EG.

scheidender Gesichtspunkt bei der Entscheidung der Vergabestelle ist jeweils, ob das jeweilige Unternehmen eine „Selbstreinigung“ durchgeführt hat und somit wieder als „zuverlässig“ gelten kann.[253] Zu einer solchen Selbstreinigung gehört nach Ansicht der Rechtsprechung, dass das Unternehmen jedem bekannt werdendem Verdacht nachgeht bzw. die Ermittlungsbehörden und den Auftraggeber bei der Sachverhaltsermittlung aktiv unterstützt. Anschließend müssen Mitarbeiter, bei denen sich der Verdacht erhärtet hat, von ihren Aufgaben entbunden werden und es müssen organisatorische Maßnahmen zur Risikoverringerung für die Zukunft getroffen werden.[254] Das genaue Ausmaß der erforderlichen Selbstreinigung ist von den Umständen des Einzelfalles abhängig, wobei die Rechtsprechung die Zusammenarbeit mit externen Wirtschaftsprüfern oder sonstigen unabhängigen Personen sehr begrüßt.[255] Wichtig ist vor allem, dass die Maßnahmen als geeignet erscheinen, „die Wiederherstellung der Zuverlässigkeit des Unternehmens dauerhaft zu gewährleisten“.[256]

d) Exportkreditfinanzierung

Nicht nur im Vergaberecht, auch im Bereich der Exportkreditfinanzierung können sich Unternehmen dem Druck ausgesetzt sehen, Selbstreinigungsmaßnahmen durchführen zu müssen. Der Staat bietet der Exportwirtschaft und den Banken die Möglichkeit, Exportkredite gegen das Risiko des Forderungsausfalls abzusichern, sofern die Geschäfte auf politisch und wirtschaftlich risikoreich eingeschätzten Märkten stattfinden sollen.[257] Allerdings werden diese öffentlichen Gelder nur unter bestimmten Voraussetzungen gewährt. Durch die OECD-Mitgliedstaaten wurde im Jahr 2006 eine Empfehlung verabschiedet, die verschiedene Maßnahmen zur Bekämpfung der Korruption im Rahmen von Exportgeschäften umfasst.[258] Sind Mitarbeiter eines Unternehmens in der Vergangenheit wegen der Bestechung ausländischer Amtsträger verurteilt worden, fordert die OECD-Empfehlung "angemessene interne Korrektur- und Präventionsmaßnahmen".[259] Es lassen sich mit guten Gründen Parallelen ziehen zum Vergaberecht, wo in solchen Fällen für die Wiederherstellung der Zuverlässigkeit des Unternehmens eine Selbstreinigung – zB

253 Vgl. ausführlich *Stein/Friton* VergabeR 2010, 151, 157.
254 OLG Düsseldorf NZBau 2003, 578; LG Berlin NZBau 2006, 397, 399; vgl. die ausführliche Darstellung bei *Ax/Schneider/Scheffen* Rechtshandbuch Korruptionsbekämpfung, 2. Aufl. (2010), 383 ff.
255 *Prieß/Stein* NZBau 2008, 230.
256 OLG Brandenburg NZBau 2008, 277.
257 *Janus* in: Schimansky/Bunte/Lwowski (Hrsg.), Bankrechtshandbuch, Band II, 3. Aufl. (2007), § 122, Rn. 1.
258 Ausführlich hierzu *Prieß/Thoms* BB 2010, 2127 ff.
259 Zitiert bei *Prieß/Thoms* BB 2010, 2127, 2132.

eine Mitwirkung des Unternehmens an der Sachverhaltsaufklärung – gefordert wird.[260]

2. *Auskunftspflichten*

a) Kartellrecht

Die EU-Kommission kann nach Art. 18 I, III Kartellverfahrensverordnung (VerfVO)[261] von den Unternehmen verlangen, dass sie „alle erforderlichen Auskünfte erteilen".[262] Voraussetzung einer solchen Pflicht ist, dass ein konkreter Anfangsverdacht für eine konkrete Zuwiderhandlung gegen das Kartellrecht besteht, dass das Auskunftsverlangen zur Klärung des Verdachts erforderlich sowie im Hinblick auf die Schwere des vermuteten Verstoßes verhältnismäßig ist.[263] Für die Unternehmen bedeutet diese Auskunftspflicht, dass sie im Unternehmen vorhandene Informationen sammeln und in der von der Kommission geforderten Form aufbereiten müssen, wobei die Reichweite dieser Pflicht durch die Rechtsprechung noch nicht endgültig geklärt worden ist.[264] Werden Auskünfte unzureichend oder zu spät beantwortet, zieht dies eine Geldbuße nach sich (Art. 23 I lit. b VerfVO).

b) Aufsichtsrecht

Auskunftspflichten finden sich auch in den Gesetzen, deren Vorschriften zur Konstruktion einer allgemeinen Compliance-Rechtspflicht herangezogen werden (§ 25 a I 1 KWG, § 64 a I 1 VAG, § 53 I KrW-AbfG), und zwar in § 44 I 1 KWG, § 83 I 1 Nr. 1 VAG und § 40 II 1 KrW-AbfG. Im Gegensatz zu Art. 18 I, III, VerfVO können die jeweiligen Aufsichtsbehörden sogar ohne konkreten Anlass Auskunft verlangen, wenn dies zur Wahrnehmung ihrer Aufsichtsaufgaben erforderlich ist.[265] Begrenzt wird die Auskunftspflicht durch den Verhältnismäßigkeitsgrundsatz.[266] Bei Zuwiderhandlung droht auch hier ein Bußgeld (§ 56 III Nr. 9 KWG, § 144 I a Nr. 5 VAG, § 61 II Nr. 3 KrW-AbfG).

---

260 Vgl. hierzu *Prieß/Thoms* BB 2010, 2127, 2131 ff.

261 EG VO 1/2003 v. 16.12.2002.

262 Die Auskunftspflicht im nationalen Kartellrecht richtet sich § 59 GWB.

263 Mäsch/*van der Hout*, PK-KartellR, Art. 18 VerfVO, Rn. 3 ff.

264 Immenga/Mestmäcker/*Burrichter*, WettbwR, 4. Aufl., VO 1/2003, Rn. 58; Loewenheim/Meessen/Riesenkampff/*Barthelmeß/Rudolf*, Kartellrecht, 2. Aufl., Art. 18 VerfVO, Rn. 35.

265 Prölss/*Kollhosser*, VAG, 12. Aufl., § 83, Rn. 2; Schwennicke/Auerbach/*Schwennicke*, KWG (2009), § 44, Rn. 1, 8; J/P/W/-KrW-AbfG/*v. Franqué*, 25. Erg.-Lfg., § 40, Rn. 207.

266 Prölss/*Kollhosser*, VAG, 12. Aufl., § 83, Rn. 2; Schwennicke/Auerbach/*Schwennicke*, KWG (2009), § 44, Rn. 18; J/P/W/-KrW-AbfG/*v. Franqué*, 25. Erg.-Lfg., § 40, Rn. 207.

III. Sachverhaltsaufklärung als Rechtspflicht?

Möglicherweise können Unternehmen aber auch außerhalb dieser Fälle verpflichtet sein, Verdachtsfälle auf Regelverstöße im Unternehmen selbstständig aufzuklären. Dieser Punkt soll im Folgenden zweistufig untersucht werden. Zunächst soll gezeigt werden, nach welchen Vorschriften sich überhaupt eine Verpflichtung zum Tätigwerden ergibt. Danach geht es darum, ob und wann dieses Tätigwerden in die selbstständige Aufklärung des Sachverhalts münden muss.

1. Unternehmensleitung

a) Pflicht zum Einschreiten bei Verdachtsmomenten

aa) Gesellschaftsrechtliche Pflichten

Nach einhelliger Auffassung in Literatur und Rechtsprechung müssen Vorstandsmitglieder und GmbH-Geschäftsführer Hinweisen auf Gesetzesverletzungen oder Unregelmäßigkeiten von Unternehmensangehörigen unverzüglich nachgehen.[267] Die dafür erforderliche Schwelle wird niedrig angesetzt: Ausreichend sind bereits

---

267 Für die AG: *Fleischer* AG 2003, 291, 292 ff.; *Fleischer* in: Fleischer (Hrsg.), Handbuch des Vorstandsrechts (2006), § 8, Rn. 28; *v. Hehn/Hartung* DB 2006, 1909, 1910; Spindler/Stilz/*Fleischer*, 2. Aufl., § 93, Rn. 7; *Wagner* CCZ 2009, 8, 12; *Wuttke* Straftäter im Betrieb (2010), 81; *v. Hehn/Hartung* in: W/S/G (Hrsg.), Hdb. Compliance-Management (2010), 569, 585; *Reichert/Ott* ZIP 2009, 2173, 2176; sowie *Reichert* ZIS 2011, 113, 117. Teilweise wird diese Pflicht in § 76 I AktG, teilweise in § 93 I AktG verankert. Ob sich eine solche Pflicht unmittelbar auf § 93 I AktG stützen lässt, hängt wohl davon ab, ob man in § 93 I AktG nur einen Verschuldensmaßstab verkörpert sieht [so (für die Geschäftsführerhaftung) Baumbach/Hueck/*Zöllner*, GmbHG, 17. Aufl., § 43, Rn. 11, 16 f.; in Bezug auf § 93 I AktG: *Hüffer* in: Raiser-FS (2005), 163, 176; *Hüffer*, 9. Aufl., § 93, Rn. 3 a] oder auch einen objektiven Pflichtenstandard [so die hM: *Fleischer* in: Fleischer (Hrsg.), Handbuch des Vorstandsrechts (2006), § 7, Rn. 1; MüKo-AktG/*Spindler*, 3. Auflage, § 93, Rn. 20; KK-AktG/*Mertens/Cahn*, 3. Auflage, § 93, Rn. 11]. Vgl. ausführlich zum Verhältnis der beiden Vorschriften zueinander *Hüffer* in: Raiser-FS (2005), 163, 165 ff. Von manchen (*v. Hehn*/Hartung DB 2006, 1909, 1910; v. *Hehn/Hartung* in: W/S/G (Hrsg.), Hdb. Compliance-Management (2010), 569, 585) werden Interne Ermittlungen auch als Teil der durch § 91 II AktG geforderten Maßnahmen angesehen. Dagegen dürfte sprechen, dass § 91 II AktG vom Vorstand Maßnahmen zur *Früh*erkennung verlangt, durch die er bestandsgefährdenden Entwicklungen rechtzeitig entgegenwirken kann (K. Schmidt/Lutter/*Krieger/Sailer*, AktG, 2008, § 91, Rn. 11). Interne Ermittlungen werden aber typischerweise als Reaktion auf bereits bekannt gewordene Verdachtsfälle erst später ansetzen. Mit Bezug auf den Wortlaut des § 91 II AktG ablehnend auch *Wagner* CCZ 2009, 8, 12.
Für die GmbH: Michalski/*Haas/Ziemons*, 2. Aufl., § 43, Rn. 170 ff.; BGH NJW 1986, 54, 55; BGH NJW 1997, 130, 132. Allgemein für Aufsichtspflichtige: *Bock* Criminal Compliance (2011), 724 ff.

greifbare Anhaltspunkte für Zuwiderhandlungen[268] bzw. ein nicht ganz fernliegender Verdacht auf einen Regelverstoß[269].

bb) Ordnungswidrigkeitenrechtliche Verantwortlichkeit

Eine ähnliche Pflicht – allerdings nur im Hinblick auf zu unterbindende betriebsbezogene Straftaten und Ordnungswidrigkeiten – ergibt sich für Betriebs- bzw. Unternehmensinhaber auch aus § 130 I OWiG, der Betriebs- bzw. Unternehmensinhaber zur „gehörigen Aufsicht" verpflichtet. Art und Ausmaß der erforderlichen Aufsichtsmaßnahmen sind stark einzelfallabhängig; generell soll die Aufsicht so wahrgenommen werden, dass die betriebsbezogenen Pflichten voraussichtlich eingehalten werden.[270] Im Regelfall gehört zu einer „gehörigen Aufsicht" iSd § 130 I OWiG nicht nur eine sorgfältige Auswahl von Mitarbeitern und eine sachgerechte Einweisung dieser Mitarbeiter in ihre Aufgaben und Pflichten, sondern auch eine Überwachung und Kontrolle dahingehend, ob Vorgaben eingehalten werden.[271] Ergeben sich Hinweise auf Verstöße, muss der Aufsichtspflichtige dagegen einschreiten.[272]

cc) Strafrechtliche Verantwortlichkeit

Eine Pflicht zum Einschreiten gegen Straftaten durch Unternehmensangehörige könnte sich für Unternehmensleiter daraus ergeben, dass sie sich andernfalls wegen Unterlassens strafbar machen (§ 13 StGB). Voraussetzung dafür ist unter anderem[273], dass Unternehmensleiter eine Garantenpflicht zur Verhinderung von Straftaten trifft. Bejaht man eine solche Garantenpflicht, dann unterliegt die oberste Geschäftsleitung einer umfassenden Organisations- und Kontrollpflicht[274], zu der – je nach den Umständen des Einzelfalls – auch die Sachverhaltsaufklärung nach Bekanntwerden von Verdachtsfällen gehören kann.

---

268 Spindler/Stilz/*Fleischer*, 2. Aufl., § 93, Rn. 7.

269 *Rönnau/Schneider* ZIP 2010, 53, 59; *Reichert* ZIS 2011, 113, 117.

270 Vgl. mit umfangreichen Nachweisen aus der Rechtsprechung KK-OWiG/*Rogall*, 3. Aufl., § 130, Rn. 41 und Göhler/*Gürtler* OWiG, 15. Aufl., § 130, Rn. 10. Vgl. auch *Pelz* in Hauschka (Hrsg.), Corporate Compliance, 2. Aufl. (2010), § 6, Rn. 15.

271 KK-OWiG/*Rogall*, 3. Aufl., § 130, Rn. 40; Göhler/*Gürtler* OWiG, 15. Aufl., § 130, Rn. 10; *Pelz* in Hauschka (Hrsg.), Corporate Compliance, 2. Aufl. (2010), § 6, Rn. 18 ff.; *Wessing/Hugger/Dann* in: Renz/Hense (Hrsg.), Wertpapier-Compliance (2010), 203, 234 ff.

272 KK-OWiG/*Rogall*, 3. Aufl., § 130, Rn. 40; Göhler/*Gürtler* OWiG, 15. Aufl., § 130, Rn. 10; *Pelz* in Hauschka (Hrsg.), Corporate Compliance, 2. Aufl. (2010), § 6, Rn. 29; *Wessing/Hugger/Dann* in: Renz/Hense (Hrsg.), Wertpapier-Compliance (2010), 203, 237.

273 Daneben müssten auch Vorsatz bzgl. des Unterlassens einer gebotenen Rettungshandlung und die Quasikausalität zwischen Unterlassen und Erfolgseintritt feststehen. Da sich beides nur schwer eindeutig nachweisen lässt (und ohnehin in der Regel auf § 130 I OWiG zurückgegriffen wird), wird der „Geschäftsherrenhaftung" teilweise die Praxisrelevanz abgesprochen, vgl. *Kudlich/Oğlakcioğlu* Wirtschaftsstrafrecht (2011), Rn. 113.

274 *Roxin* AT II (2003), § 32, Rn. 142.

Die Frage der Garantenpflicht des Unternehmensleiters wurde unter dem Stichpunkt „Geschäftsherrenhaftung“ bereits ausgiebig diskutiert und wird von der überwiegenden Ansicht trotz beachtenswerter Einwände[275] jedenfalls im Hinblick auf betriebsbezogene Straftaten weithin bejaht.[276] Eine Unternehmensleitung, die trotz bereits aufgetretener Verdachtsmomente untätig bleibt, sieht sich also möglicherweise dem Vorwurf der Strafbarkeit durch Unterlassen (§ 13 StGB) ausgesetzt.

b) Sachverhaltsaufklärung als Teil des Einschreitens

aa) § 130 I OWiG

Die „Pflicht zum Einschreiten“ nach § 130 I OWiG umfasst jedenfalls dann die Pflicht zur Aufklärung des Sachverhalts, wenn nur durch die Sachverhaltsermittlung gegenwärtige straf- oder bußgeldbewehrte Verstöße gegen betriebs- oder unternehmensbezogene Pflichten abgestellt oder zukünftige Verstöße verhindert werden könnten.[277]

bb) Anwendbarkeit des § 93 I 2 AktG

Speziell für das Aktienrecht stellt sich die Frage, ob dem Vorstand bei der Entscheidung über die Art und Weise der Sachverhaltsaufklärung ein haftungsfreier Spielraum zukommt. Dies wäre dann der Fall, wenn die sog. *Business Judgement Rule* in § 93 I 2 AktG Anwendung findet.

Nach § 93 I 2 AktG liegt keine Pflichtverletzung vor, wenn das Vorstandsmitglied bei einer unternehmerischen Entscheidung vernünftigerweise annehmen durfte, auf der Grundlage angemessener Information zum Wohle der Gesellschaft zu handeln. Hintergrund der Regelung ist, dass Vorstandsmitglieder nicht für jeden unternehmerischen Misserfolg haftbar gemacht werden sollen. Dies würde nämlich zu einer Lähmung der unternehmerischen Initiative führen.[278] Der durch § 93 I 2 Akt geschaffene „*safe harbor*“ steht Entscheidungsträgern aber nur dann zur Verfügung, wenn bestimmte Voraussetzungen erfüllt sind: Es muss sich um eine unternehmerische Entscheidung handeln; die Entscheidungsträger müssen gutgläubig, ohne Son-

---

275 Vgl. aus neuerer Zeit vor allem *Beulke* in Geppert-FS (2011), 23, 25 ff.

276 Vgl. etwa die umfangreichen Nachweise bei *Roxin* AT II (2003), § 32, Rn. 134 ff., *Wittig* Wirtschaftsstrafrecht (2010), 49 ff. und *Dannecker/Dannecker* JZ 2010, 981, 989 f. Eine Auseinandersetzung mit den vertretenen Ansichten kann an dieser Stelle unterbleiben, da es lediglich darum geht, das Gefahrenpotenzial für den Fall der Untätigkeit zu verdeutlichen. Zu diesem Gefahrenpotenzial gehört eine unsichere Rechtslage im Hinblick auf die Strafbarkeit durch Unterlassen.

277 *Wagner* CCZ 2009, 8, 13; *Reichert/Ott* ZIP 2009, 2173, 2176; *Wuttke* Straftäter im Betrieb (2010), 83 f.

278 KK-AktG/*Mertens/Cahn*, 3. Auflage, § 93, Rn. 13.

derinteressen und sachfremde Einflüsse und zum Wohle der Gesellschaft handeln; die Entscheidung muss auf der Grundlage angemessener Information ergehen.[279]

Fraglich ist vor allem, ob es sich bei der Entscheidung über das „Wie" der Sachverhaltsaufklärung im Unternehmen um eine unternehmerische Entscheidung handelt und ob diese Entscheidung auf der Grundlage angemessener Information ergeht.

(1) Unternehmerische Entscheidung

Damit eine unternehmerische Entscheidung vorliegt, müssen drei Kriterien erfüllt sein. Die Entscheidung darf nicht von vornherein gegen ein Gesetz oder eine Satzung verstoßen, sie muss Prognosecharakter haben und schließlich muss sie in ein Handeln oder Unterlassen münden, zu dem das Organmitglied nicht verpflichtet ist.[280]

Die Entscheidungssituation des Vorstands ist geprägt von Unsicherheit, wenn Verdachtsfälle auf Straftaten im eigenen Unternehmen auftauchen. Die Unsicherheit bezieht sich darauf, dass fast nie von vornherein klar sein wird, welche Anstrengungen zur Aufklärung der Verdachtsfälle erforderlich sein werden. Gerade wegen dieser Ungewissheit entschließen sich ja nicht wenige Unternehmen zur Durchführung einer Internen Untersuchung durch externe Rechtsanwälte oder Wirtschaftsprüfer, denn nur so ist das Maximum an Aufklärung gewährleistet. Auch die anderen Voraussetzungen für das Vorliegen einer unternehmerischen Entscheidung sind erfüllt: Kein Gesetz schreibt den Vorstandsmitgliedern eine bestimmte Aufklärungsweise vor, und sie trifft auch keine persönliche Verpflichtung zu einer bestimmten Aufklärungsweise (sieht man von dem Extremfällen ab, in denen wirklich nur das beschriebene Modell einer Internen Ermittlung den gewünschten Aufklärungserfolg verspricht). Dem steht auch nicht entgegen, dass bei Überwachungs- und Kontrollaufgaben der „unternehmerische" Bezug ferner liegt als etwa bei Entscheidungen über die wirtschaftliche Ausrichtung des Unternehmens. Erstens lässt sich dieser Zusammenhang jedenfalls mittelbar herstellen, und zweitens ist vor allem von Bedeutung, dass der Entscheidung ein Prognosecharakter innewohnt.[281]

Die Entscheidung über die Art und Weise der Sachverhaltsaufklärung im Unternehmen beim Verdacht auf Straftaten ist daher eine unternehmerische Entscheidung iSd § 93 I 2 AktG.[282]

---

279 BegrRegE UMAG, BT-Drucks. 15/5092, S. 11.

280 *Schäfer* ZIP 2005, 1253, 1256.

281 Ähnlich *Bosch/Lange* JZ 2009, 225, 230.

282 So auch *Reichold* ZIS 2011, 113, 118; allgemein für die aktienrechtlichen Organisations-, Planungs- und Überwachunsgaufgaben *Fleischer* in: Fleischer (Hrsg.), Handbuch des Vorstandsrechts (2006), § 7, Rn. 55; *Meier-Greve* BB 2005, 2555, 2557.

(2) Auf der Grundlage angemessener Information

Außerdem muss der Entscheidung die Schaffung einer ausreichenden Tatsachengrundlage vorausgehen.[283] Hintergrund der Regelung ist die ARAG/Garmenbeck-Entscheidung des BGH, nach der zwischen einem Erkenntnis- und einem Handlungsbereich zu unterscheiden ist. Im Erkenntnisbereich besteht im Gegensatz zum Handlungsbereich nur ein begrenzter Beurteilungsspielraum, der darum auch gerichtlich grundsätzlich voll überprüfbar ist.[284] Allerdings sollen die Informationspflichten des Vorstandsmitglieds nach dem Willen des Gesetzgebers auch nicht überspannt werden: „Welche Intensität der Informationsbeschaffung im Sinne der Norm „angemessen" ist, ist anhand des Zeitvorlaufs, des Gewichts und der Art der zu treffenden Entscheidung und unter Berücksichtigung anerkannter betriebswirtschaftlicher Verhaltensmaßstäbe von ihm [scil. dem Vorstand] ohne groben Pflichtenverstoß zu entscheiden."[285]

Zweifel könnten angebracht sein, ob im vorliegenden Zusammenhang überhaupt eine Entscheidung auf der Grundlage angemessener Information möglich ist, denn die Situation ist ja gerade durch Unsicherheit geprägt und die Informationssammlung soll ja erst in der sich anschließenden Sachverhaltsaufklärung erfolgen. Vorgeschlagen wird, den Erkenntnisbereich auf die Frage zu begrenzen, welche Informationen als Entscheidungsbasis herangezogen werden sollen. In den Handlungsbereich – also in den gerichtlich grundsätzlich nicht überprüfbaren Bereich – soll hingegen die Entscheidung über die Art und Weise der Informationsbeschaffung fallen.[286] Dem kann unter der Voraussetzung zugestimmt werden, dass der Erkenntnisbereich nicht nur die Frage umfasst, auf welche Informationen sich die Sachverhaltsaufklärung beziehen soll, sondern auch die Beschaffung von Informationen über die im Einzelfall geeignete Aufklärungsmethode.

Das könnte in der Praxis bedeuten, dass die bereits vorhandenen Verdachtsfälle aufgelistet und anschließend verschiedene Möglichkeiten der Aufklärung (zB Aufklärung durch die Interne Revision, Aufklärung durch die Compliance-Abteilung, Interne Ermittlungen durch externe Rechtsanwaltskanzlei, Übergabe des Sachverhalts an die Strafverfolgungsbehörden) nebeneinander gestellt und hinsichtlich verschiedener Faktoren bewertet werden: Dauer, Kosten, Wahrscheinlichkeit der umfassenden Aufklärung, Angemessenheit hinsichtlich der Schwere der Delikte, Auswirkung auf das Ansehen des Unternehmens etc. Die Ausführlichkeit dieser Informationszusammenstellung ist davon abhängig, ob eine schnelle Entscheidung

283 MüKo-AktG/*Spindler*, 3. Auflage, § 93, Rn. 47.
284 BGHZ 135, 244, 254.
285 BegrRegE UMAG, BT-Drucks. 15/5092, S. 12.
286 *Wagner* CCZ 2009, 8, 16.

erforderlich ist und ob aufgrund der bereits vorhandenen Verdachtsfälle von einer für das Unternehmen bedeutsamen Entscheidung auszugehen ist.

Wurden die Informationen auf diese Weise zusammengetragen und liegen auch die übrigen Voraussetzungen des § 93 I 2 AktG vor, ist die anschließende Entscheidung über das „Wie" der Sachverhaltsaufklärung dem gerichtlich nur eingeschränkt überprüfbaren Handlungsbereich zuzuordnen.[287]

2. Aufsichtsrat

Nicht nur die Unternehmensleitung, auch der Aufsichtsrat einer AG könnte zum Einschreiten gegen Unregelmäßigkeiten verpflichtet sein.

a) Gesellschaftsrechtliche Pflichten

Zu den Hauptaufgaben des Aufsichtsrates zählt die Überwachung der Geschäftsführung (§ 111 I AktG). Die Geschäftsführung wird zwar durch den Vorstand als Gesamtorgan ausgeübt, die Überwachungspflicht bezieht sich aber auf die Gesamtheit der Vorstand*mitglieder*, denn diese bereiten die Entscheidungen vor, die sie als Vorstand anschließend treffen und außerdem obliegt ihnen auch die Ausführung der Entscheidungen.[288] Als Instrumente für die Ausführung der Überwachungspflicht gibt das Gesetz dem Aufsichtsrat unter anderem Informations- (§ 90 AktG) und Einsichts- und Prüfungsrechte (§ 111 II AktG) an die Hand.[289] Von der Geschäftsführung selbst bleibt der Aufsichtsrat aber in jedem Fall ausgeschlossen (§ 111 IV 1 AktG).

Das Prüfungsrecht ist grundsätzlich beschränkt auf die Tätigkeit des Vorstands und muss stets die Klärung einer konkreten Frage zum Ziel haben.[290] Im Einzelfall kann auch eine vertiefte Prüfung erforderlich sein, etwa wenn der Vorstand in der Vergangenheit seinen Berichtspflichten nicht oder nur unzureichend nachgekommen ist.[291] Unterlässt es der Aufsichtsrat, nähere Informationen über ein zustimmungspflichtiges Geschäft einzuholen, obwohl der Verdacht krimineller Handlun-

287 Vgl. zu den verschiedenen Aspekten, die bei dieser Ermessensentscheidung eine Rolle spielen *Reichert* ZIS 2011, 113, 118.

288 MüKo-AktG/*Habersack*, 3. Auflage, § 111, Rn. 23; *Lutter/Krieger* Rechte und Pflichten des Aufsichtsrats, 5. Aufl., § 3, Rn. 67; nach Ansicht von *Wagner* CCZ 2009, 8, 15 ist die Überwachungspflicht des Aufsichtsrats subsidiär gegenüber der wechselseitigen Überwachungspflicht der Vorstandsmitglieder, sofern sich der Verdacht gegen einzelne Mitglieder richtet.

289 Vgl. ausführlich *Winter* in: Hüffer-FS (2010), 1103, 1113 ff. und *Kort* in: Hopt-FS (2010), 983, 997 ff.

290 *Lutter/Krieger* Rechte und Pflichten des Aufsichtsrats, 5. Aufl., § 6, Rn. 241 f.

291 *Lutter/Krieger* Rechte und Pflichten des Aufsichtsrats, 5. Aufl., § 13, Rn. 987.

gen des Geschäftsführers im Raum steht, begeht er eine grobe, haftungsbegründende Pflichtwidrigkeit.[292]

Hat der Aufsichtsrat den Verdacht, dass ein Arbeitnehmerfehlverhalten vorliegen könnte, muss er zunächst den Vorstand mit der Prüfung und der Erstellung eines Berichts beauftragen. Erst wenn dieser seiner Berichtspflicht nicht nachkommt, kann der Aufsichtsrat ausnahmsweise den Sachverhalt selber überprüfen.[293]

b) Strafrechtliche Verantwortlichkeit

Die äußerst eingeschränkten Möglichkeiten des Aufsichtsrats, selbst aktiv gegen rechtswidriges Verhalten im Unternehmen einzuschreiten, spiegeln sich wider im geringen Risiko der Aufsichtsratsmitglieder, sich wegen Unterlassens strafbar zu machen (§ 13 StGB).[294] Denn bei Unterlassungsdelikten besteht eine Handlungspflicht nur insoweit, wie auch eine rechtliche Möglichkeit zur Verhinderung des Erfolges gegeben ist. Kommt der Aufsichtsrat seiner Möglichkeit nach, Hinweise auf Gesetzesverletzungen zu geben und Gegenvorstellung zu erheben, scheidet eine Strafbarkeit der Aufsichtsratsmitglieder wegen der Beteiligung an Straftaten aus.[295]

3. Ergebnis

Gesellschaftsrechtlich, ordnungswidrigkeitenrechtlich und strafrechtlich kann die Unternehmensleitung verpflichtet sein, Hinweisen auf Gesetzesverstöße oder Unregelmäßigkeiten im Unternehmen nachzugehen. Diese Pflicht umfasst ordnungswidrigkeitenrechtlich die Pflicht zur selbstständigen Sachverhaltsaufklärung, wenn nur dadurch gegenwärtige oder zukünftige Verstöße gegen betriebs- oder unternehmensbezogene Pflichten iSd § 130 I OWiG abgestellt bzw. verhindert werden können.

Dem Vorstand einer Aktiengesellschaft kommt bei seiner Entscheidung der haftungsfreie Spielraum des § 93 I 2 AktG zugute, wenn vor der Entscheidung über die Art und Weise der Aufklärung Informationen über die jeweiligen Vor- und Nachteile zusammengetragen und erörtert wurden.

Der Aufsichtsrat ist nur in sehr seltenen Fällen dazu verpflichtet, gegen mögliches Fehlverhalten im Unternehmen selbst einzuschreiten.

---

292 BGH ZIP 2007, 224, 225.

293 *Lutter/Krieger* Rechte und Pflichten des Aufsichtsrats, 5. Aufl., § 6, Rn. 242; allgemein zu den Fallgruppen der „erweiterten Überwachungsgpflichten" des Aufsichtsrats *Semler* Leitung und Überwachung, 2. Aufl., 134 ff., v.a. Rn. 244.

294 Vgl. ausführlich hierzu *Cramer* in: Stree/Wessels-FS (1993), 563 ff.

295 *Cramer* in: Stree/Wessels-FS (1993), 563, 582 ff.

IV. Mögliche Akteure der unternehmensinternen Aufklärung

Entscheidet sich die Unternehmensleitung für eine selbstständige Aufklärung der Verdachtsfälle, kann sie entweder auf unternehmensinterne Institutionen oder auf externe Ermittler zurückgreifen.

1. Unternehmensinterne Institutionen mit Aufklärungsfunktion

Als Interne Ermittler bieten sich – je nach den Gegebenheiten des Unternehmens – die Revision, die Compliance-Abteilung und der Werkschutz für die Aufklärung an.

a) Revision

Die Aufgaben der Internen[296] Revision werden vom Institute for Internal Auditors (IIA) folgendermaßen definiert:[297]

"Die Interne Revision erbringt unabhängige und objektive Prüfungs- und Beratungsdienstleistungen, welche darauf ausgerichtet sind, Mehrwerte zu schaffen und die Geschäftsprozesse zu verbessern. Sie unterstützt die Organisation bei der Erreichung ihrer Ziele, indem Sie mit einem systematischen und zielgerichteten Ansatz die Effektivität des Risikomanagements, der Kontrollen und der Führungs- und Überwachungsprozesse bewertet und diese verbessern hilft."

Anders als die Bereiche Compliance[298] und Controlling[299] ist die Interne Revision nicht in die operativen Geschäftsprozesse selbst integriert.[300] Vielmehr stellt sie ein unabhängiges Prüfungs- und Überwachungsinstrument der Unternehmensführung dar, das – ex post – in sämtlichen Unternehmensbereichen Prüfungen auf Ordnungsmäßigkeit, Zweckmäßigkeit und Wirtschaftlichkeit durchführt.[301] Die konkreten Aufgaben und die Maßnahmen zu ihrer Erfüllung sind abhängig von der Branche und den Eigenheiten des Unternehmens.[302] Vom Maßnahmenspektrum

296 Dagegen untersucht die Externe Revision – in der Regel ein Wirtschaftsprüfungsunternehmen – im Auftrag des obersten Organs des Unternehmens die Ordnungsgemäßheit der Geschäftstätigkeit, indem es beispielsweise Jahres- und Konzernabschlüsse von Unternehmen im gesetzlich vorgeschriebenen Umfang prüft, vgl. *Godenzi* Private Beweisbeschaffung im Strafprozess (2008), S. 33.

297 Zitiert bei *Amling/Bantleon* DStR 2008, 1300, 1301; auch das Deutsche Institut für Interne Revision (DIIR) hat sich dieser Definition angeschlossen, vgl.: http://www.diir.de/fachwissen/glossar/ (abgerufen am: 25.10.2010)

298 *Bürkle* in: Hauschka (Hrsg.), Corporate Compliance, 2. Aufl. (2010), § 8, Rn. 55.

299 *Berwanger/Kullmann* Interne Revision (2008), S. 79.

300 *Knoll/Nolden* in: W/S/G (Hrsg.), Hdb. Compliance-Management (2010), 525, 527.

301 *Berwanger/Kullmann* Interne Revision (2008), S. 71; *Godenzi* Private Beweisbeschaffung im Strafprozess (2008), S. 30 f.

302 *Knoll/Nolden* in: W/S/G (Hrsg.), Hdb. Compliance-Management (2010), 525, 528.

umfasst sind etwa Einzelfallprüfungen, Systemprüfungen, Auswahlprüfungen, Kosten-/Nutzenanalysen und Wertanalysen.[303] Für die Durchführung der einzelnen Prüfungsschritte (Planung, Vorbereitung, Durchführung, Bericht, Nachschau) können die Revisoren auf Standards des IIA zurückgreifen.

Die Aufgabe der Internen Revision ist also in einem umfassenden Sinn "Prozessoptimierung". Die Aufklärung von Straftaten fällt an sich nicht in ihren Zuständigkeitsbereich. Das schließt aber nicht aus, dass die Interne Revision mit einer Sonderuntersuchung beauftragt wird, wenn es im Unternehmen zu Fällen von Wirtschaftskriminalität gekommen ist. Anders als im "Revisionsalltag" stehen für solche Sonderuntersuchungen bis jetzt keine standardisierten Vorgehensweisen zur Verfügung.[304] In jedem Fall ist für eine Sonderuntersuchung zur Aufklärung von Wirtschaftskriminalität juristische Expertise nötig. Wenn es stimmt, dass Juristen in Revisionsabteilungen bis jetzt die absolute Ausnahme sind[305], dann bedürfte die Aufklärung durch die Interne Revision insofern Unterstützung von anderen Abteilungen des Unternehmens oder von außen benötigen.

b) Compliance-Abteilung

Ob eine Compliance-Abteilung mit der Aufklärung beautragt werden kann, hängt von der Organisation im Unternehmen ab.

Jedenfalls in größeren Unternehmen wird die Notwendigkeit für die Implementierung eigener Compliance-Strukturen bestehen, was auch die Bestellung eines oder mehrerer Compliance-Beauftragter beinhaltet.[306] Bei der Ausgestaltung der Organisation stehen zwei Grundmodelle zur Verfügung: die autonome Organisation und die Matrix-Organisation. Bei der autonomen Organisation ist die Compliance-Abteilung für alle Compliance-Stufen (Prävention, Aufdeckung von Verstößen, Reaktion) zuständig.[307] Bei der Matrix-Organisation ist die Compliance-Abteilung auf Präventionsaufgaben beschränkt; die anderen beiden Stufen werden von den anderen Organisationseinheiten des Unternehmens wahrgenommen, was aber wiederum von der Compliance-Abteilung koordiniert wird.[308]

---

303 *Berwanger/Kullmann* Interne Revision (2008), S. 71.

304 Vgl. hierzu den Beitrag von *Kopetzky*, ZIR 5/2010, 211 ff., der sich um die Entwicklung solcher Standards bemüht.

305 So die Einschätzung von *Berwanger/Kullmann* Interne Revision (2008), S. 30 ff.

306 *Lampert* in: Hauschka (Hrsg.), Corporate Compliance, 2. Aufl. (2010), § 9, Rn. 15; vgl. zu den Aufgaben zentraler Compliance-Mitarbeiter die Übersicht bei *Hauschka* AnwBl 10/2010, 629, 632.

307 *Moosmayer* Compliance (2010), 31 f.

308 *Moosmayer* Compliance (2010), 32 ff.

Wer nun im Unternehmen die Compliance-Ermittlungen durchführt – die Interne Revision oder die Compliance-Abteilung –, ist abhängig von der Größe des Unternehmens, aber auch von der jeweiligen Ausgestaltung der Compliance-Organisation.[309] In Großunternehmen mit autonomer Compliance-Abteilung werden deren Mitarbeiter die Untersuchung durchführen; bei mittelständischen Unternehmen und bei Unternehmen mit einer Matrix-Organisation wird dagegen in der Regel die Interne Revision mit der Aufklärung beauftragt.

c) Werkschutz

Der Werkschutz – den man vor allem in größeren Unternehmen antrifft[310] – hat Ordnungsaufgaben (Einhaltung der Arbeitsschutzvorschriften, der Betriebsordnung, Abwicklung des Personen- und Fahrzeugverkehrs) und Sicherheitsaufgaben (Schutz von Gebäuden, Produktionsmitteln, Personen).[311] Je nach Unternehmensorganisation kann es aber auch Aufgabe des Werkschutzes sein, Betriebskriminalität aufzuklären und hierbei etwa "Durchsuchungen" oder "Vernehmungen" verdächtiger Personen durchzuführen.[312] Die Mitarbeiter solcher "Ermittlungsdienste"[313] als Teil des Werkschutzes sollen sich in der Praxis etwa aus ehemaligen Polizei-/Grenzschutzbeamten, Ex-Staatsanwälten und Personen der Revisionsabteilung rekrutieren.[314]

2. *Einschaltung von externen Ermittlern*

Insbesondere bei umfangreichen Ermittlungen wird vielfach auf externe Ermittler wie spezialisierte Anwaltskanzleien oder Wirtschaftsprüfungsgesellschaften zurückgegriffen.

---

309 Vgl. *Moosmayer* Compliance (2010), 91.

310 *Wuttke* Straftäter im Betrieb (2010), 97.

311 *Bauer* Werkschutz (1985), 26 ff.

312 Vgl. *Bauer* Werkschutz (1985), 122 ff., deren Ausführungen (S. 131 ff.) zeigen, dass das Fehlen von Verfahrensvorgaben bei der betriebsinternen Aufklärung von Straftaten schon seit langem beklagt wird.

313 Die Ausführungen aktueller Werkschutz-Lehrbücher gehen bis in die Feinheiten kriminalistischer Tatortarbeit und lassen auch Befragungstechniken nicht aus, vgl. *Beisel/Ebert/Foerster/Otto* Lehrbuch für den Werkschutz, 6. Aufl. (2004), Rn. 265 ff., Rn. 493 ff.

314 *Wuttke* Straftäter im Betrieb (2010), 97.

a) Praktische Abläufe

Die genaue Vorgehensweise einer solchen Internen Ermittlung ist abhängig sowohl vom jeweiligen Konzept des Anbieters als auch von den situativen Gegebenheiten, also der Art des Verdachts, der Größe des Unternehmens etc.[315]

Grob lässt sich der Ablauf so skizzieren:[316]

Von Unternehmensseite wird festgestellt, dass bestimmte Abläufe der Überprüfung bedürfen. Grundlage dieser Einschätzung sind oft nur Unklarheiten oder Unregelmäßigkeiten, denen nachgegangen werden soll.[317] Nach der Entscheidung darüber, dass eine Untersuchung erfolgen soll, legt das Unternehmen fest, wer die Untersuchung überwachen (supervisor) und wer sie durchführen soll (investigative counsel).[318]

Das Ermittlerteam bespricht sich mit dem Auftraggeber und einigt sich mit diesem auf eine gemeinsame Strategie, sowohl was die Vorgehensweise bei der Untersuchung als auch was den Umgang mit den auftauchenden Informationen angeht. Hierbei erfolgt bereits eine Beratung hinsichtlich der Konsequenzen einer Strafanzeige, denkbare zivilrechtliche Maßnahmen sowie hinsichtlich Fragen der Publizität und der Vertraulichkeit.[319] Die Ergebnisse dieses Gesprächs, die Ausgangslage, das Vorgehen und die Auftragsziele werden anschließend in einem sog. „*Engagement-Letter*“ festgeschrieben.[320]

Schließlich setzt das Ermittlerteam aus ihrem Personalbestand eine Task-Force zusammen oder wirbt zusätzliche Experten an.[321] Je nach Untersuchungsauftrag wird das Team aus Wirtschaftsprüfern, Juristen, Kriminalisten, IT-Spezialisten und ehemaligen Polizisten oder Staatsanwälten bestehen.[322]

Anschließend fällt der Startschuss für die „Ermittlungen“. Unterlagen (Papier und elektronische Datenträger) werden gesichtet und – je nach Menge – auf einem extra angemieteten Server zusammengestellt und gesichert.[323] Arbeitsplätze werden

---

315 *Godenzi* Private Beweisbeschaffung im Strafprozess (2008), 21. Vgl. auch *Behrens* RIW 2009, 22 und *Böhm* Non-Compliance (2011), 95 ff.

316 Vgl. ausführlich *Cohen/Kramer/Oh/Papalaskaris* in: Lomas/Kramer (Hrsg.), Corporate Internal Investigations – An International Guide (2008), S. 117 ff.; *Godenzi* Private Beweisbeschaffung im Strafprozess (2008), 21 ff.

317 *Godenzi* Private Beweisbeschaffung im Strafprozess (2008), 22.

318 *Cohen/Kramer/Oh/Papalaskaris* in: Lomas/Kramer (Hrsg.), Corporate Internal Investigations – An International Guide (2008), S. 117 ff.

319 *Godenzi* Private Beweisbeschaffung im Strafprozess (2008), 22.

320 *Godenzi* Private Beweisbeschaffung im Strafprozess (2008), 23.

321 *Cohen/Kramer/Oh/Papalaskaris* in: Lomas/Kramer (Hrsg.), Corporate Internal Investigations – An International Guide (2008), S. 123.

322 *Godenzi* Private Beweisbeschaffung im Strafprozess (2008), 23.

323 *Cohen/Kramer/Oh/Papalaskaris* in: Lomas/Kramer (Hrsg.), Corporate Internal Investigations

durchsucht, Festplatten auf evtl. gelöschte Daten gescreent, E-mail-Kommunikation ausgewertet und Mitarbeiter zu „Interviews" einbestellt. Diese Interviews haben zum Ziel, Fehlverhalten aufzudecken, eigenes, aber auch das von anderen Mitarbeitern. Sollten die befragten Mitarbeiter nicht kooperieren, werden ihnen die Konsequenzen ihres Handelns – etwa die Kündigung – vor Augen geführt.[324] In den USA müssen als Folge einer Entscheidung des Supreme-Courts dem Befragten zudem sog. „Upjohn-Warnings"[325] verdeutlicht werden.[326] In der Regel werden die Interviews protokolliert.

Nach Abschluss erstellt das Ermittlerteam einen ausführlichen Bericht, der eine ausführliche Sachverhaltsdarstellung und ggf. Verbesserungsvorschläge hinsichtlich des internen Kontrollsystems umfasst.[327] Außerdem erfolgt eine Beratung im Hinblick auf die weitere Vorgehensweise, zB die Erstellung von Strafanzeigen, die Durchsetzung zivilrechtlicher Ansprüche und mögliche Entlassungen. Auf Wunsch des Auftraggebers wird den Strafverfolgungsbehörden der Abschlussbericht in Form eines Parteigutachtens zur Verfügung gestellt.

b) Vorteile gegenüber der sonstigen unternehmensinternen Aufklärung

Bei der Aufklärung mancher Sachverhalte wird empfohlen, darauf zu achten, dass die Interne Ermittlung "unabhängig" abläuft. Insbesondere US-Behörden erwarten, dass die Aufklärung nicht durch die Verwaltung des Unternehmens selbst erfolgt, sondern durch externe Berater – möglicherweise unter der Supervision des "*audit comittee*".[328] Nur dann können die Bemühungen des Unternehmens strafmildernd berücksichtigt werden.

Aber auch bei Unternehmen ohne Bezug zu den USA kann die Einschaltung externer Ermittler hilfreich sein. Es mag Fälle geben, in denen eine Beteiligung der Unternehmensleitung nicht ausgeschlossen werden kann. Eine Aufklärung durch unternehmensinterne Abteilungen wird hier nicht immer in gleichem Maße erfolg-

– An International Guide (2008), S. 127.

324 *Cohen/Kramer/Oh/Papalaskaris* in: Lomas/Kramer (Hrsg.), Corporate Internal Investigations – An International Guide (2008), S. 131.; *Godenzi* Private Beweisbeschaffung im Strafprozess (2008), 25.

325 Die „Upjohn-Warnings" beinhalten die Warnung, dass der Interviewer im Auftrag des Unternehmens und nicht des Befragten tätig wird und dass die Befragung die Versorgung des Unternehmens mit rechtlichem Rat zum Ziel hat, dass das Interview zwar durch das attorney-client-privilege geschützt wird, das Unternehmen auf dieses Privileg aber jederzeit verzichten und den Inhalt an die Behörden weitergeben könne. Schließlich erfolgt ein Hinweis auf die unbedingte Wahrheitspflicht.

326 Vgl. *Cohen/Kramer/Oh/Papalaskaris* in: Lomas/Kramer (Hrsg.), Corporate Internal Investigations – An International Guide (2008), S. 130.

327 *Godenzi* Private Beweisbeschaffung im Strafprozess (2008), 25 f.

328 *Schürrle/Olbers* CCZ 3/2010, 102, 105.

versprechend sein.[329] Außerdem hat das betroffene Unternehmen kein Interesse daran, dass Revision, Rechtsabteilung und Compliance-Beauftragter durch eine umfangreiche Interne Ermittlung von ihrer eigentlichen Arbeit abgehalten werden.

Ein anderer Aspekt – für Unternehmen von besonderer Bedeutung – besteht darin, ob sich Mitarbeiter der Compliance-Abteilung oder der Internen Revision gegenüber staatlichen Behörden auf ein Zeugnisverweigerungsrecht berufen können und ob ihre Unterlagen der Beschlagnahmefreiheit unterliegen. Nicht selten werden nämlich zugelassene Rechtsanwälte als Compliance-Beauftragte bestellt. In ihrer Tätigkeit als Anwälte könnten diese sich auf die entsprechenden Rechte nach §§ 53 I Nr. 3, 97 I Nr. 1 StPO berufen. Ob diese Rechte auch erhalten bleiben, wenn Rechtsanwälte ein Anstellungsverhältnis mit einem Unternehmen eingehen, ist weniger eindeutig.

Für Syndikusanwälte hat der EuGH[330] dies jüngst verneint. Deren unternehmens- oder konzerninterner Schriftwechsel falle nicht unter den Schutz des Grundsatzes der Vertraulichkeit, darf also von Bediensteten der EU-Kommission für eine Prüfung möglicher wettbewerbswidriger Praktiken kopiert werden. Der Schutz der Vertraulichkeit komme nur solchen Rechtsanwälten zugute, die nicht durch ein Beschäftigungsverhältnis an ihren Mandanten gebunden seien.[331] Ein Syndikusanwalt sei dagegen aufgrund seiner wirtschaftlichen Abhängigkeit und aufgrund seiner engen Bindungen an seinen Arbeitgeber nicht in gleichem Maße beruflich unabhängig wie ein externer Anwalt.[332]

Diese Entscheidung gilt aber nur für Ermittlungen der Kommission wegen Wettbewerbsverstößen und nicht für Ermittlungen der nationalen Staatsanwaltschaften.[333] Die deutsche Rechtsprechung ist bis jetzt nicht einheitlich, eine BGH-Entscheidung zu diesem Thema steht noch aus. Manche Gerichte verneinen die Anwendbarkeit von Anwaltsprivilegien (§§ 53 I Nr. 3, 97 I Nr. 1 StPO) generell, sofern der Syndikusanwalt im Einzelfall Leistungen für das Unternehmen und nicht für Dritte erbracht hat.[334] Andere Gerichte vertreten die Auffassung, auch die Tätigkeit eines Syndikusanwalts könne als "anwaltlich" qualifiziert werden, allerdings müsse es

329 *Schürrle/Olbers* CCZ 3/2010, 102, 105.

330 EuGH, Rs. C-550/07 P, *Akzo Nobel Chemicals Ltd / Kommission*; vgl. hierzu den "Standpunkt" von *Deister* NJW-aktuell 39/2010, 14.

331 EuGH, Rs. C-550/07 P, *Akzo Nobel Chemicals Ltd / Kommission,* Rn. 43.

332 EuGH, Rs. C-550/07 P, *Akzo Nobel Chemicals Ltd / Kommission,* Rn. 49.

333 *Beulke/Lüdke/Swoboda* Unternehmen im Fadenkreuz (2009), 42 (zur vorherigen Entscheidung durch den EuG).

334 LG Bonn, NStZ 2007, 605, 606. Diese Entscheidung dürfte eher mit der "Doppelberufstheorie" des BGH (NJW 1961, 219; NJW 2000, 1645; NJW 2003, 2750) vereinbar sein.

dafür einen Rechtsratsuchenden geben, dessen Vertrauen auf die Vertraulichkeit der Kommunikation mit dem Ratgeber im Einzelfall schutzwürdig erscheine.[335]

Interne Ermittlungen werden aber in der Praxis nicht durch Syndikusanwälte durchgeführt, sondern durch Mitarbeiter der Internen Revision oder der Compliance-Abteilung. Auch wenn es sich bei den handelnden Personen um zugelassene Rechtsanwälte handeln sollte – die Anwendbarkeit anwaltlicher Privilegien scheidet nach der dargestellten Rechtsprechung wohl aus. Denn die Tätigkeit eines Compliance-Beauftragten (oder eines Mitarbeiters der Internen Revision) weist sogar noch weniger Gemeinsamkeiten mit der eines externen Rechtsanwalts auf als die Tätigkeit eines Syndikusanwalts. Weder bei Compliance-Aufgaben noch bei Revisionsaufgaben handelt es sich um "typisch anwaltliche"[336] Tätigkeiten, was sich schon daran zeigt, dass es auch Compliance-Beauftragte gibt, die keine Volljuristen sind[337]. Nicht die Beratung in Rechtsfragen, sondern die Durchsetzung von Regeln bzw. die Prozessoptimierung stehen im Vordergrund. Werden Juristen mit Compliance-Aufgaben betraut, dann geschieht das, weil man für die Durchführung der Aufgaben juristische Expertise für nützlich hält. Diese Mitarbeiter werden aber nicht in einer anwaltlichen Funktion eingestellt.

Externe Anwälte können sich dagegen auf ein Zeugnisverweigerungsrecht berufen (§ 53 I Nr. 3 StPO), ein Beschlagnahmeprivileg kommt ihnen allerdings nach einem Beschluss des LG Hamburg[338] ebensowenig zu wie Syndikusanwälten.

V. Zusammenfassung zu Teil C

Typische Auslöser für eine unternehmensinterne Sachverhaltsaufklärung sind etwa Hinweise von Mitarbeitern über Whistleblowing-Systeme, daneben lassen sich aber auch viele andere Möglichkeiten denken. Gelangen Hinweise auf Regelverstöße an die zuständigen Stellen im Unternehmen, gibt es – neben dem Abstellen der Regelverletzung – noch andere Motivationslagen, die für eine umfassende Interne Ermittlung sprechen können. Hierzu zählen Bonusregelungen (bei wirtschaftlicher Tätigkeit mit Bezug zu den USA sowie im Kartellrecht, Vergaberecht und bei der Exportkreditfinanzierung), unter Umständen muss das Unternehmen aber auch gesetzlichen Auskunftspflichten nachkommen (Kartellrecht, Aufsichtsrecht).

Beim Verdacht auf (erhebliche) Gesetzesverstöße ist die Unternehmensleitung gesellschaftsrechtlich zum Einschreiten verpflichtet. Unterlässt sie dies, kann sie

335 LG Berlin, NStZ 2006, 470, 471.

336 Vgl. hierzu die Ausführungen von *Beulke/Lüdke/Swoboda* Unternehmen im Fadenkreuz (2009), 24 ff.

337 Für eine verstärkte Einbindung von Juristen plädieren *J. Hüffer/U. H. Schneider* ZIP 2010, 55.

338 LG Hamburg v. 18.10.2010 – 608 Qs 18/10.

dafür unter Umständen ordnungswidrigkeiten- (§ 130 I OWiG) oder strafrechtlich zur Verantwortung gezogen werden. Ordnungswidirgkeitenrechtlich umfasst diese „Pflicht zum Einschreiten“ jedenfalls dann die Pflicht zur unternehmensinternen Sachverhaltsaufklärung, wenn nur dadurch gegenwärtige straf- oder bußgeldbewehrte Verstöße gegen betriebs- oder unternehmensbezogene Pflichten abgestellt oder zukünftige Verstöße verhindert werden könnten. Vorstandsmitgliedern einer AG steht bei der Entscheidung über die Art und Weise der Sachverhaltsaufklärung (Interne Ermittlung, Strafanzeige) ein Ermessensspielraum aus § 93 I 2 AktG zu. Um in den Genuss dieses haftungsfreien Ermessensspielraums zu kommen, muss der Vorstand allerdings alle möglichen Alternativen auf ihre Vor- und Nachteile (Dauer, Kosten, Wahrscheinlichkeit der umfassenden Aufklärung, Angemessenheit hinsichtlich der Schwere der Delikte, Auswirkung auf das Ansehen des Unternehmens etc.) hin abwägen. Dabei bestimmt sich der Umfang dieser Informationszusammenstellung nach der Dringlichkeit der Aufklärung. Der Aufsichtsrat ist in aller Regel nicht verantwortlich für die Aufklärung krimineller Sachverhalte im Unternehmen.

Als mögliche Akteure für die Aufklärung von Sachverhalten kommen unternehmensinterne (Revision, Compliance-Abteilung, Werkschutz), aber auch unternehmensexterne Akteure (Wirtschaftsprüfungsgesellschaften, Anwaltskanzleien) in Betracht. Mit der Beauftragung einer externen Anwaltskanzlei lässt sich möglicherweise eine unabhängigere Aufklärung sicherstellen. Im Übrigen lässt sich bis jetzt weder für Syndikusanwälte noch für externe Anwälte eindeutig sagen, ob sich diese auf Anwaltsprivilegien berufen können, entsprechende Informationen aus Internen Ermittlungen also vor dem Zugriff der Strafverfolgungsbehörden „sicher“ sind. Während allerdings Syndikusanwälte sich nach Ansicht mancher Gerichte überhaupt nicht auf Anwaltsprivilegien berufen können, steht externen Anwälten jedenfalls das Zeugnisverweigerungsrecht aus § 53 I Nr. 3 StPO zu.

D. Mitarbeiteramnestien

Interne Ermittlungen können schnell auf Widerstände stoßen, wenn Mitarbeiter sich aus Furcht vor dem Verlust ihres Arbeitsplatzes oder vor Schadensersatzansprüchen weigern, an der Aufklärung mitzuwirken. Ohne Mitwirkung der Arbeitnehmer wird eine Aufklärung aber nur in seltenen Fällen gelingen. Um die Bereitschaft zu steigern, machen manche Unternehmen ihren Mitarbeitern "ein Angebot, das sie nicht ausschlagen können", nämlich dass sie – zeitlich befristet – im Falle der umfassenden Mitwirkung keine entsprechenden Sanktionen zu befürchten haben. Diese Zusagen werden vielfach unter der umgangssprachlichen Bezeichnung "Mitarbeiteramnestie"[339] zusammengefasst.

339 Daneben wird auch der Begriff "Kronzeugenregelung" verwendet, vgl. *Göpfert/Merten/Sie-*

I. Typische Bestandteile[340]

Unternehmen sind grundsätzlich frei, was die Ausgestaltung ihrer Amnestieprogramme betrifft. Typischerweise wird im Gegenzug gegen umfassende Kooperation zugesagt, dass das Unternehmen das Beschäftigungsverhältnis nicht einseitig löst, sich aber leichtere Disziplinarmaßnahmen wie Abmahnungen, Versetzungen oder zusätzliche Compliance-Schulungen vorbehält.[341] Häufig findet sich auch der Verzicht auf Schadensersatzforderungen seitens des Unternehmens[342] und der Hinweis, dass staatliche Strafverfolgungsbehörden durch die Regelung in keiner Weise gebunden werden, man aber von Unternehmensseite auf die Kooperationsbereitschaft des Mitarbeiters hinweisen werde.[343] Daneben erfolgt manchmal noch die Zusage, dass das Unternehmen auch bei der Preisgabe von Straftaten weder Strafantrag noch Strafanzeige stellen werde, für den Fall, dass es dennoch zu einem Strafverfahren kommt, jedenfalls aber die Verteidigungskosten sowie anfallende Geldstrafen übernehmen werde.[344]

Schließlich wird die Vertraulichkeit der mitgeteilten Informationen zugesichert und der Kreis der Personen begrenzt, die Zugang zu den Informationen haben sollen.[345]

Auch den Personenkreis, der von den Zusagen profitieren soll, können Unternehmen eigenständig festlegen. Meistens finden Amnestieregelungen auf Organmitglieder und das höhere Management keine Anwendung.[346]

---

grist NJW 2008, 1703, 1704. Abgesehen davon, dass keine staatlichen Sanktionen im Raum stehen, sind beide Begriffe auch sonst nicht wirklich treffend: Kronzeugenregelungen sollen einen Wettlauf in Gang setzen, bei dem nur der belohnt wird, der auch wirklich zur Aufdeckung beiträgt (zB § 46 b StGB). Im Unternehmen ist es dagegen denkbar, dass auch der Mitarbeiter nicht sanktioniert wird, der bereits bekannte Informationen mitteilt – vorausgesetzt, er hatte keine Kenntnis davon, dass die Information bereits bekannt war. "Amnestie" meint hingegen den für eine unbestimmte Vielzahl von Fällen gewährte völligen oder teilweisen Erlass rechtskräftig erkannter, noch nicht vollstreckter Strafen (*Tilch/Arloth* Deutsches Rechtslexikon, 3. Aufl., 152), setzt also nicht notwendigerweise eine Gegenleistung des Amnestierten voraus. Wegen der starken Verbreitung wird im Folgenden dennoch der Begriff "Mitarbeiteramnestie" verwendet.

340 Vgl. als Beispiel das Amnestieangebot der Hypo Group Alpe Adria AG im Anhang.

341 So etwa laut Presseberichten das Amnestieangebot, das der Siemens-Zentralvorstand seinen Mitarbeitern im Jahre 2007 machte, vgl. http://www.spiegel.de/wirtschaft/0,1518,514767,00.html (abgerufen am 24.11.2010); Vgl. auch das Formulierungsbeispiel bei *Sieg* in: FS-Buchner (2009), 859, 870 f.

342 Vgl. etwa die Presseberichte über das Amnestieangebot von MAN: http://www..manager-magazin.de/unternehmen/artikel/0,2828,625559,00.html (abgerufen am 24.11.2010).

343 *Wastl/Pusch* RdA 2009, 376 f.

344 *Göpfert/Merten/Siegrist* NJW 2008, 1703, 1704; *Breßler/Kuhnke/Schulz/Stein* NZG 2009, 721, 723.

345 *Breßler/Kuhnke/Schulz/Stein* NZG 2009, 721, 723.

346 *Sieg* in: FS-Buchner (2009), 859, 870.

II. Rechtsverbindlichkeit

Gravierende Regelverstöße oder auch nur entsprechende Verdachtsfälle können ein Unternehmen in eine Abwärtsspirale geraten lassen: Bußgelder, Vertrauensentzug der Anleger sowie Misstrauen der Geschäftspartner führen möglicherweise dazu, dass als Ausweg nur die personelle Neubesetzung der Führungsetage bleibt. Insbesondere in solchen Situationen stellt sich die Frage der Rechtsverbindlichkeit der vom alten Führungspersonal gemachten Amnestiezusagen. Aber auch sonst haben Arbeitnehmer ein großes Interesse daran, dass sie die ihnen gegenüber gemachten Zusagen auch einfordern, im Streitfall auch einklagen können.

Das Amnestieprogramm der Hypo Alpe Adria[347] wurde durch ein Rundschreiben des Vorstands an die Mitarbeiter publik gemacht. Man könnte bereits hierin einen rechtsgeschäftlichen Antrag auf Schließung eines Vertrags (§ 145 BGB) sehen, befristet (§ 148 BGB) und unter den Bedingungen (§ 158 I BGB), dass der Mitarbeiter vollumfassend an der Aufklärung mitwirkt, dass es sich um neue Informationen handelt und dass der Mitteilende nicht zu den Hauptverantwortlichen gehört. Allerdings müsste es sich dafür bei dem Rundschreiben überhaupt um eine Willenserklärung handeln, also eine um die Äußerung eines Willens, der unmittelbar auf die Herbeiführung einer Rechtsfolge gerichtet ist[348]. Dagegen spricht, dass die Unternehmensleitung selbst noch durch den Ombudsmann entscheiden lassen möchte, ob dem teilnahmewilligen Mitarbeiter im Einzelfall Amnestie gewährt wird. Außerdem wird klargestellt, dass durch das Rundschreiben kein Rechtsanspruch auf Teilnahme am Amnestieprogramm begründet wird. Man könnte aber in dem Schreiben eine invitatio ad offerendum sehen: Die Mitarbeiter werden aufgefordert, ihr Wissen gegenüber dem Ombudsmann preiszugeben, der wiederum als Stellvertreter (§ 164 ff. BGB) des Unternehmens die Amnestievereinbarung mit solchen Mitarbeitern schließt, die die vom Unternehmen aufgestellten Voraussetzungen erfüllen.

III. Risiken für die Unternehmensleitung

Nachfolgend soll nun auf einige Problemfelder eingegangen werden. Eine Amnestievereinbarung ist zunächst möglicherweise mit Risiken für die Unternehmensleitung verbunden.

347 Vgl. den Anhang § 6.
348 Staudinger/*Singer* (2004), Vorbem. zu §§ 116-144, Rn. 1.

1. Erstattung von Geldstrafen und Verteidigungskosten der Mitarbeiter

Sofern das Amnestieangebot Zusagen darüber enthält, dass im Falle einer strafrechtlichen Verurteilung von Mitarbeitern deren Geldstrafen oder die Verfahrenskosten durch das Unternehmen bezahlt werden, sieht sich die Unternehmensleitung möglicherweise selbst dem Vorwurf der Strafbarkeit ausgesetzt.

a) Strafbarkeit wegen Vollstreckungsvereitelung (§ 258 II StGB)

Mit einem Urteil aus dem Jahre 1990 verneinte der BGH[349] die Strafbarkeit der Bezahlung einer Geldstrafe durch Dritte wegen Strafvollstreckungsvereitelung (§ 258 II StGB) – in Abkehr der bis dahin ergangenen Rechtsprechung[350]. Der Verbandsvorsteher eines Abwasserverbandes, einer Körperschaft des öffentlichen Rechts, hatte bewirkt, dass der Verband die Geldstrafen und Verfahrenskosten von Mitarbeitern übernahm, die sich der vorsätzlichen Gewässerverunreinigung schuldig gemacht hatten. Dieses Verhalten sei nicht als Strafvollstreckungsvereitelung zu bewerten. Eine solche Vollstreckungsverurteilung begehe nur, wer durch eine Störung der äußeren Abläufe bewirke, dass dass eine gegen einen anderen verhängte Strafe oder Maßregel ganz oder zum Teil mindestens für geraume Zeit nicht verwirklicht werde könne.[351] Im Wesentlichen beruft sich der BGH auf folgende Argumente: Da eine "persönliche Betroffenheit" durch Vollstreckungsmaßnahmen gar nicht durchsetzbar sei, könne auch derjenige die Vollstreckung nicht vereiteln, der lediglich diese persönliche Betroffenheit abmildere oder auch gänzlich verhindere. Eine Ausdehnung des Wortlauts der "Vollstreckungsvereitelung" auch auf solche Fälle, in denen der Dritte nicht in den äußeren Vollstreckungsvorgang eingreife, sondern lediglich dafür sorge, dass die Strafe bezahlt werde, verstoße gegen das Bestimmtheitsgebot (Art. 103 II GG, § 1 StGB). Die Gegenansicht berücksichtige zudem nicht ausreichend, dass eine Umgehung ohnehin leicht möglich wäre, wenn nämlich der Verurteilte die Geldstrafe zunächst selbst bezahlt und die Erstattung durch den Dritten erst nachträglich erfolgt. Schließlich würde eine solche Ansicht zu einem Verbot von Schenkungen an den Verurteilten führen und Gefahr laufen, sozial adäquates Verhalten unter Strafe zu stellen.

349 BGHSt 37, 226.

350 Vgl. hierzu etwa die Darstellung von *Scholl* NStZ 1999, 599, 601 f. sowie die Nachweise bei LK/*Walter*, 12. Aufl., § 258, Rn. 48.

351 BGHSt 37, 226, 230.

Der BGH ist mit seiner Auffassung teilweise auf Zustimmung gestoßen[352], teilweise aber auch Kritik ausgesetzt[353]. Vor allem das Wortlautargument halten viele für nicht überzeugend: Das Bestimmtheitsgebot (Art. 103 II GG) verlange keineswegs, den Begriff der "Vollstreckungsvereitelung" auf die formelle Vollstreckung zu beschränken; dann könne aber die Einbeziehung auch der materiellen Vollziehung keine unzulässige Analogie sein.[354]

Entscheidend ist aber das Argument, dass eine Strafbarkeit zum Beispiel schon allein dadurch vermieden werden kann, dass der Verurteilte die Geldstrafe zunächst aus seinem eigenen Vermögen bezahlt und sich erst anschließend erstatten lässt.[355] Die Stichhaltigkeit dieses Argumentes anerkennen auch die Kritiker des BGH und fordern daher teilweise eine Neuregelung des § 258 II StGB.[356] Weitgehend unbeachtet in der Diskussion bleibt die Tatsache, dass auch bei einer Bezahlung der Geldstrafe durch Dritte sich durchaus unangenehme soziale Folgewirkungen für den Verurteilten ergeben können. In Unternehmen etwa dürften solche Mitarbeiter, für die das Unternehmen entsprechende Zahlungen geleistet hat, für einige Zeit in der "Bringschuld" stehen, was ihre Arbeitsleistung betrifft.

b) Strafbarkeit wegen Untreue (§ 266 StGB)

Der BGH hatte im bereits genannten Urteil auch über eine Strafbarkeit wegen Untreue zu entscheiden. Im Hinblick auf die gezahlten Geldstrafen der Mitarbeiter durch das Unternehmen bejahte er die Strafbarkeit des Verbandsvorstehers wegen Untreue.[357] Ob diese Rechtsprechung übertragen werden kann auf Unternehmensverantwortliche von privaten Personen- und Kapitalgesellschaften, die ihren Mitarbeitern entsprechende Amnestiezusagen machen, muss bezweifelt werden. Hier handelt es sich nämlich nicht um öffentliche Gelder, was erstens der Unterneh-

352 *Müller-Christmann* JuS 1992, 379; *Hoffmann/Wißmann* StV 2001, 249; Lackner/Kühl StGB, 27. Aufl., § 258, Rn. 13 ("vorzugswürdig, kriminalpolitisch aber bedauerlich"); *Satzger* Jura 2007, 754, 761; *Rengier* BT I, 12. Aufl., § 21, Rn. 18 ff.

353 *Wodicka* NStZ 1991, 487; *Hillenkamp* JR 1992, 74; *Mitsch* JA 1993, 304; *Scholl* NStZ 1999, 599; LK/*Walter*, 12. Aufl., § 258, Rn. 47 ff.; Schönke/Schröder/*Stree/Hecker*, 28. Aufl., § 258, Rn. 29.

354 *Wodicka* NStZ 1991, 487; *Hillenkamp* JR 1992, 74, 76; *Scholl* NStZ 1999, 599, 603 f. (mit Beispielen der Verwendung des Begriffs "Vollstreckung" aus dem Gesetz); LK/*Walter*, 12. Aufl., § 258, Rn. 51; Schönke/Schröder/*Stree/Hecker*, 28. Aufl., § 258, Rn. 29.

355 So auch *Rengier* BT I, 12. Aufl., § 21, Rn. 20 mit weiteren Umgehungsmöglichkeiten.

356 *Scholl* NStZ 1999, 599, 605; LK/*Walter*, 12. Aufl., § 258, Rn. 53. Beide fordern für einen gewissen Zeitraum eine Pönalisierung von Zuwendungen (Schenkungen, Schuldenerlass) an den Verurteilten, sofern ein Zusammenhang mit dem Urteil bzw. dem Strafbefehl festgestellt werden könne. Ein solcher Nachweis wird aber oft gar nicht zu führen sein, und selbst wo er gelänge, stellte sich die Frage der Verhältnismäßigkeit der staatlichen Nachforschung (man denke an die Überprüfung von Geburtstagsgeschenken durch den Staatsanwalt).

357 BGH NJW 1991, 990, 991.

mensleitung einen größeren Ermessensspielraum eröffnet und zweitens die Möglichkeit bietet, dass auch an sich pflichtwidrige Zusagen noch nachträglich durch die Eigentümer genehmigt werden können.

aa) Missbrauchs- oder Treubruchstatbestand?

Zunächst ist zu klären, ob dem Täter ein rechtsgeschäftliches (§ 266 I, Alt. 1 StGB) oder ein tatsächliches (§ 266 I, Alt. 2 StGB) Verhalten vorgeworfen wird. Da Amnestieprogramme bis jetzt – so weit ersichtlich – vor allem in als Aktiengesellschaft organisierten Unternehmen aufgelegt werden[358], geht dem Amnestieangebot typischerweise ein Vorstandsbeschluss voraus. Dieser Vorstandsbeschluss selbst besitzt aber noch nicht die für den Missbrauchstatbestand nötige schuldrechtlich verpflichtende Außenwirkung.[359] Da auch die Veröffentlichung des Vorstandsbeschlusses noch nicht als rechtsgeschäftlicher Antrag an die Mitarbeiter zu werten ist (siehe oben), muss auf die Bestellung des Ombudmannes und die damit verbundene Erteilung der Vertretungsmacht abgestellt werden. Hierin liegt die vom Missbrauchstatbestand geforderte rechtliche Außenwirkung.

bb) Pflicht zur Übernahme?

(1) Geldstrafen/Geldbußen

Der Vorstand würde seine Verpflichtungsbefugnis dann nicht missbrauchen, wenn die Mitarbeiter in bestimmten Fällen ohnehin einen Anspruch auf Erstattung der Geldstrafen bzw. Geldbußen durch das Unternehmen hätten.

In Betracht kommt vor allem ein Anspruch auf Aufwendungsersatz nach § 670 BGB analog. Die ganz überwiegende Ansicht lehnt einen solchen Anspruch aber unter Hinweis auf die hierzu bereits ergangene Rechtsprechung ab.[360]

Die bei Gelegenheit einer betrieblich veranlassten Tätigkeit begangenen Straftaten sind dem privaten Lebensbereich des Arbeitnehmers zuzuordnen, damit zusammenhängende Geldstrafen daher grundsätzlich nicht nach § 670 BGB erstattungsfähig.[361] Auch die Erstattung der Geldstrafe im Rahmen eines Schadensersatzan-

---

358 Laut Medienberichten gab es etwa Amnestieprogramme bei der Siemens AG, bei der MAN SE, bei der Ferrostaal AG und bei der Hypo Group Alpe Adria.

359 So – bezogen auf strafrechtlich relevantes Aufsichtsratsverhalten – *Ignor/Rixen* wistra 2000. 448, 449.

360 *Ebenroth/Willburger* BB 1991, 1941; *Müller-Christmann* JuS 1992, 379; *Hoffmann/Wißmann* StV 2001, 249, 250; *Spatschek/Ehnert* StraFo 2005, 265, 267; *Poller* StraFo 2005, 274, 275; MünchArbR/*Reichold*, 3. Aufl., § 85, Rn. 42; *Stoffers* JR 2010, 239, 243; ErfK/*Preis*, 11. Aufl., § 611 BGB, Rn. 562; *Böhm* Non-Compliance (2011), 291 ff.

361 BAG NJW 1995, 2372. Nach Ansicht von *Rehbinder* ZHR 148 (1984), 555, 575, fällt § 670

spruches nach § 826 BGB kommt nur dann ausnahmsweise in Betracht, wenn es dem Arbeitnehmer unzumutbar wäre, sich den Anweisungen des Arbeitgebers zu widersetzen.[362] Die Rechtsprechung gewährt vor allem deswegen nur äußerst restriktiv Ansprüche auf Erstattung von Geldstrafen und Geldbußen, weil sie sonst deren general- und spezialpräventiven Zwecke gefährdet sieht.[363] Dieses Argument wird auch in der Literatur für entscheidend gehalten: Die strafgerichtliche Verurteilung umfasse eine präzise Prüfung der Handlung des Täters und berücksichtige bei der Bemessung der Strafe das Maß der Verantwortlichkeit sowie – bei der Geldstrafe – die persönlichen Verhältnisse des Täters (§ 40 StGB). Eine zivilrechtliche Abwälzung dieser Geldstrafe auf einen Dritten wäre die unzulässige Veränderung eines billigen, rechtmäßigen und damit nicht ausgleichungsbedürftigen Zustands.[364]

Vereinzelt wird erwogen, dem Arbeitnehmer dann einen Erstattungsanspruch für die gegen ihn verhängte Geldstrafe zu gewähren, wenn er allenfalls leicht fahrlässig gehandelt hat.[365] Dagegen sprechen aber die eben genannten grundsätzlichen Einwände:[366] Auch der Arbeitnehmer, der nur leicht fahrlässig gehandelt hat, kann keinen zivilrechtlichen Anspruch auf Abwälzung seiner Geldstrafe haben. Es würde eine Aushebelung des Strafrechts durch das Zivilrecht bedeuten, wenn die Rechtsordnung demjenigen, den sie – aufgrund spezial- und generalpräventiver Überlegungen – mit einer Geldstrafe belegt, zugleich eine zivilrechtliche Möglichkeit bietet, sich dieser Geldstrafe zu entledigen.[367] Hält man dies im Falle nur leichter Fahrlässigkeit des Arbeitnehmers für unbillig, kann die Lösung nur sein, leichte Fahrlässigkeit von der Strafbarkeit auszunehmen.

(2) Verfahrens-/Verteidigungskosten

Möglicherweise sollen auch Verfahrens- bzw. Verteidigungskosten erstattet werden. Ein Missbrauch der Verpflichtungsbefugnis würde wiederum dann ausscheiden,

---

BGB auch für den Ersatz von Geldbußen nicht als Anspruchsgrundlage weg: Es gehe "[...] nicht um den Ersatz von Aufwendungen, die in einer gesetzlich verbotenen Tätigkeit bestehen, sondern um den Ersatz von Verlusten, die dem Täter aus einer gesetzlich verbotenen Tätigkeit entstanden sind." Diese Ansicht berücksichtigt aber nicht ausreichend, dass der in dem Strafurteil zum Ausdruck kommende Schuldvorwurf gleichzeitig beinhaltet, dass der Arbeitnehmer innerhalb seiner eigenen Risikosphäre gehandelt hat. Damit ist für die Anwendbarkeit von § 670 BGB aber gar kein Raum mehr. Vgl. mit ähnlicher Begründung *Poller* StraFo 2005, 275, 276; *Krause* BB-Special Nr. 8 (2007), 2, 9.

362 BAG NZA 2001, 653, 654.

363 Vgl. etwa BAG NZA 2001, 653, 654; LAG Rheinland-Pfalz, Urteil v. 10.04.2008 - 10 Sa 892/06; ArbG Düsseldorf, Urteil v. 22.12.2009 - 7 Ca 8603/09.

364 *Holly/Friedhofen* NZA 1992, 145, 151; *Poller* StraFo 2005, 274, 276;

365 *Kapp* NJW 1992, 2796, 2800.

366 Ausführlich *Poller* StraFo 2005, 275 f.

367 *Bastuck* Enthaftung des Managements (1986), 130.

wenn der von den Verfahrens-/Verteidigungskosten betroffene Arbeitnehmer einen Anspruch auf Erstattung durch das Unternehmen hat.

Vorstandsmitglieder selbst können einen Vorschuss für Anwalts- und Verfahrenskosten verlangen. Dieser Betrag ist aber wegen § 93 II, IV AktG dann zurückzuzahlen, wenn sich im Laufe des Verfahrens herausstellt, dass das Vorstandsmitglied die Tat begangen hat und wenn die Straftat gleichzeitig eine Pflichtverletzung im Innenverhältnis nach § 93 I AktG darstellt.[368] Das gleiche gilt für Geschäftsführer einer GmbH, wo § 43 II GmbHG bei eigenem Verschulden einen Rückgriff auf die Gesellschaft verhindert.[369] Da Amnestieprogramme meistens aber ohnehin auf die obere Führungsebene keine Anwendung finden (vgl. Hypo-Alpe-Adria), stellt sich vor allem die Frage, ob auch Arbeitnehmer Anspruch auf Ersatz ihrer Verfahrenskosten haben können.

Ein solcher Anspruch auf Erstattung der Verfahrenskosten könnte sich aus § 670 BGB analog ergeben. An sich handelt es sich bei der Bezahlung von Verfahrenskosten nicht mehr um Aufwendungen, die der verurteilte Mitarbeiter "zum Zwecke der Ausführung des Auftrags", also im Hinblick auf eine zu erbringende Arbeitsleistung, macht. Dass § 670 BGB dennoch einschlägig sein kann, liegt daran, dass auch solche Kosten erstattungsfähig sind, die eine notwendige Folge der Ausführung des Auftrags sind.[370]

Nach ständiger Rechtsprechung des BAG können Arbeitnehmer in entsprechender Anwendung von § 670 BGB Ersatz solcher Schäden verlangen, die ihnen bei Erbringung der Arbeitsleistung ohne Verschulden des Arbeitgebers entstehen. Dies setzt voraus, dass der Schaden nicht dem Lebensbereich des Arbeitnehmers, sondern dem Betätigungsfeld des Arbeitgebers zuzuordnen ist und dass der Arbeitnehmer den Schaden nicht deswegen tragen muss, weil er dafür eine besondere Vergütung erhält.[371]

Verfahrenskosten sind nach Ansicht der Instanzgerichte nicht erstattungsfähig: Aus dem Zweck der verhängten Strafe folge ein umfassendes Abwälzungsverbot.[372] Diese Auffassung ist schon deswegen nicht überzeugend, weil die Auferlegung von

368 *Bastuck* Enthaftung des Managements (1986), 145 f.; *Kapp* NJW 1992, 2796, 2799; *Fleischer* WM 2005, 909, 915; MüKo/AktG/*Spindler*, 3. Aufl., § 84, Rn. 86; KK-AktG/*Mertens/Cahn*, 3. Aufl., § 84, Rn. 93. Hingegen wurden früher Verfahrenskosten nach ganz hM auch dann vom Aufwendungsersatzanspruch umfasst, wenn sich ein Verschulden des Organmitglieds herausstellte, vgl. mwN *Rehbinder* ZHR 148 (1984), 555, 557.

369 *Bastuck* Enthaftung des Managements (1986), 145; vgl. auch E/F/S/*Schmidt*, GmbHG, 2. Aufl., § 35, Rn. 70, allerdings mit Bezugnahme auf § 254 BGB.

370 MüKo-BGB/*Seiler*, 5. Aufl., § 670, Rn. 8.

371 BAG (Großer Senat) NJW 1962, 411; BAG NJW 1989, 316; BAG NJW 1995, 2372.

372 LAG Hamm v. 30.7.1990, BB 1990, 2267; LAG Hamm v. 05.04.2000, LAGE § 670 BGB Nr. 9; LAG Köln v. 11.3.1993, LAGE § 670 BGB Nr. 11.

Verfahrenskosten gar nicht den Strafzwecken dienen soll und eine zivilrechtliche Erstattung auch keiner strafrechtlichen Sanktion zuwiderlaufen würde.[373] Die Erstattung von Verfahrenskosten kommt daher nicht nur dann in Betracht, wenn der Arbeitnehmer unverschuldet gehandelt hat,[374] sondern das Verhalten das Arbeitnehmers, das ihn in die Verfahrenssituation gebracht hat, muss differenziert betrachtet werden.

Ein adäquates Mittel für diese Betrachtung sind die Grundsätze über den innerbetrieblichen Schadensausgleich, die analog § 254 BGB auch auf § 670 BGB Anwendung finden.[375] Daraus folgt: Hat der Arbeitnehmer die Straftat im Rahmen einer Tätigkeit verübt, bei der der Eintritt eines Schadens schon bei geringfügiger Außerachtlassung der erforderlichen Sorgfalt nicht unwahrscheinlich ist (sog. gefahrgeneigte Arbeit)[376], richtet sich der Umfang des Aufwendungsersatzes nach dem Verschuldensgrad des Arbeitnehmers, wobei nun allein die Pflichtwidrigkeit im Innenverhältnis maßgeblich ist. Bei Vorsatz und grober Fahrlässigkeit hat der Arbeitnehmer die Verfahrenskosten in der Regel[377] selbst zu tragen. Ansonsten ist bei einer strafrechtlichen Verurteilung wegen eines Fahrlässigkeitsdelikts zu unterscheiden: Bei mittlerer Fahrlässigkeit kann der Arbeitnehmer einen nach Billigkeitsgesichtspunkten zu bestimmenden Teil der Verfahrenskosten nach § 670 BGB zurückverlangen. Ist eine strafgerichtliche Verurteilung erfolgt, obwohl der Arbeitnehmer allenfalls leicht fahrlässig gehandelt hat[378], kann der Arbeitnehmer hingegen die gesamten Verfahrenskosten ersetzt verlangen.

---

373 *Krause* BB-Special Nr. 8 (2007), 2, 7.

374 So der BAG NJW 1995, 2372 zugrundeliegende Sachverhalt; *Poller* StraFo 2005, 274, 275 hält Verfahrenskosten allgemein nur dann für erstattungsfähig, wenn der Arbeitnehmer unverschuldet handelte.

375 MünchArbR/*Reichold*, 3. Aufl., § 85, Rn. 32 mwN. Vgl. hierzu auch ausführlich *Krause* BB-Special Nr. 8 (2007), 2, 7. Dementsprechend hat das BAG den Aufwendungsersatzanspruch zivilrechtlicher Verfahrenskosten eines Journalisten gegen seinen Arbeitgeber nach § 670 BGB geprüft, wegen dessen grob fahrlässiger Recherche aber verneint, vgl. BAG NZA 1992, 691. Der BGH (wistra 1987, 216) hielt es für möglich, dass Gesellschafter einen KG einen Aufwendungsersatzanspruch für Verfahrenskosten nach §§ 110 I, 161 II HGB haben, die in einem unmittelbaren Zusammenhang mit ihrer Tätigkeit für die Gesellschaft stehen. Vgl. auch *Böhm* Non-Compliance (2011), 294 ff.

376 Vgl. hierzu ausführlich *Zöllner/Loritz/Hergenröder*, Arbeitsrecht, 6. Aufl., 236.

377 Nach *Krause* BB-Special Nr. 8 (2007), 2, 4 nimmt die Rechtsprechung auch bei grober Fahrlässigkeit im Falle hoher Schäden eine Haftungsreduktion vor. Außerdem kann selbst bei Verurteilung wegen eines Vorsatzdelikts ausnahmsweise ein Erstattungsanspruch in Betracht kommen, wenn die strafgerichtliche Beurteilung fehlerhaft oder die Rechtslage zum Tatzeitpunkt unklar war.

378 Vgl. zur Kritik daran, dass nach geltender Rechtslage auch nur geringfügige Fahrlässigkeit für eine Strafbarkeit genügt, LK/*Vogel*, 12. Aufl., Vor § 15, Rn. 37 f.

Verteidigungskosten kann der Arbeitnehmer nach § 670 BGB erstattet bekommen, soweit er sie für erforderlich halten darf. Das bedeutet nach Ansicht des BAG, dass er sich zunächst um einen Verteidiger bemühen muss, der zu den gesetzlichen Gebühren tätig wird. Ein darüber hinaus gehendes Honorar darf der Arbeitnehmer nur vereinbaren, wenn sonst anwaltliche Hilfe nicht zu erlangen gewesen wäre.[379] Diese Grundsätze werden aber in Wirtschaftsstrafverfahren weniger streng gelten: Hier ist eine kostendeckende Verteidigung aufgrund der Komplexität oft nur aufgrund von Honorarvereinbarungen möglich, zudem liegt eine effektive und kompetente Verteidigung im unmittelbaren Interesse nicht nur des Angeklagten, sondern auch des Unternehmens.[380]

c) Ausübung des Ermessens bei freiwilliger Übernahme

Besteht keine rechtliche Verpflichtung zur Übernahme von Verfahrens-/Verteidigungskosten, können die Unternehmensverantwortlichen nach ihrem Ermessen entscheiden, ob sie eine Amnestievereinbarung mit dem Inhalt eingehen wollen, dass auch Geldstrafen der Mitarbeiter übernommen werden. Vorstandsmitglieder einer AG und GmbH-Geschäftsführer haben dabei die Sorgfalt eines ordentlichen und gewissenhaften Geschäftsleiters anzuwenden (§§ 93 I 1 AktG, 43 I GmbHG). Vorstandsmitgliedern wird ein weiter Ermessensspielraum zugestanden. Sie können auch risikoträchtige Entscheidungen treffen, die sich nachträglich als wirtschaftliches Debakel erweisen, sofern der Entscheidungsprozess selbst keine Fehler aufweist.[381] Neben der Schaffung einer ausreichenden Tatsachengrundlage müssen sie vor allem die bekannten Aspekte bewerten und die zu erwartenden Risiken abwägen.[382]

Die Übernahme von Verteidigungskosten wird in der Regel im Interesse des Unternehmens liegen: Durch eine kompetente Verteidigung wird sichergestellt, dass die Geschäftstätigkeit des Unternehmens nicht mehr als unbedingt nötig beeinträchtigt wird.[383]

Mehr noch als bei der Übernahme von Verteidigungskosten könnte man bezweifeln, ob die Zusage in einem Amnestieprogramm, dass Geldstrafen der Mitarbeiter durch das Unternehmen erstattet werden, als Verletzung der Vermögensfürsorgepflicht zu werten ist. Der Ermessensspielraum kommt den Unternehmensverantwortlichen nur dann zu, wenn sie bereits über eine ausreichende Tatsachengrund-

---

379 BAG NJW 1995, 2372, 2373.

380 *Spatschek/Ehnert* StraFo 2005, 265, 267 f.

381 Vgl. ausführlich zur zivil- und strafgerichtlichen Bewertung des unternehmerischen Ermessenspielraums *Seibt/Schwarz* AG 2010, 301, 305 ff.

382 MüKo-AktG/*Spindler*, 3. Aufl., § 93, Rn. 50.

383 *Otto* in: Tiedemann-FS (2008), 693, 705.

lage verfügen (§ 93 I 2 AktG). Da ein Amnestieprogramm aber gerade der Aufklärung dienen soll, gibt es zu diesem Zeitpunkt noch keine umfassenden Informationen darüber, welche Mitarbeiter sich einer Straftat schuldig gemacht haben, geschweige denn, dass ihre Verurteilung zu Geldstrafen bereits feststünde. Es ist aber anerkannt, dass sich der Vorstand bei besonders eilbedürftigen Beschlüssen auf eine summarische Prüfung beschränken kann.[384] Angesichts des erheblichen Gefahrenpotentials, das strafbare Vorgänge in Unternehmen in sich bergen – Einleitung staatlicher Ermittlungen, Vertrauensentzug der Anleger – wird man die Anforderungen an die Schaffung einer angemessenen Informationsgrundlage niedrig ansetzen müssen.[385]

Im Übrigen dürfte vieles dafür sprechen, Amnestiezusagen auch auf die Übernahme von Geldstrafen/Geldauflagen zu erstrecken: Wertvolle Mitarbeiter können stärker an das Unternehmen gebunden werden, durch die Erstattung einer Geldauflage (§ 153 a StPO) kann ein Strafprozess vermieden werden, durch den das Unternehmen noch mehr in den Fokus der Öffentlichkeit geriete,[386] was sich unter Umständen auch auf die Geschäftsbeziehungen auswirken kann.

Bei der Entscheidung darüber, ob in einem Amnestieprogramm auch die Erstattung von Verfahrens-/Verteidigungskosten und Geldstrafen/Geldbußen zugesagt werden soll, muss die Unternehmensleitung also alle relevanten Faktoren in die Abwägung mit einstellen. Eine Verletzung der Vermögensfürsorgepflicht iSd § 266 StGB dürfte erst dann naheliegen, wenn die Entscheidung nach gesellschafts- bzw. wirtschaftsrechtlichen Maßstäben als eindeutig unvertretbar anzusehen ist.[387]

d) Ergebnis

Die Unternehmensleitung begeht keine Vollstreckungsvereitelung (§ 258 II StGB), wenn sie zusagt, die Geldstrafen von Mitarbeitern zu übernehmen. Ob sie sich wegen Untreue (§ 266 StGB) strafbar macht, hängt zunächst davon ab, ob und wann Mitarbeiter einen Anspruch auf Ersatz der Geldstrafen und Verfahrens-/Verteidigungskosten haben.

Einen Anspruch auf Erstattung von Geldstrafen lässt sich nicht herleiten, so dass ihre Übernahme von vornherein der Rechtfertigung bedarf.

---

384 MüKo-AktG/*Spindler*, 3. Aufl., § 93, Rn. 47.

385 So auch *Breßler/Kuhnke/Schulz/Stein* NZG 2009, 721, 724.

386 *Poller* StraFo 2005, 274, 279.

387 Vgl. *Otto* in: Tiedemann-FS (2008), 693, 697 ff., 710. Ähnlich dürfte wohl die Prüfung der Strafbarkeit wegen des Verzichts auf die Geltendmachung von Schadensersatz ausfallen. Vgl. zum Verzicht auf Schadensersatzforderungen gegen Führungskräfte *Helmrich/Eidam* ZIP 2011, 257, 260 ff.

Die Erstattung von Verfahrens- und Verteidigungskosten richtet sich nach den Grundsätzen über den innerbetrieblichen Schadensausgleich. Bei Vorsatz und grober Fahrlässigkeit hat der Mitarbeiter die Verfahrenskosten in der Regel selber zu tragen, bei mittlerer Fahrlässigkeit erfolgt eine Aufteilung nach Billigkeitsgesichtspunkten, bei einer strafrechtlichen Verurteilung trotz allenfalls leichter Fahrlässigkeit kann der Mitarbeiter die Verfahrenskosten vom Unternehmen ersetzt verlangen.

Besteht kein Anspruch des Mitarbeiters auf Übernahme von Verfahrens- und Verteidigungskosten, muss die Unternehmensleitung – ebenso wie bei der Erstattung von Geldstrafen – ermessensfehlerfrei entscheiden, ob die damit verbundenen finanziellen Lasten für das Unternehmen durch andere Vorteile zumindest aufgewogen werden.

2. *Amnestiezusagen als strafrechtliche Beihilfe an Mitarbeiterstraftaten*

Zudem muss in der Amnestievereinbarung deutlich zum Ausdruck kommen, dass die Erstattung von Geldstrafen/Geldauflagen sich nur auf solche Taten bezieht, die zum Zeitpunkt des Zustandekommens der Vereinbarung bereits beendet sind. Sonst kann die Vereinbarung nämlich – abhängig von den konkreten Umständen des Einzelfalls – als psychische Beihilfe (§ 27 StGB) der Unternehmensleitung an den Taten der Mitarbeiter zu werten sein.[388] Für die Mitarbeiter nachteilig ist die Tatsache, dass eine entsprechende Vereinbarung nach § 134 BGB nichtig wäre.

IV. Risiken für die an der Amnestievereinbarung beteiligten Mitarbeiter

388 *Bastuck* Enthaftung des Managements (1986), 135; *Holly/Friedhofen* NZA 1992, 145, 148; kritisch dagegen *Rehbinder* ZHR 148 (1984), 555, 564 f., *Kapp* NJW 1992, 2796, 2797 sowie *Stoffers* JR 2010, 239, 246, der psychische Beihilfe deshalb selten für einschlägig hält, weil diese einen konkreten Kausalzusammenhang voraussetze und weil sie wegen des erforderlichen doppelten Gehilfenvorsatzes nur dann in Betracht komme, wenn die Unternehmensleitung einen Anreiz zur Begehung von Straftaten setzen wolle. Hierzu ist aber anzumerken, dass insbesondere die frühere Rechtsprechung auf das Kausalitätserfordernis im Rahmen der psychischen Beihilfe weitgehend verzichtete (vgl. *Roxin* AT II (2003), § 26 I, Rn. 199, 203 ff.; *Kühl* AT, 6. Aufl., § 20, Rn. 228) und dass in Bezug auf die eigene Hilfeleistung bereits bedingter Vorsatz des Gehilfen genügt (vgl. *Kühl* AT, 6. Aufl., § 20, Rn. 241). Einer Strafbarkeit der Unternehmensleitung wegen psychischer Beihilfe dürfte in der Regel vor allem entgegenstehen, dass der Gehilfe die Haupttat in ihren wesentlichen Merkmalen erfasst haben muss (vgl. *Kühl* AT, 6. Aufl., § 20, Rn. 242).

1. Rechtliche Folgen eines Verzichts auf die Geltendmachung von Schadensersatz

Schadensersatzansprüche von Unternehmen im Zusammenhang mit der Aufklärung von Straftaten oder anderen Missständen können für belastete Arbeitnehmer leicht existenzbedrohende Ausmaße annehmen. Dies dürfte in der Regel einen erheblichen Anreiz darstellen, am Amnestieprogramm teilzunehmen. Doch ist die Freistellung von der Begleichung finanzieller Schäden – anders als den Arbeitnehmern suggeriert wird – selbst bei einer Teilnahme am Amnestieprogramm nicht in jedem Fall sichergestellt, insbesondere dann nicht, wenn neben dem amnestierten Mitarbeiter auch noch andere für den Schaden verantwortlich gemacht werden können.[389]

Bei einer deliktischen Schädigung (zB §§ 823 I, II BGB) haften die nebeneinander Verantwortlichen als Gesamtschuldner (§§ 840 I, 421 ff. BGB). Das hat Auswirkungen auf die Erfüllung (§ 422 BGB), vor allem aber auf die Rechtslage, wenn der Gläubiger gegenüber einem der Gesamtschuldner erklärt, er werde auf die Geltendmachung einer Forderung verzichten bzw. ihm die Forderung erlassen. Grundsätzlich kann der Gläubiger jeden der Gesamtschuldner in Höhe der Forderung in Anspruch nehmen, woraufhin der Gesamtschuldner, der den Gläubiger befriedigt hat, von den anderen Gesamtschuldnern Regress nehmen kann (§ 426 BGB). Stellt ein Unternehmen aber in Aussicht, gegenüber amnestierten Mitarbeitern "auf die Geltendmachung von Schadensersatzansprüchen zu verzichten", kann dies – je nach rechtlichem Gehalt der Erklärung – davon abweichende Rechtsfolgen haben.

Möglich ist zunächst ein Erlassvertrag (§ 397 I BGB), für den wiederum verschiedene Gestaltungen in Betracht kommen:[390] Durch § 423 BGB geregelt ist die unbeschränkte Gesamtwirkung, also der Fall, dass auch die Ansprüche gegen die anderen, nicht an der Vereinbarung beteiligten Gesamtschuldner erlöschen (und damit auch deren Ausgleichsansprüche untereinander). Soll der Erlass hingegen nur Einzelwirkung haben[391], erlischt zwar der Anspruch des Gläubigers gegen den an der Vereinbarung beteiligten Schuldner, die anderen können aber für den Fall der Inanspruchnahme durch den Gläubiger beim an der Vereinbarung beteiligten Schuldner Regress nehmen (§ 426 I 1 BGB). Schließlich gibt es noch die Variante der beschränkten Gesamtwirkung: Der Anspruch des Gläubigers gegen den an der Vereinbarung beteiligten Schuldner erlischt, der Anspruch gegen die anderen Gesamtschuldner wird auf den Anteil gekürzt, den sie im Verhältnis zum begüns-

389 Vgl. ausführlich zum Folgenden *Wastl/Pusch* RdA 2009, 376 ff. sowie *Annuß/Pelz* BB-Special Nr. 4 (2010), 14, 16.

390 Vgl. *Einsiedler* MDR 2009, 1369 ff.

391 Diese Einzelwirkung wird vom BGH im Zweifel vermutet, vgl. BGH NJW 2000, 1942, 1943.

tigten Schuldner ohne die Erlassvereinbarung zu tragen hätten. Ein Erlassvertrag stellt eine rechtsvernichtende Einwendung dar.[392]

Die Erklärung des Unternehmens kann aber auch bedeuten, dass der Anspruch an sich zwar bestehen bleiben, seine Geltendmachung aber durch die Vereinbarung zeitweilig oder dauerhaft ausgeschlossen sein soll (Stillhalteabkommen, "pactum de non petendo").[393] Dieses Stillhalteabkommen begründet für den Schuldner lediglich eine Einrede.[394]

Die konkrete Wirkung der Vereinbarung muss im Zweifel durch Auslegung (§§ 133, 157 BGB) ermittelt werden.[395] Hierbei geht es um die Auslegung der Erklärung, die über den Ombudsmann an den Mitarbeiter übermittelt wird (§ 164 BGB), denn erst hierdurch kommt die Amnestievereinbarung ja zustande.

Dabei soll hier einmal angenommen werden, dass auch der Ombudsmann sich der Formulierung bedient, "das Unternehmen stelle in Aussicht, auf die Geltendmachung von Schadensersatzansprüchen zu verzichten". Die Erklärung des Unternehmens lässt mehrere Auslegungsmöglichkeiten zu. Der Wortlaut der Erklärung spricht zunächst dafür, dass lediglich ein pactum de non petendo gewährt werden soll, schließlich wird nur auf die Geltendmachung, nicht aber auf den Anspruch selbst verzichtet.[396] Der Wortlaut einer Erklärung ist aber nicht in jedem Fall maßgeblich für die Auslegung: Nach der Auslegungsregel des § 133 BGB soll nicht am buchstäblichen Sinne des Ausdrucks gehaftet werden, sondern der wirkliche Wille erforscht werden. Diese Regel wird bei empfangsbedürftigen Willenserklärungen dahin abgeändert, dass der "normative Wille" maßgeblich ist, also das, was von Rechts wegen als gewollt zu verstehen ist (Auslegung nach dem Empfängerhorizont).[397] Da der Empfängerhorizont sowohl die Grundsätze von Treu und Glauben als auch die Verkehrssitte umfasst, sind nicht nur die Erklärung selbst, sondern auch begleitende Umstände und die Interessenlage in die Auslegung mit einzubeziehen.[398]

Das kann naturgemäß hier nicht im Einzelnen geschehen, so dass lediglich festgestellt werden soll, in welchem Rahmen sich die Auslegung bewegt. Allgemein werden an die Feststellung eines Verzichtswillens sehr strenge Anforderungen gestellt:

---

392 Palandt/*Grüneberg*, 69. Aufl., § 397, Rn. 4.

393 *Wastl/Pusch* RdA 2009, 376, 377.

394 Palandt/*Grüneberg*, 69. Aufl., § 397, Rn. 4.

395 Vgl. ausführlich *Einsiedler* MDR 2009, 1369, 1370 f.

396 So auch *Wastl/Pusch* RdA 2009, 367, 377 unter Bezugnahme auf eine entsprechende Formulierung.

397 *Medicus* BGB AT, 10. Aufl., § 24, Rn. 323.

398 Staudinger/*Singer* (2004), § 133, Rn. 18; MüKo-BGB/*Busche*, 5. Aufl., § 133, Rn. 12. Zur Einbeziehung der Interessenlage BGHZ 156, 335, 346.

Keinesfalls ist ein Erlass zu vermuten und sogar bei einer scheinbar eindeutigen Erklärung darf ein Erlass erst dann angenommen werden, wenn auch alle relevanten Begleitumstände berücksichtigt worden sind.[399] Gleichzeitig liegt bei einem unbefristeten Verzicht auf die Geltendmachung einer Forderung die Annahme eines Erlasses nahe.[400] Man könnte also in dem dauerhaften Verzicht des Unternehmens auf die Geltendmachung von Schadensersatzansprüchen trotz des Wortlauts auch einen Erlass sehen.

Letztendlich dürfte vorliegend vor allem die – für den Erklärungsempfänger ersichtliche – Interessenlage der Parteien für die Auslegung maßgeblich sein. Im Interesse des Unternehmens liegt im Regelfall eher die Vereinbarung eines pactum de non petendo: Nur wenn der Anspruch nicht durch einen Erlass zum Erlöschen gebracht wird, kann auf die mögliche Einstandspflicht einer hinter den betreffenden Mitarbeitern stehenden "D&O-Versicherung" zurückgegriffen werden.[401] Eine "D&O-Versicherung" umfasst aber nur *directors* und *officers*, so dass bei zu amnestierenden Mitarbeitern unterhalb der Leitungsebene ein solches Interesse nicht besteht. Der an der Vereinbarung beteiligte Mitarbeiter hat hingegen ein großes Interesse daran, dass ein Erlassvertrag mit beschränkter Gesamtwirkung vereinbart wird, denn nur so ist er vor einer möglichen Regressnahme geschützt. Sollte der Beauftragte des Unternehmens die Willenserklärung des an der Amnestievereinbarung beteiligten Mitarbeiters nicht so verstanden haben, spricht vieles dafür, dass er sie nach den Grundsätzen von Treu und Glauben (§ 242 BGB) so verstehen musste. Wenn der Mitarbeiter nämlich sein Wissen über Schädigungen und Verantwortlichkeiten preisgibt, dann tut er dies eben gerade nur, weil er selbst glaubt, dafür Ersatzforderungen – von jeglicher Seite – entgehen zu können. Wenn er befürchten müsste, weiterhin Regressforderungen der Mitschädiger ausgesetzt zu sein, würde er nicht durch seine Äußerung gegenüber dem Unternehmen die Wahrscheinlichkeit der Geltendmachung solcher Forderungen noch erheblich erhöhen.

Falls die Auslegung dennoch zu dem Ergebnis führt, dass lediglich ein Stillhalteabkommen in Bezug auf die Schadensersatzforderungen vereinbart wurde, kann der Mitarbeiter möglicherweise im Wege eines Schadensersatzanspruches vom Unternehmen die Freistellung von den Regressforderungen anderer Mitarbeiter verlangen. Gestützt werden könnte ein solcher Anspruch auf die Verletzung Schutz- bzw. Rücksichtsnahmepflichten des Arbeitgebers (§ 241 II BGB) aus dem Arbeitsvertrag

399 Vgl., jeweils mwN, Staudinger/*Rieble* (2005), § 397, Rn. 101; MüKo-BGB/*Schlüter*, 5. Aufl., § 397, Rn. 3; Palandt/*Grüneberg*, 69. Aufl., § 397, Rn. 6.
400 Schulze u.a./*Schulze*, BGB, 6. Aufl., § 397, Rn. 7; Palandt/*Grüneberg*, 69. Aufl., § 397, Rn. 4.
401 *Annuß/Pelz* BB-Special Nr. 4 (2010), 14, 16.

und aus der Amnestievereinbarung, wenn dieser den Arbeitnehmer nicht auf die Möglichkeit der Regressnahme durch andere Mitarbeiter hingewiesen hatte.[402]

Auch hier kommt es vor allem auf die Umstände des Einzelfalls an. Generell wird eine Aufklärungspflicht hinsichtlich solcher Umstände bejaht, die für den Vertragsschluss der anderen Partei erkennbar von wesentlicher Bedeutung sind und deren Mitteilung nach Treu und Glauben erwartet werden kann.[403] Auch erkennbare Rechtsunkenntnis der anderen Partei kann zu einer Aufklärungspflicht führen.[404] Möglicherweise sind die Aufklärungspflichten bezüglich der rechtlichen Folgen einer Amnestievereinbarung allgemein stärker ausgeprägt als beispielsweise die Aufklärungspflichten bei Kauf-, Dienst-, Miet-, Arztverträgen etc. Der Mitarbeiter schließt die Amnestievereinbarung nämlich nur deswegen, weil er sich davon gerade eine rechtliche Besserstellung erhofft, während bei den anderen genannten Verträgen die Leistung nicht in der Gewährung rechtlicher Vorteile liegt, sondern beispielsweise in der Lieferung einer Kaufsache oder der Erbringung einer Dienstleistung. Zu berücksichtigen ist außerdem, dass dem Arbeitgeber eine entsprechende rechtliche Beratung in der Regel durch die Zwischenschaltung des Ombudsmannes – häufig ein Rechtsanwalt – ohne weiteres möglich ist.

Unterbleibt bei Abschluss der Amnestievereinbarung der Hinweis, dass dem amnestierten Mitarbeiter auch weiterhin Regressforderungen anderer Mitarbeiter drohen, und kommt es später tatsächlich zur Regressnahme durch andere Mitarbeiter, liegt ein Schadensersatzanspruch nach §§ 280 I, III, 282 BGB nahe.

2. Rechtliche Folgen eines Verzichts auf arbeitsrechtliche Sanktionen

aa) Problemdarstellung

Ein weiterer wesentlicher Aspekt von Amnestieprogrammen ist die Zusage, dass der belastete Mitarbeiter bei umfassender Kooperation und bei Erfüllung weiterer Voraussetzungen keine Entlassung zu befürchten habe. Es wird unterschiedlich

402 Einen solchen Anspruch bejahen unter Bezugnahme auf die Fürsorgepflicht des Arbeitgebers *Wastl/Pusch* RdA 2009, 367, 378. Zu beachten ist hierbei, dass die Fürsorgepflicht seit der Schuldrechtsreform 2002 keine eigenständige Rechtsgrundlage zur Begründung von Pflichten mehr sein kann, sondern dass die Schutz- und Rücksichtsnahmepflichten auch im Arbeitsrecht aus dem Schuldverhältnis selbst entwickelt werden müssen, vgl. ArbR/*Reichold*, 3. Aufl., § 83, Rn. 1. Nach Ansicht von *Annuß/Pelz* BB-Special Nr. 4 (2010), 14, 16 lässt sich keine Pflicht des Arbeitgebers begründen, den begünstigten Arbeitnehmer über die beschränkten Wirkungen eines pactum de non petendo aufzuklären.

403 Staudinger/*Olzen* (2009), § 241, Rn. 437 mwN.

404 OLG Stuttgart NJW 1982, 2608; BGH NJW 1997, 3230.

beurteilt, ob und unter welchen Voraussetzungen ein solcher Verzicht auf personelle Maßnahmen überhaupt möglich ist.[405]

Nach einer Ansicht ist der Ausschluss einer außerordentlichen Kündigung erst dann möglich, wenn ein hinreichend konkreter Verdacht gegen den betreffenden Mitarbeiter vorliege. Ein vor diesem Zeitpunkt erklärter Verzicht habe dagegen keine rechtliche Bindungswirkung: Es sei nämlich anerkannt, dass man nicht im Voraus auf das Recht zur außerordentlichen Kündigung verzichten könne.[406]

Eine andere Ansicht hält dagegen auch den im Vorhinein erklärten Verzicht für wirksam, sofern das Unternehmen die Sachverhalte in Umrissen beschreibe, auf die es keine ordentlichen oder außerordentlichen Kündigungen stützen wolle. Jede Vertragspartei könne selbst bis zur Grenze der Sittenwidrigkeit festlegen, welche Sachverhalte sie sich zumuten wolle. Dieser Wille sei im Rahmen der "Unzumutbarkeit" bei der Prüfung des wichtigen Grundes im Sinne des § 626 BGB entscheidend zu berücksichtigen.[407]

bb) Stellungnahme

Das Problem des im Vorhinein erklärten Kündigungsverzichts spielt dann eine Rolle, wenn nicht – wie beim Amnestieprogramm der Hypo Alpe Adria – durch die Einschaltung eines Ombudsmannes sichergestellt ist, dass die Amnestievereinbarung nur mit solchen Mitarbeitern geschlossen wird, die dafür auch in Frage kommen: Der Ombudsmann prüft ja gerade, ob der Mitarbeiter sich etwas hat zuschulden kommen lassen; hier liegt daher notwendig bereits bei Abschluss der Amnestievereinbarung ein begründeter Verdacht vor, der nach allen Ansichten zum Verzicht auf eine außerordentliche Kündigung berechtigt[408]. Wird die Amnestievereinbarung aber ohne einen solchen Verdacht geschlossen, stellt sich die Frage, ob das Unternehmen vertraglich gegenüber allen Mitarbeitern, die an der Aufklärung mitwirken, auf das Recht zur außerordentlichen Kündigung verzichten kann. Relevant wird dies, wenn sich das Unternehmen gegenüber einem am Amnestieprogramm beteiligten Arbeitnehmer später doch zu einer außerordentlichen Kündigung entschließt.

405 Diskutiert wird außerdem, ob – bejaht man die Möglichkeit eines Verzichts auf personelle Maßnahmen – der allgemeine Gleichbehandlungsgrundsatz Anwendung findet. Das hätte zur Folge, dass der Arbeitgeber nicht willkürlich einzelne Arbeitnehmer von der Amnestieregelung ausnehmen darf, vgl. hierzu *Steinkühler/Kunze* RdA 2009, 367, 372; ErfK/*Müller-Glöge*, 11. Aufl., § 626 BGB, Rn. 199.

406 *Breßler/Kuhnke/Schulz/Stein* NZG 2009, 721, 724.

407 *Annuß/Pelz* BB-Special Nr. 4 (2010), 14, 15 f.

408 APS/*Dörner*, 3. Aufl., § 626 BGB, Rn. 19; MüKo-BGB/*Henssler*, 5. Aufl., § 626, Rn. 50.

Nach ganz überwiegender Ansicht enthält § 626 BGB zwingendes Recht und kann nicht abbedungen werden.[409] Denn § 626 BGB verkörpert das unverzichtbare Freiheitsrecht der Arbeitsvertragsparteien, sich bei extremen Belastungen zu trennen.[410] Dieses Recht könne sogar der Gesetzgeber nicht generell aufheben, ohne gegen Art. 1 I, 2 I GG und Art. 12 GG zu verstoßen.[411] Allerdings soll durch die Amnestievereinbarung auch nicht generell das Recht des Arbeitgebers ausgeschlossen werden, dem Arbeitnehmer bei Vorliegen der Voraussetzungen des § 626 BGB zu kündigen. Vielmehr soll das Kündigungsrecht nur dahingehend beschränkt werden, dass die außerordentliche Kündigung nicht auf solche Informationen gestützt werden darf, von denen der Arbeitgeber durch die Kooperation des Arbeitnehmers Kenntnis erhält. Solche Vereinbarungen über den wichtigen Grund werden auch von denen für zulässig gehalten, die § 626 BGB für grundsätzlich unabdingbar halten, allerdings nur, wenn sie für den Kündigenden keine unzumutbare Erschwerung bedeuten.[412]

Probleme bereitet nun die Absteckung des Bereichs, in dem § 626 BGB eingeschränkt werden kann. Vorgeschlagen wurde die Unterscheidung zwischen einer absoluten und einer relativen Unzumutbarkeit.[413] Der Bereich der absoluten Unzumutbarkeit soll dabei unter anderem solche Sachverhalte umfassen, in denen jemandem etwas angetragen wird, das gegen die guten Sitten verstößt oder sonst der ethischen und juristischen Ordnung widerspricht und deshalb vor dem Recht keinen Bestand haben kann. Dagegen soll die relative Unzumutbarkeit darin bestehen, dass das Angetragene nur unter Berücksichtigung der Rechtsgestaltung zwischen den Parteien unzumutbar ist. Im Bereich der relativen Unzumutbarkeit könne das an sich Unzumutbare durch die vertragliche Vereinbarung zumutbar werden. Gegen diese Ansicht wurde zwar zu Recht vorgebracht, dass bei Sachverhalten, die unter den Begriff der absoluten Unzumutbarkeit fallen, wegen §§ 134, 138 BGB in der Regel schon gar keine Leistungspflichten entstehen, sich die Frage der Unzumutbarkeit also gar nicht mehr stellt.[414] Der Ansatz, den Begriff der Zumutbarkeit in

409 Staudinger/*Preis* (2002), § 626, Rn. 38; A/P/S/*Dörner*, 3. Aufl., § 626, Rn. 7; KR/*Fischermeyer*, 8. Aufl., § 626 BGB, Rn. 57; Erman/*Belling*, 12. Aufl., § 626, Rn. 18.; M/E/L/*Laber*, 2. Aufl., Teil 1, Rz. 566; ErfK/*Müller-Glöge*, 11. Aufl., § 626, Rn. 194.

410 Staudinger/*Preis* (2002), § 626, Rn. 38; A/P/S/*Dörner*, 3. Aufl., § 626 BGB, Rn. 9; Erman/*Belling*, 12. Aufl., § 626, Rn. 18.

411 KR/*Fischermeyer*, 8. Aufl., § 626 BGB, Rn. 57; Erman/*Belling*, 12. Aufl., § 626, Rn. 18.

412 KR/*Fischermeyer*, 8. Aufl., § 626 BGB, Rn. 66. Auch der BGH BB 1973, 819 hat es unter besonderen Verhältnissen als gerechtfertigt angesehen, die außerordentliche Kündigung eines Mietverhältnisses für eine begrenzte Zeit und aus einem bestimmten Grunde auszuschließen.

413 *Herschel* in Nikisch-FS (1958), 49, 58 ff.

414 *Preis* Prinzipien des Kündigungsrechts (1987), 149. So auch schon *Herschel* in G. Müller-FS (1981), 191, 196.

den Mittelpunkt der Diskussion um die Einschränkbarkeit des § 626 BGB zu stellen, hat sich aber als richtig erwiesen. Die Bewertung eines Sachverhaltes als zumutbar oder unzumutbar ist nach Ansicht von *Preis* das Ergebnis einer umfassenden Güter- und Interessenabwägung.[415] Dabei müsse der Richter die Interessenspositionen der Betroffenen unter Berücksichtigung der einschlägigen Vertragsnormen, der einfachgesetzlichen Grundlagen und der Verfassungs- und rechtsethischen Prinzipien gegenüberstellen und bewerten.[416]

Die vertragliche Risiko- und Pflichtenverteilung spielt bei dieser Abwägung eine gewichtige Rolle.[417] Allerdings ist es auch nicht so, dass die Parteien die Grenzen der Zumutbarkeit bis zur Sittenwidrigkeit selbst festlegen können und damit selbst frei und endgültig über das Recht zur außerordentlichen Kündigung disponieren können.[418] Denn es mag durchaus Sachverhalte geben, in denen eine Partei zunächst – unterhalb der Grenze der Sittenwidrigkeit – das Recht zur außerordentlichen Kündigung in Bezug auf bestimmte Sachverhalte vertraglich einschränkt, später aber wegen neuer Fakten eine Weiterbeschäftigung des Arbeitnehmers dennoch für unzumutbar hält. In diesem Fall erfolgt die Beurteilung der Unzumutbarkeit ggf. durch den Richter, der nicht nur die ursprüngliche Parteivereinbarung, sondern auch die neuen Fakten und die zugrundeliegenden normativen Wertungen in seine Abwägung mit einzubeziehen hat. Insbesondere muss stets der besondere Stellenwert des Rechts zur außerordentlichen Kündigung als unverzichtbares Freiheitsrecht berücksichtigt werden.

Das Recht zur außerordentlichen Kündigung kann also durch eine Amnestievereinbarung nicht generell ausgeschlossen werden. Allerdings ist eine Beschränkung möglich: Der wichtige Grund kann dahingehend präzisiert werden, dass solche Tatsachen nicht zur außerordentlichen Kündigung berechtigen, von denen der Arbeitgeber erst durch die Kooperation des Arbeitnehmers Kenntnis erlangt. In einer solchen Regelung dürfte in der Regel keine unzulässige Benachteiligung der Interessen des Arbeitgebers liegen: Zunächst behält der Arbeitgeber grundsätzlich und uneingeschränkt das Recht zur außerordentlichen Kündigung, falls er auf anderem Wege als durch dessen Mitteilung vom Fehlverhalten des Arbeitnehmers erfährt. Außerdem ist die Wirkung einer solchen Vereinbarung lediglich, dass sie im Fall eines Kündigungsprozesses vom Richter im Rahmen der Gesamtabwägung berücksichtigt werden muss. Hierbei kann sich trotz der Amnestievereinbarung herausstellen,

---

415 *Preis* Prinzipien des Kündigungsrechts (1987), 149 ff.

416 *Preis* Prinzipien des Kündigungsrechts (1987), 155 f. Ähnlich auch *Wollschläger* Unzumutbarkeit als Rechtsgedanke (2009), 115 f.

417 Staudinger/*Preis* (2002), § 626, Rn. 46; Erman/*Belling*, 12. Aufl., § 626, Rn. 22.

418 So aber *Annuß* Betriebsbedingte Kündigung (2004), 171 f. sowie *ders.*/*Pelz* BB-Special Nr. 4 (2010), 14, 15 f., wohl im Anschluss an *Gamillscheg* AuR 1981, 105 ff.

dass dem Arbeitgeber die Weiterbeschäftigung des Arbeitnehmers unzumutbar ist, etwa bei besonders umfangreichen und langanhaltenden Schädigungen durch den Arbeitnehmer.

3. Rechtliche Folgen eines Verzichts auf das Stellen von Strafanträgen/Strafanzeigen

a) Zivilrechtliche Wirksamkeit des Verzichts

Der rechtsgeschäftliche Verzicht auf das Stellen von Strafanträgen (§ 77 StGB, § 158 I, 2. Alt. StPO) oder Strafanzeigen (§ 158 I, 1. Alt.) wird von der Rechtsprechung für zulässig erachtet.[419] Allerdings unterliegt eine solche Vereinbarung – wie alle Rechtsgeschäfte – den Grenzen der §§ 134, 138 BGB. Eine Vereinbarung, durch die eine Partei zur Nichtanzeige von Straftaten aus dem Katalog des § 138 StGB verpflichtet wird, ist nach § 134 BGB nichtig – die dort aufgeführten Straftaten spielen freilich im Bereich der Unternehmenskriminalität keine Rolle. Bei der Beurteilung einer solchen Vereinbarung anhand des § 138 I BGB ist von Bedeutung, ob durch den Abschluss der Vereinbarung eine emotionale Zwangslage oder eine persönliche Verstrickung ausgenutzt wird. Nach der Rechtsprechung des BGH muss eine der persönlichen Freiheit verpflichtete Rechtsordnung die Anerkennung eines unter Druck zustandegekommenen Rechtsgeschäft selbst dann versagen, wenn die Zwangslage auf eigenes Fehlverhalten zurückgeht.[420]

Insofern mag es auf den ersten Blick bedenklich erscheinen, wenn laut Presseberichten der Siemens-Zentralvorstand die "strengsten anwendbaren Disziplinarmaßnahmen" für den Fall androhte, dass Mitarbeitern, die nicht aussagen, später Gesetzesverstöße nachgewiesen werden.[421] Denn Ziel der Unternehmensleitung ist es gerade, möglicherweise noch unentschlossene Arbeitnehmer – auch mit Druck – dazu zu bringen, auf das Amnestieangebot einzugehen. Letztendlich besteht dieser Druck aber nur darin, dass den Mitarbeitern erneut vor Augen geführt wird, dass das Unternehmen das Recht hat, Fehlverhalten zu sanktionieren. Diesem Druck wären die Mitarbeiter auch ohne den erneuten Hinweis ausgesetzt. Das Amnestieangebot bietet im Gegenteil sogar die Möglichkeit, sich eines Teilbereichs[422] dieses Drucks – nämlich was Sanktionen des Unternehmens betrifft – zu entledigen.

---

419 Vgl. bereits RGZ 42, 60, 64; außerdem OLG Frankfurt MDR 1975, 584 (zu § 134 BGB) und BGH NJW 1991, 1046 (zu § 138 BGB).

420 BGH NJW 1991, 1046, 1047.

421 Vgl. http://www.spiegel.de/wirtschaft/0,1518,514767,00.html (abgerufen am 24.11.2010).

422 Die Gefahr, dass die preisgegebenen Informationen Eingang in ein Strafverfahren finden, bleibt ja bestehen.

Letztendlich wird die Entschließungsfreiheit der Mitarbeiter nicht eingeschränkt, sondern es wird ihnen eine zusätzliche Handlungsoption gewährt.

b) Einfluss der zivilrechtlichen Vereinbarung auf das Strafantragsrecht

Das strafprozessuale Strafantragsrecht des Verletzten wird durch eine zivilrechtliche Vereinbarung nicht eingeschränkt.[423] Das Handeln gegen eine solche Vereinbarung mag zivilrechtliche Konsequenzen haben, die strafprozessuale Rechtslage bleibt hiervon aber unberührt.[424] Das bedeutet, dass die Unternehmensleitung trotz der Amnestievereinbarung das Recht behält, Strafantrag gegen den belasteten Mitarbeiter zu stellen. Allerdings kann der Mitarbeiter das Unternehmen im Zivilrechtsweg anschließend auf Rücknahme des Strafantrags verklagen.[425]

4. Durchsetzbarkeit einer Vertraulichkeitszusicherung

Risiken können sich für Mitarbeiter schließlich noch daraus ergeben, dass das Unternehmen trotz einer gegebenen Vertraulichkeitszusicherung aufgrund gesetzlicher Verpflichtungen dennoch zur Veröffentlichung bestimmter Informationen verpflichtet sein kann.[426] Während kapitalmarktrechtliche Veröffentlichungspflichten wie § 15 I WpHG eine eher mittelbare Gefahr darstellen, weil sie zunächst lediglich die abstrakte Beschreibung des Vorfalls verlangen, können gesellschaftsrechtliche Auskunftspflichten von Vorständen bzw. Geschäftsführern gegenüber Gesellschaftern (§§ 131 I AktG, 51 a GmbHG) direkt zur Veröffentlichung von Informationen führen, für die gegenüber den Mitarbeitern eine Vertraulichkeitszusage abgegeben worden war.[427]

---

423 Vgl. hierzu auch *Breßler/Kuhnke/Schulz/Stein* NZG 2009, 721, 727.

424 RGSt 52, 200, 201. Hingegen ist nach Ansicht von *Mayer* NJW 1974, 1325 das Verhalten desjenigen, der entgegen einer zivilrechtlichen Verpflichtung den Strafantrag aufrecht erhält, als *venire contra factum propium* zu zu werten und muss – Kenntnis der Strafverfolgungsbehörden vorausgesetzt (und wohl nur bei absoluten Antragsdelikten) – zwingend zur Einstellung des Verfahrens führen. Eine solche Ansicht übersieht aber, dass die Wirksamkeit des Strafantrags wegen dessen besonderer Bedeutung als Prozessvoraussetzung an bestimmte Bedingungen (§§ 77 ff. StGB) geknüpft ist, von denen aus Gründen der Rechtssicherheit nicht abgewichen werden kann. Das wird um so deutlicher, wenn man sich die Wirkungen einer zivilrechtlichen Anfechtung der Vereinbarung, nämlich die Nichtigkeit ex tunc (§ 142 I BGB), vor Augen hält.

425 So der BGH NJW 1974, 900, allerdings für die Klage auf Erfüllung aus einem entsprechenden Prozessvergleich.

426 Vgl. hierzu *Breßler/Kuhnke/Schulz/Stein* NZG 2009, 721, 725.

427 *Breßler/Kuhnke/Schulz/Stein* NZG 2009, 721, 725.

V. Risiken für das Unternehmen

Amnestievereinbarungen können aber nicht nur für Unternehmensleitungen und Mitarbeiter, sondern auch für Unternehmen insgesamt mit Unsicherheiten verbunden sein. Insbesondere für Unternehmen, die durch eine umfassende „Selbstreinigung" einem zukünftigen Ausschluss von Vergabeverfahren entgehen wollen[428], dürfen eine entsprechende Amnestie sowohl sachlich als auch personell nicht zu weit ausdehnen. Um den Anforderungen an eine „Selbstreinigung" zu genügen, kann es etwa nötig sein, dass das Unternehmen Mitglieder der Leitungsebene von der Amnestie ausnimmt und sich für die übrigen Mitarbeiter – trotz Amnestievereinbarung – einzelne Disziplinarmaßnahmen vorbehält[429] bzw. delinquente Mitarbeiter im fortbestehenden Arbeitsverhältnis dauerhaft freistellt[430].

VI. Zusammenfassung zu D

Mitarbeiteramnestien sollen die Mitwirkungsbereitschaft der Mitarbeiter an einer Internen Ermittlung erhöhen. Zu diesem Zweck enthalten sie unter anderem oft die Zusage, dass der betreffende Mitarbeiter im Falle umfassender Kooperation nicht mit zivil- oder arbeitsrechtlichen Konsequenzen zu rechnen habe. Bekannt gemacht wird ein solches Amnestieangebot etwa über ein Mitarbeiter-Rundschreiben. Rechtlich verbindlich wird das Amnestieangebot, indem der Ombudsmann als Stellvertreter des Unternehmens die Amnestievereinbarung mit solchen Mitarbeiters schließt, die die dafür vorgesehenen Voraussetzungen erfüllen.

Obwohl eine Amnestievereinbarung eigentlich zu einer Klarstellung und Vereinfachung der Rechtslage führen soll, ist sie doch ihrerseits mit Unwägbarkeiten verbunden.

Für die Unternehmensleitung besteht zwar keine Gefahr der Strafbarkeit nach § 258 II StGB, wenn sie zusagt, Geldstrafen der Mitarbeiter zu übernehmen. Sie läuft aber Gefahr, sich wegen Untreue (§ 266 StGB) strafbar zu machen, wenn sie Geldstrafen, Verfahrens- und Verteidigungskosten durch das Unternehmen erstatten lässt, obwohl der entsprechende Mitarbeiter keinen Anspruch auf Erstattung hat und obwohl die finanziellen Nachteile die finanziellen Vorteile einer solchen Erstattung eindeutig überwiegen.

Der an der Amnestievereinbarung beteiligte Mitarbeiter sieht sich trotz der Freistellung von Schadensersatzansprüchen seitens des Unternehmens möglicherweise Regressforderungen anderer Mitarbeiter ausgesetzt. Um dies entscheiden zu kön-

---

428 Vgl. S. 60 f.

429 *Breßler/Kuhnke/Schulz/Stein* NZG 2009, 721, 726 f.

430 *Annuß/Pelz* BB-Special Nr. 4 (2010), 14, 18.

nen, muss der rechtliche Gehalt des Verzichts durch eine Auslegung der Willenserklärungen (§§ 133, 157 BGB) ermittelt werden. Unter Umständen kann der Mitarbeiter vom Unternehmen die Freistellung von Regressforderungen seitens anderer Mitarbeiter als Schadensersatz verlangen. Der Vorausverzicht auf personelle Maßnahmen ist rechtlich nur eingeschränkt möglich: Das Recht zur außerordentlichen Kündigung kann lediglich dahingehend präzisiert werden, dass dass solche Tatsachen nicht zur außerordentlichen Kündigung berechtigen, von denen der Arbeitgeber erst durch die Kooperation des Arbeitnehmers Kenntnis erlangt. Das strafprozessuale Strafantragsrecht wird durch einen zivilrechtlichen Verzicht nicht eingeschränkt; gleichwohl ist die zivilrechtliche Vereinbarung wirksam, weshalb ihre Erfüllung auch auf dem Zivilrechtsweg eingeklagt werden kann. Vertraulichkeitszusagen seitens des Unternehmens können in Konflikt geraten mit kapitalmarktrechtlichen Veröffentlichungspflichten und mit gesellschaftsrechtlichen Auskunftspflichten.

Auch für das Unternehmen insgesamt kann eine Amnestievereinbarung mit Mitarbeitern mit Risiken behaftet sein. Im Zuge einer „Selbstreinigung“ zur Vermeidung einer drohenden Vergabesperre muss sichergestellt sein, dass den Anforderungen an die „Selbstreinigung“ trotz der Amnestievereinbarung genügt wird.

§ 3. Interne Ermittlungen und ihre Vereinbarkeit mit der staatlichen Straftataufklärung

Das Recht des Angeklagten bzw. seines Verteidigers auf Durchführung eigener Ermittlungen kann heutzutage als anerkannt gelten.[431] Weit weniger eindeutig ist dagegen, ob dieses Recht auch dem Verletzten zusteht, schließlich wird das Interesse des Opfers an der Aufklärung bereits durch die Staatsanwaltschaft wahrgenommen. Wenn nun daneben noch private Ermittlungen stattfinden, können diese staatlichen Ermittlungen „in die Quere kommen"[432] (A.).

Aber selbst wenn gegen die generelle Zulässigkeit privater Ermittlungen des Verletzten keine oder nur wenig Bedenken bestehen, sind dennoch die Auswirkungen der jeweiligen Ermittlungen auf die betroffenen Mitarbeiter zu beachten. Private Ermittlungen unterliegen zivilrechtlichen Grenzen, während öffentliche Ermittlungen den Anforderungen der StPO genügen müssen. Die jeweils unterschiedlichen Anforderungen müssen nebeneinander gestellt werden, um Gefahren für mögliche Rechtsverluste zu erkennen (B.).

Diese Gefahren sind nicht nur akademischer Natur, sondern haben bereits in der Rechtspraxis ihren Niederschlag gefunden (C.).

A. Generelle Zulässigkeit privater Ermittlungen

I. "Privatisierung" des Ermittlungsverfahrens?

1. Zusammenarbeit zwischen privaten und staatlichen Ermittlern

In neuerer Zeit ist im Zusammenhang mit Internen Ermittlungen vermehrt davon die Rede, dass Staatsanwaltschaften ihre Ermittlungsaufgabe "privatisieren":[433] Es bestehe eine aktive Zusammenarbeit[434] zwischen Unternehmen und Staatsanwaltschaft bei der Aufklärung von Verdachtsfällen auf Straftaten im Unternehmen. Ob

431 *Hassemer/Matussek* Das Opfer als Verfolger (1996), 12 f.

432 *Salvenmoser/Schreier* in: Achenbach/Ransiek, Hdb WiStra (2008), 1229, 1235.

433 Herzog/Mühlhausen/*Mende* GwHdB, § 37, Rn. 2; *Brunhöber* GA 2010, 571; *U. H. Schneider* NZG 2010, 1201, 1202; *Leipold* NJW-Spezial 2/2011, 56; *de Vries* Kriminalistik 2011, 83 ff.; *Wastl* ZRP 2011, 57 f. Der Begriff "Privatisierung" wird hierbei in seiner untechnischen Allgemeinbedeutung verwendet, kennzeichnet also nur eine Verschiebung vom Staat zur Gesellschaft. Eine aktuelle Auseinandersetzung mit den verschiedenen Erscheinungsformen findet sich etwa bei *Maurer* in: Steiner-FS (2009), 528 ff.

434 Vgl. ausführlich zur Kooperation von Unternehmen mit der Staatsanwaltschaft Görling/Inderst/Bannenberg/*Görling* Compliance (2010), 454 ff.; *Joussen* Sicher handeln (2010), *Moosmayer* Compliance (2010), 98 ff.; 171 ff.; Böttger/*Minoggio* WiPra (2011), Kap. 15, Rn. 67 ff.; *Kremer* in: Schneider-FS (2011), 701 ff.

diese Zusammenarbeit auf die nachdrückliche Initiative der Strafverfolger zurückgeht[435] oder ob kein Druck von staatlicher Seite ausgeübt und lediglich die interne Aufklärung honoriert wird[436], ist wohl von Fall zu Fall unterschiedlich. In jedem Fall rücken Private ein in einen Bereich, der an sich als staatliche Aufgabe qualifiziert werden muss. Hieraus können sich verfassungsrechtliche Probleme ergeben, insbesondere im Hinblick auf das Gewaltmonopol.

Es besteht die Möglichkeit, dass durch die Internen Ermittlungen Informationen an die Strafverfolgungsbehörden gelangen, auf die diese im Falle regulärer Ermittlungen nach den Vorschriften der StPO keinen Zugriff gehabt hätten. Selbst wenn die Ermittlungsbehörden die Anforderungen der StPO nicht bewusst dadurch umgehen wollen, dass sie einen wesentlichen Teil der Straftataufklärung in private Hände legen, wird doch jedenfalls von einem Verfahren abgewichen, dessen Ausgestaltung bereits ab dem Zeitpunkt der Ermittlungen[437] in besonderem Maße durch Wertentscheidungen der Verfassung geprägt ist.

Beide Probleme tauchen in ähnlicher Form auch an anderer Stelle auf. Zur Verdeutlichung der Problematik sollen zunächst diese Fälle dargestellt und mit den Gefahren verglichen werden, die bei Internen Ermittlungen eine Rolle spielen.

2. Vergleich mit ähnlichen Problemfeldern

a) Privatisierung von Maßnahmen der Verkehrsüberwachung

Vor allem im Anschluss an zwei Fälle aus der Rechtsprechung wird diskutiert, ob und inwieweit die Beauftragung privater Unternehmen mit der Verfolgung von Verkehrsverstößen zulässig ist. Im ersten Fall[438] hatte ein als Ordnungsbehörde fungierender Bürgermeister ein privates Unternehmen mit der Durchführung von Geschwindigkeitskontrollen beauftragt. Das Unternehmen stellte das technische Gerät und wirkte durch einen Mitarbeiter maßgeblich an der Durchführung der Kontrollen mit. Im zweiten Fall[439] sollte ein Privatunternehmen im Auftrag des Berliner Senats in mehreren besonders verkehrsintensiven Gebieten systematisch Park- und Halteverstöße feststellen. Diese Daten wurden elektronisch an das Berliner

435 Nach *U. H. Schneider* NZG 2010, 1201, 1202 drohen Staatsanwaltschaften unwilligen Unternehmen mit Hausdurchsuchungen und dem mit staatlichen Ermittlungen verbundenen drohenden Reputationsverlust.

436 So *Schürrle/Olbers* CCZ 2010, 102, 106.

437 Vgl. zum Einfluss des Verfassungsrechts auf strafprozessuale Eingriffsmaßnahmen *Broß* HFR 2009, 1 ff.

438 AG Alsfeld NJW 1995, 1503; OLG Frankfurt NZV 1995, 368.

439 AG Tiergarten NStZ-RR 1996, 277; KG NJW 1997, 2894.

Landesamt für Informationstechnik übermittelt, wo sie nun erstmals in Form von Verwarnungsgeldangeboten (§ 56 OWiG) ausgedruckt wurden.

Neben Zweifeln hinsichtlich der Art und Weise der Beauftragung[440] spielte vor allem die Frage eine Rolle, ob in dieser auf Private verlagerten Verkehrsüberwachung ein Einbruch in das staatliche Gewaltmonopol zu sehen ist. Die wohl überwiegende Ansicht hält die eigenverantwortliche Feststellung von Rechtsverstößen durch Private für unzulässig:[441] Durch die Feststellung und Weiterleitung dieser Daten könne der Private jedenfalls faktisch maßgeblich über die Sanktionierung mitentscheiden. Die Verhängung der Strafe sei aber Teil des staatlichen Gewaltmonopols.

Anders als die Verkehrsüberwachung sind Interne Ermittlungen nicht auf den Bereich der Ordnungswidrigkeiten beschränkt, sondern dienen unter Umständen auch der Aufklärung von Straftaten. Ein zentraler Unterschied zwischen dem Ordnungswidrigkeitenrecht und dem Strafverfahrensrecht ist aber, dass für letzteres das Legalitätsprinzip gilt, während die Verfolgung von Ordnungswidrigkeiten in das Ermessen der jeweils zuständigen Hoheitsträger gestellt ist. Daraus ergibt sich eine Akzentverschiebung bei der Beurteilung: Hauptkritikpunkt bei der Verkehrsüberwachung durch Private war, dass damit letztlich Private über die Entscheidungsmacht verfügen, Autofahrer zu Betroffenen eines Bußgeldverfahrens zu erklären und damit jedenfalls faktisch auch Einfluss auf die Verhängung von Sanktionen haben.[442] Das wurde als nicht vereinbar mit dem staatlichen Gewaltmonopol angesehen.[443] Die Aufklärung von Straftaten wird dagegen beherrscht vom Legalitätsprinzip: Es besteht bereits gar kein Ermessensspielraum bei der Entscheidung darüber, ob eine Straftat verfolgt werden soll oder nicht.[444] Diese Entscheidung kann also gar nicht durch Private übernommen werden. Obwohl damit die rechtliche Erörterung des Problems nicht um das Gewaltmonopol, sondern um das Legalitätsprinzip kreist, ist die Ursache des Problems dieselbe: Durch privates Handeln

---

440 In beiden Fällen handelten die Privaten nicht als Beliehene (mangels gesetzlicher Grundlage war auch gar keine Beleihung möglich gewesen).

441 *Böse* ZStW 119 (2007), 848, 866 (im Anschluss an die Begründung der AG Alsfeld NJW 1995, 1503, 1506 und Tiergarten NStZ-RR 1996, 277); *Radtke* NZV 1995, 428, 430; *Ronellenfitsch* DAR 1997, 147, 151; *Mackeben* Grenzen der Privatisierung (2004), 226 ff. (jeweils mit Hinweis auf die unterbliebene Ermessensausübung); *Steegmann* NJW 1997, 2157, 2159. Dagegen hält *Scholz* NJW 1997, 14, 17 die Verkehrsüberwachung durch Private im Falle einer Beleihung für zulässig.

442 KG NJW 1997, 2894, 2896.

443 *Radtke* NZV 1995, 428, 430; *Steegmann* NJW 1997, 2157, 2159.

444 Unter bestimmten Umständen darf der Staat Ausnahmen von diesem Prinzip vorsehen; diese Ausnahmen bedürfen dann allerdings einer gesetzlichen Regelung, vgl. BVerfGE 46, 214, 223.

werden möglicherweise Informationen "gefiltert", und diese Filterung kann der ordnungsgemäßen Ausübung staatlicher Aufgaben im Wege stehen.

b) Aufsichtsrechtliche Ermittlungsmöglichkeiten der BaFin nach dem WpHG

Die Bundesanstalt für Finanzdienstleistungsaufsicht (BaFin) hat unter anderem die Aufgabe, den Wertpapierhandel zu überwachen (§ 4 I 1 WpHG). Das läuft folgendermaßen ab: Kreditinstitute und Finanzdienstleistungsinstitute müssen fortlaufend Mitteilung machen über alle als Eigengeschäft oder als Wertpapierdienstleistung getätigten Geschäfte mit Wertpapieren und Derivaten (§ 9 WpHG). Ergeben sich aus diesen sog. Orderdaten – oder aus sonstigen Quellen wie zB den Medien – Anhaltspunkte für Insiderhandel, muss die BaFin dem nachgehen. Sie kann etwa von jedermann Auskünfte oder die Vorlage von Unterlagen verlangen (§ 4 III, IV WpHG), was insbesondere auch die Preisgabe der Identität der Auftraggeber umfasst (§ 4 III 2 WpHG). Erhärten sich die Anhaltspunkte im Laufe der Ermittlungen zu Tatsachen, die den Verdacht einer Straftat nach § 38 WpHG begründen, muss die BaFin diese Tatsachen der zuständigen Staatsanwaltschaft mitteilen (§ 4 V 1 WpHG).

Gerade die Weiterleitung an die Staatsanwaltschaft ruft Bedenken hervor, die Ermittlungsbefugnisse der BaFin böten die Möglichkeit, strafprozessuale Grundsätze zu umgehen; umso mehr, wenn die Behauptung zutrifft, die Befugnisse der BaFin dienten in Wirklichkeit gar nicht der Gefahrenabwehr, sondern der Vorbereitung von Strafverfahren.[445] Voraussetzung für ein Tätigwerden der BaFin sind lediglich "Anhaltspunkte", ein Verdachtsgrad, der unterhalb der Schwelle des strafprozessualen Anfangsverdachts liegen soll.[446] Zwar ist nicht zur Auskunft verpflichtet, wer sich auf ein gesetzliches Auskunfts- oder Aussageverweigerungsrecht (§ 4 III 3 WpHG) oder darauf berufen kann, dass er sich durch die Auskunft der Gefahr strafgerichtlicher oder ordnungswidrigkeitenrechtlicher Verfolgung aussetzen würde (§ 4 IX 1 WpHG). Verlangt die BaFin allerdings die Vorlage von Unterlagen, müssen diese Unterlagen nach der gesetzlichen Regelung[447] auch dann herausgegeben werden, wenn die Unterlagen möglicherweise strafrechtlich relevant sind.[448]

---

445 So *Böse* ZStW 119 (2007), 848, 851 ff., 853 sowie bereits *Böse* Wirtschaftsaufsicht (2005), 228 ff.

446 KK-WpHG/*Altenhain* (2007), § 4, Rn. 111; *Böse* ZStW 119 (2007), 848, 854; *Schröder* HdB Kapitalmarktstrafrecht, 2. Aufl. (2010), Rn. 729; aA Fuchs/*Schlette*/*Bouchon* WpHG (2009), § 4, Rn. 37.

447 Die gesetzliche Regelung ist allerdings erheblicher Kritik ausgesetzt: *Böse* ZStW 119 (2007), 848, 863; Fuchs/*Schlette*/*Bouchon* WpHG (2009), § 4, Rn. 74; *Szesny* BB 2010, 1995 ff.

448 *Schröder* HdB Kapitalmarktstrafrecht, 2. Aufl. (2010), Rn. 743 a.

Das wird als unbefriedigend empfunden, weil der Beschuldigte im Strafverfahren gerade nicht zur Vorlage von Beweismitteln verpflichtet ist.[449] Ein Staatsanwalt, dem es nicht gelingt, den Ermittlungsrichter von einem Durchsuchungsbeschluss zu überzeugen, könnte über den Umweg der BaFin dennoch an die gewünschten Dokumente gelangen – und so die strafprozessualen Eingriffsvoraussetzungen umgehen. Zur Auflösung der Problematik werden verschiedene Vorschläge gemacht. Zunächst könnte man dem Staatsanwalt untersagen, die Verfahrensart zu wechseln: Geht es um die Aufklärung von Straftaten, darf auch nur das dazugehörige Verfahrensrecht angewandt werden; geht es gleichzeitig um Gefahrenabwehr, dann übertragen sich die Beschuldigtenrechte in das aufsichtsrechtliche Verfahren.[450] Es stellt sich allerdings die Frage, wessen Sichtweise für die Abgrenzung Gefahrenabwehr/Strafverfolgung maßgeblich ist. Entweder man legt der BaFin eine Art "Vorprüfung" auf: Sobald ein Anfangsverdacht iSd § 152 II StPO besteht, dürfen nur noch strafprozessuale Ermittlungsbefugnisse eingesetzt werden; wird trotzdem aufsichtsrechtlich weiterermittelt, führt das für das Strafverfahren zu einem Verwertungsverbot, jedenfalls dann, wenn die Erkenntnisse auf strafprozessualem Wege nicht gegen den Willen des Betroffenen hätten erlangt werden können.[451] Oder man gestattet dem Betroffenen, die Mitwirkung zu verweigern, sofern aus seiner Sicht die Gefahr besteht, dass die erlangten Informationen in ein strafrechtliches Ermittlungsverfahren gegen ihn einfließen.[452]

Wird also beim Wertpapierhandelsrecht eine "Flucht ins Verwaltungsrecht"[453] befürchtet, könnte man bei Internen Ermittlungen, die die Grundlage für eine spätere strafrechtliche Verurteilung bilden, von einer "Flucht ins Privatrecht" sprechen. Zwar handeln Unternehmen bei der Durchführung Interner Ermittlungen in der Regel wohl im Eigeninteresse und vor allem – im Gegensatz zu den BaFin-"Ermittlern" – nicht aufgrund einer gesetzlichen Verpflichtung. Die Auswirkungen sind aber bei beiden Problemfeldern die gleichen: Es werden Informationen in einem Verfahren zutage gefördert, das nicht unbedingt den Anforderungen der StPO genügen muss. Und das, obwohl diese Informationen durchaus von strafrechtlicher Relevanz sein können.

---

449 Vgl. KK-StPO/*Nack*, 6. Aufl., § 95, Rn. 2. Laufen zeitgleich strafrechtliche Ermittlungen, überträgt sich diese Recht auf ein Vorlageverlangen der BaFin (§ 4 III 3 WpHG) – jedenfalls wenn man § 4 III 3 WpHG dahingehend interpretiert, dass nicht nur gesetzliche Auskunfts-, sondern generell gesetzliche Mitwirkungspflichten unberührt bleiben sollen. Vorher besteht aber eine uneingeschränkte Vorlagepflicht. vgl. hierzu *Schröder* HdB Kapitalmarktstrafrecht, 2. Aufl. (2010), Rn. 743 e.

450 *Schröder* HdB Kapitalmarktstrafrecht, 2. Aufl. (2010), Rn. 743 d ff.

451 So Schwark/Zimmer/*Zetsche* KMRK, 4. Aufl., § 4 WpHG, Rn. 10.

452 So *Böse* ZStW 119 (2007), 848, 863.

453 *Böse* ZStW 119 (2007), 848, 871.

II. Die Konfliktpunkte im Einzelnen

Thematisiert wird die Zulässigkeit privater Ermittlungen vor allem im Hinblick auf ihre Vereinbarkeit mit dem verfassungsrechtlichen Gewaltmonopol und mit strafprozessualen Grundsätzen.

1. Vereinbarkeit mit dem Gewaltmonopol

Nach herkömmlicher Ansicht besagt die Lehre vom Gewaltmonopol, dass Mittel der physischen Gewalt (zB Zwangsmittel) ausschließlich dem Staat vorbehalten sind.[454] Nur ausnahmsweise ist das staatliche Gewaltmonopol durchbrochen, nämlich dann, wenn staatliche Gewalt nicht zur Stelle und private Gewalt deswegen zur Bewährung des Rechts erforderlich ist (§ 127 I StPO).[455] Teilweise wird nun auch in umfangreichen Privatermittlungen ein Verstoß gegen das staatliche Gewaltmonopol gesehen.[456] Der Gewaltbegriff umfasst nach dieser Ansicht nicht nur physische Gewalt, sondern auch die Datenerhebungsmacht im Rahmen von Ermittlungen: Denn auch "Wissen [sei] Macht, und Wissen über Dritte bedeut[e] ein hohes Maß an Steuerungsmöglichkeiten und Herrschaftsgewalt."[457]

Diese Argumentation stößt allerdings auf Bedenken, wenn man sich die Herleitung des staatlichen Gewaltmonopols vor Augen hält:[458] Der Staat legitimiert sich aus der Aufgabe, dass er seinen Bürgern Sicherheit und Frieden gewährleistet; dieser Aufgabe kann er nur gerecht werden, wenn ihm das Gewaltmonopol zusteht. Die daraus erwachsende Pflicht, private Gewalt und damit Friedensstörung zu unterbinden, bedeutet aber nicht, dass der Staat auch jegliche Form von Machtstrukturen unterbinden muss. Im Gegenteil: Machtstrukturen sind jeder freiheitlichen Gesellschaft immanent, und es wäre gar nicht möglich, diese Machtstrukturen aufzubrechen, wollte der Staat nicht wiederum seine eigene Legitimation, die Herstellung von Frieden, in Frage stellen.

---

454 *Burgi* Privatisierung, in: HStR IV 2006, § 75, Rn. 19; *Schimpfhauser* Das Gewaltmonopol des Staates (2009), 60, 70 ff. Der Gewaltbegriff enthält danach zwei voneinander zu unterscheidende Komponenten, die im Lateinischen mit "vis" und "potestas" bezeichnet werden; Während "vis" körperlichen Zwang bezeichnet, meint "potestas" Herrschaft oder, losgelöst vom staatlichen Kontext: Einwirkungsmöglichkeiten, vgl. ausführlich *Isensee* Staat und Verfassung (§ 15), in: HStR II (2004), Rn. 87 ff. Diese Differenzierung gibt es auch im Englischen (violence, power) und im Französischen (violence, pouvoir), vgl. *Schimpfhauser* Das Gewaltmonopol des Staates (2009), 59.

455 Vgl. etwa *Schmidhäuser* GA 1991, 97, 122.

456 *Haurand* Kriminalistik 1997, 770, 775; *Mende* Grenzen privater Ermittlungen durch den Verletzten einer Straftat (2001), 77 ff.

457 *Mende* Grenzen privater Ermittlungen durch den Verletzten einer Straftat (2001), 83.

458 Vgl. hierzu ausführlich *Schimpfhauser* Das Gewaltmonopol des Staates (2009), 59.

Und selbst wenn man auch Herrschaftsgewalt unter den Gewaltbegriff subsumieren wollte, ist doch zweifelhaft, ob umfangreiche private Ermittlungen den Ermittlern tatsächlich eine solche Macht verleihen.[459] Immerhin unterliegen private Ermittlungen unter anderem den Grenzen des Arbeitsrechts, des Datenschutzrechts und des Strafrechts. Die Einhaltung dieser Grenzen kann der durch eine Ermittlung Betroffene auf dem jeweils dafür vorgesehenen Rechtsweg einfordern.

Private Ermittlungen stellen daher, auch wenn sie mit umfangreichen Datenerhebungen verbunden sind, keinen Einbruch in das staatliche Gewaltmonopol dar.[460]

2. Vereinbarkeit mit den Regelungen der StPO

Für die Beantwortung der Frage, ob sich private Ermittlungen mit den Regelungen der StPO vereinbaren lassen, sind zunächst Umstände des Einzelfalls von Bedeutung.

a) Relevante Aspekte des Einzelfalls

aa) Parallelität mit staatlichen Ermittlungen

Die Zulässigkeit Interner Ermittlungen hängt unter anderem auch davon ab, ob gleichzeitig ein staatliches Ermittlungsverfahren läuft. Ist dies der Fall, stellt sich nämlich die Frage, ob sich die private Aufklärung vereinbaren lässt mit den Grundprinzipien des Strafverfahrens und der Rolle, die die StPO dem Verletzten zuweist.[461] Hat die Staatsanwaltschaft dagegen noch keine Ermittlungen aufgenommen, wird man tendenziell weniger Bedenken gegen private Ermittlungen haben. Das bedeutet aber nicht, dass sich in diesem Fall die Zulässigkeit privater Ermittlungen mehr oder wenig feststeht[462], immerhin besteht die Möglichkeit, dass sich an die privaten Ermittlungen noch ein staatliches Ermittlungsverfahren anschließt.[463] In diesem staatlichen Ermittlungsverfahren hätte der von der Ermittlung Betroffene aber Rechte, die ihm im Rahmen der privaten Aufklärung nicht zustehen.

---

459 Sogar bei der – unmittelbar sogar eingriffsintensiveren – sog. Betriebsjustiz wird eine Gefährdung des staatlichen Gewaltmonopols verneint: Letztendlich würden bei der Verhängung von Betriebsbußen nur allgemeine privatrechtliche Rechtsinstitute genutzt, für deren Durchsetzung man dann sogar staatliche Gewalt in Form von Gerichten in Anspruch nehme. Vgl. ausführlich zur verfassungsrechtlichen Bewertung der Betriebsjustiz *Ebert* Pönale Elemente (2004), 320 ff.

460 So auch – mit der Begründung, dass Private keine Befugnis zur Vornahme strafprozessualer Zwangsmaßnahmen besitzen – *Krey* Zur Problematik privater Ermittlungen (1995), 32; *Bockemühl* Private Ermittlungen (1996), 35; *Wuttke* Straftäter im Betrieb (2010), 46.

461 *Brunhöber* GA 2010, 571, 572.

462 So aber *Krey* Zur Problematik privater Ermittlungen (1995), 31 f.

463 So auch *Brunhöber* GA 2010, 571, 572, die von "Vorwirkungen" spricht.

bb) Verletzteneigenschaft des Unternehmens

In der bisherigen Diskussion über die Zulässigkeit privater Ermittlungen spielt unter anderem die Frage eine Rolle, ob sich das Recht des Beschuldigten zu eigenen Sachverhaltsaufklärungen auf den Verletzten übertragen lässt.[464] Es sind aber Zweifel angebracht, ob die Untersuchung der prozessualen Rolle des Verletzten im Strafprozess auch für Fälle der unternehmensinternen Aufklärung von Straftaten sinnvoll und fruchtbar ist, aus folgenden Gründen:

(1) Rechtliche Schwierigkeiten bei der Bestimmung der Verletzteneigenschaft

Zunächst bleibt unberücksichtigt, ob sich die Verletzteneigenschaft des Ermittelnden überhaupt ohne weiteres feststellen lässt. Der Begriff des Verletzten wird in der StPO in unterschiedlichem Zusammenhang gebraucht: bei der Klageerzwingung (§ 172 I StPO), der Privatklage (§ 374 I StPO), der Nebenklage (§ 395 I StPO), im Adhäsionsverfahren (§ 403 StPO) und bei den Vorschriften über die sonstigen Befugnisse des Verletzten (§ 406 d ff. StPO). Dabei enthält das Strafverfahrensrecht keinen einheitlichen Verletztenbegriff, sondern dieser muss aus dem jeweiligen Funktionszusammenhang bestimmt werden.[465] Im Kern geht es stets darum, dass jemand von einer Straftat in seinem persönlichen Rechtskreis betroffen ist.[466]

Das zu beurteilen, fällt dann leicht, wenn ein Mitarbeiter eines Unternehmens einen Diebstahl, eine Sachbeschädigung, eine Beleidigung oder eine Körperverletzung begeht.[467] Ganz anders sieht es im Dunstfeld von Untreue und Korruption aus: Hier fällt oft bereits die materiell-rechtliche Bewertung schwer, wie sich an der – nicht immer vorhersehbaren – Rechtsprechung zu diesem Bereich des Strafrechts zeigt.[468] Transportiert man die unsichere materiell-rechtliche Bewertung nun ins Prozessrecht, ergeben sich Unsicherheiten im Hinblick auf den Verletzten und seine Rechte. Nur der in einem Individualrechtsgut Verletzte kann nach § 172 I StPO das Klageerzwingungsverfahren betreiben.[469] Das hat zur Folge, dass bei der

---

464 Dafür *Krey* Zur Problematik privater Ermittlungen (1995), 29 ff.; *Bockemühl* Private Ermittlungen (1996), 37; *Godenzi* Private Beweisbeschaffung (2008), 78; *Brunhöber* GA 2010, 571, 572 (mit Einschränkungen); *Wuttke* Straftäter im Betrieb (2010), 46; dagegen *Hassemer/Matussek* Das Opfer als Verfolger (1996), 24; *Mende* Grenzen privater Ermittlungen (2001), 154.

465 BT-Drs. 10/5305, 16.

466 *Jung* ZStW 93 (1981), 1147, 1150; ausführlich zum Begriff des Verletzten etwa *Hilger* GA 2007, 287 ff.

467 Vgl. die Unterscheidung in Arbeitnehmer-, Arbeitgeber- und Unternehmenskriminalität bei *de Vries* in: Arbeitsstrafrecht im Umbruch (2009), 75, 76 ff.

468 Vgl. hierzu ausführlich *Bernsmann* GA 2009, 296 ff.

469 Radtke/Hohmann/*J. Kretschmer* StPO (2011), § 172, Rn. 9.

Untreue eine Klageerzwingung möglich ist, bei den Bestechungsdelikten hingegen nicht.[470] Da es also – in den hier interessierenden Fällen der "typischen" Wirtschaftskriminalität – schon materiell-rechtlich nicht immer eindeutig ist, ob ein Unternehmen als Verletzter anzusehen ist, ist auch seine prozessuale Rolle ungewiss.

(2) Tatsächliche Schwierigkeiten bei der Bestimmung der Verletzteneigenschaft

Zu den rechtlichen Schwierigkeiten kommen tatsächliche, die vor allem mit den Eigenheiten des "Tatorts Unternehmen" zusammenhängen: Kaum jemals wird von vornherein klar sein, wer von den Mitarbeitern Täter, Beteiligter oder Mitwisser ist und ob möglicherweise Mitglieder der Leitungsebene strafbare Verhaltensweisen angewiesen oder auch nur geduldet haben. Diese Situation führt aber zu Problemen, wenn man – wie es *Hassemer/Matussek*[471] tun – Strafverteidigern eigene Ermittlungen erlaubt, Opferanwälten hingegen nicht.[472] Ein Vorstandsmitglied kann nämlich sowohl Täter sein als auch rechtlicher Vertreter des verletzten Unternehmens. Welches von beidem zutrifft, lässt sich aber erst nach Abschluss der (staatlichen oder privaten) Ermittlungen sagen.

b) Sachverhaltsaufklärungen des Verletzten

Selbst wenn die rechtliche Bewertung im Einzelfall eindeutig sein mag, wenn also etwa eindeutig das Unternehmen geschädigt wurde und der Täterkreis auf eine bestimmte Personengruppe eingeschränkt werden kann: Für das Opfer besteht bis zur Verurteilung des Täters stets eine "Nichtopfervermutung".[473] Bis dahin lässt sich allenfalls von einem "mutmaßlichen" oder "potentiellen"[474] Opfer sprechen. Obwohl die Opfereigenschaft noch nicht endgültig feststeht, billigt die StPO dem Verletzten bereits eine Vielzahl von Rechten zu. Gleichzeitig sollte aber Vorsicht geboten sein, noch weitere, nicht ausdrücklich in der StPO geregelte "Verletztenrechte" herzuleiten.[475] Vielmehr sollten Rechte des Verletzten zu eigener Sachver-

---

470 Rechtsgut des § 266 StGB ist das Vermögen, vgl. Lackner/Kühl StGB, 27. Aufl., § 266, Rn. 1; das Rechtsgut der §§ 331 ff. StGB ist nach überwiegender Ansicht das "Vertrauen in die Unkäuflichkeit von Trägern staatlicher Funktionen und damit zugleich in die Sachlichkeit staatlicher Entscheidungen", vgl. Lackner/Kühl StGB, 27. Aufl., § 331, Rn. 1.

471 *Hassemer/Matussek* Das Opfer als Verfolger (1996), 24.

472 *De Vries* in: Arbeitsstrafrecht im Umbruch (2009), 75, 85.

473 *Hassemer/Matussek* Das Opfer als Verfolger (1996), 17; *Eckstein* in: Schroeder-FS (2006), 777, 782.

474 *Schünemann* ZStW 114 (2002), 30 f.

475 Vgl. zu den Gefahren, die mit einer Ausweitung des Opferschutzes im Strafverfahren verbunden sind *de Vries* Kriminalistik 2011, 83, 85 f.

haltsaufklärung nur insoweit bejaht werden, als die eigene Sachverhaltsaufklärung zur Wahrung prozessualer Rechte erforderlich ist.

Im folgenden soll nun die Zulässigkeit privater Ermittlungen für den (bei unternehmensinternen Ermittlungen wohl eher Ausnahme-)Fall beurteilt werden, dass eine Schädigung von Rechtsgütern des Unternehmens feststeht und sich gleichzeitig auch bereits der Täterkreis bestimmen lässt.

aa) Privatklage

Der Verletzte kann auch ohne vorherige Anrufung der Staatsanwaltschaft bestimmte Delikte im Wege der Privatklage verfolgen (§ 374 StPO). Auf dieses Verfahren finden grundsätzlich die Vorschriften der StPO entsprechende Anwendung, sofern nicht in den §§ 374-394 StPO davon abweichende Regelungen enthalten sind.[476] Das bedeutet unter anderem, dass die Privatklageschrift den Anforderungen an eine Anklageschrift (§§ 381 S. 2, 200 StPO) genügen muss.

bb) Klageerzwingung

Wenn die Staatsanwaltschaft einem Antrag auf Erhebung der öffentlichen Klage keine Folge leistet[477], steht dem Antragsteller, wenn er zugleich der Verletzte ist, das Klageerzwingungsverfahren offen (§§ 171, 172 StPO). Dazu muss er zunächst binnen zwei Wochen Beschwerde gegen den Bescheid einlegen (§ 172 I 1 StPO). Wird dieser Beschwerde nicht stattgegeben, kann er gerichtliche Entscheidung beantragen (§ 172 II 1 StPO). Während die Beschwerde gegen den Einstellungsbescheid inhaltlich lediglich den Willen des Beschwerdeführers erkennen lassen muss, dass er eine förmliche Sachentscheidung des vorgesetzten Beamten der Staatsanwaltschaft verlangt[478], ergeben sich für den nachfolgenden Antrag auf gerichtliche Entscheidung weitergehende formelle und inhaltliche Anforderungen (§ 172 III StPO).

Notwendig ist unter anderem eine geschlossene Schilderung des vollständigen Sachverhalts, der die Anklageerhebung in formeller und materieller Hinsicht rechtfertigen würde.[479] Damit der Verletzte diesen Anforderungen genügen kann, ist er unter Umständen auf eigene Sachverhaltsermittlungen angewiesen.

---

476 Radtke/Hohmann/*Merz* StPO (2011), § 374, Rn. 1.

477 Ein solcher Antrag muss lediglich den eindeutigen Willen auf strafrechtliche Verfolgung erkennen lassen; der Begriff des "Antrags" in § 171 S. 1 StPO ist also nicht mit dem Strafantrag gem. § 77 StGB gleichzusetzen (insoweit missverständlich *Brunhöber* GA 2010, 571, 575), vgl. etwa KK-StPO/*Schmid*, 6. Aufl., § 171, Rn. 1; Radtke/Hohmann/*J. Kretschmer* StPO (2011), § 171, Rn. 2.

478 Radtke/Hohmann/*J. Kretschmer* StPO (2011), § 172, Rn. 13.

479 Zu den Einzelheiten Radtke/Hohmann/*J. Kretschmer* StPO (2011), § 172, Rn. 27.

cc) Nebenklage

Bei manchen Delikten können sich der Verletzte bzw. bei dessen Tod seine Angehörigen der bereits erhobenen öffentlichen Klage als Nebenkläger anschließen (§ 395 I, II Nr. 1 StPO). Diese Möglichkeit steht auch denjenigen offen, die im Klageerzwingungserfahren erfolgreich waren (§ 395 II Nr. 2 StPO). Dem Nebenkläger steht unter anderem das Beweisantragsrecht zu (§ 397 I 3, Alt. 6 StPO). Wer aber über das Beweisantragsrecht verfügt, muss auch das Recht haben, im Vorfeld eigene Sachverhaltsaufklärungen zu betreiben.[480]

dd) Umfang der dem Verletzten jeweils gestatteten Sachverhaltsaufklärungen

Der Verletzte muss zu solchen Sachverhaltsaufklärungen befugt sein, die für die Wahrung seiner prozessualen Rechte erforderlich sind:

Der Privatkläger darf demnach Erkundigungen einholen über die Tat, den Ort und die Zeit ihrer Begehung (§§ 381 S. 2, 200 I StPO).

Der Antragsteller eines Klageerzwingungsverfahrens muss nicht nur den Sachverhalt und den bisherigen Verfahrensgang umfassend darlegen, sondern auch den hinreichenden Tatverdacht begründen und mit Beweismitteln belegen.[481] In Anbetracht der Tatsache, dass die Strafverfolgungsbehörden bis jetzt die Voraussetzungen für eine Anklageerhebung als nicht gegeben gewertet haben, wird man im Übrigen in diesem Fall auch wenig Bedenken haben, wenn der Verletzte nun auf eigene Faust noch einmal ermittelt.

Bei der Nebenklage schließlich dient die Sachverhaltsermittlung der Vorbereitung von Beweisanträgen. Anders als beim Klageerzwingungsverfahren läuft hier – auch ohne die Mithilfe des Nebenklägers – bereits ein Strafverfahren. Das bedeutet insbesondere, dass auch bereits der Amtsermittlungsgrundsatz (§ 244 II StPO) zum Tragen kommt. Die Sachverhaltsaufklärung des Nebenklägers wird sich daher nur punktuell auf das beziehen dürfen, was dieser für eine sinnvolle Ausübung des Beweisantragsrechts in Erfahrung bringen muss.

c) Private Ermittlungen unabhängig von der Ausübung strafprozessualer Rechte

Private Ermittlungen müssen aber nicht immer mit der Ausübung strafprozessualer Rechte in Verbindung stehen. Ein Unternehmen möchte möglicherweise nachfor-

---

480 So – für den Verteidiger – *de Vries* Kriminalistik 2011, 83, 85: "Ohne vorherige Ermittlungen gleicht ein solcher Antrag [...] einem 'Schuss in den Nebel' [...].

481 Radtke/Hohmann/*J. Kretschmer* StPO (2011), § 172, Rn. 36.

schen, ob es selbst durch strafbare Handlungen von Mitarbeitern geschädigt wurde. Medien möchten strafbaren Handlungen prominenter Persönlichkeiten nachspüren. Und auch wer sich bereits sicher ist, durch eine Straftat verletzt worden zu sein, kann ein Interesse an privaten Nachforschungen haben, wenn er von dem Verursacher des Schadens Schadensersatz verlangen möchte.

aa) Die Vorbereitung zivilrechtlicher Maßnahmen als Rechtfertigung für Ermittlungen

Interne Ermittlungen sollen vorrangig nicht der Aufklärung von strafrechtlichen Verantwortlichkeiten dienen, sondern zivilrechtliche und arbeitsrechtliche Maßnahmen gegen belastete Mitarbeiter vorbereiten. Dieses Recht zur Verfolgung zivilrechtlicher Ansprüche und die aus der Struktur des Zivilprozesses folgende Darlegungspflicht des Klägers hat nach Ansicht von *Krey* Auswirkungen auf die Zulässigkeit privater Ermittlungen in Konkurrenz zu staatlichen Ermittlungen: "Wenn [...] sich die prinzipielle Befugnis des Verletzten zu umfassenden eigenen Recherchen zwecks Realisierung von Schadensersatzansprüchen (´zivilrechtliche Ermittlungen`) von selbst versteh[e], so [lasse] sich wegen [der] rechtlichen und faktischen Verzahnung der Durchsetzung zivilrechtlicher Ersatzansprüche des Straftatopfers und der Verfolgung seines strafrechtlichen Genugtuungsinteresses auch die prinzipielle ´strafrechtliche Ermittlungsbefugnis` des Verletzten nicht ernstlich bezweifeln."[482]

Dem lasse sich auch nicht entgegenhalten, dass in der Praxis Schadensersatzansprüche wegen Verbrechen und Vergehen bis zur Klärung der strafrechtlichen Verantwortlichkeit zurückgestellt würden, und dass der Zivilrichter nach § 149 ZPO die Verhandlung bis zur Entscheidung im Strafprozess aussetzen könne. Eine solche Aussetzung würde nämlich erstens oft dem Beschleunigungsgebot zuwiderlaufen; zweitens seien Fälle denkbar, in denen etwa die zivilrechtliche Fahrlässigkeit eindeutig festzustellen sei, während an der strafrechtlichen Fahrlässigkeit noch Zweifel bestünden.[483]

In der Tat lässt sich aus § 149 ZPO kein prinzipieller Vorrang strafrechtlicher Ermittlungen vor einem laufenden Zivilprozess ableiten. § 149 ZPO gewährt dem Zivilrichter ein Aussetzungsermessen, bei dem unter anderem von Bedeutung ist, ob mit der Aussetzung des Zivilverfahrens eine wesentliche Verzögerung verbunden ist und ob das Strafgericht über bessere Erkenntnismöglichkeiten verfügt.[484]

482 *Krey* Zur Problematik privater Ermittlungen (1995), 33.
483 *Krey* Zur Problematik privater Ermittlungen (1995), 24.
484 *Schwind* NStZ 2006, 598, 599 f. In Arzthaftungsprozessen wird die Aussetzung des Zivilverfahrens lediglich dann für nicht ermessensfehlerhaft gehalten, wenn sich das strafrechtliche Ermittlungsverfahren bereits in einem fortgeschrittenen Ermittlungsstadium befindet, vgl.

Doch geht es auch gar nicht um die Auswirkungen strafrechtlicher Ermittlungen auf ein Zivilverfahren, sondern um die Auswirkungen privater Ermittlungen auf ein Strafverfahren. Hier erscheint es aber durchaus denkbar, dass der Durchführung eines ordnungsgemäßen Ermittlungsverfahrens nach den Regeln der StPO der Vorrang gebührt vor der Verfolgung zivilrechtlicher Ansprüche. Das Recht auf die gerichtliche Durchsetzung zivilrechtlicher Ansprüche leitet sich ab aus dem Justizgewährungsanspruch, der wiederum seine Grundlage im Rechtsstaatsprinzip des Grundgesetzes (Art. 20 III GG) hat.[485] Ebenfalls aus dem Rechtsstaatsprinzip folgt allerdings die Pflicht des Staates zur Gleichbehandlung aller in Strafverfahren Beschuldigten.[486] Damit der Staat beiden Aufgaben gerecht werden kann, könnte man ihn für berechtigt halten, die Vorbereitung zivilgerichtlicher Maßnahmen durch Privatpersonen solange und insoweit zu untersagen, wie diese Tätigkeit negative Auswirkungen auf ein Strafverfahren befürchten lässt. Jedenfalls dürfte aus einer grundsätzlichen "zivilrechtlichen Ermittlungsbefugnis" nicht unmittelbar eine Ermittlungsbefugnis auch in Konkurrenz zu staatlichen Strafvermittlungen zu folgern sein.

bb) Die Diskussion über die Vereinbarkeit privater Ermittlungen des Verletzten mit Prozessmaximen

Die Zulässigkeit privater Ermittlungen, die nicht direkt im Zusammenhang mit der Ausübung strafprozessualer Rechte stehen, wird vielfach auch nach ihrer Vereinbarkeit mit Prozessmaximen bestimmt.

(1) Argumente für eine Vereinbarkeit

Die Argumente für eine Vereinbarkeit privater Ermittlungen mit Grundsätzen des Strafverfahrens konzentrieren sich vor allem auf das Offizialprinzip, die Stellung der Staatsanwaltschaft und das Akkusationsprinzip.

So wird angeführt, das Offizialprinzip bedeute nicht, dass nur der Staat Nachforschungen zum Zwecke der Straftataufklärung durchführen dürfe. Zunächst sei das Offizialprinzip bereits vielen rechtlichen Einschränkungen unterworfen. Sowohl das Privatklageverfahren (§§ 374 ff. StPO) als auch die Existenz der – absoluten und relativen – Antragsdelikte bedeuteten eine Abschwächung des Grundsatzes, dass Einleitung und Durchführung des Strafverfahrens in der Hand der Strafverfolgungsorgane liegen.[487] Verstärkt werde dies noch dadurch, dass es der Verletzte

OLG Stuttgart, NJW 1991, 1556.

485 Musielak/*Musielak* ZPO, 7. Aufl., Einl., Rn. 6.

486 KK-StPO/*Pfeiffer*/*Hannich*, 6. Aufl., Einl., Rn. 1.

487 *Krey* Zur Problematik privater Ermittlungen (1995), 30 ff.; *Bockemühl* Private Ermittlungen (1996), 33 ff.; *Wuttke* Straftäter im Betrieb (2010), 47.

durch sein Anzeigeverhalten in der Praxis faktisch selbst in der Hand habe, ob eine Straftat verfolgt wird oder nicht.[488] Schließlich schlössen sich Offizialprinzip und die Befugnis des Verletzten zu privaten Nachforschungen schon deshalb nicht aus, weil die Offizialmaxime zwar die Zuständigkeit des Staates für die Straftatverfolgung begründe, diese Zuständigkeit aber nicht im Sinne eines "Ermittlungsmonopols" andere Straftatnachforschungen ausschließe.[489]

Auch das Akkusationsprinzip und die Stellung der Staatsanwaltschaft als "Herrin des Ermittlungsverfahrens" sollen eigenständigen Nachforschungen des Verletzten nicht entgegenstehen.[490] Das Akkusationsprinzip betreffe lediglich das Verhältnis der Staatsanwaltschaft zum Gericht, die Stellung als "Herrin des Ermittlungsverfahrens" das Verhältnis zur Polizei. Zudem sei das Akkusationsprinzip durch das Klageerzwingungsverfahren durchbrochen.

(2) Argumente gegen eine Vereinbarkeit

Eine andere Ansicht hält Privatermittlungen des Verletzten, die der Aufklärung von Straftaten dienen, für mit dem Offizialprinzip unvereinbar.[491] Das Privatklageverfahren sei zwar eine Durchbrechung des Offizialprinzips, daraus folge aber kein Recht auf eine systematische private Ermittlungstätigkeit. Vielmehr zeigten die Regelungen gerade, dass das Recht des Verletzten zum eigenen Tätigwerden begrenzt werden solle: Die Staatsanwaltschaft könne jederzeit die Verfolgung übernehmen, sofern dies im öffentlichen Interesse liegt (§§ 377 II 1, 376 StPO).[492] Zudem umfasse der Katalog des § 374 I StPO lediglich Kriminalität geringeren Gewichts und auch die sonstige Stellung des Privatklägers (§§ 385, 386 StPO) lasse nicht den Schluss zu, der Privatkläger solle zu umfangreichen Privatermittlungen befugt sein.[493] Ein solcher Schluss könne auch nicht aus der Existenz der Antragsdelikte hergeleitet werden, denn auch ohne Antragstellung seien bereits staatliche Ermittlungsmaßnahmen in Form eines richterlichen Haftbefehls (§ 130 StPO) oder einer vorläufigen Festnahme (§ 127 III StPO) möglich. Der fehlende Strafantrag habe als Prozesshindernis insofern zunächst keine Auswirkungen auf das Ermittlungsverfahren, sondern nur auf die Anklage und dessen weitere Betreibung.[494]

488 *Krey* Zur Problematik privater Ermittlungen (1995), 31; *Bockemühl* Private Ermittlungen (1996), 34; *Wuttke* Straftäter im Betrieb (2010), 48.

489 *Krey* Zur Problematik privater Ermittlungen (1995), 31; *Bockemühl* Private Ermittlungen (1996), 35; *Wuttke* Straftäter im Betrieb (2010), 48.

490 *Krey* Zur Problematik privater Ermittlungen (1995), 32 f.; *Wuttke* Straftäter im Betrieb (2010), 48.

491 *Mende* Grenzen privater Ermittlungen (2001), 130; *de Vries* Kriminalistik 2011, 83, 88.

492 *Mende* Grenzen privater Ermittlungen (2001), 128.

493 *Mende* Grenzen privater Ermittlungen (2001), 128 f.

494 *Mende* Grenzen privater Ermittlungen (2001), 130.

Aber nicht nur das Offizialprinzip, auch das Legalitätsprinzip stehe Privatermittlungen entgegen. Dieses sehe gerade vor, dass Strafermittlungen neutral und ohne Rücksicht auf gesellschaftliche, wirtschaftliche oder politische Rücksichten ablaufen – wohingegen der Verletzte bei seinen Ermittlungen nicht auf diese Grundsätze verpflichtet sei.[495]

Private Ermittlungen folgten allein dem Maßstab der Effektivität und nicht dem Maßstab der Justizförmigkeit. Das schlage sich in oft fehlerhaften Ermittlungsergebnissen nieder, was wiederum zu einer Verfolgungsungleichheit führe.[496]

(3) Stellungnahme

Das Offizialprinzip besagt, dass die Strafverfolgung – genauer: die Durchsetzung des materiellen Strafanspruches – von Amts wegen erfolgt.[497] Zwar erfährt dieses Prinzip Einschränkungen (durch die Antrags- und Ermächtigungsdelikte) und eine Durchbrechung (durch das Privatklageverfahren). Im Grundsatz aber gilt, dass der Staat seinen Strafanspruch selbst und ohne Rücksicht auf den Willen des Verletzten verwirklicht.[498] Hintergrund ist, dass das Strafrecht nur dann seinen generalpräventiven Zweck erreichen kann, wenn Straftaten jedenfalls im Regelfall nicht unverfolgt bleiben[499] – und gerade das drohte in Gefahr zu geraten, würde man die Strafverfolgung ausschließlich in die Hände des Verletzten (Privatklage) oder eines jeden Staatsbürgers (Popularklage) legen[500].

Hieran zeigt sich aber auch, dass das Offizialprinzip der falsche Ausgangspunkt für eine Diskussion darüber ist, ob sich aus den Regelungen der StPO ein "Recht" zu Ermittlungen des Verletzten ergeben oder ob die vorhandenen Regelungen einem solchen "Recht" gerade entgegenstehen. Beides lässt sich gleichermaßen vertreten, weil das Offizialprinzip zu diesem Punkt schlicht keine Aussage trifft. Als rechtliches Prinzip dient das Offizialprinzip der Ordnung des Verfahrens und trifft keine Aussage darüber, inwiefern verfahrensfremde Einflüsse (und als solche muss man Privatermittlungen des Verletzten ohne direkten Zusammenhang mit seinen Rechten aus der Privatklage, Nebenklage und Klageerzwingung bezeichnen) von außen zulässig sind oder nicht. Das Offizialprinzip setzt eine Entscheidungsmöglichkeit

---

495 *Hassemer/Matussek* Das Opfer als Verfolger (1996), 39 f.; *Mende* Grenzen privater Ermittlungen (2001), 131.

496 Ausführlich *Hassemer/Matussek* Das Opfer als Verfolger (1996), 49 ff., 54; *Mende* Grenzen privater Ermittlungen (2001), 134.

497 KK-StPO/*Schoreit*, 6. Aufl., § 152, Rn. 9; LR/*Beulke*, 26. Aufl., § 152, Rn. 5; BeckOK StPO/*Beukelmann* (Stand: 15.01.2011), § 152, Rn. 1.

498 *Roxin/Schünemann* Strafverfahrensrecht, 26. Aufl., § 12, Rn. 7.

499 *Roxin/Schünemann* Strafverfahrensrecht, 26. Aufl., § 12, Rn. 7.

500 Die Popularklage fand sich im römischen, die Privatklage (in Reinform) im germanischen Recht, vgl. *Roxin/Schünemann* Strafverfahrensrecht, 26. Aufl., § 12, Rn. 1.

darüber voraus, wer für die Verfolgung von Straftaten verantwortlich sein soll – und weist diese Verantwortung dem Staat zu. Dagegen stellt der Private, der eigene Ermittlungen anstellt, gar nicht in Frage, dass grundsätzlich der Staat für die Strafverfolgung, also auch für Strafermittlungen, zuständig ist.

Seine Motivation wird von Fall zu Fall unterschiedlich sein: Denkbar ist, dass durch die privaten Ermittlungen vor allem zivil- und arbeitsrechtliche Maßnahmen vorbereitet werden sollen, der Staat hingegen gezielt im Hinblick auf Straftaten ermitteln soll. Denkbar ist auch, dass die Aufklärung von Straftaten bei der privaten Ermittlung (auf "Anweisung" oder aus "Gefälligkeit" gegenüber der Staatsanwaltschaft) gleichsam "miterledigt" werden soll. Entscheidend ist aber, dass die Entscheidung darüber, *ob* Strafverfolgung betrieben wird, nicht in private Hände gelegt wird. Dann kann aber das Offizialprinzip auch nicht tangiert sein.

Die Aussage des Legalitätsprinzips liegt darin, dass die Staatsanwaltschaft zu Ermittlungen verpflichtet ist, sobald die – durch Tatsachen belegte – Möglichkeit besteht, dass nach kriminalistischer Erfahrung eine verfolgbare Straftat gegeben ist.[501] Differenziert werden muss zwischen Fällen, in denen Ermittlungsaufgaben auf Private übertragen werden und Fällen, in denen ein Unternehmen eigeninitiativ ermittelt und anschließend darüber entscheidet, ob es seine Erkenntnisse an die Staatsanwaltschaft weitergibt.

Zunächst zum Fall, dass Ermittlungsaufgaben übertragen werden. Das Legalitätsprinzip steht in engem Zusammenhang mit der Aufgabe der Justizgewährung, welche Staatsanwaltschaft und Gerichten zukommt. Diese Aufgabe richtet sich unter anderem nach dem Recht des Beschuldigten auf ein faires, rechtsstaatliches Strafverfahren, wozu auch gehört, dass das Strafverfahren in gesetzmäßiger und objektiver Weise durchgeführt wird.[502] Diese besondere Stellung der Staatsanwaltschaft wirkt sich nicht nur für ihr eigenes Handeln aus, sondern auch für den Fall, dass sie sich bei der Erfüllung ihrer Aufgaben der Hilfe privater Dritter bedienen möchte: Stets muss die Unparteilichkeit der Ermittlungen sichergestellt sein.[503] In der Rechtsprechung ging es bis jetzt um Fälle, in denen sachkundige Dritte (Ermittlungshelfer oder Sachverständige) in Arztstrafverfahren[504] und bei der Verfolgung von Urheberrechtsverletzungen[505] hinzugezogen wurden. Danach müssen die Ermittlungsbehörden ihre Ermittlungstätigkeit so einrichten, dass beim Bürger kein nachvollziehbarer Verdacht dahingehend entstehen kann, die Staatsanwaltschaft habe

501 Vgl. ausführlich SK-StPO/*Weßlau*, 4. Aufl., § 152, Rn. 6 ff.
502 BVerfG v. 31.08.2007, 2 BvR 1681/07, Rn. 5
503 BVerfG v. 31.08.2007, 2 BvR 1681/07, Rn. 6
504 Hierzu mwN *Dann* ZMGR 2010, 286 ff.
505 Hierzu mwN *Wehnert* JR 2007 82 ff.

gegen das Gebot der Unparteilichkeit verstoßen.[506] Die Staatsanwaltschaft kann also keine Ermittlungsaufgaben auf parteiische Dritte wie etwa den Verletzten übertragen.[507]

Falls keine Ermittlungsaufgaben auf Private übertragen werden, sondern das Unternehmen selbst ermittelt und anschließend über die Weitergabe seiner Ermittlunsgergebnisse an die Staatsanwaltschaft entscheidet, könnte ebenfalls das Legalitätsprinzip verletzt sein.[508] Die Bedenken erklären sich vor allem aus dem erheblichen finanziellen und logistischen Aufwand, den Interne Ermittlungen in der Vergangenheit verursacht haben.[509] Von Seiten der Polizei wird beklagt, dass viele Unternehmen durch ihre interne Aufklärung den Staat wenn irgend möglich "raushalten" und auch lieber selbst über Sanktionen bestimmen wollen. Als Folge dessen könnten viele Straftäter nicht ihrer Verurteilung zugeführt werden und ein erheblicher Teil der Wirtschaftskriminalität werde in Kriminalitätsstatistiken nicht erfasst.[510]

Damit wird ein Problem beschrieben, das möglicherweise der gesetzgeberischen Lösung bedarf.[511] Unklar ist, ob sich auch aus dem geltenden Recht Konsequenzen ergeben. Grundsätzlich wird das Legalitätsprinzip nicht angetastet: Auch bei umfangreichen Privatermittlungen bleibt es bei der Pflicht der Staatsanwaltschaft zur selbstständigen Aufklärung, sobald sie – auf welchem Wege auch immer – vom Verdacht einer Straftat Kenntnis erhält (§ 160 I StPO). Ein "Ermittlungsmonopol"[512] des Staates kann wohl weder aus Verfahrensprinzipien noch aus einzelnen Rechtsvorschriften hergeleitet werden.[513] Denkbar ist allerdings, dass durch die private Ermittlungstätigkeit ein laufendes staatliches Ermittlunsgverfahren "torpediert" wird: Verdächtige, die an sich zur umfassenden Aussage bei Ermittlungsbehörden bereit waren, könnten – etwa nach Abschluss einer Amnestievereinbarung mit dem Unternehmen – nunmehr von ihrem Schweigerecht Gebrauch machen und auch ihr Wissen über das kriminelle Verhalten anderer Mitarbeiter für sich behalten. Das könnte letztendlich zu einem "Wettlauf der Ermittlungen" führen, bei dem die Staatsanwaltschaft aufgrund ihrer geringeren Ressour-

506 LG Kiel JR 2007, 81, 82.

507 Wird ein unparteiischer Dritter mit Ermittlungen beauftragt, die mit dem Eingriff in Grundrechte verbunden sind, bedürfen diese Ermittlungen wegen des Vorbehalts des Gesetzes einer gesetzlichen Grundlage, vgl. BVerfG v. 31.08.2007, 2 BvR 1681/07, Rn. 7

508 So *Jahn* StV 2009, 41, 43.

509 *Jahn* StV 2009, 41, 43.

510 *Jaeger* der kriminalist 2008, 19 ff., 21, 22.

511 Vgl. hierzu S. 189 ff.

512 *Jahn* StV 2009, 41, 43 entnimmt dem Legalitätsprinzip ein (grundsätzliches) Ermittlungsmonopol.

513 So auch *Hellmann* Strafprozessrecht,2. Aufl., Rn. 527 ff. und LR/*Erb*, 26. Aufl., § 160, Rn. 14a.

cen in der Regel den kürzeren ziehen dürfte. In solchen Ausnahmefällen könnte man an eine "Ermittlungsprärogative" denken, also ein Recht der Strafverfolgungsbehörden, private Ermittlungen solange zu untersagen wie das staatliche Ermittlungsverfahren noch nicht abgeschlossen ist.

(4) Ergebnis

Private Ermittlungen zum Zwecke der Aufklärung von Straftaten verstoßen nicht gegen das Offizialprinzip, da die Entscheidung darüber, ob ein Strafverfolgung stattfindet, nicht in private Hände gelegt wird.

Allerdings folgt aus der Stellung der Staatsanwaltschaft iVm Legalitätsprinzip, dass keine Ermittlungsaufgaben an parteiische Dritte wie etwa den Verletzten übertragen werden dürfen.

Werden keine Ermittlungsaufgaben übertragen, lässt sich dem Legalitätsprinzip in Ausnahmefällen möglicherweise eine Ermittlungsprärogative entnehmen.

cc) Praktische Auswirkungen privater Ermittlungen auf ein Ermittlungsverfahren

(1) Die Sorge um die negative Beeinflussung der staatlichen Ermittlungstätigkeit

Befürchtet wird außerdem, dass sich die private Ermittlungstätigkeit negativ auf staatliche Ermittlungen auswirken könnte.

So bestehe die Gefahr einer "Verschmutzung von Erkenntnisquellen", wenn etwa Private solche Personen "verhörten", die als Zeugen in Frage kommen.[514] Denn aus der Vernehmungspsychologie sei bekannt, dass "iterative Vernehmungen das Erinnerungsvermögen der vernommenen Person und damit auch ihre Aussage verändern."[515] Eine solchermaßen "vernommene" Person sei aber als Beweismittel im Strafprozess unbrauchbar.

Gefährdet sei außerdem der Grundsatz der Aktenvollständigkeit und Aktenwahrheit.[516] Denn möglicherweise gelangten private Ermittlungsergebnisse in die Strafakten und vermischten sich dort mit staatlichen Erkenntnissen. Als Folge lasse sich später oft nicht mehr feststellen, was auf welchem Weg in die Akten gelangt

---

514 Vgl. ausführlich *Hassemer/Matussek* Das Opfer als Verfolger (1996), 25 ff. und *Mende* Grenzen privater Ermittlungen (2001), 141 f.

515 *Hassemer/Matussek* Das Opfer als Verfolger (1996), 27.

516 Vgl. ausführlich *Hassemer/Matussek* Das Opfer als Verfolger (1996), 55 ff. und *Mende* Grenzen privater Ermittlungen (2001), 142.

sei. Gerade das sei aber von fundamentaler Bedeutung nicht für eine effektive Verteidigung, sondern auch für das Gericht selbst.

(2) Stellungnahme

Dass Zeugen durch vorherige Befragungen seitens privater Ermittler in ihrer Erinnerung beeinflusst werden, lässt sich genauso wenig ausschließen wie die Möglichkeit, dass sie – etwa in Absprache mit ihrem Unternehmen – vor Gericht anders aussagen als dies ohne vorherige Befragung durch private Ermittler der Fall gewesen wäre. Daraus aber eine Unzulässigkeit privater Ermittlungen folgern zu wollen, erscheint zweifelhaft. Zum einen müsste man diese Bedenken ja auch dann äußern, wenn der Beschuldigte eigene Ermittlungen anstellt und dabei mögliche Zeugen befragt – das tut aber niemand.[517] Zum anderen widerspricht eine solche Ansicht der Wertung des Gesetzes:[518] Nach § 164 StPO soll nämlich nur das direkte Stören von Amtshandlungen strafprozessualer Art an Ort und Stelle unzulässig sein, eine vergleichbare Vorschrift für das sonstige Vereiteln der Wirksamkeit staatlicher Aufklärungsmaßnahmen findet sich dagegen nicht.

Der Grundsatz der Aktenvollständigkeit und Aktenwahrheit besagt, dass der Akteninhalt ein lückenloses Bild darüber vermitteln muss, welche tatsächlichen Umstände der für die Erforschung des Sachverhaltes waren, welche Maßnahmen daraufhin vorgenommen wurden und welche Erkenntnisse sich jeweils ergeben haben.[519] Auch ergebnislose Ermittlungshandlungen und solche Informationen, die die Strafverfolgungsbehörden selbst für unerheblich halten, müssen festgehalten werden.

Die zentrale Bedeutung einer ordnungsgemäßen Aktenführung für alle Beteiligten am Strafverfahren steht außer Zweifel. Nicht überzeugen kann der Schluss von einer möglichen Gefährdung dieser Aktenführung auf die Unzulässigkeit privater Ermittlungen. Denn verantwortlich für die ordnungsgemäße Aktenführung ist allein die Staatsanwaltschaft.[520] Nimmt sie private Ermittlungsergebnisse zu den Akten, muss sie dies in den Akten deutlich machen. Entnimmt sie den privaten Erkenntnissen Anhaltspunkte für eigene Ermittlungen, muss sie dies ebenfalls niederlegen. Nur auf diese Weise wird sich feststellen lassen, ob die Staatsanwaltschaft strafprozessuale Grundsätze außer acht gelassen oder möglicherweise sogar bewusst umgangen hat. Man wird außerdem den Grundsatz aufstellen können, dass Unklarheiten in den Akten zulasten der Strafverfolgung gehen. Wenn also nicht

---

517 *Godenzi* Private Beweisbeschaffung (2008), 78.
518 *Krey* Zur Problematik privater Ermittlungen (1995), 32.
519 LR/*Erb*, 26. Aufl., § 160, Rn. 62.
520 So auch *Godenzi* Private Beweisbeschaffung (2008), 78.

nachvollzogen werden kann, auf welche Weise eine Information in die Akten gelangt ist, spricht eine Vermutung dafür, dass bei der Informationserlangung Vorschriften der StPO außer Acht gelassen wurden.

dd) Private Ermittlungen und die Gefahr der Umgehung strafprozessualer Grundsätze

Grundsätzlich stoßen private Ermittlungen also nur dann auf Bedenken, wenn dadurch entweder die Unparteilichkeit staatlicher Ermittlungen in Frage steht oder wenn sie laufende staatliche Ermittlungen zu einer Art "Wettlauf" zwingen.

Problematisch wird es aber auch dann, wenn der private Ermittler mit dem von der Ermittlung Betroffenen in einer rechtlichen Beziehung (zB in einem Arbeitsverhältnis) steht, die es ihm erlaubt, Informationen zu erlangen, auf die staatliche Ermittler keinen Zugriff hätten. Denn jetzt droht die Aushöhlung strafprozessualer Grundsätze wie etwa des Rechts des Beschuldigten, sich nicht zur Sache äußern zu müssen (§ 136 I 2 StPO) – jedenfalls dann, wenn die naheliegende Möglichkeit besteht, dass entsprechende Informationen an die Staatsanwaltschaft gelangen.

Aber auch das führt nach heutiger Rechtslage nicht zur generellen Unzulässigkeit solcher Privatermittlungen, sondern hat möglicherweise Einfluss auf die Durchführung einzelner Ermittlungshandlungen oder auf die spätere Verwertbarkeit der Informationen im Strafverfahren.

III. Zusammenfassung zu Teil A

Interne Ermittlungen sind mit dem verfassungsrechtlichen Gewaltmonopol vereinbar. Soweit die Verletzteneigenschaft des Unternehmens bereits feststeht, kann das Unternehmen zur Wahrung seiner prozessualen Rechte Sachverhaltsaufklärungen vornehmen. Im Übrigen ist es nicht mit dem Legalitätsprinzip vereinbar, wenn die Staatsanwaltschaft bei ihren Ermittlungen den (auch nur möglicherweise) Verletzten mit eigenständigen Ermittlungsaufgaben betraut. Ermittelt das Unternehmen hingegen auf eigene Initiative, sind diese Ermittlungen solange zulässig, wie dies nicht im Einzelfall zu einem Wettlauf mit staatlichen Ermittlungen führt. Dass Interne Ermittlungen unter Umständen die Aushöhlung strafprozessualer Rechte mit sich bringen, führt nicht zur Unzulässigkeit der Privatermittlungen, sondern ist auf andere Weise zu berücksichtigen.

B. Die Rechtsstellung des Mitarbeiters während einer Internen Ermittlung im Vergleich zur Rechtsstellung von Beschuldigten und Zeugen im Strafverfahren

Die rechtlichen Grenzen für Interne Ermittlungen sind dem Zivil- und Arbeitsrecht zu entnehmen, während die Rechtsstellung des Beschuldigten und des Zeugen in der Strafprozessordnung niedergelegt ist. Im folgenden sollen diese verschiedenen Rollen jeweils gegenüber gestellt werden, aus zweierlei Gründen:

Es soll gezeigt werden, in welchen Bereichen eine Aushöhlung von strafprozessualen Regelungen droht, wenn Erkenntnisse aus Internen Ermittlungen nachträglich in die Hände der Strafverfolgungsbehörden gelangen.

Außerdem können nach Ansicht des BAG "[...] dem Arbeitgeber zumindest nicht viel weiter gehende Eingriffe in die Persönlichkeitsrechte der Arbeitnehmer zugestanden werden, als sie bei Inanspruchnahme staatlicher Organe zulässig wären."[521] Zwar bezog sich das BAG vor allem auf Überwachungsmaßnahmen am Arbeitsplatz. Angesichts der Grundrechtsrelevanz sämtlicher privater Ermittlungsmaßnahmen erscheint jedoch ein umfassender Vergleich mit den staatlichen Eingriffsbefugnissen sinnvoll.

I. Allgemeine Rechtsstellung

1. Mitarbeiter

Die Rechte und Pflichten des von einer Internen Ermittlung betroffenen Mitarbeiters bestimmen sich allein nach den mit dem Arbeitsverhältnis verbundenen Haupt- und Nebenpflichten.[522] Soweit Mitwirkungspflichten nicht ausdrücklich geregelt sind, müssen diese durch eine Interessenabwägung im Einzelfall (§§ 241 II, 242 BGB) ermittelt werden.

521 BAG NZA 2004, 1278, 1284.

522 Vgl. ausführlich zur – auch historischen – Herleitung von Nebenpflichten im Arbeitsverhältnis ArbR/*Reichold*, 3. Aufl., § 47.

2. Beschuldigter

Aus dem Rechtsstaatsprinzip und den Grundrechten folgt, dass der Beschuldigte im Strafprozess die Stellung eines Prozesssubjekts innehaben muss. Damit verbunden ist ein Mindestbestand an verfahrensrechtlichen Befugnissen, die ihm Einflussmöglichkeiten auf den Gang und das Ergebnis des Verfahrens gewähren.[523] Gleichzeitig ist der Beschuldigte dazu verpflichtet, das Strafverfahren über sich ergehen zu lassen (und damit einhergehende Zwangsmaßnahmen zu dulden). Er ist daher nicht nur Prozesssubjekt, sondern auch "Verfahrensbetroffener".[524]

3. Zeuge

Der Zeuge ist ein gesetzliches Beweismittel (§§ 48-71 StPO) und daher vor allem Objekt des Strafverfahrens. Ausnahmsweise kommt die StPO aber auch den Bedürfnissen des Zeugen als Prozessubjekt nach, etwa durch die Gewährung von Zeugnis- und Auskunftsverweigerungsrechten (§§ 52 ff. StPO), durch die Befugnis, einen Zeugenbeistand mitzubringen (§ 68 b I StPO) oder durch die Absicherung des physischen Schutzes des Zeugen (zB durch den Ausschluss der Öffentlichkeit, § 171 b GVG).[525]

II. Befragungen

1. Mitarbeiterbefragungen

Auskunftspflichten können Teil der geschuldeten Arbeitsleistung sein, etwa bei Detektiven, angestellten Rechtsanwälten oder Mitarbeitern von Inkassounternehmen. Dann kann der Arbeitgeber eine dieser Leistungspflicht entsprechende Information durch sein Direktionsrecht nach § 106 GewO einfach „abrufen".[526] Selbstverständlich kann auch zwischen den Vertragsparteien vereinbart werden, ob und in welchem Umfang Auskunftspflichten bestehen, was in der Praxis aber eher selten vorkommt.[527]

---

523 *Roxin/Schünemann* Strafverfahrensrecht, 26. Aufl., § 18, Rn. 1; *Kühne* Strafprozessrecht, 8. Aufl., § 4, Rn. 102; SK-StPO/*Rogall*, 4. Aufl., Vor §§ 133 ff., Rn. 59.

524 SK-StPO/*Rogall*, 4. Aufl., Vor §§ 133 ff., Rn. 62. Teilweise wird diese Pflichtenstellung auch mit den Begriffen "Untersuchungsobjekt" (*Kühne* Strafprozessrecht, 8. Aufl., § 4, Rn. 102) oder "Objekt staatlichen Zwangs" (*Roxin/Schünemann* Strafverfahrensrecht, 26. Aufl., § 18, Rn. 1) umschrieben.

525 *Roxin/Schünemann* Strafverfahrensrecht, 26. Aufl., § 26, Rn. 66 ff.; *Beulke* Strafprozessrecht, 11. Aufl., § 10, Rn. 196 a.

526 *Rieble* ZIP 2003, 1273, 1275.

527 *Wastl/Litzka/Pusch* NStZ 2009, 68, 70 ; *Bittmann/Molkenbur* wistra 2009, 373, 375.

Ist die Auskunftspflicht nicht ausdrücklich Teil der vertraglichen Abrede, stellt sich die Frage, ob und mit welchem Umfang eine Auskunftspflicht des Arbeitnehmers gegenüber seinem Arbeitgeber[528] besteht.

a) Überwiegend vertretene Ansicht in der Literatur

Über die Auskunftspflicht von Mitarbeitern im Rahmen von Internen Ermittlungen herrscht in der Literatur weitestgehend[529] Einigkeit. Im Anschluss an die zur Auskunftspflicht ergangenen Rechtsprechung[530] sei nach dem Inhalt der Fragen zu differenzieren:

Richten sich die Fragen des Arbeitgebers auf den persönlichen Arbeitsbereich des Mitarbeiters, also die ihm übertragenen und von ihm wahrgenommenen Aufgaben, dann folgt seine Auskunftspflicht aus §§ 666, 675 BGB.[531] Im Rahmen dieser Auskunftspflicht spielen Zumutbarkeitserwägungen keine Rolle, weshalb der Arbeitnehmer unter Umständen auch verpflichtet sein kann, sich selbst einer strafbaren Handlung zu bezichtigen.

Sind die Fragen des Arbeitgebers dagegen nicht leistungs- sondern betriebsbezogen (zB bei der Aufklärung von Eigentumsdelikten), lassen sich Grundlage und Grenzen der Auskunftspflicht den §§ 241 II, 242 BGB entnehmen.[532] Weil im Rahmen

528 Weitgehend ungeklärt ist noch die Frage, ob und in welchem Umfang eine Auskunftspflicht gegenüber Dritten besteht, hierzu erstmals ausführlich *Böhm* Non-Compliance (2011), 191 ff.

529 Die kritischen Stimmen werden in Teil § 3 C. der Arbeit erwähnt.

530 BGH v. 30.04.1964 – VII ZR 156/62, BGHZ 41, 318, 321; BAG DB 1967, 1327; BGH NJW 1990, 510, 511; LAG Berlin NZA 1993, 27; BAG NZA 1996, 637, 638; BAG NZA 1997, 41, 42; LAG Hamm v. 3.3.2009 – 14 Sa 1689/08.

531 *Diller* DB 2004, 313 f.; *Mengel/Ullrich* NZA 2006, 240, 243; *Göpfert/Merten/Sigrist* NJW 2008, 1703, 1705 f.; *Bittmann/Molkenbur* wistra 2009, 373, 375; *Böhm* WM 2009, 1923, 1924; mit Zweifeln *Jahn* StV 2009, 41, 43 f.; *Mengel* Compliance und Arbeitsrecht (2009), 118 f.; MünchArb/*Reichold*, 3. Aufl., § 49, Rn. 5; *Fritz/Nolden* CCZ 2010, 170 ff.; *Schürrle/Olbers* CCZ 2010, 178; *Wuttke* Straftäter im Betrieb (2010), 137 f.; *Reichold* in: Bauer-FS (2010), 843, 850; Böttger/*Minoggio* WiPra (2011), Kap. 15, Rn. 133; *Lützeler/Müller-Sartori* CCZ 2011, 19 f.; *Böhm* Non-Compliance (2011), 148 ff. Um zu einer Anwendung von Auftragsvorschriften wie etwa § 666 BGB im Arbeitsverhältnis zu gelangen, kann man § 666 BGB entweder direkt zur Herleitung einer Auskunftspflicht heranziehen (so MünchArb/*Reichold*, 3. Aufl., § 49, Rn. 5) oder man sieht in dem Erbringen der vertraglich geschuldeten Leistung des Arbeitnehmers eine Geschäftsbesorgung, dann findet § 666 BGB über die Verweisung des § 675 BGB Anwendung (*Diller*, DB 2004, 313). Die Herleitung ist letztlich davon abhängig, ob man von einem engen oder weiten Geschäftsbesorgungsbegriff ausgeht, vgl. hierzu ausführlich MüKo-BGB/*Heermann*, 5. Aufl., § 675, Rn. 2 ff.

532 *Rieble* ZIP 2003, 1273, 1275; *Diller* DB 2004, 313 f.; *Göpfert/Merten/Sigrist* NJW 2008, 1703, 1705 f.; *Mengel/Ullrich* NZA 2006, 240, 242 f.; *Bittmann/Molkenbur* wistra 2009, 373, 376; *Böhm* WM 2009, 1923, 1925; *Jahn* StV 2009, 41, 44; *Klengel/Mückenberger* CCZ 2009, 81, 82; *Mengel* Compliance und Arbeitsrecht (2009), 118; MünchArb/*Reichold*, 3. Aufl., § 49, Rn. 6; *Fritz/Nolden* CCZ 2010, 171 f.; *Schürrle/Olbers* CCZ 2010, 178; *Reichold* in: Bauer-FS (2010),

dieser Auskunftspflicht eine umfassende Interessenabwägung stattfindet, soll der Arbeitnehmer hier nicht verpflichtet sein, sich selbst strafrechtlich zu belasten.

b) Problematische Aspekte dieser Ansicht

Dass der Beauftragte nach § 666 BGB auch dann zur Auskunft verpflichtet ist, wenn er sich durch die Auskunft selbst strafrechtlich belastet, begründet die Rechtsprechung folgendermaßen: Das Auskunftsrecht des Auftraggebers sei gerade dann besonders wichtig, wenn der Beauftragte gegen die ihm obliegenden Pflichten verstoßen habe. „Würde man solche Fälle von der Auskunftspflicht ausschließen, so würde § 666 BGB gerade bei besonders schweren Verstößen die ihm vom Gesetz zugewiesene Aufgabe weitgehend nicht mehr erfüllen können."[533] Diese Rechtsprechung wurde ursprünglich vom BGH im „Architekten-Urteil"[534] entwickelt. Dass man dieses Urteil ohne weiteres auch für die Bestimmung der Pflichten im Arbeitsverhältnis heranziehen kann, erscheint keineswegs ausgemacht.[535]

aa) Vergleichbarkeit von Arbeitsvertrag und Dienstvertrag

Die Existenz arbeitsrechtlicher Normen erklärt sich daraus, dass der Beschäftigte aufgrund der faktischen Überlegenheit des Arbeitgebers seine schutzwürdigen Interessen in der Regel nicht durchsetzen könnte, wenn die Parteien ihre Rechte und Pflichten – wie sonst im Zivilrecht – frei bestimmen könnten.[536] Gibt es nun keine speziellen arbeitsrechtlichen Normen und müssen daher allgemeine zivil-

---

843, 851 f.; *Wuttke* Straftäter im Betrieb (2010), 137 f.; *Lützeler/Müller-Sartori* CCZ 2011, 19; *Böhm* Non-Compliance (2011), 151 f.

533 BGHZ 41, 318, 322 f.; BGH NJW 1990, 510, 511; LAG Hamm v. 3.3.2009 – 14 Sa 1689/08 (Rz. 35).

534 BGHZ 41, 318: Ein Architekt wird damit beauftragt, einen Neubau auf dem Grundstück des Klägers zu planen und zu leiten. Dazu gehört die Ausschreibung und Vergabe der Arbeiten sowie die Erstellung der Schlussrechnung. Im Rahmen der Vergabe der einzelnen Aufträge handelt er mit zwei Bauhandwerkern einen 10 %-igen bzw. 15 %-igen Aufschlag aus. Der soll nach Bezahlung des Klägers von den Handwerkern an eine KG weitergeleitet werden, deren persönlicher Gesellschafter der beklagte Architekt ist. Unter anderem verlangt der Kläger vom Beklagten Auskunft darüber, ob auch auch noch mit anderen Handwerkern derartige Absprachen getroffen wurden und eine Aufstellung darüber, welche Beträge der Beklagte bereits erhalten oder noch zu erhalten hat.

535 Vgl. hierzu auch *Maschmann* in: Maschmann (Hrsg.), Corporate Compliance und Arbeitsrecht (2009), 149, 173 f. Manche Stimmen in der Literatur (*Jahn* StV 2009, 41, 43; *Wastl/Litzka/Pusch* NStZ 2009, 68, 70; *Knauer/Buhlmann* AnwBl 2010, 387, 389) führen die Entscheidung BAG NZA 1996, 637 als Beleg für die Herleitung und den Umfang der Auskunftspflicht des Arbeitnehmers nach § 666 BGB an. Dort geht es aber um die arbeitsvertragliche Nebenpflicht zu Auskünften nach § 242 BGB.

536 Vgl. ausführlich *Zöllner/Loritz/Hergenröder* Arbeitsrecht, 6. Aufl., 2 f. und *Hromadka/Maschmann* Arbeitsrecht Bd. 1, 4. Aufl., 18 f.

rechtliche Normen wie § 666 BGB herangezogen werden, erscheint es nicht fernliegend, dass man bei der Auslegung dieser zivilrechtlichen Normen die Besonderheiten der arbeitsrechtlichen Interessenlage berücksichtigt: Das Arbeitsverhältnis ist geprägt durch eine besondere Vertrauensbeziehung und soziale Abhängigkeit; und wegen dieser besonderen Treueprägung kann den Parteien eines Arbeitsverhältnisses die Wahrnehmung von Rechten verwehrt sein, die sonst im Rechtsverkehr allgemein eingeräumt sind.[537] Man könnte daher im Arbeitsverhältnis eine strafrechtliche Selbstbelastung des Arbeitnehmers nicht nur im Rahmen des Anspruches nach §§ 241 II, 242 BGB, sondern auch beim Anspruch nach § 666 BGB für unzumutbar halten.

Diese Bedenken hielt allerdings das LAG Hamm in einem aktuellen Urteil, in dem es um die Auskunftspflicht eines ehemaligen Angestellten eines Kfz-Handels ging, für unbegründet. Der Inhaber des Kfz-Handels hatte dem Angestellten wegen des Verdachts der Unterschlagung, des Diebstahls und der Untreue fristlos gekündigt, zum Zeitpunkt der Entscheidung lief gegen diesen außerdem ein Ermittlungsverfahren. Das LAG Hamm bejahte dennoch eine Auskunftspflicht des Angestellten, auch in Bezug auf möglicherweise selbstinkriminierende Informationen. Seiner Ansicht nach ist es „[f]ür den Schutz vor einer Selbstbezichtigung und den dadurch bestehenden Grenzen für eine Auskunftspflicht [... unerheblich, ob ein Arbeitnehmer, Rechtsanwalt oder Architekt hiervon betroffen ist".[538]

bb) Die Gefahr der Außerkraftsetzung arbeitsrechtlicher Beweislastregeln

In größeren Unternehmen wird die Lage bei Beginn einer Internen Ermittlung oftmals diffus sein. Kaum jemals wird der Arbeitgeber auf bereits erwiesene Straftaten des Arbeitnehmers verweisen können. Allein aufgrund der Zahl der befragten Personen bei Internen Ermittlungen wird die Situation bei vielen Befragungen eher so sein, dass ohne jeden Verdacht die Offenlegung der gesamten Tätigkeit in dem durch die Untersuchung festgelegten Bereich und Zeitraum gefordert wird, inklusive der Begehung möglicher eigener Straftaten.

Eine solche Vorgehensweise gerät aber in Konflikt mit den Beweislastregeln im Arbeitsverhältnis.[539] Eine uneingeschränkte Auskunftspflicht des Arbeitnehmers

537 MüKo-BGB/*Roth*, 5. Aufl., § 242, Rn. 208.

538 LAG Hamm v. 3.3.2009 – 14 Sa 1689/08 (Rz. 35). Vgl. auch die Anmerkung von *Schaefer* NJW-Spezial 4/2010, 120. Ebenfalls zur Auskunftspflicht eines Mitarbeiters, der gegen ein Wettbewerbsverbot verstoßen hatte (allerdings nur die Auskunftspflicht nach § 242 BGB betreffend) ArbG Saarlouis ZIP 1984, 364. Dagegen wurde der Umfang der Auskunftspflicht nach § 666 BGB offen gelassen in LAG Berlin NZA 1993, 27 f.; BAG NZA 2002, 618, 620.

539 Hierzu *Maschmann* in: Maschmann (Hrsg.), Corporate Compliance und Arbeitsrecht (2009), 149, 173 f.

könnte gegen die Beweislastregel des § 1 II 4 KSchG[540] verstoßen, welche dem Arbeitgeber die Beweislast für die Tatsachen auferlegt, die die (ordentliche) Kündigung bedingen. Auch bei Schadensersatzansprüchen aus dem Arbeitsverhältnis hat – in Abweichung von § 280 I 2 BGB – der Arbeitgeber das Verschulden des Arbeitnehmers zu beweisen (§ 619 a BGB). Kann der Arbeitgeber vom Arbeitnehmer unbeschränkt Auskunft verlangen und die erlangten Informationen anschließend für eine Kündigung oder Schadensersatzansprüche verwenden, verliert der Arbeitnehmer den Schutz, der ihm durch die Beweislastregeln gewährt wird.

Die arbeitsgerichtliche Rechtsprechung hat diese Gefahr erkannt: „Die Darlegungs- und Beweissituation [dürfe] nicht durch die Gewährung materieller Auskunftsansprüche unzulässig verändert werden."[541]

(1) Nichtgeltung der Beweislastregeln bei Auskunftsansprüchen nach § 666 BGB?

Allerdings hatte das BAG eine Ausnahme von dieser Regel zugelassen, falls der Arbeitgeber sein Auskunftsinteresse auf „besondere rechtliche Grundlagen" stützen könne.[542]

Manche sehen nun die §§ 666, 675 BGB als „besondere rechtliche Grundlage" im Sinne dieser Rechtsprechung. Denn der Grundsatz, wonach der Arbeitnehmer nicht dazu verpflichtet sei, außergerichtliche Erklärungen zu möglichen Kündigungsgründen abzugeben, sei für die Auskunftspflicht des Arbeitnehmers als vertragliche Nebenpflicht (§§ 611, 241 II BGB) entwickelt worden. Außerdem sei das Vertrauensverhältnis zwischen einem Arbeitgeber und einem Arbeitnehmer, den dieser mit einer Geschäftsbesorgung, etwa dem Führen einer Kasse, betraut habe, stärker ausgeprägt. Es erscheine widersprüchlich, wenn eine Arbeitnehmer sich in einem solchen Fall nicht zu einem eigenen vorsätzlichen, strafbarem Verhalten erklären müsse.[543]

Dagegen lässt sich zunächst einwenden, dass das BAG sich bei der Aufstellung der genannten Regel auf den Grundsatz von Treu und Glauben (§ 242 BGB) stützte, der auch bei der Auslegung von Auskunftspflichten nach § 666 BGB heranzuziehen ist. Nach der Formulierung des BAG kann „[d]er Auskunftsanspruch [...] nach Treu und Glauben nur da ergänzend eingreifen, wo auch die grundsätzliche Verteilung der Darlegungs- und Beweislast einer entsprechenden Korrektur

540 Auch bei der außerordentlichen Kündigung nach § 626 BGB muss der Kündigende beweisen, dass ein wichtiger Grund vorliegt, der die weitere Zusammenarbeit unzumutbar macht, vgl. K/D/Z/*Zwanziger/Däubler* KSchR, 7. Aufl., § 626 BGB, Rn. 54 d.

541 BAG NZA 1996, 637, 638.

542 BAG NZA 1996, 637, 638.

543 *Böhm* Non-Compliance (2011), 150.

bedarf."[544] Es ist nicht ersichtlich, warum die Darlegungs- und Beweislastregeln nicht greifen sollen, wenn der Arbeitgeber Fragen zum unmittelbaren Arbeitsbereich des Arbeitnehmers stellt. Genauso gut könnte man argumentieren, dass gerade bei diesem Bereich, der typischerweise das Ziel von Fragen seitens des Arbeitgebers sein wird, die gesetzliche Verteilung der Beweislast beachtet werden muss: Nicht nur entspringt es einem natürlichen Schutzreflex, dass jemand der „Mist gebaut hat", diesen Fehler nicht ohne weiteres preisgeben möchte. Hinzuweisen ist auch darauf, dass ein Arbeitsverhältnis oft zwar zu einem faktischen Über- /Unterordnungsverhältnis führt, rechtlich die Parteien sich aber auf Augenhöhe begegnen. Das Interesse des Arbeitgebers an der Beantwortung von Fragen mit Bezug zum unmittelbaren Aufgabenbereich des Mitarbeiters ist zwar höher zu bewerten ist als bei Fragen ohne einen solchen unmittelbaren Bezug. Das kann aber nicht dazu führen, dass das Interesse des Arbeitnehmers, sich nicht selbst belasten zu müssen, völlig unberücksichtigt bleibt. Führt der betreffende Arbeitnehmer eine Kasse für seinen Arbeitgeber und zweigt hierbei Geld für sich ab, muss er nicht bereits auf allgemeine Fragen nach der Arbeitstätigkeit mit der vollständigen Preisgabe seiner Verfehlungen reagieren. Eine solche Pflicht wird man erst dann annehmen müssen, wenn der Arbeitgeber bereits konkrete Anhaltspunkte für ein entsprechendes Fehlverhalten vorweisen kann.

Das deckt sich im Übrigen mit der arbeitsgerichtlichen Rechtsprechung zu Auskunftspflichten im Zusammenhang mit möglichen wettbewerbswidrigen Verhaltensweisen und Nebentätigeiten. Hier wird stets gefordert, dass der Arbeitgeber zunächst die Wahrscheinlichkeit seines Anspruchs darlegen muss bzw. dass anderweitig Anlass für die Vermutung bestehen muss, der Arbeitnehmer habe das ihm vorgeworfene Verhalten begangen und könne darüber Auskunft geben.[545]

(2) Darlegung der Wahrscheinlichkeit des Anspruchs lediglich prozessuale Obliegenheit?

Teilweise wird diese Anforderung lediglich als prozessuale Obliegenheit des Arbeitgebers gewertet und nicht als Entstehungsvoraussetzung für den materiellen Auskunftsanspruch. Es bestehe kein Zusammenhang zwischen der prozessualen Obliegenheit des Arbeitgebers zur Darlegung und zum Beweis des Kündigungsgrundes und der Mitwirkungspflicht des Mitarbeiters im Rahmen von Internen Ermittlungen. Die materielle Pflicht zur Auskunfterteilung des Mitarbeiters werde durch die prozessuale Obliegenheit des Arbeitgebers nicht beeinflusst. Im Übrigen könne der Arbeitgeber anderenfalls die Mitwirkung von Mitarbeitern nicht erzwingen. Der

544 BAG NZA 1996, 637, 638.
545 BAG v. 12.05. 1972, AP HGB § 60 Nr. 6; ; BAG NZA 1997, 41, 42; LAG Hamm v. 3.3.2009 – 14 Sa 1689/08 (Rz. 26).

Arbeitgeber werde nämlich häufig gegenüber Mitarbeitern, die sich der Aufklärung verweigern, eine Verdachtskündigung aussprechen wollen.[546]

Diese Bedenken greifen aber nicht durch. Das BAG wollte nicht neue prozessuale Obliegenheiten für den Arbeitgeber aufstellen, sondern die Voraussetzungen für den materiellen Auskunftsanspruch des Arbeitnehmers präzisieren. Das zeigt sich bereits daran, dass ausdrücklich von einer „vorprozessualen" Pflicht die Rede ist, die im Widerspruch zu § 1 II 4 KSchG stünde.[547] Das Recht zur Verdachtskündigung bleibt dem Arbeitgeber unbenommen. Sofern er einen entsprechenden Verdacht belegen kann, stehen allerdings die Beweislastregeln auch einem Auskunftsanspruch nicht entgegen. Keine Aussicht auf Erfolg hätte dagegen eine verhaltensbedingte Kündigung gegenüber einem Mitarbeiter, der sich im Rahmen der Auskunftspflicht nach § 666 BGB weigert, sich strafrechtlich zu belasten, solange der Arbeitgeber noch keine Anhaltspunkte für ein entsprechendes Fehlverhalten vorlegen kann.

cc) Zusammenfassung

Der Arbeitnehmer muss dem Arbeitgeber Auskunft erteilen über alle Vorgänge, die mit der Erfüllung seiner unmittelbaren Pflichten aus dem Arbeitsvertrag zusammenhängen (§ 666 BGB). Müsste sich der Arbeitnehmer aber bei dieser Auskunft selbst strafrechtlich belasten, dann darf er solange schweigen, bis der Arbeitgeber konkrete Anhaltspunkte für das Fehlverhalten des Mitarbeiters vorbringen kann. Bei Fragen des Arbeitgebers, die keinen leistungs- sondern lediglich Betriebsbezug haben, folgt die Auskunftspflicht aus §§ 241 II, 242 BGB. Hier ist dem Arbeitnehmer in der Regel eine Selbstbelastung nicht zuzumuten.

2. Vernehmungen

a) Beschuldigter

Gemäß § 136 I 2 StPO ist der Beschuldigte bei Beginn der ersten Vernehmung darauf hinzuweisen, dass es ihm nach dem Gesetz freisteht, sich zu der Beschuldigung zu äußern oder nicht zur Sache auszusagen. Damit bringt die StPO mittelbar zum Ausdruck, dass der Beschuldigte im Strafprozess völlige Aussagefreiheit genießt.[548]

Voraussetzung für die Aussagefreiheit sind erstens die Beschuldigteneigenschaft und zweitens, dass die Veranlassung zur Wissenspreisgabe im Rahmen einer Vernehmung erfolgt. Beschuldigter ist, gegen wen wegen des Verdachts einer strafba-

546 *Göpfert/Merten/Sigrist* NJW 2008, 1703, 1708.
547 BAG NZA 1996, 637, 639.
548 SK-StPO/*Rogall*, 4. Aufl., Vor §§ 133 ff., Rn. 66.

ren Handlung Strafverfolgungsmaßnahmen durchgeführt werden.[549] Beim Vernehmungsbegriff stehen sich die Anhänger eines formellen und eines materiellen Vernehmungsbegriffes gegenüber.[550] Auf eine Darstellung des Streitstandes kann aber verzichtet werden: Der materielle Vernehmungsbegriff soll vor allem heimliche Befragungen durch oder auf Veranlassung von Strafverfolgungsorganen mit einschließen. Dagegen geht es vorliegend nur um einen Vergleich der offenen Befragungssituation "Mitarbeiterbefragung" und "Vernehmung". Nach dem formellen Vernehmungsbegriff meint Vernehmung die innerprozessuale Veranlassung einer Person zur Abgabe prozessrelevanter Informationen durch eine ihr offen als Strafverfolgungsorgan gegenübertretende Vernehmungsperson.[551]

b) Zeuge

Der Zeuge ist zur wahrheitsgemäßen Aussage verpflichtet. Er darf weder lügen (vgl. §§ 153 ff. StGB) noch die Aussage ohne gesetzlichen Grund verweigern (vgl. § 70 StPO). Ein solcher gesetzlicher Grund ist zum Beispiel durch § 55 I StPO geregelt: Jeder Zeuge kann die Auskunft auf solche Fragen verweigern, deren Beantwortung ihm selbst oder einem der in § 52 Abs. 1 StPO bezeichneten Angehörigen die Gefahr zuziehen würde, wegen einer Straftat oder einer Ordnungswidrigkeit verfolgt zu werden. Hierüber ist er zu belehren (§ 55 II StPO). Umstritten ist allerdings, ob eine Belehrung nach § 55 II StPO bereits zu Beginn der Zeugenvernehmung erfolgen muss oder erst dann, wenn konkrete Anhaltspunkte dafür bestehen, dass der Zeuge einen Angehörigen oder sich selbst in einer anderen Sache belasten könnte.[552]

III. Beistand durch Dritte während der Befragung

1. Recht des Mitarbeiters auf Hinzuziehung Dritter

a) Betriebsratsmitglied

Wann ein Arbeitnehmer Mitglieder des Betriebsrates zu Gesprächen mit dem Arbeitgeber hinzuziehen kann, ergibt sich aus dem BetrVG. Im Rahmen von Internen Ermittlungen kommt wohl vor allem die Leistungsbeurteilung durch den Arbeitgeber (§ 82 II 1, 2. Alt. BetrVG) in Betracht. Der Arbeitnehmer kann dann

---

549 SK-StPO/*Rogall*, 4. Aufl., Vor §§ 136, Rn. 12.

550 Vgl. etwa die Streitdarstellung bei Radtke/Hohmann/*J. Kretschmer* StPO (2011), § 136, Rn. 4.

551 *Eisenberg* StPO, 7. Aufl., Rn. 636.

552 Vgl. hierzu mwN SK-StPO/*Wohlers*, 4. Aufl., § 163, Rn. 26 und Radtke/Hohmann/*J. Kretschmer* StPO (2011), § 163, Rn. 14.

ein Mitglied des Betriebsrats hinzuziehen, wenn Thema des Gesprächs nicht nur die Aufdeckung organisatorischer Strukturen und Missstände, sondern auch das Verhalten des betreffenden Mitarbeiters sein soll.[553] Nach überwiegender Ansicht besteht außerhalb der Tatbestände des BetrVG kein Anspruch des Arbeitnehmers, ein Mitglied des Betriebsrats hinzuzuziehen.[554] Das bedeutet, dass der Arbeitgeber durch die Festlegung des Gesprächsinhaltes zugleich bestimmen kann, ob der Arbeitnehmer ein Mitglied des Betriebsrates hinzuziehen darf.[555]

b) Rechtsanwalt

Nach Ansicht der überwiegenden Literatur haben Arbeitnehmer grundsätzlich keinen Anspruch darauf, zur Befragung durch den Arbeitgeber einen Rechtsbeistand mitzunehmen.[556] Lediglich ausnahmsweise, wenn der Mitarbeiter sich möglicherweise strafrechtlich belasten werde, solle die Anwesenheit eines Rechtsanwaltes – auch zur Förderung der "Gesprächsatmosphäre" – gestattet werden.[557]

In der Rechtsprechung ist die Frage bis jetzt noch nicht geklärt. Nach einem Urteil des *ArbG Münster* war ein Arbeitgeber mit Rücksicht auf das Allgemeine Persönlichkeitsrecht (Art. 2 I GG iVm Art. 1 I GG) des Arbeitnehmers verpflichtet, die Hinzuziehung eines Rechtsanwaltes zu dulden, weil das dienstliche Gespräch den Gesundheitszustand und damit die allgemeine Rechtsstellung des Arbeitnehmers zum Thema haben sollte.[558] Das *LAG Hamm* entnahm dem "streng personenbezogenen Charakter" des Arbeitsverhältnisses, dass der Arbeitnehmer keine betriebsfremden Dritten zum Personalgespräch hinzuziehen dürfe; gleichzeitig sei dieser dann ohne Anwalt aber auch nicht verpflichtet, sofort weitreichende Entscheidungen zu treffen.[559] In neuerer Zeit geht die Tendenz der Rechtsprechung wohl dahin, dem Arbeitnehmer jedenfalls im Vorfeld einer Verdachtskündigung das Recht auf anwaltliche Konsultation bzw. anwaltlichen Beistand zuzubilligen.[560] Das *ArbG Ber-*

553 *Mengel/Ullrich* NZA 2006, 240, 243 f.; *Salvenmoser/Schreier* in: Achenbach/Ransiek, Hdb WiStra (2008), 1268; *Klengel/Mückenberger* CCZ 2009, 81, 82; *Mengel* Compliance und Arbeitsrecht (2009), 121; *Schürrle/Olbers* CCZ 2010, 178, 179; *Böhm* Non-Compliance (2011), 206.

554 Richardi/*Thüsing* BetrVG, 12. Aufl., § 82, Rn. 14 a und *Lützeler/Müller-Sartori* CCZ 2010, 19, 21, jeweils mwN; aA DKK-*Buschmann*, 11. Aufl., § 82, Rn. 12.

555 *Lützeler/Müller-Sartori* CCZ 2010, 19, 21

556 *Göpfert/Merten/Sigrist* NJW 2008, 1703, 1708; *Kandaouroff/Rose* DB 2008, 1210, 1215; *Klengel/Mückenberger* CCZ 2009, 81, 82; *Mengel* Compliance und Arbeitsrecht (2009), 122; *Lange/Vogel* DB 2010, 1066, 1067; *Schürrle/Olbers* CCZ 2010, 178, 179. Zur Gegenansicht *Böhm* Non-Compliance (2011), 205.

557 *Mengel/Ullrich* NZA 2006, 240, 244; *Mengel* Compliance und Arbeitsrecht (2009), 122; Böttger/*Minoggio* WiPra (2011), Kap. 15, Rn. 119; *Kremer* in: U.-H. Schneider-FS (2011), 701, 711.

558 ArbG Münster DB 1988, 1756.

559 LAG Hamm MDR 2001, 1361.

560 Vgl. hierzu *Lange/Vogel* DB 2010, 1066, 1067.

lin erklärte eine Verdachtskündigung für unwirksam, weil der Arbeitgeber seiner Mitarbeiterin, die er einer Straftat verdächtigte, die Hinzuziehung eines Rechtsbeistandes zum Personalgespräch untersagt hatte.[561] Auch in einem Urteil des *LAG Berlin-Brandenburg* wird die besondere Bedeutung der Anhörung des Arbeitnehmers im Vorfeld einer Verdachtskündigung betont. Unter anderem müsse dem Arbeitnehmer die Gelegenheit zu rechtlicher Beratung gegeben werden.[562]

2. Beistand im Strafverfahren

a) Beschuldigter

Der Beschuldigte kann sich in jeder Lage eines Verteidigers des Beistandes eines Verteidigers bedienen (§ 137 I 1 StPO). Er kann sich den Verteidiger selbst wählen (§ 138 StPO) oder bekommt im Falle der notwendigen Verteidigung (§ 140 StPO) einen Verteidiger beigeordnet. Allerdings hat der Verteidiger ein Anwesenheitsrecht nur bei der richterlichen (§ 168 c I StPO) und bei der staatsanwaltschaftlichen (§ 168 c I iVm § 163 a III 2 StPO) Beschuldigtenvernehmung. Ein Anwesenheitsrecht auch bei der polizeilichen Vernehmung wird zwar gefordert, lässt sich aber der StPO – jedenfalls unmittelbar – nicht entnehmen.[563] Freilich kann der (ordnungsgemäß belehrte, §§ 163 a IV 2 iVm § 136 I 2 StPO) Beschuldigte die Anwesenheit seines Verteidigers dadurch erzwingen, dass er seine Aussagebereitschaft von der Gegenwart seines Verteidigers abhängig macht.[564]

b) Zeuge

Auch der Zeuge kann sich eines anwaltlichen Beistandes bedienen (§ 68 b I 1 StPO). Einem Zeugen der keinen anwaltlichen Beistand hat, muss für die Dauer der Vernehmung unter Umständen ein solcher beigeordnet werden (§ 68 b II 1 StPO). Der Zeugenbeistand hat ein Anwesenheitsrecht bei der richterlichen, bei der staatsanwaltschaftlichen (§ 161 a I 2 iVm § 68 b StPO) und seit dem 2. OpferrechtsreformG vom 29.7.2009 ausdrücklich auch bei der polizeilichen Zeugenvernehmung (§ 163 III 1 iVm § 68 b StPO).[565]

---

561 ArbG Berlin v. 08.07.2005, 28 Ca 10016/05.

562 LAG Berlin-Brandenburg v. 6.11.2009, 6 Sa 1121/09.

563 Vgl. etwa *Volk* StPO, 6. Aufl., § 11, Rn. 2, *Roxin/Schünemann* Strafverfahrensrecht, 26. Aufl., § 19, Rn. 64, *Beulke* Strafprozessrecht, 11. Aufl., § 9, Rn. 156. Dagegen leitet SK-StPO/*Wohlers*, 4. Aufl., § 163 a, Rn. 71 das Anwesenheitsrecht aus § 137 I 1 StPO her, *Kühne* Strafprozessrecht, 8. Aufl., Rn. 225 aus dem fair-trial-Grundsatz. Ein Überblick über die Reformdiskussion findet sich bei *Beulke* StV 2010, 442, 444 f.

564 *Roxin/Schünemann* Strafverfahrensrecht, 26. Aufl., § 19, Rn. 64; *Beulke* Strafprozessrecht, 11. Aufl., § 9, Rn. 156; SK-StPO/*Wohlers*, 4. Aufl., § 163 a, Rn. 71.

565 BT-Drucks. 16/12098, S. 15.

IV. Rechte auf Einsichtnahme

Beim Recht auf Einsichtnahme soll jeweils differenziert werden zwischen der Einsicht in das Befragungs-/Vernehmungsprotokoll und der Einsicht in die Untersuchungsergebnisse bzw. dem Recht auf Akteneinsicht.

1. Einsicht des Mitarbeiters in Befragungs-/Untersuchungsprotokolle

Wird über die Befragung des Mitarbeiters ein Protokoll[566] geführt, stellt sich die Frage, ob der Mitarbeiters dieses Protokoll nach der Befragung einsehen darf. Vor allem, wenn das Befragungsprotokoll möglicherweise Eingang in ein späteres Strafverfahren findet, hat der Mitarbeiter ein großes Interesse, möglichst frühzeitig die Richtigkeit überprüfen zu können.[567]

Ein unmittelbares Recht, Befragungsprotokolle direkt nach der Befragung noch einmal auf ihre Richtigkeit hin zu überprüfen, lässt sich dem Gesetz nicht entnehmen. Ein solches Recht lässt sich erst dann herleiten, wenn man den Zweck der Befragung – die Sammlung von Informationen und die Zusammenfassung dieser Informationen in Unterlagen – berücksichtigt. Denn der Arbeitnehmer hat das Recht, in die über ihn geführten Personalakten Einsicht zu nehmen (§ 83 I 1 BetrVG). Zur Personalakte werden alle Unterlagen gerechnet, die das Arbeitsverhältnis angehen oder damit in einem inneren Zusammenhang stehen.[568] Der Umfang der Unterlagen ist ebenso wie die Art der Aufzeichnung ohne Relevanz, weswegen auch kurze handschriftliche Befragungsnotizen oder Einschätzungen der Befragungsperson als Teil der Personalakte anzusehen sind.[569]

Das grundsätzliche Recht des Mitarbeiters auf Einsichtnahme in das Befragungsprotokoll wird – soweit ersichtlich – nicht bestritten. Uneinigkeit besteht allerdings im Hinblick auf den Zeitpunkt der Einsichtnahme. Nach einer Ansicht soll der Arbeitnehmer erst nach Abschluss der unternehmensinternen Ermittlungen Einsicht in die Personalakte nehmen können. Andernfalls könne der betroffene Mitarbeiter frühzeitig Kenntnis erlangen von wesentlichen Inhalten einer Untersuchung,

566 Teilweise wird – unter dem Vorbehalt des Einverständnisses (§ 201 I Nr. 1 StGB) des Mitarbeiters – die Aufzeichnung des Gesprächs empfohlen (*Lützeler/Müller-Sartori* CCZ 2010, 19, 23), teilweise wird "zum Schutze des Mitarbeiters" davon abgeraten, ein Wortprotokoll zu führen und nach dem Gespräch die Kenntnisnahme oder sogar Genehmigung des Mitarbeiters zu ermöglichen (*Schürrle/Olbers* CCZ 2010, 178, 179).

567 Noch mehr gesteigert wird dieses Interesse, wenn – wie im Fall *Siemens* – die Befragungen durch US-Anwälte auf Englisch durchgeführt werden und somit ein hohes übersetzungsbedingtes Fehlerpotenzial aufweisen. Vgl. hierzu das Praxisbeispiel von *Sieg* in: Buchner-FS (2009), 859, 862.

568 Sog. materieller Begriff der Personalakte, vgl. BAG v. 18.11.08 AP Nr. 2 zu § 611 BGB.

569 *Sieg* in: Buchner-FS (2009), 859, 864 f.

was deren Erfolg unter Umständen gefährde.[570] Die Gegenansicht verweist auf den Grundsatz des effektiven Rechtsschutzes und will das Einsichtsrecht unabhängig davon gewähren, ob durch die Einsichtnahme der Ermittlungszweck gefährdet werde.[571]

Angesichts der Bedeutung des § 83 BetrVG als grundlegendes Datenschutzrecht des Arbeitnehmers und seiner Verwurzelung im Recht auf informationelle Selbsbestimmung[572] erscheint es zweifelhaft, ob die Gefährdung des Ermittlungserfolges ein ausreichendes Argument ist, um das Einsichtsrecht des Mitarbeiters – wenn auch nur zeitweise – außer Kraft zu setzen. Auf Bedenken stößt jedenfalls der Verweis auf entsprechende Regelungen in der StPO (§§ 169 a, 147), wenn an gleicher Stelle die Herleitung von Mitarbeiterrechten aus der StPO mit der Begründung abgelehnt wird, die Ziele von Internen Ermittlungen und Strafverfahren seien gerade *nicht* vergleichbar.[573]

Ein Anspruch auf Berichtigung der Personalakte ergibt sich für den Mitarbeiter aus der konkretisierten „Fürsorgepflicht" des Arbeitgebers (§§ 611, 241 II BGB) und dem Grundsatz der objektiven Wahrheit der Personalakte.[574] Bei einem Streit über die Richtigkeit kann der Mitarbeiter nach § 83 II BetrVG verlangen, dass eine Gegendarstellung mit zu den Unterlagen genommen wird.

2. Vorlegung von Vernehmungsprotokollen/Akteneinsichtsrecht

Sowohl der Beschuldigte als auch der Zeuge bekommen nach ihrer richterlichen (§§ 168, 168 a StPO), staatsanwaltschaftlichen (§§ 168 b II, 168 a StPO) oder polizeilichen Vernehmung das Vernehmungsprotokoll vorgelegt[575]; stimmen sie der Richtigkeit zu, müssen sie es unterschreiben (§ 168 a III 3 StPO).

a) Beschuldigter

Spätestens mit Abschluss der Ermittlungen kann der (verteidigte) Beschuldigte über seinen Verteidiger Akteneinsicht beantragen (§ 147 I, II 1 StPO). Die Einsicht in Niederschriften über die Vernehmung des Beschuldigten darf dem Verteidiger hingegen auch vor diesem Zeitpunkt nicht versagt werden (§ 147 III StPO).

---

570 GK-BetrVG/*Wiese/Franzen*, 8. Aufl., § 83, Rn. 15; *Fritz/Nolden* CCZ 2010, 170, 177.

571 DKK/*Buschmann*, 11. Aufl., § 83, Rn. 8; Fitting, 25. Aufl., § 83, Rn. 6; Richardi/*Thüsing* BetrVG, 12. Aufl., § 83, Rn. 29; *Böhm* Non-Compliance (2011), 207.

572 WPK/*Preis* BetrVG, 4. Aufl., § 83, Rn. 1, 7.

573 So aber *Fritz/Nolden* CCZ 2010, 170, 176, 177.

574 Vgl. mwN *Böhm* Non-Compliance (2011), 207 f.

575 Für staatsanwaltschaftliche und polizeiliche Vernehmungen (vgl. zur analogen Anwendung des § 168 b II StPO BGH NStZ 1995, 353) ist dies der Regelfall ("soll"), für richterliche Vernehmungen sogar zwingend (§ 168 S. 1 StPO).

b) Zeuge

Über ein eigenständiges Akteneinsichtsrecht verfügt der Zeugenbeistand nicht, da seine Befugnisse nicht weiterreichen können als die des Zeugen selbst.[576] Der Zeuge, der nicht zugleich Privatkläger (§ 385 III StPO), Nebenkläger (§ 406 e StPO), Verletzter (§ 406 e StPO), Einziehungsbeteiligter (§ 434 I 2 StPO) oder eine diesem gleichgestellte Person (§§ 442 I, 444 II 2 StPO) ist, kann (über seinen Rechtsanwalt) nur dann Einsicht in die Akten erhalten, wenn er hierfür ein berechtigtes Interesse darlegt (§ 475 I 1 StPO).

V. Zugriff auf E-Mails und Dokumente

1. Interne Ermittlung

a) E-Mails

Eine wichtige Informationsquelle im Rahmen von Internen Ermittlungen ist die E-Mail-Korrespondenz der Mitarbeiter.[577] Vor allem dann, wenn verdächtige Mitarbeiter schweigen, bleibt oftmals nur die Untersuchung des Schriftverkehrs, um etwa korruptionsrelevante Absprachen nachzuweisen.[578] Allerdings unterliegen solche E-Mail-Kontrollen strengen rechtlichen Grenzen. Diese Grenzen bestimmen sich vor allem danach, ob der Arbeitgeber seinen Mitarbeitern die private E-Mail-Nutzung erlaubt hat oder nicht.[579]

Hatte der Arbeitgeber die Nutzung der Arbeitseinrichtungen für private E-Mails ausdrücklich untersagt, richtet sich die Verwendung der bei der E-Mail-Nutzung entstehenden Daten (Verbindungs-, Nutzungs- und Inhaltsdaten) nach dem BDSG.[580] Für die hier interessierende nachträgliche Kontrolle der E-Mails beim Verdacht auf Straftaten ist nach § 32 I 2 BDSG Voraussetzung, dass sich der Verdacht bereits durch "zu dokumentierende tatsächliche Anhaltspunkte" begründen lässt und dass die E-Mail-Kontrolle auch im Einzelfall als verhältnismäßig anzusehen ist.[581]

---

576 OLG Hamburg NJW 2002, 1590, 1591; OLG Düsseldorf NJW 2002, 2806; BGH, Beschl. v. 4.3.2010, StB 46/09, NStZ-RR 2010, 246; Radtke/Hohmann/*Otte* StPO (2011), § 68 b, Rn. 9; Vgl. zur Gegenansicht *Schmidt* in: Müller-FS (2008), 651, 660 ff., KK-StPO/*Senge*, 6. Aufl., § 68 b, Rn. 9 und *Klengel/Müller* NJW 2011, 23, 24 f.

577 Vgl. etwa die Vorgänge bei der Deutschen Bahn AG, FAZ v. 28.03.2009, 1.

578 *Behling* BB 2010, 892.

579 Vgl. hierzu auch *Neuhaus* in: Kempf/Lüderssen/Volk Finanzkrise (2010), 348, 354 f. Anderer Ansicht ist das LAG Berlin-Brandenburg in einem Urteil vom 16.02.2011, 4 Sa 2132/10 (BB 2011, 2298, 2300).

580 *Hoppe/Braun* MMR 2010, 80.

581 Diese Verhältnismäßigkeitsprüfung wird dann weniger streng ausfallen, wenn sich ausschlie-

Hatte der Arbeitgeber die private Nutzung des dienstlichen E-Mail-Zugangs dagegen erlaubt, werden die Regelungen des BDSG durch das speziellere TKG verdrängt (§ 1 III 1 BDSG).[582] Denn nach hM ist ein Arbeitgeber als "Diensteanbieter" iSd § 3 Nr. 6 a) TKG anzusehen, wenn er seinen Beschäftigten die private Nutzung seines Netzes gestattet.[583] Das hat zur Folge, dass er zur Wahrung des Fernmeldegeheimnisses verpflichtet ist (§ 88 II 1 TKG). Dem Fernmeldegeheimnis unterliegen der Inhalt der Telekommunikation und ihre näheren Umstände, insbesondere die Tatsache, ob jemand an einem Telekommunikationsvorgang beteiligt ist oder war (§ 206 V 2 StGB).[584] Der Diensteanbieter darf Kenntnisse, die dem Fernmeldegeheimnis unterliegen, nur zum Schutz der technischen Systeme selbst verwenden.[585]

Auf den ersten Blick könnte man meinen, ein Zugriff auf die E-Mails von Mitarbeitern ist danach von vornherein ausgeschlossen. Allerdings soll das Fernmeldegeheimnis nur den laufenden Kommunikationsvorgang schützen. Das BVerfG hat mit seinem Beschluss vom 16.06.2009[586], der auch für die Auslegung des § 88 TKG maßgeblich ist[587], klargestellt, was das im Hinblick auf E-Mail-Postfächer bedeutet. Entscheidend für die Schutzbedürftigkeit durch das Fernmeldegeheimnis sei, ob der Kommunikationsteilnehmer den Kommunikationsinhalt bereits alleine beherrschen könne.[588]

Das bedeutet: Befinden sich die E-Mails alleine auf dem Endgerät des Mitarbeiters (Blackberry, Laptop), findet das TKG keine Anwendung und die E-Mail-Kontrolle richtet sich nach den Vorgaben des BDSG. Solange der Arbeitgeber aber einen

ßen lässt, dass der E-Mail-Zugang auch privat genutzt wird, vgl. *Behling* BB 2010, 892, 895.

582 Wurde die private Nutzung des E-Mail-Zugangs weder erlaubt noch untersagt, sind für die Rechtsfolgen wohl die Umstände des Einzelfalls maßgeblich, vgl. *Schuster* ZIS 2010, 68, 71.

583 *Behling* BB 2010, 892; *Hoppe/Braun* MMR 2010, 80, 81; LK/*Altvater*, 12. Aufl., § 206, Rn. 12; *Müller-Bonanni* AnwBl 2010, 651, 654; *de Wolf* NZA 2010, 1206, 1208; *Schild* ZfPR 2011, 25, 27.

584 Der Schutzgegenstand des § 206 StGB ist mit dem des § 88 TKG inhaltsgleich, vgl. Spindler/Schuster/*Eckhardt* RdeM, 2. Aufl., § 88 TKG, Rn. 7.

585 *Schild* ZfPR 2011, 25, 26.

586 2 BvR 902/06.

587 Dagegen verweist *Behling* BB 2010, 892, 894 darauf, dass das BVerfG keine private, sondern eine staatliche Ermittlungsmaßnahme auf ihre Vereinbarkeit mit Art. 10 GG zu überprüfen hatte. Es habe festgestellt, dass Art. 10 GG einen weiteren Schutz gewähre als § 88 TKG. Da Art. 10 GG aber nur staatliche Stellen binde, habe der Beschluss des BVerfG keine Auswirkungen auf privatrechtliche Unternehmen.
Das kann aber nicht überzeugen (vgl. zum Folgenden Spindler/Schuster/*Eckhardt* RdeM, 2. Aufl., § 88 TKG, Rn. 2 ff.). Zwar sind privatrechtliche Unternehmen nicht Verpflichtete des grundgesetzlichen Fernmeldegeheimnisses. Aus Art. 10 GG folgt aber die Aufgabe des Staates für den Schutz der Kommunikationsteilnehmer untereinander zu sorgen, eine Aufgabe, der der Gesetzgeber durch § 88 TKG nachgekommen ist. Aus dieser Schutzaufgabe ergibt sich, dass § 88 TKG entsprechend Art. 10 GG auszulegen ist.

588 BVerfG v. 16.6.2009, 2 BvR 902/06.

nicht zu verhindernden Zugriff auf E-Mails von Arbeitnehmern hat, weil diese etwa auch nach Abruf auf einem Mailserver bleiben, sind die E-Mails vom Fernmeldegeheimnis geschützt.[589] Falls der Arbeitgeber den Inhalt dieser E-Mails dennoch kontrolliert, macht er sich unter Umständen nach § 206 StGB strafbar.[590]

b) Dokumente

Hinsichtlich der ihnen zur Verfügung gestellten Arbeitsmittel sind Mitarbeiter grundsätzlich nur Besitzdiener (§ 855 BGB).[591] Nach Beendigung des Arbeitsverhältnisses lässt sich der Anspruch des Arbeitgebers auf Herausgabe der zur Verfügung gestellten Arbeitsmittel auf § 667 BGB stützen.[592]

Dokumente müssen Mitarbeiter herausgeben, wenn diese dienstlicher Natur sind.[593] Für private Unterlagen lässt sich ein solcher Anspruch hingegen nicht herleiten, auch dann nicht, wenn sich aus dem Inhalt eines Dokuments Hinweise auf einen Compliance-Verstoß ergeben.[594] Verweigert ein Arbeitnehmer den Zugriff des Arbeitgebers auf Unterlagen mit dem Hinweis, es befänden sich auch private Unterlagen darunter, kann der Arbeitgeber vom Arbeitnehmer das Separieren von dienstlichen und privaten Dokumenten verlangen.[595]

2. *Ermittlungsverfahren*

a) E-Mails

Auch die Strafverfolgungsbehörden haben die erhebliche Bedeutung der Kommunikation via E-Mail erkannt und ein großes Interesse daran, auf E-Mails zugreifen zu können. Die rechtlichen Rahmenbedingungen hierfür sind aber erst seit dem bereits erwähnten Beschluss des BVerfG v. 16.6.2009[596] einigermaßen geklärt.

---

589 *Müller-Bonanni* AnwBl 2010, 651, 655. Vgl. ausführlich zu den Differenzierungen in Bezug auf das jeweils eingesetzte E-Mail-System *Hoppe/Braun* MMR 2010, 80, 82.

590 Diese Strafbarkeit kann der Arbeitgeber umgehen, wenn er das Einverständnis des Arbeitgebers einholt (bzw. bereits bei Erlaubnis der privaten Nutzung eingeholt hat), vgl. *Schuster* ZIS 2010, 68, 74. Auch das Vorliegen von Rechtfertigungsgründen muss geprüft werden, vgl. hierzu *Fischer* StGB, 57. Aufl., § 206, Rn. 9; *Schuster* ZIS 2010, 68, 74 f.

591 LAG Berlin NJW 1986, 2528; *Böhm* Non-Compliance (2011), 166.

592 LAG Sachsen v. 17.01.2007, 2 Sa 808/05. Vgl. auch *Mengel/Ullrich* NZA 2006, 240, 241; *Göpfert/Merten/Sigrist* NJW 2008, 1703, 1705; *Wuttke* Straftäter im Betrieb (2010), 161; *Böhm* Non-Compliance (2011), 165 f.

593 ArbG Marburg, DB 1969, 2041.

594 *Böhm* Non-Compliance (2011), 169.

595 *Böhm* Non-Compliance (2011), 171 f.

596 2 BvR 902/06.

Vor allem ging es darum, welche Rechtsgrundlage für den Zugriff auf bzw. die Überwachung von E-Mails heranzuziehen ist. Dazu muss man wissen, dass das Versenden und Empfangen einer E-Mail mehrere Phasen durchläuft, zu denen auch die Zwischenspeicherung der E-Mail auf dem Provider des Absenders und die Endspeicherung der E-Mail auf dem Provider des Empfängers gehört.[597] Gerade bei diesem zeitweiligen "Ruhen" der E-Mail war umstritten, ob das Fernmeldegeheimnis Anwendung findet und auf welche Rechtsgrundlage sich die Strafverfolgungsbehörden stützen können.

Denn ansonsten besteht wohl Einigkeit: Findet ein Telekommunikationsvorgang (zB: Versenden der E-Mail zum Provider des Absenders) statt, fällt dieser unter den Schutz des Fernmeldegeheimnisses und eine Überwachung ist nur nach § 100 a StPO möglich.[598] Dagegen unterliegen E-Mails, die auf dem Computer des Empfängers gespeichert wurden, nicht dem Fernmeldegeheimnis und können nach §§ 94 ff. StPO beschlagnahmt werden.

Das BVerfG hat nun für die auf den Providern "ruhenden" E-Mails folgendes festgestellt: Bei diesen finde zwar kein Telekommunikationsvorgang statt (Rz. 47). Dennoch fielen auch diese E-Mails unter den Schutz des Fernmeldegeheimnisses, weil sie außerhalb des Herrschaftsbereichs des Kommunikationsteilnehmers gespeichert seien (Rz. 46). Ein Zugriff auf diese E-Mails unterliege aber trotzdem nicht den Voraussetzungen des § 100 a StPO, sondern denen der §§ 94 ff. StPO (Rz. 55).

Die Unterscheidung ist deshalb von großer Bedeutung, weil § 100 a StPO die Überwachung der Telekommunikation an enge Voraussetzungen knüpft (Verdacht auf Katalogtat, Verhältnismäßigkeit, strenge Subisidiarität), während bei den §§ 94 ff. StPO ein Anfangsverdacht und die potentielle Beweisbedeutung des sicherzustellenden Gegenstandes genügt[599].

b) Dokumente

Bevor Strafverfolgungsorgane Dokumente in Verwahrung nehmen bzw. beschlagnahmen (§ 94 StPO) können, wird in vielen Fällen eine Durchsuchung erforderlich sein. Richtet sich die Ermittlung gegen Mitarbeiter eines Unternehmens, wird bei der Anwendung der §§ 102, 103 StPO folgendermaßen differenziert:[600] Hat der

---

597 Vgl. ausführlich BeckOK StPO/*Graf* § 100 a, Rn. 26 ff.

598 BeckOK StPO/*Graf* § 100 a, Rn. 28.

599 In beiden Fällen dürfen die Maßnahmen grundsätzlich nur durch das Gericht angeordnet werden (§§ 98 I 1, 100 b I 1 StPO). Vgl. ausführlich KK-StPO/*Nack*, 6. Aufl., § 100 a, Rn. 32 ff. und KK-StPO/*Nack*, 6. Aufl., § 94, Rn. 7, 8. Nach Ansicht von *Gercke* StV 2009, 624, 626 mutiert § 94 StPO mit dieser Entscheidung endgültig zur "Super-Ermächtigungsnorm für strafprozessuale Beweisgewinnung".

600 *Reichling* JR 2011, 12, 13.

Verdächtige als Organ oder Vertreter des Unternehmens gehandelt, findet § 102 StPO Anwendung. Dagegen richten sich alle anderen Durchsuchungen nach § 103 StPO. Die Beschlagnahme von Zufallsfunden ist unter den Voraussetzungen des § 108 StPO möglich; unzulässig ist es aber, gezielt nach Gegenständen zu suchen, die in keinem Zusammenhang mit der Anlasstat stehen.[601]

VI. Rechtsschutzmöglichkeiten

1. Interne Ermittlung

Ein Arbeitnehmer, der zur Mitwirkung an einer Internen Ermittlung aufgefordert wird, kann – wenn er Zweifel am Bestehen einer solchen Mitwirkungspflicht hat – Feststellungsklage iSd § 256 ZPO erheben[602]. Diesen beschwerlichen Weg wird jedoch kaum ein Arbeitnehmer gehen wollen, denn nicht nur sind Dauer und Kosten schwer zu kalkulieren, außerdem wird das Verhältnis zum Arbeitgeber belastet. Allerdings steht dem Arbeitnehmer auch kein taugliches innerbetriebliches Beschwerderecht zur Verfügung. Zwar gewährt § 84 I, II BetrVG dem Arbeitnehmer das Recht, sich bei den zuständigen Stellen des Betriebs zu beschweren, wenn er sich vom Arbeitgeber des Betriebs benachteiligt oder ungerecht behandelt oder in sonstiger Weise beeinträchtigt fühlt. Die Prüfung der Beschwerde obliegt allerdings dem Arbeitgeber bzw. dessen bevollmächtigtem Vertreter[603], eine unabhängige Kontrolle der Rechtmäßigkeit sieht das Beschwerderecht also nicht vor.

2. Ermittlungsverfahren

Im Ermittlungsverfahren ist der Rechtsschutz dagegen deutlich stärker ausgeprägt.

Aus dem Gebot des effektiven Rechtsschutzes in Art. 19 IV GG folgt, dass dem Betroffenen eine wirksame richterliche Überprüfung der Eingriffsmaßnahmen möglich sein muss.[604] Das gilt für bevorstehende und andauernde Zwangsmaßnah-

601 Vgl. mwN Radtke/Hohmann/*Ladiges* StPO (2011), § 108, Rn. 6. Werden im Rahmen der TK-Überrwachung nach § 100 a StPO Zufallsfunde gemacht, dürfen diese wegen § 477 II 2 StPO nicht verwertet werden, vgl. ausführlich *Kühne* Strafprozessrecht, 8. Aufl., § 30, Rn. 524.3.

602 Die Feststellungsklage ist das geeignete Mittel zur Klärung des Umfangs der Arbeitspflicht, vgl. MünchArbR/*Reichold*, 3. Aufl., § 36, Rn. 31. Das für die Zulässigkeit der Feststellungsklage erforderliche Feststellungsinteresse lässt sich jedenfalls bei Weisungen bejahen, die arbeitsvertragliche Pflichten auch hinsichtlich ihres Adressaten konkretisieren, vgl. *Schneider* Die arbeitsrechtliche Implementierung von Compliance- und Ethikrichtlinien (2009), 221 ff.

603 ErfK/*Kania*, 11. Aufl., § 84 BetrVG, Rn. 7.

604 *Roxin/Schünemann* Strafverfahrensrecht, 26. Aufl., § 29, Rn. 11.

men[605], seit dem Beschluss des BVerfG vom 30.4.1997[606] aber auch für solche Zwangsmaßnahmen, die zum Zeitpunkt der Beanstandung bereits erledigt sind. Das Rechtsschutzinteresse sei nämlich "[...] auch in Fällen tiefgreifender Grundrechtseingriffe gegeben, in denen die direkte Belastung durch den angegriffenen Hoheitsakt sich nach dem typischen Verfahrensablauf auf eine Zeitspanne beschränkt, in welcher der Betroffene die gerichtliche Entscheidung in der von der Prozessordnung gegebenen Instanz kaum erlangen kann."[607]

VII. Zusammenfassender Vergleich

Wenn Informationen aus Internen Ermittlungen Eingang in ein Strafverfahren finden, kann dies die Aushöhlung von Rechten bedeuten, die dem Mitarbeiter im Strafverfahren zustünden. Im Einzelnen:

1. Beschuldigtenrechte und Mitarbeiterpflichten

Im Rahmen der Internen Ermittlung ist der Mitarbeiter unter bestimmten Voraussetzungen zivilrechtlich dazu verpflichtet, Auskunft zu erteilen und sich damit selbst strafrechtlich zu belasten. Wann diese Verpflichtung aber genau besteht, wurde bis jetzt noch nicht abschließend geklärt. Deswegen wird der Arbeitnehmer wohl auch dann aussagen, wenn er eigentlich gar nichts sagen müsste.

Verstärkt wird die unsichere Lage des Arbeitnehmers dadurch, dass er – jedenfalls nach der überwiegenden Mehrheit in der Literatur – keinen Rechtsanwalt zu der Befragung hinzuziehen können soll.

Das Protokoll, das über seine Befragung angefertigt wird, darf er möglicherweise nicht sofort auf seine Richtigkeit überprüfen, sondern erst dann einsehen, wenn es Teil der Unterlagen des Arbeitgebers geworden und damit als Teil der Personalakte anzusehen ist. Unter Umständen muss er sich aber auch mit der Einsicht so lange gedulden, wie dies den Erfolg der Untersuchung nicht mehr gefährdet.

2. Eingriffsschwellen

Dagegen droht bei der Kontrolle von E-Mails im Rahmen einer Internen Ermittlung kein Rechtsverlust. Hat der Arbeitgeber seinen Mitarbeitern die private Internetnutzung untersagt, benötigt der Arbeitgeber "zu dokumentierende tatsächliche Anhaltspunkte" für den Verdacht auf eine Straftat, um die E-Mail überprüfen zu können. Das dürfte der Schwelle nahekommen, die auch die Staat bei der Beschlag-

605 Vgl. zu den einzelnen Regelungen *Roxin/Schünemann* Strafverfahrensrecht, 26. Aufl., § 29, Rn. 14 ff. und *Kühne* Strafprozessrecht, 8. Aufl., § 32, Rn. 554 ff.
606 BVerfGE 96, 27.
607 BVerfGE 96, 27, 40.

nahme von E-Mails zu überschreiten hat (§ 94 StPO). Hat der Arbeitgeber die private Internetnutzung erlaubt, findet das TKG Anwendung und eine Kontrolle der E-Mails durch den Arbeitgeber ist wohl nicht möglich.

Bei Dokumenten kann der Arbeitgeber jederzeit die Herausgabe der Arbeitsmittel (zB Akten, sonstige Unterlagen) verlangen, nicht dagegen private Dokumente. Die Staatsanwaltschaft benötigt wiederum einen Anfangsverdacht. Problematisch ist unter Umständen, dass der Staatsanwaltschaft eine gezielte "Suche" nach Zufallsfunden untersagt ist, während der Arbeitgeber ohne weiteres auf alle Arbeitsmittel zugreifen kann.

3. Rechtsschutz

Der von einer Ermittlungsmaßnahme Betroffene kann, wenn er Adressat staatlicher Verfolgungsmaßnahmen ist, auf das Rechtsschutzinstrumentarium der StPO zurückgreifen. Die Reaktionsmöglichkeiten des Arbeitnehmers auf Pflichtverletzungen des Arbeitgebers (zB rechtswidrige Weisungen) sind dagegen deutlich schwächer ausgeprägt, vor allem dann, wenn der Arbeitnehmer seinen Arbeitsplatz behalten möchte.

C. Der Beschluss des LG Hamburg v. 15.10.2010 (608 Qs 18/10)[608] als aktuelles Beispiel

Die beschriebenen Probleme sind kein rein akademisches Problem: In einem aktuellen Beschluss des LG Hamburg ist das Thema – soweit ersichtlich – zum ersten Mal auch in der Rechtspraxis aufgetaucht. An dieser Stelle soll lediglich der Sachverhalt geschildert werden, die Auseinandersetzung mit dem Beschluss erfolgt an späterer Stelle.[609]

Eine Anwaltssozietät richtet als Drittbeteiligte eine Beschwerde gegen die Beschlagnahmeanordnung des AG Hamburg. Die Anwaltssozietät war vom Aufsichtsrat der HSH Nordbank AG mit der Durchführung einer Internen Ermittlung beauftragt worden und hatte daher Gespräche mit ehemaligen und derzeitigen Mitarbeitern der Bank geführt sowie schriftliche Stellungnahmen entgegengenommen. Die gesammelten Informationen waren die Grundlage eines Rechtsgutachtens, das die Sozietät erstellte und auch der StA Hamburg zuleitete. Die StA Hamburg wiederum verlangte die Herausgabe der Befragungsprotokolle und der damit zusammenhängenden Unterlagen. Nachdem die Anwaltssozietät dies verweigerte, beantragte die StA zunächst die Durchsuchung der Büroräume mit dem Ziel der Sicherstellung sämtlicher Unterlagen, die im Zusammenhang mit der Vorbereitung des Rechtsgut-

608 NJW 2011, 942.
609 Vgl. S 160 ff.

achtens stehen. Später verzichtete die StA auf die Bescheidung des Antrags auf Erlass eines Durchsuchungsbeschlusses unter Aufrechterhaltung des Beschlagnahmeantrages. Das AG Hamburg ordnete daraufhin mit Beschluss vom 16.09.2010 die Beschlagnahme der Interviewprotokolle, Dateien und handschriftlichen Aufzeichnungen zur Vorbereitung der Protokolle an, die Grundlage des Rechtsgutachtens zu möglichen Pflichtverletzungen durch Vorstandsmitglieder der HSH Nordbank AG gewesen waren.

Gegen diesen Beschluss richtete sich die Beschwerde der Anwaltssozietät. Zunächst sei das Beschlagnahmeverbot nach § 97 I Nr. 3 StPO gegeben. Außerdem ergebe sich in entsprechender Anwendung des Rechtsgedankens in § 97 I InsO ein Verwertungsverbot und im Vorgriff auf dieses ein Beschlagnahmeverbot bezüglich der Unterlagen: Dies fordere der Grundsatz „Nemo tenetur se ipsum accusare“. Das LG Hamburg verwarf die Beschwerde durch Beschluss.[610]

610 Vgl. die nähere Auseinandersetzung mit dem Beschluss S. 160 ff.

§ 4. Ansatzpunkte zum Schutz von Mitarbeiterrechten

Damit Mitarbeiter trotz der Mitwirkungspflicht an einer Internen Ermittlung nicht ihrer Rechte verlustig gehen, die ihnen in einem späteren Strafverfahren zustünden, könnte man mehrere Lösungsmöglichkeiten in Betracht ziehen.

Der Strafrechtsausschuss der Bundesrechtsanwaltskammer hat sich in Thesen zu der Problematik geäußert und schlägt ein bestimmtes Verfahren für die Durchführung Interner Ermittlungen vor (A.).

Möglicherweise finden sich auch im geltenden Recht Ansatzpunkte, um die Mitarbeiter vor dem angesprochenen Dilemma zu bewahren (B.).

Falls diese Ansatzpunkte unzureichend erscheinen, könnte man über neue Regelungen nachdenken, wobei dann nicht nur zu klären ist, wie diese Regeln aussehen sollen, sondern auch, wer die Regeln aufstellen soll (C.).

A. Die Stellungnahme des Strafrechtsausschusses der BRAK

Der Strafrechtsausschuss der BRAK (im folgenden: Strauda) geht in seiner Stellungnahme Nr. 35 (November 2010)[611] zum Unternehmensanwalt im Strafrecht auch auf die Problematik der Internen Ermittlungen[612] ein. Hervorzuheben sind vor allem die Absätze 2 und 3 der These 3, in denen es heißt:[613]

„Bei internen Erhebungen, insbesondere bei der Befragung von Mitarbeitern des Unternehmens, wahrt der Unternehmensanwalt die allgemeinen Gesetze und die sich aus den rechtsstaatlichen Grundsätzen ergebenden Standards. Der Unternehmensanwalt führt seine Erhebungen in einer Weise durch, dass Beweismittel in ihrer Qualität und Verwertbarkeit nicht beeinträchtigt werden."

611 Zu finden unter http://www.brak.de/seiten/02_05_20.php (zuletzt abgerufen am 07.04.2011). Vgl. auch die Erläuterungen des Vorsitzenden *Ignor* CCZ 2011, 143 ff.

612 Der Strauda plädiert dafür, die private Sachverhaltsaufklärung nicht als „Ermittlung", sondern als „Erhebung" zu bezeichnen, weil Privaten außerhalb von § 127 StPO keine Zwangsbefugnisse zustünden und weil so der Unterschied zur staatlichen Sachverhaltsaufklärung besser zu Tage trete. Der Begriff „Erhebung" steht allerdings in engem Zusammenhang mit der empirischen Forschung und geht in seiner Bedeutung „Sammlung von Daten" nicht weit genug: Die von einer Internen Ermittlung betroffenen Mitarbeiter haben zwar keine staatlichen Zwangsmittel, unter Umständen aber durchaus empfindliche zivilrechtliche Sanktionen zu befürchten und dürften daher in den meisten Fällen nicht freiwillig an der Aufklärung mitwirken. Außerdem dürfte die Abgrenzung zu staatlichen Ermittlungen hinreichend deutlich sein, wenn von „privaten Ermittlungen" die Rede ist.

613 BRAK Stn 35 (Nov 2010), S. 4, 9.

Begründet wird dies vor allem damit, dass es für Interne Ermittlungen keine unmittelbar anwendbaren gesetzlichen Verfahrensregeln bestünden.[614] Wenn Interne Ermittlungen aber tragfähige und belastbare Ergebnisse liefern sollen, müssten sie so weit wie möglich an den rechtsstaatlichen Standards eines staatlichen, justizförmigen Verfahrens ausgerichtet werden. Nur dadurch könne verhindert werden, dass der Nemo-tenetur-Grundsatz unterlaufen werde und nur so könnten die Ergebnisse einer Internen Ermittlung als seriöse und verwertbare Basis für die Ermittlungstätigkeit der Staatsanwaltschaft herhalten.

Der Strauda nennt in diesem Zusammenhang bestimmte „sich aus der rechtsstaatlichen Ordnung ergebende Standards".[615]

I. Mitarbeiterbefragungen

1. Auskunftspflicht

Der Ausschuss geht offenbar davon aus, dass ein Mitarbeiter arbeitsrechtlich dazu verpflichtet sein kann, sich selbst strafrechtlich zu belasten. Allerdings dürfe der Unternehmensanwalt nicht unlauter auf die Auskunftsbereitschaft des Mitarbeiters einwirken.[616] Dieser dürfe weder eingeschüchtert, noch getäuscht, bedroht oder einem unzulässigen Zwang ausgesetzt werden. Er dürfe nicht dazu gedrängt werden, „sich selbst zu belasten oder auf Rechte zu verzichten, die [er] als Zeuge oder Beschuldigter im Strafverfahren ohne Weiteres hätte". Zu keinem Zeitpunkt dürfe ihm für den Fall der Nichtkooperation mit arbeitsrechtlichen Konsequenzen gedroht werden. Überhaupt dürfe die Freiheit der Willensentschließung in keinem Fall beeinträchtigt werden.

2. Recht auf Beistand

Der Mitarbeiter soll bei Befragungen durch den Unternehmensanwalt einen eigenen Anwalt seiner Wahl und seines Vertrauens hinzuziehen dürfen.[617] Wenn möglich sollen die Kosten für diesen Anwalt vom Unternehmen getragen werden, das Mandatsverhältnis soll aber trotzdem zwischen Rechtsbeistand und Mitarbeiter bestehen.

---

614 Vgl. BRAK Stn 35 (Nov 2010), S. 10.
615 BRAK Stn 35 (Nov 2010), S. 10 ff.
616 BRAK Stn 35 (Nov 2010), S. 11.
617 BRAK Stn 35 (Nov 2010), S. 10.

3. Recht auf Einsichtnahme in das Befragungsprotokoll

Die Befragung des Mitarbeiters soll schriftlich dokumentiert werden. Der Mitarbeiter soll das Recht haben, in das Befragungsprotokoll Einsicht zu nehmen und es zu genehmigen.[618]

4. Belehrungspflichten

Nach Ansicht des Ausschusses ist der zu befragende Mitarbeiter darüber zu belehren, dass er das Recht hat, einen Anwalt zu konsultieren und Einsicht zu nehmen in das Befragungsprotokoll.[619] Außerdem müsse er darüber aufgeklärt werden, dass das Befragungsprotokoll möglicherweise an Behörden weitergegeben werde und dass – im Fall einer angebotenen Amnestie seitens des Unternehmens – strafrechtliche Maßnahmen und Sanktionen seitens der Strafverfolgungsbehörden trotz dieser Amnestie weiterhin möglich sind.

5. Bedingtes Auskunftsverweigerungsrecht des Mitarbeiters

Zur Durchsetzung dieser Standards möchte der Ausschuss dem Mitarbeiter ein bedingtes Auskunftsverweigerungsrecht zubilligen: Missachte oder verletze der Unternehmensanwalt die soeben genannten Standards, dann dürften dem Mitarbeiter, der mit Hinweis eben darauf seine Auskunft verweigere, daraus keine nachteiligen Konsequenzen erwachsen.[620]

II. Auswertung von E-Mail-Accounts

Ohne Anfangsverdacht sei die Auswertung eines E-Mail-Accounts unzulässig, sofern sich nicht aus dem Datenschutzrecht etwas anderes ergebe.[621] Bei Vorliegen eines Anfangsverdachts wird auf § 32 I 2 BDSG verwiesen. Der Unternehmensanwalt solle außerdem personenbezogene Daten nur soweit erheben und auswerten wie zur Aufklärung des dokumentierten Anfangsverdachts erforderlich.

III. Bewertung der Vorschläge

Die Stellungnahme des Strauda enthält konkrete Vorschläge für eine Auflösung des möglichen Spannungsfeldes zwischen einerseits den Unternehmensinteressen und andererseits den Interessen der Organe und Mitglieder des Unternehmens.[622] Diese

618 BRAK Stn 35 (Nov 2010), S. 11.
619 BRAK Stn 35 (Nov 2010), S. 10 f.
620 BRAK Stn 35 (Nov 2010), S. 11.
621 BRAK Stn 35 (Nov 2010), S. 12.
622 Vgl. BRAK Stn 35 (Nov 2010), S. 3.

praktische Ausrichtung bringt es notwendigerweise mit sich, dass die Vorschläge nicht im Einzelnen rechtlich begründet werden. Es geht also nicht um die rechtliche Umsetzbarkeit der genannten Standards, sondern auf einer vorgelagerten Ebene darum, was zur bestmöglichen beiderseitigen Interessenwahrung wünschenswert wäre.[623]

1. Angleichung an StPO-Standards?

Dabei lässt sich zunächst durchaus grundsätzlich hinterfragen, ob die augenscheinlich vom Strauda intendierte Angleichung der Verfahrensregeln von Internen Ermittlungen an Verfahrensregeln der Strafprozessordnung sinnvoll und zielführend ist. Denn aus Sicht der Strafverfolgungsbehörden könnte sich dies als faktische Kompetenzverlagerung darstellen, aus Unternehmenssicht als wenig attraktiver Verzicht auf arbeitsrechtlich eingeräumte Druckmittel und aus Sicht des Mitarbeiters könnte man bezweifeln, ob die Bindung des Unternehmensanwalts an Strafverfahrensregeln etwas wert ist, wenn ihm gleichzeitig das Rechtsschutzinstrumentarium der StPO nicht zur Verfügung steht.[624]

Dagegen lässt sich jedoch einwenden, dass das Aufstellen von Verfahrensregeln keine – wie auch immer geartete – Kompetenzverlagerung vom Staat auf Private zur Folge hat. Dem Strauda geht es im Gegenteil um die rechtsstaatliche Bändigung des bereits existierenden Phänomens der Internen Ermittlungen. Die Einhaltung der Verfahrensregeln soll außerdem nicht nur dem betroffenen Mitarbeiter zugute kommen, sondern auch sicherstellen, dass private Erkenntnisse später von Strafverfolgungsbehörden für eigene Ermittlungszwecke verwendet werden können.[625] Letztendlich sollen also auch weiterhin staatliche Ermittler für die Verfolgung von Straftaten zuständig und verantwortlich sein.

Zwar kann ein betroffener Mitarbeiter nicht auf den Rechtsschutz der StPO zurückgreifen, es gibt aber durchaus Möglichkeiten, wie er während der Internen Ermittlung auf der Einhaltung der Verfahrensregeln bestehen kann. Eine Lösung wäre das vom Strauda vorgeschlagene bedingte Auskunftsverweigerungsrecht. Hat der Mitarbeiter damit keinen Erfolg, kann dies unter Umständen in nachfolgenden

623 Die Thesen des Strauda sind außerdem vor allem als Denkanstoß zu werten, wie die Rechte des betroffenen Mitarbeiters gewahrt werden könnten. Eine umfassende Regelung des Verfahrens von Internen Ermittlungen müsste alle beteiligten Personen berücksichtigen und etwa auch arbeits- und datenschutzrechtliche Pflichten definieren, so zutreffend *Momsen/Grützner* DB 2011, 1792.

624 So die Kritik von *Momsen* ZIS 2011, 508, 514.Vgl. auch die grundsätzlichen Erwägungen von *Momsen/Grützner* DB 2011, 1792 ff. gegen eine Anwendung von StPO-Regeln im Rahmen von Internen Ermittlungen.

625 BRAK Stn 35 (Nov 2010), S. 4, 10.

arbeitsgerichtlichen Prozessen eine Rolle spielen, etwa mit der Folge, dass auf eine Mitwirkungsverweigerung keine Kündigung gestützt werden darf.[626]

Zutreffend ist allerdings die Auffassung, dass eine Anlehnung der Internen Ermittlung an Verfahrensregeln der StPO nicht dazu führen kann, dass der Mitarbeiter von seinen arbeitsrechtlichen Pflichten befreit wird. Dies scheint der Strauda nicht ausreichend berücksichtigt zu haben. Denn er verweist[627] in seiner Stellungnahme zum Unternehmensanwalt auf seine Thesen zur Zulässigkeit eigener Erhebungen des Verteidigers[628], dabei muss beim Handeln des Verteidigers – anders als bei Internen Ermittlungen – nicht auf eine arbeitsrechtliche Pflichtenlage Rücksicht genommen werden. An der grundsätzlichen Ausrichtung der Verfahrensregeln am rechtsstaatlichen Vorbild der StPO ist aber nichts auszusetzen, diese müssen lediglich auf das Arbeitsverhältnis übertragen werden.

2. Mitarbeiterbefragungen

a) Freiheit der Willensentschließung?

Der Ansicht des Strauda, dass die nach § 136 a im Strafverfahren unzulässigen Vernehmungsmethoden auch im Rahmen einer Mitarbeiterbefragung keine Verwendung finden sollen, ist zuzustimmen.

Die Vorschrift des § 136 a StPO soll im Strafverfahren die Aussagefreiheit des Beschuldigten umfassend schützen. Untersagt sind den Strafverfolgungsbehörden daher etwa Täuschung, Zwang (§ 136 a I 1, 2) und die Androhung prozessual unzulässiger (§ 136 a I 3 StPO), unter Umständen sogar die Androhung zulässiger Maßnahmen.[629] Auch der Zeuge darf nicht den in § 136 a StPO genannten Vernehmungsmethoden ausgesetzt werden (§ 69 III iVm § 136 a StPO).

Nicht überzeugen kann dagegen der Vorschlag[630], dass die Freiheit der Willensentschließung der Auskunftsperson wirklich in keinem Fall beeinträchtigt werden darf. Schließlich ist der Mitarbeiter unter Umständen arbeitsrechtlich zur Auskunft verpflichtet, auch bei möglicher strafrechtlicher Selbstbelastung[631], und falls ein Mitarbeiter dieser Pflicht nicht nachkommt, muss es dem Arbeitgeber auch möglich sein,

626 Auch im arbeitsgerichtlichen Verfahren können Beweisverwertungsverbote bestehen, etwa wegen einer Verletzung des Allgemeinen Persönlichkeitsrechts, vgl. zur diesbezüglichen Kasuistik *Lunk* NZA 2009, 457, 459 ff. und *Maier/Garding* DB 2010, 559, 561.

627 BRAK Stn 35 (Nov 2010), S. 4, 10.

628 Strauda Reform der Verteidigung im Ermittlungsverfahren (2004), These 62 ff.

629 SK-StPO/*Rogall*, 4. Aufl., § 136 a, Rn. 75; *Eisenberg* StPO, 7. Aufl., Rn. 683.

630 BRAK Stn 35 (Nov 2010), S. 4, 11.

631 Vgl. S. 122 ff.

mit arbeitsrechtlichen Konsequenzen zu drohen.[632] Im Strafverfahren schützt § 136 a StPO auch nur die Aussagefreiheit des Beschuldigten umfassend, Zeugen hingegen sind grundsätzlich zur Aussage verpflichtet (§ 48 I 2 StPO) und können im Falle der Weigerung mit Sanktionen belegt werden (§ 70 StPO). Eine Übertragung dieser strafprozessualen Differenzierung auf Befragungen im Rahmen von Internen Ermittlern scheidet aber deswegen aus, weil sich die arbeitsrechtlichen Pflichten aus dem Arbeitsvertrag und nicht danach bestimmen, ob gegen den betreffenden Mitarbeiter ein Tatverdacht vorliegt.

Die Willensentschließungsfreiheit könnte man nur dann umfassend schützen, wenn man den Mitarbeiter entweder generell im Fall der Selbstbelastung nicht für auskunftspflichtig hält oder wenn man dem Unternehmen für den Fall, dass der Mitarbeiter nicht umfassend kooperiert, generell die Durchführung arbeitsrechtlicher Konsequenzen untersagt. Beides würde aber in erheblichem Maße die Arbeitgeberinteressen hinter die Arbeitnehmerinteressen zurückstellen.

Es dürfte im Zeitpunkt der Mitarbeiterbefragung genügen, wenn der betroffene Mitarbeiter auch wirklich nur solche Auskünfte erteilt, zu denen er arbeitsrechtlich verpflichtet ist. Um dies sicherzustellen, müssen seine flankierenden Rechte gewahrt werden.

b) Belehrungspflichten

Von zentraler Bedeutung sowohl für die Entscheidungsfreiheit des Mitarbeiters als auch für die spätere Verwertbarkeit der Erkenntnisse ist die Einhaltung von Belehrungspflichten. Dazu zählen die Belehrung über das Recht, einen Anwalt zu konsultieren, Einsicht zu nehmen in das Befragungsprotokoll und darüber, dass Informationen aus der Befragung möglicherweise in die Hände der Strafverfolgungsbehörden gelangen können.

3. Übrige Vorschläge

Der Vorschlag, dem Arbeitnehmer ein bedingtes Auskunftsverweigerungsrecht zuzubilligen, ist zu begrüßen. Seine Realisierung in der Praxis dürfte aber entscheidend davon abhängen, dass das Vorgehen bei der Internen Ermittlung (nach der Art eines Strafverfahrensprotokolls, §§ 271 ff. StPO) schriftlich und oder anderweitig beweisbar festzuhalten ist. Alternativ oder ergänzend dazu könnte das Unternehmen auch eine Beschwerdestelle mit dem Kompetenzbereich „Ermittlungsmaßnahmen" einrichten, an die sich betroffene Mitarbeiter wenden können, die Zweifel am Vorgehen der Internen Ermittler haben.

---

632 Ähnlich *Momsen/Grützner* DB 2011, 1792, 1795.

Für die Auswertung von E-mail-Accounts existieren bereits gesetzliche Vorschriften, so dass eine gesonderte Einbeziehung in eine Verfahrensregelung nicht erforderlich ist.[633]

IV. Zusammenfassung zu Teil A

Der Strauda entwickelt in seiner Stellungsnahme Verfahrensvorschläge für Interne Ermittlungen. Diese sind ein wertvoller Diskussionsbeitrag, müssen jedoch – vor allem was die Ausübung von Druck zur Erzielung von Auskünften angeht – auch die arbeitsrechtliche Pflichtenlage berücksichtigen.

B. Ansatzpunkte im geltenden Recht

Letztendlich geht es darum, dass Informationen aus Internen Ermittlungen nicht in ein Strafverfahren Eingang finden dürfen, wenn dadurch strafprozessuale Rechte der von der Internen Ermittlung betroffenen Mitarbeiter ausgehöhlt werden. Im geltenden Recht gibt es möglicherweise verschiedene Ansatzpunkte, wie dies sichergestellt werden kann. Angeknüpft werden kann an die Durchführung der Internen Ermittlungen (vor allem die Auskunftspflichten), an die Zugriffsmöglichkeiten der Strafverfolgungsbehörden auf Informationen aus Internen Ermittlungen und an die Verwertbarkeit solcher Informationen im Strafverfahren.

I. Nemo-tenetur-Prinzip

Im Zusammenhang mit Auskunftspflichten des Arbeitnehmers wird häufig auf das Nemo-tenetur-Prinzip Bezug genommen.[634] Gemeint ist damit das allgemeine und umfassende Recht, sich nicht selbst belasten zu müssen.[635] Es ist fraglich, ob dieses Prinzip Anwendung findet, wenn der Arbeitgeber von seinen Beschäftigten Auskunft verlangt und diese sich durch die Auskunft selbst belasten müssen.

1. Herleitung

Das Nemo-tenetur-Prinzip ist im deutschen Recht nicht positiv niedergelegt. Allerdings wird es in verschiedenen Vorschriften (zB §§ 55, 136 I 2, 243 IV 1 StPO) vorausgesetzt. Die fehlende Regelung hat zur Folge, dass die Meinungen bei der verfassungsrechtlichen Verankerung des Nemo-tenetur-Grundsatzes auseinander gehen. Einig ist man sich noch in der historischen Herleitung, nämlich dass die Ursprünge des Nemo-tenetur-Grundsatzes bereits im talmudischen und kanoni-

---

633 Vgl. S. 134 ff.

634 *Westpfahl* in: Verh. des 67. DJT (2008), L 129; *Wastl/Litzka/Pusch* NStZ 2009, 68, 73; *Böhm* WM 2009, 1923, 1929; *Jahn* StV, 41, 43 f.; *U. H. Schneider* NZG 2010, 1201, 1204.

635 SK-StPO/*Rogall*, 4. Aufl., Vor §§ 133 ff., Rn. 130.

schen Recht zu suchen sind.[636] Auch bei den internationalen Rechtsgrundlagen stimmt man überein, dass Art. 14 III g) IPBPR (Internationaler Pakt über bürgerliche und politische Rechte) jedenfalls einen Teil[637] des Selbstbezichtigungsverbots normiert und dass dieses Verbot auch Bestandteil eines fairen Verfahrens iSv Art. 6 I EMRK ist[638].

Bei der verfassungsrechtlichen Ableitung stehen sich im Wesentlichen zwei Meinungsgruppen gegenüber:[639] Die einen sehen Nemo-tenetur als Ausprägung des Rechtsstaatsprinzips oder seiner Unterprinzipien und betonen seinen justizgrundrechtsähnlichen Charakter.[640] Die andere Ansicht orientiert sich mehr an der Menschenwürde, dem Menschenwürdegehalt einzelner Grundrechte[641] oder dem allgemeinen Persönlichkeitsrecht[642].

Die Rechtsprechung enthält sich einer genauen verfassungsrechtlichen Bestimmung, indem sie das Selbstbelastungsverbot als „[...] selbstverständliche[n] Ausdruck einer rechtsstaatlichen Grundhaltung bezeichnet, die auf dem Leitgedanken der Achtung vor der Menschenwürde beruhe“, dabei aber auch die Auffassung nicht zurückweist, die den Bezug zum Persönlichkeitsrecht des Beschuldigten hervorhebt.[643]

In neueren Abhandlungen wird eine genaue verfassungsrechtliche Verortung des Nemo-tenetur-Prinzips für entbehrlich oder jedenfalls für nicht entscheidend im Hinblick auf die Bestimmung des Schutzumfang gehalten.[644] Es bestehe Einigkeit darüber, dass diesem Prinzip Verfassungsrang zukomme und dass es ein „justiz-

---

636 *Rogall* Der Beschuldigte (1977), 69 ff.; *Nothhelfer* Die Freiheit von Selbsbezichtigungszwang (1989), 3 ff.; *Wolff* Selbstbelastung (1997), 21 ff.;

637 SK-StPO/*Rogall*, 4. Aufl., Vor §§ 133 ff., Rn. 131 sieht hierin ein allgemeines „privilege against self-incrimination“, nach *Bosch* Aspekte des nemo-tenetur-Prinzips (1998), 24 f.verkörpert diese Vorschrift nur einen Minimalgehalt.

638 SK-StPO/*Rogall*, 4. Aufl., Vor §§ 133 ff., Rn. 131; *Bosch* Aspekte des nemo-tenetur-Prinzips (1998), 26 f. ,der allerdings auf den geringen praktischen Nutzen dieser Erkenntnis hinweist.

639 *Bosch* Aspekte des nemo-tenetur-Prinzips (1998), 28 mwN.

640 Für *Bosch* Aspekte des nemo-tenetur-Prinzips (1998), 72 hat das Nemo-tenetur-Prinzip jedenfalls auch eine verfahrensorientierte Funktion; *Wolff* Selbstbelastung (1997), 59 ff. leitet das Nemo-tenetur-Prinzip aus dem Schuldprinzip ab, dem das Rechtsstaatsprinzips iVm Art. 1 I, Art. 2 I GG zugrunde liege.

641 *Böse* Wirtschaftsaufsicht (2005), 149, der das Nemo-tenetur-Prinzip aber gleichzeitig auch als Teil des Anspruchs auf rechtliches Gehör (Art. 103 I GG) also eines Verfahrensgrundrechts ansieht, vgl. S. 181.

642 *Rogall* Der Beschuldigte (1977), 139 ff.; *Nothhelfer* Die Freiheit von Selbsbezichtigungszwang (1989), 83; SK-StPO/*Rogall*, 4. Aufl., Vor §§ 133 ff., Rn. 132.

643 BVerfGE 56, 37, 43; ähnlich bereits vorher BVerfGE 55, 144, 150: „von der Achtung vor der menschlichen Würde geprägter rechtsstaatlicher Grundsatz“; nur auf Art. 2 I, Art. 1 I GG bezieht sich BGHSt 42, 139, 152.

644 *Torka* Nachtatverhalten (2000), 128.

grundrechtsähnliches Rechtsinstitut" sei.[645] Trotz vielfältiger Bemühungen um die verfassungsrechtliche Fundierung habe das Institut der Selbstbelastungsfreiheit nicht an Klarheit gewonnen, weshalb verstärkt das Augenmerk auf die einfachgesetzliche Bestimmung des Schutzgegenstandes gelenkt werden sollte.[646]

2. Anwendungsbereich

Das Nemo-tenetur-Prinzip hat seinen Hauptanwendungsbereich im Strafverfahren, in dem sich das öffentliche Strafverfolgungsinteresse und das Interesse des Beschuldigten, nicht an seiner eigenen Überführung mitwirken zu müssen, direkt gegenüber stehen. Die Bedeutung, die der Gesetzgeber dem Schweigerecht des Beschuldigten in dieser Situation beigemessen hat, zeigt sich an verschiedenen Vorschriften. So muss im deutschen Strafverfahren der Beschuldigte – anders als etwa in Frankreich[647] – vor jeder Vernehmung auf sein Schweigerecht hingewiesen werden (§§ 115 III 1, 128 I 2, 136 I 2, 163 a III, IV 2, 243 V StPO). Wird gegen die Belehrungspflicht aus § 136 I 2 StPO verstoßen, so kann dieser Mangel grundsätzlich[648] nur durch eine sog. qualifizierte Belehrung geheilt werden.[649] Im Übrigen dürfen erzwungene Aussagen des Beschuldigten selbst dann nicht verwertet werden, wenn dieser nachträglich zustimmt (§ 136 I 2, III 2 StPO).

a) Anwendung nur im Strafverfahren?

Dass das Nemo-tenetur-Prinzip auch außerhalb des Strafverfahrens direkte Anwendung findet, wird teilweise bestritten.[650] Vielmehr mache seine Entstehungsgeschichte deutlich, dass das Prinzip zunächst nur in Strafverfahren galt.[651] Außerdem sei das Nemo-tenetur-Prinzip aus dem Schuldgrundsatz herzuleiten und könne schon deswegen nur in Strafverfahren Geltung beanspruchen.[652] Schließlich zeige auch die Normierung des Nemo-tenetur-Prinzips in internationalen Verträgen (Art. 14 III g) IPBPR; Art. 6 I, III EMRK), dass dieses auf den Strafprozess zu beschränken sei.[653]

---

645 *Eidam* Die strafprozessuale Selbstbelastungsfreiheit (2007), 366 f.
646 *Verrel* NStZ 1997, 361, 364.
647 Eine Belehrungspflicht besteht hier nur in der richterlichen Voruntersuchung, nicht bei der Vernehmung durch die Polizei. Das hat zur Folge, dass die Beschuldigten in ca. 90 % der Fälle nicht über ihr Schweigerecht informiert werden, vgl. *Gless* in: Jung/Leblois-Happe/Witz (Hrsg.), 200 Jahre Code d`instruction criminelle (2010), 79 ff.
648 Es sei denn, es handelte sich um einen „zweifellos Wissenden", vgl. BGHSt 38, 224.
649 SK-StPO/*Rogall*, 4. Aufl., § 136, Rn. 60.
650 *Wolff* Selbstbelastung (1997), 99 ff.
651 *Wolff* Selbstbelastung (1997), 100.
652 *Wolff* Selbstbelastung (1997), 100.
653 *Wolff* Selbstbelastung (1997), 100 f.

b) Stellungnahme

Der Hinweis auf die Entstehungsgeschichte vermag nicht zu überzeugen: Die jahrtausendealte Entstehung des Nemo-tenetur-Prinzips im talmudischen Recht kann nicht zur Bestimmung seines Inhalts in der heutigen Zeit herhalten. Ein solches Vorgehen ist nicht nur methodisch fragwürdig, wenn man sich vor Augen hält, dass der Nemo-tenetur-Grundsatz nicht einmal im Deutschland und Frankreich der heutigen Zeit den gleichen Schutzumfang gewährt.[654] Um wieviel größer sind dann erst die Unterschiede zum Rechtssystem der jüdischen Schriftgelehrten und Gesetzeslehrer im 2. Jhdt. n. Chr.? Das Nemo-tenetur-Prinzip schützte im Laufe seiner Entwicklung außerdem nicht nur vor der Selbstbelastung, sondern zum Beispiel auch vor der Gefahr, sich der Schande und Unehre auszusetzen[655]. Nicht nur die Rechtssysteme, in denen dieses Prinzip galt, auch das Nemo-tenetur-Prinzip selbst hat also einen inhaltlichen Wandel vollzogen. Die Entstehungsgeschichte kann nicht zur näheren Bestimmung des Geltungsbereichs herangezogen werden.

Soweit auf den Schuldgrundsatz als Rechtsgrundlage verwiesen und daraus eine Beschränkung des Nemo-tenetur-Grundsatzes auf das Strafverfahren gefolgert wird, ist dem entgegenzuhalten: Nach überwiegender Ansicht lässt sich das Nemo-tenetur-Prinzip aus dem Rechtsstaatsprinzip bzw. aus dem allgemeinen Persönlichkeitsrecht und der Menschenwürde herleiten.[656] Aus dieser verfassungsrechtlichen Verortung folgt, dass das Prinzip nicht auf das Strafverfahren beschränkt ist. Es gilt in allen Verfahrensarten und auch im materiellen Recht.[657]

Auch der Wortlaut des Art. 14 III g) IPBPR trägt nicht zur näheren Bestimmung des Nemo-tenetur-Prinzips bei. Zwar ist dort von einem „wegen einer strafbaren Handlung Angeklagten" die Rede. Offen bleibt aber, ob durch diese Vorschrift ein allgemeines „*privilege against self-crimination*" zum Ausdruck gebracht werden[658] oder ob lediglich der Minimalgehalt der Rechtsauffassungen der Vertragsstaaten völkerrechtlich festgestellt werden soll[659]. Dass der Wortlaut des Art. 14 III g) IPBPR missglückt ist, wird allerdings von beiden Ansichten zugestanden.[660] Aus einer ungenauen völkervertragsrechtlichen Norm können aber keine Erkenntnisse für den Schutzumfang von Nemo-tenetur im nationalen Recht abgeleitet werden.

---

654 Vgl. *Gless* in: Jung/Leblois-Happe/Witz (Hrsg.), 200 Jahre Code d`instruction criminelle (2010), 79 ff.

655 *Rogall* Der Beschuldigte (1977), 81.

656 Vgl. *Bosch* Aspekte des nemo tenetur-Prinzips (1998), 28 mwN.

657 SK-StPO/*Rogall*, 4. Aufl., Vor §§ 133 ff., Rn. 130.

658 *Rogall* Der Beschuldigte (1977), 121; SK-StPO/*Rogall*, 4. Aufl., Vor §§ 133 ff., Rn. 131.

659 *Bosch* Aspekte des nemo tenetur-Prinzips (1998), 25.

660 *Bosch* Aspekte des nemo tenetur-Prinzips (1998), 25; SK-StPO/*Rogall*, 4. Aufl., Vor §§ 133 ff., Rn. 131.

Gleiches gilt für das Argument, dass Nemo-tenetur als Ausfluss des *fair-trial* in Art. 6 I, III EMRK zu verstehen und seine Anwendbarkeit somit auf das Gerichtsverfahren beschränkt sei.[661] Die EMRK ist ein völkerrechtlicher Vertrag, der in Deutschland in nationales Recht transformiert wurde.[662] Art. 6 EMRK als „Magna Charta des Strafverfahrens in den Staaten des Europarats"[663] wird vom BVerfG – lückenfüllend – zur Auslegung des Grundgesetzes herangezogen, sofern dies nicht zu einer Verminderung der betroffenen Grundrechte führt[664]. Damit wird aber zugleich deutlich, dass eine Herleitung der Reichweite des Nemo-tenetur-Prinzips vorrangig aus dem innerstaatlichen Recht heraus erfolgen muss. Etwas anderes könnte nur dann gelten, wenn man das Nemo-tenetur-Prinzip in seiner Niederlegung in Art. 6 I, III EMRK als allgemeine Regel des Völkerrechts ansehen würde und zudem Art. 25 I 2, 1. HS GG so auslegt, dass allgemeine Regeln des Völkerrechts sogar über der Verfassung stehen[665]. Völkergewohnheitsrecht setzt eine in der Staatengemeinschaft hinreichend verfestigte und verbreitete Praxis und eine entsprechende Rechtsüberzeugung voraus.[666] Eine Rechtsüberzeugung zwischen den Staaten mag dahingehend bestehen, dass der Angeklagte im Strafverfahren sich nicht selbst belasten muss. Ob es aber für Konfliktfelder jenseits des Strafverfahrens eine Rechtsüberzeugung der Staaten gibt, die besagt, dass das Nemo-tenetur-Prinzip keine Anwendung findet, muss bezweifelt werden.

Das Nemo-tenetur-Prinzip gilt also nicht nur im Strafverfahren, wenngleich es dort sein Hauptanwendungsfeld[667] hat und auch den stärksten Schutz[668] entfaltet.

3. Anwendung auf die Befragungssituation

Ob das Nemo-tenetur-Prinzip aber auch auf die Befragungssituation zwischen Arbeitgeber und Arbeitnehmer Anwendung findet, muss erst noch geprüft werden. Dafür muss ein Zwang zur Selbstbelastung ausgeübt werden (a). Da das Nemo-tenetur-Prinzip ein gegen die staatliche Gewalt gerichtetes Abwehrrecht ist, muss der Zwang grundsätzlich vom Staat ausgehen (b). Ist dies nicht der Fall, sind also Private Urheber des Zwangs, findet das Nemo-tenetur-Prinzip keine Anwendung (c).

---

661 So *Wolff* Selbstbelastung (1997), 101.

662 KK-StPO/*Schädler*, 6. Aufl., MRK, Vorbem., Rn. 4.

663 KK-StPO/*Schädler*, 6. Aufl., MRK, Art. 6, Rn. 1.

664 BVerfG NStZ 2007, 159, 160.

665 Vgl. zur unterschiedlichen Auslegung des Art. 25 I 2 GG Maunz/Dürig/*Herdegen*, 57. Erg.-Lfg., Art. 25, Rn. 42.

666 Maunz/Dürig/*Herdegen*, 57. Erg.-Lfg., Art. 25, Rn. 23.

667 So SK-StPO/*Rogall*, 4. Aufl., Vor §§ 133 ff., Rn. 135 (Fn. 852). *Theile* StV 2011, 381, 383 sieht die unmittelbare Anwendbarkeit des Nemo-tenetur-Prinzips auf staatliche Verfahren beschränkt.

668 BVerfGE 56, 37, 43.

a) Zwang

Zunächst müsste sich der Arbeitnehmer bei der Befragung durch seinen Arbeitgeber einem Zwang ausgesetzt sehen. Darunter fällt jede unmittelbare oder mittelbare Ausübung von Druck.[669] Hier gilt es zu differenzieren.

aa) Tatsächlich bestehende Auskunftspflicht

Trifft den Arbeitnehmer die – vollstreckbare – Pflicht zur Auskunft nach § 666 BGB, genügt das, damit ein Zwang vorliegt.[670] Denn bereits die Möglichkeit der Klage seitens des Arbeitgebers und der anschließenden Vollstreckung (§ 888 ZPO)[671] übt Druck auf den Arbeitnehmer aus.

bb) Keine Auskunftspflicht

Hat der Arbeitgeber aber keinen Auskunftsanspruch nach § 666 BGB, etwa weil er einen Verdacht noch nicht substantiiert vortragen kann oder weil er gänzlich „ins Blaue hinein" fragt, ist zweifelhaft, ob ein Zwang iSd Nemo-tenetur-Prinzips vorliegt. Auch ohne vollstreckbaren Anspruch wird der Arbeitgeber Druck ausüben, indem er zB mit einer Verdachtskündigung droht, falls der Mitarbeiter bei der Aufklärung nicht ausreichend mitwirke. Nach Ansicht von *Rogall* kommt es hier allein auf die rechtliche Erzwingbarkeit der Auskunft an; denn gerade dies – die fehlende Entscheidungsfreiheit – sei der Unterschied zu den Fällen, in denen es um die Erfüllung von Obliegenheiten oder die Belastung mit einem Beweisrisiko gehe.[672] *Rogall* bezieht sich vor allem auf die hierzu ergangene Rechtsprechung:

Der BGH hatte entschieden, dass ein Asylbewerber, der Angaben über die Modalitäten seiner Einreise machen muss (§ 8 II AsylVfG), sich nicht auf den Nemo-tenetur-Grundsatz berufen kann. Dessen Auskunftspflicht sei nämlich eine Oblie-

---

669 SK-StPO/*Rogall*, 4. Aufl., Vor §§ 133 ff., Rn. 139.

670 Allgemein für vollstreckbare Mitwirkungspflichten *Wolff* Selbstbelastung (1997), 131.

671 Hat die Leistungsklage (§ 46 II 1 ArbGG iVm § 259 ZPO) des Arbeitgebers auf Erteilung der Auskunft Erfolg, richtet sich die Vollstreckung nach § 888 I ZPO. Allerdings ist dafür Voraussetzung, dass die Auskunft des Arbeitnehmers als unvertretbare Handlung einzuordnen ist. Eine unvertretbare Handlung ist immer dann gegeben, wenn die Handlung nur vom Willen des Schuldners abhängig ist und von einem Dritten bei einer vernünftigen Betrachtung nicht vorgenommen werden kann oder darf, jedenfalls nicht so, wie es dem Schuldner möglich ist (Vgl. Baumbach/Lauterbach/Albers/Hartmann, ZPO, 68. Aufl., § 888, Rn. 3). Das bedeutet, dass auch wirklich nur der verurteilte Arbeitnehmer in der Lage sein darf, Auskunft zu erteilen. Ist dies der Fall, legt das Gericht nach Ausübung seines pflichtgemäßen Ermessens – ohne erneute Androhung – ein Zwangsmittel (Zwangsgeld, ersatzweise Zwangshaft oder sofort Zwangshaft) fest (Vgl. Baumbach/Lauterbach/Albers/Hartmann, ZPO, 68. Aufl., § 888, Rn. 15) .

672 SK-StPO/*Rogall*, 4. Aufl., Vor §§ 133 ff., Rn. 140 (Fn. 877).

genheit – weil nicht unmittelbar sanktionsbewehrt –, auch wenn der Asylbewerber durch einen unzureichenden Tatsachenvortrag den Erfolg seines Asylantrags möglicherweise gefährde.[673] Der betroffene Asylbewerber müsse entscheiden, was ihm wichtiger sei: Schutz vor Selbstbelastung oder Rechtsverwirklichung.[674] Nach Ansicht des BVerfG kann sich auch ein Versicherungsnehmer, der sich gegenüber seinem Versicherer zur Unfallursache äußert, nicht auf das Nemo-tenetur-Prinzip berufen, wenn diese Informationen später zu seiner Verurteilung beitragen. Die Pflicht, dem Versicherungsunternehmen Auskunft zu erteilen, sei durch Abschluss des Versicherungsvertrags freiwillig übernommen worden; bei Nichterfüllung drohten keine Zwangsmaßnahmen, es entfalle höchstens der Versicherungsschutz.[675]

Der Unterschied der geschilderten Fälle zur Befragungssituation des Arbeitnehmers besteht darin, dass den Arbeitnehmer nun rechtlich gar keine Auskunftspflicht trifft. Trotzdem kann der Arbeitgeber ein Drohpotenzial aufbauen, indem er etwa mit der Kündigung droht. Und die Kündigung wird möglicherweise ein noch größeres Druckpotenzial aufweisen als ein Zwangsgeld oder eine Zwangshaft nach § 888 I ZPO, die ja einen ausreichenden Zwang iSd Nemo-tenetur-Prinzips darstellen.

Das genügt aber nicht. Mag die Kündigung vom Arbeitnehmer als Sanktion empfunden werden, wenn er die Auskunft trotz der Androhung weiterhin verweigert und anschließend entlassen wird. Entscheidend ist, dass die Kündigung kein Mittel des Arbeitgebers darstellt, mit dem der Arbeitgeber den Arbeitnehmer *rechtlich* zur Auskunft bewegen kann. Denn eine Verhaltenskündigung kann nicht allein auf der Tatsache aufbauen, dass der Arbeitnehmer nicht Auskunft gibt, wenn diesen eine solche Pflicht gar nicht trifft. Eine Verdachtskündigung ist unabhängig von der Mitwirkung, denn sie knüpft an das – möglicherweise strafbare – Verhalten des Arbeitnehmers vor der Kündigungsandrohung an. Droht der Arbeitgeber mit der Kündigung, obwohl die Voraussetzungen dafür offensichtlich nicht vorliegen, macht er sich möglicherweise einer Nötigung nach § 240 I StGB strafbar. Hat der Arbeitnehmer im Rahmen dieser Befragung Auskunft über eigene strafbare Handlungen erteilt, kann die Unverwertbarkeit im späteren Prozess nach einer Minderansicht aus einer horizontalen Drittwirkung des § 136 a StPO folgen.[676] Auf das Nemo-tenetur-Prinzip kann sich ein Arbeitnehmer in diesem Fall aber nicht berufen, denn dieses soll grundsätzlich nur vor Zwang und nicht vor einem Irrtum schützen.[677]

673 BGHSt 36, 328, 333.
674 BGHSt 36, 328, 334.
675 BVerfG NStZ 1995, 599, 600.
676 *Jahn* StV 2009, 41, 45.
677 Insofern ist dem OLG Karlsruhe NStZ 1989, 287 zuzustimmen: Trifft den Arbeitnehmer keine Auskunftspflicht, trägt er selbst die Verantwortung sowohl für das gesprochene Wort als auch für sein Schweigen. Beides ist in einem anschließenden Strafverfahren grundsätzlich

Soweit streitig ist, ob ausnahmsweise auch das Hervorrufen eines Irrtums genügt („Hörfalle"-Konstellationen), wird dies nur für Fälle diskutiert, in denen Ermittlungsbehörden durch die Einschaltung Verdeckter Ermittler möglicherweise strafprozessuale Belehrungsvorschriften umgehen.

cc) Ergebnis

Ein für das Nemo-tenetur-Prinzip relevanter Zwang liegt nur dann vor, wenn den Arbeitnehmer eine rechtlich durchsetzbare Pflicht zur Auskunft trifft. Trifft den Arbeitnehmer im Einzelfall keine solche Pflicht, kann das Nemo-tenetur-Prinzip bereits mangels Zwangs nicht zur Anwendung kommen.

b) Staatliche Beteiligung am Selbstbelastungszwang

Das Nemo-tenetur-Prinzip ist – insbesondere wenn man es aus Art. 2 I iVm Art. 1 I GG herleitet – ein Abwehrrecht gegen den Staat.[678] Mit dem Arbeitgeber handelt allerdings unmittelbar nur ein Privater, der Staat tritt erst auf den Plan, wenn es um die spätere strafprozessuale Verwertung einer bereits unter Zwang getätigten Auskunft geht.

Auch ein privater Zwang kann allerdings auf staatliche Initiative zustande kommen.

Ein naheliegendes Beispiel für eine solche Methode wäre, wenn Strafverfolgungsbehörden ihre eigenen Ermittlungen bewusst „zurückfahren", um anschließend auf die privaten Aufklärungsergebnisse zurückgreifen bzw. an diese anknüpfen zu können.[679] Gleiches gilt, wenn die Staatsanwaltschaft selbst aktiv wird und sich mit den Privatermittlern dahingehend abspricht, welche Mitarbeiter des Unternehmens zu „vernehmen" sind. In beiden Fällen liegt eine bewusste Umgehung der strafprozessualen Verfahrensvorschriften vor und der unmittelbar privat ausgeübte Zwang ist als staatlicher Zwang iSd Nemo-tenetur-Prinzips zu bewerten.

Es lassen sich aber auch noch andere Gründe denken, warum man einen unmittelbar privat ausgeübten Zwang als staatlichen Zwang einordnen könnte.[680]

verwertbar. Leider bleibt offen, wie das OLG Karlsruhe zu der Feststellung gelangt, dass den Arbeitnehmer bei drohender Selbstbelastung keine Auskunftspflicht trifft. Weder mit der zivilgerichtlichen (BGHZ 41, 318) noch mit der arbeitsgerichtlichen (BAG 1967, 1327) Rechtsprechung setzt es sich auseinander.

678 *Rogall* Der Beschuldigte (1977), 153.

679 *Pfordte* in DAV-FS (2009), 740, 755.

680 Vgl. *Knauer/Buhlmann* AnwBl 6/2010, 387, 389.

aa) Staat als Urheber der Auskunftspflicht?

Zunächst könnte man annehmen, der Staat sei Urheber des Zwangs, weil die zugrundeliegende Pflicht den für das Arbeitsverhältnis maßgeblichen gesetzlichen und damit staatlichen Vorschriften entstammt (§§ 666, 241 II, 242 BGB).

Zwar können Vertragsparteien über den Vertragsinhalt frei disponieren, denn im Regelfall handelt es sich bei den gesetzlichen Regelungen nur um einen „[...] Vorschlag an die Parteien für eine vom Gesetzgeber als gerecht gehaltene Regelung [...]“[681]. Seine Grenze findet dieses Recht allerdings im Treu und Glauben (§ 242 BGB).[682] Da nun die Rechtsprechung die allgemeine Auskunfts- und Rechenschaftspflicht auf ebendiesen Grundsatz stützt[683], dürfte es nicht möglich sein, einen Arbeitsvertrag ohne Auskunftspflichten zu vereinbaren.

Dennoch lässt sich hieraus kein staatlicher Zwang zur Selbstbezichtigung folgern, denn auch wenn die allgemeine Auskunftspflicht im Arbeitsrecht als zwingendes Recht anzusehen ist, entsteht diese Pflicht erst mit Abschluss des Vertrags – zum Vertragsschluss selbst wird aber niemand gezwungen.[684]

bb) Rechtliche Ermittlungspflichten

Als weiterer Gesichtspunkt für eine Zurechnung des Zwangs der Auskunftspflicht nach § 666 BGB an den Staat kommen rechtliche Ermittlungspflichten der Unternehmen in Betracht. Oben[685] wurde dargestellt, dass Unternehmen und Vorstände nach §§ 76 I, 93 I Akt, 130 OWiG unter Umständen die Pflicht trifft, dem Verdacht auf Straftaten in ihren Unternehmen nachzugehen. Wie sie das allerdings tun, ist grundsätzlich in ihr Ermessen gestellt. Auch wo sich das Ermessen auf Null reduziert, also die größtmögliche Aufklärung verlangt ist, können die Unternehmen die Aufklärung den Strafverfolgungsbehörden überlassen. Eine Zurechnung unter dem Gesichtspunkt der Ermittlungspflichten scheidet daher ebenfalls aus.

cc) Faktische Ermittlungspflichten

Ermittlungen in Unternehmen können nicht nur die Folge expliziter rechtlicher Verpflichtungen, sondern auch die Folge einer faktischen Pflicht zur Aufklärung sein. Dargestellt wurde dies oben anhand des Vergaberechts: Unternehmen, bei

---

681 *Knauer/Buhlmann* AnwBl 6/2010, 387, 389.

682 Vgl. Staudinger/*Olzen* (2009), Einl zum SchuldR, Rn. 61.

683 MüKo-BGB/*Seiler*, 5. Aufl., § 666, Rn. 4. Die Vertragsparteien sind bei der inhaltlichen Gestaltung des Schuldverhältnisses frei, müssen jedoch den Grundsatz von Treu und Glauben (§ 242 BGB) beachten,

684 Ähnlich *Knauer/Buhlmann* AnwBl 6/2010, 387, 389.

685 S. 63 f.

denen es zur Begehung bestimmter Straftaten gekommen ist, können erst nach einer umfangreichen „Selbstreinigung“ wieder am Vergabeverfahren teilnehmen. Aufgrund der erheblichen wirtschaftlichen Konsequenzen eines dauernden Ausschlusses erwächst hieraus die faktische Pflicht, eine solche Selbstreinigung durchzuführen. Diese Selbstreinigung wird alle effektiven Maßnahmen umfassen, wozu wohl auch Mitarbeiterbefragungen gehören dürften. Die gleichen Zwänge dürften für Unternehmen bestehen, gegen die die US-Börsenaufsicht SEC ermittelt und die im Falle nicht umfassender Kooperation mit drakonischen Strafen zu rechnen haben. Auch hier besteht ein erheblicher faktischer Kooperationszwang.[686] Da Grundrechte des Grundgesetzes aber nur den deutschen Staat verpflichten, kann der faktische Zwang, der durch die US-Börsenaufsicht SEC ausgeübt wurde, nicht als staatlicher Zwang iSd Nemo-tenetur-Prinzips verstanden werden.[687]

Letztlich stellt sich die Frage, ob auch ein faktischer staatlicher Zwang – wie er im Vergaberecht entstehen kann – genügt, um privaten Zwang dem Staat zuzurechnen.[688] Dafür lässt sich anführen, dass der Staat sich sonst der Zurechnung allein dadurch entziehen könnte, dass er rechtliche Pflichten umwandelt in „Zuckerbrot und Peitsche“-Systeme. Statt eines Verhaltensgebotes könnte der Staat ein Verhalten grundsätzlich ins Belieben des Unternehmens stellen und das Verhalten dennoch durch das Inaussichtstellen einer erheblichen wirtschaftlichen Konsequenz lenken. Für eine Zurechnung eines privaten Verhaltens an den Staat müsste dem staatlichen Vorgehen aber auch die Motivation zugrunde liegen, unter Umgehung der eigentlich dafür vorgesehenen Vorschriften an Ermittlungsergebnisse zu kommen.

In diese Richtung hat sich das BVerfG erst jüngst im Zusammenhang mit der Verwertbarkeit einer in Liechtenstein rechtswidrig beschafften Steuer-CD geäußert: Zwar geht das BVerfG nicht ausdrücklich auf die Frage ein, ob der private Daten-Verkäufer sich gerade durch vorherige Daten- oder Informationsankäufe des Staates möglicherweise zu seiner Tat „motivieren“ ließ. Gleichwohl genüge nicht jeder

686 *Knauer/Buhlmann* AnwBl 6/2010, 387, 390.

687 Anders wohl *Knauer/Buhlmann* AnwBl 6/2010, 387, 390. Zu einer Geltung des Nemo-tenetur-Prinzips könnte man in diesen Fällen nur kommen, wenn Nemo-tenetur nach Völkergewohnheitsrecht Schutz vor jedwedem (auch ausländischen) staatlichen Zwang gewährleisten würde und wenn man diesem Völkergewohnheitsrecht entgegen der hM (Vgl. Maunz/Dürig/*Herdegen*, 57. Aufl., Art. 25, Rn. 42.) Überverfassungsrang zuordnen würde. Ein solches Völkergewohnheitsrecht lässt sich allerdings nicht feststellen. Anders dagegen *Wastl/Litzka/Pusch* NStZ 2009, 68, 71 (Fn. 37b), für die Nemo-tenetur ein „universellrechtsstaatliches Prinzip“ ist. Bezogen auf das Schweigerecht des Beschuldigten im Strafverfahren mag das vielleicht stimmen, nicht aber für Auskunftspflichten außerhalb des Strafverfahrens. Hier besteht noch nicht einmal auf nationaler Ebene Einigkeit über die Anwendung des Nemo-tenetur-Prinzips.

688 Dagegen *Knauer/Buhlmann* AnwBl 6/2010, 387, 390.

Verfahrensverstoß, auch nicht jeder strafbare, für die Annahme eines Verwertungsverbots. Dies komme erst dann in Betracht, wenn „[...] es sich bei den unterstellten Rechtsverletzungen um schwerwiegende, bewusste oder willkürliche Verfahrensverstöße handelt, bei denen die grundrechtlichen Sicherungen planmäßig oder systematisch außer acht gelassen worden sind".[689]

Trotz aller Unterschiede der Sachverhalte lässt sich in beiden Fällen möglicherweise eine Gemeinsamkeit ausmachen: Die Verwertung von Arbeitnehmerauskünften im Strafverfahren ist – in den zuletzt geschilderten Konstellationen – die Folge eines faktischen Zwangs zur Aufklärung, dem Unternehmen aufgrund der entsprechenden Regelungen etwa im Vergaberecht unterliegen. Die Verwertung der Steuer-CDs ist die Folge eines – ebenfalls faktischen – Anreizsystems, nämlich der Weiterverkaufsmöglichkeit an staatliche Behörden.

Überträgt man den vom BVerfG im Steuer-CD-Beschluss entwickelten Maßstab auf die hier interessierende Frage, ob faktische Anreizsysteme des Staates ausreichend dafür sein können, um ein im Hinblick auf dieses Anreizsystem erfolgtes privates Verhalten dem Staat zurechnen zu können, gelangt man zu der Erkenntnis, dass dies im Regelfall nicht genügen wird. Denn für die genannten Anreizsysteme finden sich jeweils gute Gründe (etwa im Vergaberecht: Stärkung des Wettbewerbs, Vermeidung von Korruption) und der damit einhergehende Druck auf die Mitarbeiter des Unternehmens ist allenfalls eine Nebenfolge des Anreizsystems. Eine solche Nebenfolge kann kein planmäßiges oder systematisches Außerachtlassen von grundrechtlichen Sicherungen sein.

Auch ein faktischer Zwang als Folge eines staatlichen Anreizsystems genügt nicht, um den ausgeübten Zwang zu einem staatlichen Zwang werden zu lassen.

c) Privater Zwang

In den Fällen, in denen der Zwang dem Staat nicht zuzurechnen ist, kann das Nemo-tenetur-Prinzip keine Anwendung finden: Private werden hierdurch nämlich nicht verpflichtet.[690] Sofern Private allerdings bei ihren Ermittlungen Informationen zutage fördern, die später Eingang in ein Strafverfahren finden, kann der Staat dennoch daran gehindert sein, diese Informationen zu verwerten. Begründen lässt sich dies mit der staatlichen Verpflichtung zum Schutz des Persönlichkeitsrecht oder mit dem Anspruch des Beschuldigten auf ein faires Verfahren.[691]

---

689 BVerfG v. 9.11.2010, 2 BvR 2101/09, Rn. 60.

690 SK-StPO/*Rogall*, 4. Aufl., Vor §§ 133 ff., Rn. 140.

691 SK-StPO/*Rogall*, 4. Aufl., Vor §§ 133 ff., Rn. 140, 161. *Rogall* ordnet dies als „mittelbare Drittwirkung" der Selbstbelastungsfreiheit ein (Rn. 161). Das ist missverständlich, weil die mögliche Unverwertbarkeit im Strafverfahren ihre Ursache ja gerade nicht in der (nicht anwendbaren) Selbstbelastungsfreiheit hat, sondern (zum Beispiel) in der Verpflichtung des

d) Zusammenfassung

Das Nemo-tenetur-Prinzip ist in seinem Anwendungsbereich nicht auf Strafverfahren beschränkt.

Ist der Arbeitnehmer im Rahmen von Internen Ermittlungen rechtlich nicht zur Auskunft verpflichtet, sondern nur einem hohen faktischen Druck des Arbeitgebers ausgesetzt, fehlt es am für das Nemo-tenetur-Prinzip erforderlichen rechtlichen Zwang.

Dagegen kann der Anwendungsbereich des Nemo-tenetur-Prinzips eröffnet sein, wenn den Arbeitnehmer eine rechtlich erzwingbare Auskunftspflicht trifft und wenn dieser Zwang dem Staat zurechenbar ist. Das dürfte unproblematisch dann der Fall sein, wenn die Befragung des Mitarbeiters auf Veranlassung der Strafverfolgungsbehörden erfolgt oder dann, wenn sich Strafverfolgungsbehörden bewusst mit eigenen Vernehmungen solange zurückhalten, bis die Mitarbeiterbefragung abgeschlossen ist, um anschließend auf die Ermittlungsergebnisse zurückgreifen zu können. Ein lediglich faktischer Ermittlungsdruck als Folge eines staatlichen Anreizsystems genügt dagegen nicht, um privates Verhalten dem Staat zurechnen zu können.

Wenn der Arbeitnehmer zwar rechtlich zur Auskunft verpflichtet, diese Situation dem Staat aber nicht zurechenbar ist, findet das Nemo-tenetur-Prinzip keine Anwendung.

e) Die Auffassung des LG Hamburg im Beschl. v. 15.10.2010 (608 Qs 18/10)

Das LG Hamburg hielt die Auffassung, dass Aussagen, die im Rahmen einer Internen Ermittlung getätigt wurden, strafrechtlich wegen des Nemo-tenetur-Prinzips einem Verwertungsverbot bzw. einem Beschlagnahmeverbot unterliegen könnten, für „eher fernliegend".[692] Dieses Prinzip sei nämlich in Fällen, in denen „[...] sich Privatpersonen in (arbeits-)vertragliche Bindungen begeben haben, die sie zur Offenbarung möglicherweise auch strafbaren Verhaltens zwingen, ersichtlich nicht anwendbar." Entscheidend sei nicht, dass die Einhaltung arbeitsrechtlicher Pflichten existenzielle Bedeutung haben könne, sondern dass die Konfliktlage des Betroffenen lediglich aus der freiwillig eingegangenen Verpflichtung zur möglichen Selbstbelastung resultiere.

Dass das Nemo-tenetur-Prinzip wirklich „ersichtlich" keine Anwendung findet, muss schon deswegen bezweifelt werden, weil das BVerfG bei seiner Darstellung des Schutzumfangs des Nemo-tenetur-Prinzips im Gemeinschuldner-Beschluss

---

Staates zum Schutz des Persönlichkeitsrechts oder zur Gewährung eines fairen Verfahrens.

692 NJW 2011, 942, 944.

ausdrücklich auch auf rechtsgeschäftlich begründete Auskunftspflichten Bezug nahm.[693] Auf dieser Linie liegen auch Beschlüsse des BVerfG, in denen etwa die Auskunftspflicht nach § 807 ZPO[694] oder § 888 ZPO[695] bejaht wurde, diese Auskunft aber in einem anschließenden Strafverfahren einem Verwertungsverbot unterliegen soll.[696]

Zutreffend geht das LG zunächst davon aus, dass die Selbstbelastungspflicht Folge der freiwillig eingegangenen vertraglichen Verpflichtung ist und dass diese vertragliche Verpflichtung dem Staat nicht zugerechnet werden kann. Dagegen kann auch nicht eingewandt werden, die Freiwilligkeit der Begründung des Arbeitsverhältnisses enthalte aus der Sicht des Arbeitnehmers nicht die Verpflichtung, wegen der Durchführung einer Internen Ermittlung auf rechtsstaatliche Grundsätze in einem Strafverfahren verzichten zu müssen.[697] Der Arbeitnehmer verpflichtet sich bei Abschluss des Arbeitsvertrages zur Erfüllung der Haupt- und Nebenpflichten (§ 241 I BGB) und darüber hinaus dazu, die Rechtsgüter des Arbeitgebers (§ 241 II BGB) zu wahren. Unter diesen Pflichtenkanon können auch selbstbelastende Auskünfte fallen.[698] Entscheidend für die Anwendbarkeit des Nemo-tenetur-Prinzips ist aber nicht das Zustandekommen der Auskunftspflicht, sondern ob im Zeitpunkt der Auskunftserteilung ein rechtlicher Zwang vorliegt und ob dieser Zwang dem Staat zurechenbar ist. Letzterer Punkt wurde vom LG Hamburg außer Acht gelassen.

Es müssen also die näheren Umstände der Internen Ermittlung berücksichtigt werden, um Äußerungen zu einer Anwendbarkeit oder Unanwendbarkeit des Nemo-tenetur-Prinzips treffen zu können. Dabei geht es nicht unbedingt nur darum, in wessen Auftrag die Interne Ermittlung erfolgte[699] – typischerweise wird dies der Vorstand oder der Aufsichtsrat des Unternehmens sein. Entscheidend ist vielmehr auf wessen *Veranlassung* und aus welchen Motiven die Entscheidung für eine Interne Ermittlung getroffen wurde. Gerade bei einer Landesbank wie der HSH Nordbank ist hier auch die Möglichkeit politischen Drucks[700] in Betracht zu ziehen.

693 BVerfGE 56, 37, 45. So auch *v. Galen* NJW 2011, 945.
694 BVerfG v. 31.3.2008, 2 BvR 467/08, BeckRS 2008, 35240.
695 BVerfG v. 9.5.2004, 2 BvR 480/04.
696 In beiden Fällen war allerdings die genaue Ausgestaltung und Reichweite des Verwertungsverbots letztendlich nicht entscheidungserheblich, weshalb hierzu nähere Ausführungen fehlen.
697 So *Sidhu/v. Saucken/Ruhmannseder* NJW 2011, 881, 883.
698 Vgl. S. 122 ff.
699 So *Szesny* GWR 2011, 315984.
700 Vgl. nur die Schlagzeile der (von vielen Online-Portalen übernommenen) dpa-Meldung v. 30.08.10: „Politischer Druck auf HSH Nordbank wächst". Abrufbar am 29.08.11 etwa unter http://www.fr-online.de/wirtschaft/politischer-druck-auf-hsh-nordbank-waechst/-/1472780/4600948/-/index.html.

Dieser politische Druck wäre aber wohl ohnehin in die Fallgruppe des „faktischen Zwangs" einzuordnen; das Nemo-tenetur-Prinzip könnte daher nach den soeben gefundenen Ergebnissen nur dann anwendbar sein, wenn gerade durch die Durchführung der Internen Ermittlung grundrechtliche Sicherungen außer kraft gesetzt werden sollten – hiervon ist aber nicht auszugehen.

4. Mögliche Folgerungen aus der Anwendbarkeit

Das Nemo-tenetur-Prinzip soll Schutz vor einer erzwungenen Selbstbelastung gewähren. Wie dieser Schutz konkret ausgestaltet ist, hängt von der Rolle der Auskunftsperson und der Zweckbestimmung der Auskunft ab.[701] Im Strafverfahren ist der Schutz am stärksten ausgeprägt, Beschuldigte haben ein Aussageverweigerungsrecht und müssen hierauf auch hingewiesen werden (§§ 136 I 2, 163 a III 2, IV 2, 243 V 1 StPO). Eine vergleichbare Hinweispflicht findet sich im öffentlichen Dienstrecht, genauer im Disziplinarrecht: Beamte und Soldaten, gegen die der Verdacht eines Dienstvergehens besteht, sind bei der ersten Vernehmung darauf hinzuweisen, dass es ihnen freisteht, sich zur Sache zu äußern oder nicht auszusagen.[702]

Für den Gemeinschuldner hatte das Bundesverfassungsgericht ausführlich begründet, dass diesem im Vergleich zum Beschuldigten ein geringerer Schutz zukommen müsse: Zunächst sei seine Rolle eine andere, denn seine Auskunft soll nicht unmittelbar zu seiner strafrechtlichen Verurteilung beitragen.[703] Aber auch der Zweck seiner Auskunft rechtfertige eine andere Bewertung. Dient die Auskunft nämlich der Erfüllung eines berechtigten Informationsbedürfnisses, könne der Gesetzgeber die Belange der verschiedenen Beteiligten gegeneinander abwägen.[704] Das Persönlichkeitsrecht des Gemeinschuldners gebiete es aber, dass diese erzwungenen Auskünfte nicht in einem späteren Strafverfahren gegen ihn verwertet werden dürfen.[705]

In einem neueren Beschluss hat das BVerfG diese Rechtsprechung auf eine nach § 888 ZPO vollstreckbare Auskunftspflicht übertragen.[706] Die Auskunftspflicht bedürfe allerdings „[...] gegebenenfalls einer Ergänzung durch ein im Wege verfas-

701 BVerfGE 56, 37, 42.

702 § 32 IV 2 WDO, § 20 I 3 BDO. Beamte sind zusätzlich noch darüber aufzuklären, dass sie sich eines Bevollmächtigten oder Beistands bedienen dürfen. Auch in Landesdiziplinarordnungen finden sich derartige Regelungen, zB § 27 II 3 LDO Berlin.

703 BVerfGE 56, 37, 48.

704 BVerfGE 56, 37, 49.

705 BVerfGE 56, 37, 50. Noch weitergehenden Schutz gewährt die abweichende Meinung des Richters *Heußner* (BVerfGE 56, 37, 53): Nicht nur die strafrechtliche Verwertung, bereits die Offenbarung der für das Strafverfahren nicht erforderlichen Informationen verletze das Verhältnismäßigkeitsprinzip. Deswegen böte auch nur ein Offenbarungsverbot die Gewähr dafür, dass die Auskünfte nicht in einem Strafverfahren verwendet würden.

706 BVerfG, 2 BvR 480/04 vom 9.5.2004.

sungskonformer Auslegung der einschlägigen Bestimmungen zu gewinnendes strafrechtliches Verwertungsverbot."[707]

Soweit das Nemo-tenetur-Prinzip auf die Befragung des Arbeitnehmers Anwendung findet, bleibt der Arbeitnehmer also grundsätzlich zur Auskunft verpflichtet, allerdings ist diese Auskunft in einem späteren Strafverfahren – gegebenenfalls[708] – mit einem Verwertungsverbot zu belegen.[709]

Ein Schweigerecht wird man dem Arbeitnehmer nur ganz ausnahmsweise zubilligen können, etwa dann, wenn die Privatermittlungen offensichtlich durch staatliche Ermittler mit dem Ziel der bewussten Umgehung strafprozessualer Vorschriften veranlasst wurden. Hier fehlt es am berechtigten Informationsinteresse Dritter, so dass auch die Belange der Beteiligten nicht gegeneinander abgewogen werden können.

II. Pflichtenstellung des Arbeitgebers

1. Die Herleitung rechtsstaatlicher Mindeststandards aus der Fürsorgepflicht

Vorgeschlagen wird, rechtsstaatliche Standards im Rahmen von Internen Ermittlungen aus der Fürsorgepflicht des Arbeitgebers herzuleiten.[710]

Die Fürsorgepflicht des Arbeitgebers hatte ebenso wie die Treuepflicht des Arbeitnehmers ihren Ursprung in der Lehre vom personenrechtlichen Gemeinschaftsverhältnis.[711] Wie auch dort lassen sich die Nebenpflichten des Arbeitgebers seit der Schuldrechtsreform im Jahre 2002 aus § 241 II BGB herleiten, so dass es einer eigenständigen Rechtsgrundlage zur Begründung von Pflichten des Arbeitgebers

707 BVerfG, 2 BvR 480/04 vom 9.5.2004 (Rz. 5).

708 Das BVerfG hat zwar einen entsprechenden Hinweis gegeben, diesen Aspekt, auf dem es in dem betreffenden Beschluss nicht ankam, aber noch offen gelassen.

709 Vorgeschlagen wurde auch, die Verwertbarkeit davon abhängig zu machen, wann die Auskunft des Arbeitnehmers erfolgte (Vgl. *Benz* Selbstbelastungen in außerstrafrechtlichen Zwangslagen (2005), 109). Erst wenn der Arbeitnehmer zur Auskunft verurteilt wurde, drohe ihm die staatliche Vollstreckung nach § 888 ZPO. Erst jetzt sei eine Gleichsetzung mit der Pflicht nach § 97 I 2 InsO geboten und daher ein Verwertungsverbot der Aussage im Strafverfahren zu bejahen. Es ist aber nicht ersichtlich, warum der Arbeitnehmer verpflichtet sein soll, erst ein Zivilverfahren verlieren zu müssen, damit seine Aussage im Strafverfahren nicht verwertet werden darf. Nach dieser Lösung würde man den Arbeitnehmer zwingen, die strafrechtliche Unverwertbarkeit seiner Auskunft teuer (zivilgerichtliche Anwalts- und Gerichtskosten, erhöhte Wahrscheinlichkeit des Arbeitsplatzverlustes) zu erkaufen.

710 *Sidhu/v. Saucken/Ruhmannseder* NJW 2011, 881, 883.

711 *Hromadka/Maschmann* Arbeitsrecht Bd. 1, 4. Aufl., 81 f.; MünchArb/*Reichold*, 3. Aufl., § 83, Rn. 1.

nicht mehr bedarf.[712] Der Gesetzgeber hat vielmehr klargestellt, dass im Arbeitsverhältnis – wie bei allen Schuldverhältnissen – die Schutz- und Rücksichtnahmepflichten aus dem Schuldverhältnis selbst entwickelt werden müssen.[713]

2. Die Herleitung aus den Schutz- und Rücksichtnahmepflichten (§ 241 II BGB)

a) Der herkömmliche Inhalt der Pflichten aus § 241 II BGB

Den Arbeitgeber treffen verschiedene Schutzpflichten in Bezug auf die Interessen seiner Arbeitnehmer. Eine Ableitung aus § 241 II BGB ist nur dort erforderlich, wo keine spezialgesetzliche Regelung existiert.[714] Der Arbeitgeber hat zu sorgen für den Schutz von Leben und Gesundheit (§§ 3 ff. ArbSchG, 617 ff. BGB, 62 HGB), von Vermögen und Eigentum und für den Schutz der Persönlichkeit (zB §§ 12 AGG, 75 II BetrVG, 81 IV SGB IX) seiner Arbeitnehmer.[715]

Möglicherweise lässt sich der Pflicht des Arbeitgebers, das Persönlichkeitsrecht des Arbeitnehmers zu wahren, auch die Pflicht entnehmen, bei einer Internen Ermittlung ein Verfahren anzuwenden, das den Arbeitnehmer nicht um den Schutz seiner strafprozessualen Rechte bringt.

b) Die Schutzpflicht für die Persönlichkeit des Arbeitnehmers als Ansatzpunkt

Der Arbeitgeber hat für den Schutz der Menschenwürde und der freien Persönlichkeit seiner Arbeitnehmer zu sorgen.[716] Anders als das gegen den Staat gerichtete Allgemeine Persönlichkeitsrecht nach Art. 2 I iVm Art. 1 I GG geht das zivilrechtliche Persönlichkeitsrecht aber von der prinzipiellen Gleichwertigkeit der sich gegenüberstehenden Interessen aus.[717] Das bedeutet, dass – außerhalb eines unantastbaren Kernbereichs – schutzwürdige Interesse Dritter den Eingriff in das Persönlich-

---

712 *Hromadka/Maschmann* Arbeitsrecht Bd. 1, 4. Aufl., 82; MünchArb/*Reichold*, 3. Aufl., § 83, Rn. 1; *Preis* Arbeitsrecht, 3. Aufl., 493; Schaub/*Koch* ArbR-Hdb., 13. Aufl., § 106, Rn. 1; HK-ArbR/*Boemke*, 2. Aufl., § 611, Rn. 378.

713 MünchArb/*Reichold*, 3. Aufl., § 83, Rn. 1; *Preis* Arbeitsrecht, 3. Aufl., 493; Schaub/*Koch* ArbR-Hdb., 13. Aufl., § 106, Rn. 1 plädiert dafür, wegen der patriarchalischen Konnotation der „Fürsorgepflicht" besser von einer „Schutzpflicht" zu sprechen.

714 MünchArb/*Reichold*, 3. Aufl., § 83, Rn. 9.

715 MünchArb/*Reichold*, 3. Aufl., § 83, Rn. 9 ff. Vgl. auch MüKo-BGB/*Müller-Gloge*, 5. Aufl., § 611, Rn. 1003 ff.

716 *Preis* Arbeitsrecht, 3. Aufl., 500; Schaub/*Koch* ArbR-Hdb., 13. Aufl., § 106, Rn. 54; ErK/*Preis*, 11. Aufl., § 611, Rn. 620.

717 MünchArb/*Reichold*, 3. Aufl., § 86, Rn. 2.

keitsrecht des Arbeitnehmers durchaus rechtfertigen können.[718] Die Verletzung des Persönlichkeitsrechts wird festgestellt durch eine umfassende Güter- und Interessenabwägung unter Beachtung des Verhältnismäßigkeitsgrundsatzes, wobei unter anderem die Intensität der Beeinträchtigung, die betroffene Sphäre sowie – auf Seiten des Arbeitgebers – das dem Eingriff zugrundeliegende betriebliche Motiv zu berücksichtigen sind.[719]

Die Rechtsprechung hat aus dem Persönlichkeitsrecht unter anderem das Recht des Arbeitnehmers abgeleitet, zu einem Personalgespräch einen Rechtsbeistand mitzubringen[720], außerdem die Unzulässigkeit ständiger lückenloser Überwachung durch verdeckte Kameras[721] und die Unzulässigkeit des heimlichen Mithörenlassens von Telefongesprächen zwischen Arbeitgeber und Arbeitnehmer[722].

c) Mögliche Folgerungen aus der Herleitung von Pflichten aus § 241 II BGB

aa) Auskunftsverweigerungsrecht

Manche Stimmen in der Literatur möchten dem Arbeitnehmer im Falle der möglichen Selbstbelastung ein Auskunftsverweigerungsrecht zubilligen.[723]

Soweit sie dies aber mit der Anwendbarkeit des Nemo-tenetur-Prinzips begründen[724], deckt es sich nicht mit der hier vertretenen Auffassung, dass es dafür stets eines durch die deutsche Staatsgewalt veranlassten Zwangs bedarf.[725]

Fehlt es an diesem staatlich veranlassten Zwang, müssen die Rechte des Mitarbeiters, der sich einer Befragung ausgesetzt sieht, auf andere Weise hergeleitet werden. Eine denkbare Grundlage ist der mit der Befragung verbundene Eingriff in das Persönlichkeitsrecht des Arbeitnehmers, der stets verhältnismäßig sein muss.[726] Dabei spielen alle Umstände des Einzelfalls eine Rolle, unter anderem der Aspekt,

718 Schaub/*Koch* ArbR-Hdb., 13. Aufl., § 106, Rn. 54.
719 Vgl. mwN HK-ArbR/*Boemke*, 2. Aufl., § 611, Rn. 411 und ErK/*Preis*, 11. Aufl., § 611, Rn. 621.
720 ArbG Münster v. 6.7.1988 – 4 Ca 431/88, NJW 1989, 793.
721 BAG v. 7.10.1987 – 5 AZR 116/86, AP BGB § 611 Persönlichkeitsrecht Nr. 15.
722 BAG v. 29.10.1997 – 5 AZR 508/96 AP BGB § 611 Persönlichkeitsrecht Nr. 27.
723 In „SEC-Fällen“: *Dann/Schmidt* NJW 2009, 1851, 1853 f.; *Wastl/Litzka/Pusch* NStZ 2009, 68, 71. Bei Befragungen, die repressiven Zielen dienen: *Maschmann* in: Maschmann (Hrsg.), Corporate Compliance und Arbeitsrecht (2009), 149, 175 f. Vgl. zur Gegenauffassung *Böhm* Non-Compliance (2011), 157 ff.
724 So *Maschmann* in: Maschmann (Hrsg.), Corporate Compliance und Arbeitsrecht (2009), 149, 175 f. und *Wastl/Litzka/Pusch* NStZ 2009, 68, 71.
725 Vgl. S. 156 ff.
726 Auf Verhältnismäßigkeitsgesichtspunkte stellen auch *Dann/Schmidt* NJW 2009, 1851, 1853 ab.

ob der Arbeitgeber zwingend auf die Auskunft des Mitarbeiters angewiesen ist oder ob er sich die Information auch auch andere Weise beschaffen könnte. Hieraus ergibt sich möglicherweise auch die – aus Effizienzgesichtspunkten wohl ohnehin in der Regel gewählte[727] – Reihenfolge der Befragungen, dass zunächst die Mitarbeiter auf höheren Ebenen befragt werden („*top-down-approach*").

bb) Recht zur Lüge

Werden einem Arbeitnehmer Fragen gestellt, die er nicht beantworten muss und durch deren Beantwortung er sich selbst strafrechtlich belasten müsste, könnte man ihm ein „Recht zur Lüge" zugestehen.[728] Das betrifft einmal Fragen außerhalb seines Aufgabenbereichs, es betrifft aber auch Fragen mit Bezug zu seinem Aufgabenbereich, bei denen der Arbeitgeber noch keine konkreten Anhaltspunkte für ein Fehlverhalten vorlegen kann[729] und Fragen, die einen offensichtlich unverhältnismäßigen Eingriff in das Persönlichkeitsrecht des Arbeitnehmers darstellen, weil der Arbeitgeber sich die geforderte Auskunft ohne Weiteres auch auf anderem Wege besorgen könnte.

Das Recht zur Lüge wurde für den Zeitpunkt der Anbahnung des Arbeitsvertrags entwickelt. Im Vorstellungsgespräch sind bestimmte Fragen des Arbeitgebers (zB nach Gewerkschaftszugehörigkeit und Schwangerschaft) unzulässig.[730] Ein Bewerber, der auf eine solche Frage hin schweigt, würde den Eindruck erwecken, dass er etwas zu verbergen hat und damit den erfolgreichen Vertragsabschluss gefährden. Bei unzulässigen Fragen darf der Bewerber daher lügen und der Arbeitgeber kann nach Vertragsschluss den Vertrag nicht mit der Begründung anfechten, der Arbeitnehmer habe ihn getäuscht (§ 123 BGB).[731]

Zwar haben Fragen, mit deren Beantwortung sich der Arbeitnehmer selbst strafrechtlich belastet, durchaus Bezug zu seinem Persönlichkeitsrecht.[732] Immerhin wird er aufgefordert, Informationen preiszugeben, die später vielleicht in einem Strafverfahren gegen ihn verwendet werden. Trotzdem erscheint es nicht angebracht, dem Arbeitnehmer deswegen ein „Recht zur Lüge" zuzubilligen. Denn zunächst ist die Situation des Arbeitnehmer im Rahmen einer Internen Ermittlung nicht mit der Situation eines Bewerbers in einem Vorstellungsgespräch vergleichbar. Der Arbeitnehmer steht bereits in einem Arbeitsverhältnis und es kann ihm daher

727 Vgl. die Praxisempfehlungen von *Salvenmoser/Hauschka* NJW 2010, 331, 335.

728 Dafür: *Maschmann* in: Maschmann (Hrsg.), Corporate Compliance und Arbeitsrecht (2009), 149, 176. Dagegen: *Lützeler/Müller-Sartori* CCZ 2011, 19, 20.

729 Vgl. S. 122 ff.

730 Vgl. ausführlich *Hromadka/Maschmann* Arbeitsrecht Bd. 1, 4. Aufl., 125 f.

731 ErfK/*Preis*, 11. Aufl., § 611 BGB, Rn. 286.

732 Anderer Ansicht sind wohl *Lützeler/Müller-Sartori* CCZ 2011, 19, 20.

viel eher zugemutet werden, auf unzulässige Fragen des Arbeitgebers zu schweigen. Außerdem muss auch das schutzwürdige Interesse (möglicherweise sogar die Rechtspflicht) des Arbeitgebers berücksichtigt werden, Verstößen gegen Strafgesetze in seinem Unternehmen entgegenzuwirken. Diese Bemühungen würden unverhältnismäßig erschwert, würde man Arbeitnehmern auch im laufenden Arbeitsverhältnis ein „Recht zur Lüge“ zubilligen.[733]

cc) Belehrungspflicht

Kontrovers wird auch die Frage diskutiert, ob der Arbeitnehmer vor einer Befragung durch den Arbeitgeber über den Umfang seiner Auskunftspflicht bzw. über die möglichen Konsequenzen einer Auskunft zu belehren ist.[734] Mangels spezialgesetzlicher Regelung kann sich eine solche Belehrungspflicht wiederum nur aus § 241 II BGB ergeben. Eine Aufklärungspflicht des Arbeitgebers wird dann angenommen, wenn aus Sicht des Arbeitgebers ein erkennbares Informationsbedürfnis des Arbeitnehmers besteht und dem Arbeitgeber die Aufklärung ohne weiteres möglich ist.[735] Allerdings muss jede Arbeitsvertragspartei ihre Interessen grundsätzlich eigenständig wahrnehmen; letztendlich ist das Bestehen oder Nichtbestehen einer Aufklärungspflicht abhängig von einer umfassenden Interessenabwägung.[736]

Eine Belehrung über den Umfang der Auskunftspflicht ist nach diesen Maßstäben wohl in der Regel nicht erforderlich. Es kann dem Arbeitnehmer durchaus zugemutet werden, sich selbst rechtlichen Rat über seine arbeitsvertraglichen Pflichten einzuholen. Das entspricht auch der Rechtsprechung des BAG, wonach sich der Arbeitnehmer grundsätzlich selbst etwa über die rechtlichen Konsequenzen eines Aufhebungsvertrags oder über steuerrechtliche Nachteile informieren muss, weil es nicht Aufgabe des Arbeitgebers sei, den Arbeitnehmer rechtlich zu beraten.[737]

Anders könnte man aber entscheiden bei der Belehrung darüber, dass Informationen aus der Internen Ermittlung Eingang finden können in ein Strafverfahren. Denn nach Ansicht des BAG können Aufklärungspflichten unter anderem dann

---

733 Dagegen darf sich der Beschuldigte im Strafverfahren mit Lügen verteidigen. Erfüllen diese Lügen aber einen Straftatbestand, wird er bestraft (Vgl. ausführlich mwN SK-StPO/*Rogall*, 4. Aufl., Vor §§ 133 ff., Rn. 72). Die grundsätzliche Befreiung des Beschuldigten von der Wahrheitspflicht erklärt sich vor allem aus der besonderen psychologischen Drucksituation im Strafverfahren. Außerhalb des Strafverfahren sind dagegen auch schutzwürdige Interessen Dritter von Bedeutung.

734 Für eine solche Belehrungspflicht: *Knierim* in: Volk-FS (2009), 247, 262. Dagegen: Böttger/*Minoggio* WiPra (2011), Kap 15, Rn. 121 ff.; *Lützeler/Müller-Sartori* CCZ 2011, 19, 23.

735 Vgl. mwN ArbR/*Reichold*, 3. Aufl., § 85, Rn. 47.

736 BAG v. 11.12.2001, 3 AZR 339/00, NZA 2002, 1150, 1152. Vgl. auch HK-ArbR/*Boemke*, 2. Aufl., § 611 BGB, Rn. 418; Schaub/*Koch* ArbR-Hdb., 13. Aufl., § 106, Rn. 39.

737 Vgl. die Nachweise bei HzA/*Künzl* (4/2010), Gruppe 1, Rn. 1667 ff.

entstehen, wenn der Arbeitgeber durch sein früheres Verhalten einen Vertrauenstatbestand oder eine Gefahrenquelle für die Interessen des Arbeitnehmers geschaffen hat.[738] Da der Arbeitgeber mit der Entscheidung für eine unternehmensinterne Aufklärung von Straftaten eine Gefahrenquelle für die strafprozessualen Rechte seiner Mitarbeiter in einem späteren Strafverfahren schafft, könnte man § 241 II BGB die Pflicht des Arbeitgebers entnehmen, auf diese Gefahr dann auch hinzuweisen.

dd) Das Recht des Arbeitgebers auf Androhung einer Kündigung bei verweigerter Mitwirkung

Das wirkliche Problem für die Arbeitnehmer ist, dass sie, falls sie die Mitwirkung verweigern, mit arbeitsrechtlichen Maßnahmen zu rechnen haben. Waren sie zur Mitwirkung verpflichtet, kommt eine verhaltensbedingte Kündigung in Betracht, waren sie nicht zur Mitwirkung verpflichtet, genügt das Wissen des Arbeitgebers möglicherweise dennoch für eine Verdachtskündigung.

Dass der Arbeitgeber dem Arbeitnehmer, der – obwohl er dazu verpflichtet ist – seine Mitwirkung verweigert, verhaltensbedingt kündigt, wird man ihm nicht verwehren können. Anders sieht es aber möglicherweise bei der Verdachtskündigung gegenüber einem Mitarbeiter aus, der sich der Mitwirkung verweigert, der aber auch gar nicht an der Aufklärung mitwirken muss, weil ein direkter Bezug zu seinen arbeitsrechtlichen Pflichten fehlt und er deshalb nicht zur Selbstbelastung verpflichtet ist. Hier kann sich die Frage stellen, ob der Arbeitgeber mit einer Verdachtskündigung drohen darf, um den Mitarbeiter zur Mitwirkung zu bewegen. Das lässt sich mit Blick auf Sinn und Zweck der Verdachtskündigung beantworten.

Diese soll es nämlich dem Arbeitgeber ermöglichen, sich von einem Arbeitnehmer zu trennen, der einer schweren Pflichtverletzung oder Straftat dringend verdächtig ist.[739] Gerade dieser Verdacht muss das zur Fortsetzung des Arbeitsverhältnisses erforderliche Vertrauen in die Redlichkeit des Arbeitnehmers zerstört und zu einer unerträglichen Belastung des Arbeitsverhältnis geführt haben.[740] Der Verdacht alleine genügt hingegen noch nicht für die Verdachtskündigung.[741] Das bedeutet, dass sich die Verdachtskündigung von vornherein schon nicht als Druckinstrument eignet. Denn versucht ein Arbeitgeber einen Arbeitnehmer durch die Androhung

738 BAG v. 11.12.2001, 3 AZR 339/00, NZA 2002, 1150, 1152. Vgl. hierzu Schaub/*Koch* ArbR-Hdb., 13. Aufl., § 106, Rn. 39.

739 Vgl. ausführlich zu den Voraussetzungen der Verdachtskündigung MünchArb/*Berkowsky*, 3. Aufl., § 119; Schaub/*Link* ArbR-Hdb., 13. Aufl., § 127, Rn. 136 ff.; *Link* NJW 2010, 2753; *Stöhr* JuS 2010, 1052; *Brachmann*/*Diebold* AuA 2011, 72.

740 Vgl. mwN ErfK/*Müller-Glöge*, 11. Aufl., § 626, Rn. 174.

741 MünchArb/*Berkowsky*, 3. Aufl., § 119, Rn. 11.

einer Verdachtskündigung zur Mitwirkung an einer Internen Ermittlung zu bewegen, macht er damit ja zugleich deutlich, dass er das Vertrauensverhältnis nicht als derart zerstört ansieht, dass es nicht durch eine Mitwirkung des Arbeitnehmers wieder „repariert" werden könnte. Hält der Arbeitgeber aber das Vertrauensverhältnis für noch nicht vollends zerstört, kann auch eine Verdachtskündigung keine Aussicht auf Erfolg haben. Im Übrigen ist es auch deswegen unwahrscheinlich, dass eine Verdachtskündigung als Druckmittel zweckentfremdet wird, weil für ihre Geltendmachung eine strenge Fristenregelung gilt.[742]

III. Beschlagnahmeverbot für Unterlagen aus einer Internen Ermittlung

Nach Abschluss der Internen Ermittlung ist die vom Unternehmen beauftragte Rechtsanwaltskanzlei möglicherweise weiter im Besitz der Unterlagen, die Grundlage für den Abschlussbericht waren (Befragungsprotokolle, E-Mail-Korrespondenzen etc.). Dass Strafverfolgungsbehörden an solchen – nicht selten mit hoher „*manpower*" zusammengestellten - Ermittlungsergebnissen ein erhebliches Interesse haben können, ist leicht verständlich und wird nun belegt durch den bereits erwähnten[743] Beschluss des LG Hamburg[744].

Weigert sich die Kanzlei, die Unterlagen freiwillig herauszugeben, stellt sich die Frage, ob die Staatsanwaltschaft zum Mittel der Beschlagnahme greifen kann (§ 94 II StPO). Dem könnten Beschlagnahmeverbote entgegenstehen.[745]

1. Beschlagnahmeverbot nach § 97 I Nr. 3 StPO

Da Interne Ermittlungen nicht mit einer Unternehmensverteidigung vergleichbar sind, ist § 97 I Nr. 3 StPO nicht ohne Weiteres über §§ 434 I 2, 444 II 2 StPO anwendbar, sondern das Beschlagnahmeverbot muss sich aus § 97 I Nr. 3 StPO direkt ergeben.[746] Die Auslegung des § 97 I Nr. 3 ist sehr umstritten.

Nach § 97 I Nr. 3 StPO unterliegen der Beschlagnahme nicht „andere Gegenstände einschließlich der ärztlichen Untersuchungsbefunde, auf die sich das Zeugnisverweigerungsrecht der in § 53 I 1 Nr. 1 bis 3b Genannten erstreckt." § 53 I 1 Nr. 2 und Nr. 3, Alt. 1 StPO gewährt Verteidigern des Beschuldigten und sonstigen

742 Bei der außerordentlichen Verdachtskündigung nach § 626 II BGB hat die Kündigung innerhalb von zwei Wochen nach Kenntnis der für die Kündigung maßgeblichen Tatsachen zu erfolgen.

743 S. 140.

744 LG Hamburg, Beschl. v. 15.10.2010 – 608 Qs 18/10, NJW 2011, 942. Vgl. hierzu die ausführliche Besprechung von *Jahn/Kirsch* StV 2011, 151 ff.

745 Vgl. hierzu *Jahn/Kirsch* StV 2011, 152 ff. und *Jahn* ZIS 2011, 453 ff.

746 *Jahn/Kirsch* StV 2011, 153.

Rechtsanwälten ein Zeugnisverweigerungsrecht über das, was ihnen in ihrer jeweiligen Eigenschaft anvertraut oder bekanntgeworden ist.

Bereits die gesetzliche Umschreibung des Umfangs des Zeugnisverweigerungsrechts zeigt, dass dieses weit verstanden werden und lediglich ein Zusammenhang mit der Berufsausübung vorhanden sein muss[747]. Das bedeutet, dass Rechtsanwälte über alles schweigen dürfen, was ihnen im Zusammenhang mit der Internen Ermittlung anvertraut oder bekanntgeworden ist.

Betrachtet man nun den Gesetzesverweis in § 97 I Nr. 3 StPO, könnte man zu dem Ergebnis kommen, dass sich der Umfang des Zeugnisverweigerungsrechts mit dem Umfang des Beschlagnahmeverbotes deckt und dass also auch alle Unterlagen mit einem Zusammenhang zur beruflichen Tätigkeit des Rechtsanwalts einem Beschlagnahmeverbot unterliegen.

a) Einschränkende Auslegung des § 97 I Nr. 3 StPO

Diese Konsequenz zieht aber die überwiegende Ansicht nicht. Vielmehr sollen nur solche Gegenstände vom Beschlagnahmeverbot des § 97 I StPO erfasst sein, die sich gerade wegen der Beziehung zum Beschuldigten im Gewahrsam des Zeugnisverweigerungsberechtigten befinden.[748] Begründet wird dies damit, dass auch in § 97 I Nr. 1 und 2 nur von Aufzeichnungen und schriftlichen Mitteilungen mit Bezug zum Beschuldigten die Rede ist und dass diese Vorschriften jedenfalls für Berufsgeheimnisträger überflüssig würden, wenn § 97 I Nr. 3 nun auf einmal alle Gegenstände erfasste, auf die sich das Zeugnisverweigerungsrecht der Berufsgeheimnisträger erstreckt.[749] Auch sei nicht ersichtlich, dass der Gesetzgeber das ursprünglich nur zwischen Zeugnisverweigerungsberechtigtem und Beschuldigtem bestehende Beschlagnahmeverbot mit der Einführung der Nummern 2 und 3 auch auf die Beziehung zum nicht beschuldigten Dritten ausweiten wollte.[750]

---

747 BeckOK StPO/*Huber* (Stand: 15.01.2011), § 53, Rn. 6.

748 OLG Celle NJW 1965, 362; LG Hildesheim NStZ 1982, 394, 395; LG Koblenz MDR 1983, 779; LG Bielefeld StV 2000, 12, 13; LG Hamburg, Beschl. v. 15.10.2010 – 608 Qs 18/10, StV 2011, 148; offen gelassen in BGHSt 43, 300, 304 und BGH NStZ 1997, 562; KK-StPO/*Nack*, 6. Aufl., § 97, Rn. 1; *Goeckenjan* in: Samson-FS (2010), 641, 653 f.; SK-StPO/*Wohlers*, 4. Aufl., § 97, Rn. 10; Radtke/Hohmann/*Joecks* StPO (2011), § 97, Rn. 3. Eine solche Auslegung des § 97 StPO verstößt nicht gegen die Verfassung, vgl. BVerfG NStZ-RR 2004, 83.

749 *Goeckenjan* in: Samson-FS (2010), 641, 654.

750 *Goeckenjan* in: Samson-FS (2010), 641, 654.

b) Weite Auslegung des § 97 I Nr. 3 StPO

Die Gegenauffassung[751] verweist darauf, dass der Begriff des „Beschuldigten" in § 97 I Nr. 3 StPO gerade nicht auftaucht und dass nur eine weite Auslegung des § 97 I Nr. 3 dem Zweck des § 97 StPO genügen könnte: Das Beschlagnahmeverbot solle sicherstellen, dass nicht solche Gegenstände beschlagnahmt werden könnten, aus deren Inhalt sich die Informationen ergeben, die der Zeugnisverweigerungsberechtigte dem Gericht gerade durch sein Schweigen vorenthalten möchte.[752] Auch ergebe sich ein „merkwürdige Schieflage", wenn der Rechtsanwalt unter Strafandrohung (§ 203 I Nr. 3 StGB) zur Geheimniswahrung aller Mandanten verpflichtet sei, gleichzeitig aber Gegenstände aus dieser Vertrauensbeziehung beschlagnahmt werden könnten, sofern der Mandant nicht Beschuldigter eines Strafverfahrens sei.[753] Im Übrigen würden § 97 I Nr. 1 und 2 schon deswegen nicht überflüssig, weil sich der Beschlagnahmeschutz des § 97 I Nr. 1 sich im Gegensatz zu § 97 I Nr. 2 und 3 auch auf Zeugnisverweigerungsberechtigte nach § 52 StPO erstrecke.[754]

c) Eigene Bewertung

Der Wortlaut des § 97 I Nr. 3 StPO lässt beide Auslegungen zu und kann daher nicht als abschließender Beleg für die eine oder die andere Ansicht herangezogen werden. Er eröffnet aber den Spielraum für andere Erwägungen bei der Auslegung, wie der, dass nach dem Sinn und Zweck des § 97 I Nr. 3 der Umfang des Zeugnisverweigerungsrechts mit dem des Beschlagnahmeverbots identisch sein müsse. Das ließ sich bis jetzt vor allem für die besonders schutzwürdige Verteidigersphäre begründen, und zwar nicht nur im Verhältnis zum Beschuldigten, sondern auch im Verhältnis zu anderen Mandanten[755]. Auch steht die Entstehungsgeschichte einer weiten Auslegung des § 97 I 3 StPO nicht zwingend entgegen.[756]

Auf der anderen Seite muss wohl berücksichtigt werden, dass die Diskussion über die Auslegung des § 97 I Nr. 3 StPO seit der Neufassung des Gesetzes im Jahr 1953

751 *Amelung* DNotZ 1984, 195, 206 f.; *Krekeler* NStZ 1987, 199, 201; *Beulke* in: Lüderssen-FS (2002), 693, 706; *Park* Durchsuchung und Beschlagnahme, 2. Aufl., Rn. 560; *Jahn/Kirsch* StV 2011, 151, 153 f.

752 *Amelung* DNotZ 1984, 195, 207; *Krekeler* NStZ 1987, 199, 201; *Park* Durchsuchung und Beschlagnahme, 2. Aufl., Rn. 560; *Jahn/Kirsch* StV 2011, 151, 153.

753 *Krekeler* NStZ 1987, 199, 201; *Jahn/Kirsch* StV 2011, 151, 153.

754 *Jahn/Kirsch* StV 2011, 151, 153 f.

755 So *Schäfer* in Hanack-FS (1999), 77, 95, der dafür plädiert, die Vertraulichkeiit des Instituts der Verteidigung als geschütztes Rechtsgut anzusehen und deswegen den Beschlagnahmeschutz des § 97 I StPO auf auf das Verhältnis zwischen dem Verteidiger und jedem Mandanten zu erstrecken.

756 Vgl. hierzu ausführlich *Jahn* ZIS 2011, 453, 455 f.

geführt wird[757] und der Gesetzgeber – trotz zahlreicher, den Wortlaut des § 97 I Nr. 3 StPO einschränkender Auslegungen durch untere Gerichte[758] – seitdem untätig geblieben ist und sich also mit einer solchen Auslegung des § 97 I Nr. 3 StPO anscheinend einverstanden zeigt.

Es soll hier aber nicht abschließend Stellung bezogen, sondern lediglich verdeutlicht werden, dass nach derzeit noch überwiegender Ansicht § 97 I Nr. 3 StPO einer Beschlagnahme von Unterlagen aus einer Internen Ermittlung nicht entgegen steht, und zwar auch dann nicht, wenn die Interne Ermittlung durch eine Anwaltskanzlei durchgeführt wurde und sich die Unterlagen noch im Besitz der Kanzlei befinden.

2. Beschlagnahmeverbot aus einer entsprechenden Anwendung des Gemeinschuldner-Beschlusses

Ein Beschlagnahmeverbot ist auch noch aus einem anderen Grund denkbar. Die Auskünfte der von der Internen Ermittlung betroffenen Mitarbeiter könnten nicht nur mit einem Beweisverwertungsverbot, sondern sogar mit einem Beweisverwendungsverbot belegt sein. Die Staatsanwaltschaft hatte in dem Fall, der dem Beschluss des LG Hamburg[759] zugrunde lag, den Antrag auf Durchsuchung der Sozietät FBD mit dem Begehren begründet, solche Unterlagen sicherzustellen, die Grundlage für das von FBD erstellte Rechtsgutachten gewesen waren. Das Rechtsgutachten war der Staatsanwaltschaft von FBD nach Abschluss der Internen Ermittlung zugeleitet worden. Es stellt sich die Frage, ob der Antrag auf Durchsuchung überhaupt damit begründet werden durfte, dass Unterlagen aus einer Internen Ermittlung sichergestellt werden sollen.

Denn das BVerfG hat bis jetzt offen gelassen, in welchem Umfang etwa eine Auskunft, die aufgrund einer zivilrechtlichen Auskunftspflicht erteilt werden musste, der strafrechtlichen Verwertung zugänglich ist. Für die Herleitung des Verwertungsverbots beruft es sich allerdings auf die Grundsätze des Gemeinschuldner-Beschlusses[760].[761]

Im Gemeinschuldner-Beschluss hatte das BVerfG festgelegt, der Gemeinschuldner sei auch im Falle der möglichen Selbstbelastung zur umfassenden Auskunft ver-

757 So *Jahn/Kirsch* StV 2011, 151, 153.
758 OLG Celle NJW 1965, 362; LG Hildesheim NStZ 1982, 394, 395; LG Koblenz MDR 1983, 779; LG Bielefeld StV 2000, 12, 13; LG Hamburg, Beschl. v. 15.10.2010 – 608 Qs 18/10, StV 2011, 148.
759 LG Hamburg v. 15.10.2010 – 608 Qs 18/10, StV 2011, 148.
760 BVerfGE 56, 37 ff.
761 BVerfG v. 9.5.2004 – 2 BvR 480/04.

pflichtet.[762] Da aber ein Zwang zur Selbstbezichtigung in das durch Art. 2 I GG geschützte Persönlichkeitsrecht eingreife, sei diese Auskunftspflicht durch ein strafrechtliches Verwertungsverbot zu ergänzen.[763] Dem damit verbundenen Auftrag[764] kam der Gesetzgeber durch die Schaffung des § 97 I 3 InsO nach. Hier ist bis heute umstritten, welchen Umfang das durch § 97 I 3 InsO statuierte Beweis*verwendungs*verbot hat.[765]

In seinem Beschluss zur zivilrechtlichen Auskunftspflicht bei möglicher Selbsbelastung hatte das BVerfG nicht auf § 97 I 3 InsO, sondern auf den Gemeinschuldner-Beschluss Bezug genommen.[766] Und dort hatte sich die Mehrheit des Senats *gegen* ein Offenbarungsverbot ausgesprochen.[767] Selbst wenn man also die Grundsätze des Gemeinschuldner-Beschlusses auf die hier vorliegende Konstellation übertragen könnte, Informationen aus Internen Ermittlungen also in einem Strafverfahren mit einem Verwertungsverbot belegt werden müssen, steht dem nicht entgegen, dass Erkenntnisse aus einer Internen Ermittlung zur Gewinnung eines Anfangsverdachts herangezogen werden dürfen. Auch aus einer entsprechenden Anwendung des Gemeinschuldner-Beschlusses lässt sich kein Beschlagnahmeverbot herleiten.

3. Verhältnismäßigkeit der Beschlagnahme

Wie jede strafprozessuale Zwangsmaßnahme muss auch die Beschlagnahme im Einzelfall verhältnismäßig sein. Besondere Bedeutung erlangt die Verhältnismäßigkeitsprüfung bei einem Eingriff in eine besonders geschützte Sphäre, zB bei Zwangsmaßnahmen gegen Rechtsanwaltskanzleien.[768] Denn bei der Beschlagnahme in einer Anwaltskanzlei und der damit verbundenen Einsichtnahme in die Kommunikation zwischen Anwalt und Mandant werden nicht nur Grundrechte der Anwälte betroffen, sondern auch Grundrechte der Mandanten. Als unverhältnismä-

762 BVerfGE 56, 37, 48 ff.

763 BVerfGE 56, 37, 50.

764 BVerfGE 56, 37, 51. Bis zur Neuregelung sollte ein solches Verwertungsverbot in verfassungskonformer Auslegung der Konkursordnung entnommen werden.

765 Vgl. ausführlich *Bader* NZI 2009, 416. Streitig ist insbesondere, ob § 97 I 3 InsO ein Offenbarungsverbot zu entnehmen ist, ob also Informationen aus der Insolvenzakte den Ansatzpunkt für weitere Ermittlungen bieten können oder ob insoweit ein Beweiserhebungsverbot entgegensteht. Relevant geworden ist dies etwa in einem Beschluss des LG Stuttgart (wistra 2000, 439): Dieses hatte den Durchsuchungs- und Beschlagnahmebeschluss des Amtsgerichts aufgehoben, weil bei der Einleitung des Strafverfahrens unzulässigerweise Angaben des Gemeinschuldners nach § 97 I InsO verwendet worden seien, vgl. hierzu ausführlich *Hefendehl* wistra 2003, 1 ff.

766 BVerfG v. 9.5.2004 – 2 BvR 480/04.

767 Vgl. hiergegen die abweichende Meinung des Richters *Heußner* in BVerfGE 56, 37, 52 ff.

768 *Park* Durchsuchung und Beschlagnahme, 2. Aufl., Rn. 517; SK-StPO/*Wohlers*, 4. Aufl., § 102, Rn. 37.

ßig gewertet wurde daher der Zugriff auf den gesamten Datenbestand einer Rechtsanwaltssozietät[769], die Durchsuchung von Kanzleiräumen wegen Verkehrsordnungswidrigkeiten[770] und die auf lediglich vage Anhaltspunkte gestützte Beschlagnahme einer anwaltlichen Handakte[771].

Sollen Unterlagen aus einer Internen Ermittlung beschlagnahmt werden, die sich noch im Besitz der verantwortlichen Rechtsanwaltskanzlei befinden, müssen jedenfalls folgende Interessen in die Verhältnismäßigkeitsprüfung mit eingestellt werden:[772] Die Berufsfreiheit der Rechtsanwälte (Art. 12 GG) und das Allgemeine Persönlichkeitsrecht der Mitarbeiter (Art. 2 I iVm Art. 1 I GG), deren Befragungs- und Untersuchungsprotokolle im Besitz der Kanzlei sind.

Fraglich ist dagegen, welche Relevanz dem Vertrauensverhältnis zwischen den Anwälten und dem Mandanten (also dem Unternehmen) in der vorliegenden Konstellation zukommt. Die Rechtsprechung hatte die besondere Bedeutung dieses Rechtsverhältnisses stets damit begründet, „[...] dass das von dem Datenzugriff berührte Tätigwerden des Anwalts auch im Interesse der Allgemeinheit an einer wirksamen und geordneten Rechtspflege lieg[e]“[773]. Bei diesen Fällen ging es aber nicht um die Beschlagnahme von Unterlagen aus Internen Ermittlungen. Hier könnte man durchaus hinterfragen, ob die Durchführung Interner Ermittlungen durch einen Rechtsanwalt im Interesse der Allgemeinheit liegt. Denn nicht nur droht den betroffenen Mitarbeitern der Verlust strafprozessualer Rechte, auch die Durchsetzung strafrechtlicher Normen wird unter Umständen dadurch verhindert, dass das Unternehmen strafrechtliches Fehlverhalten auf zivilrechtlichem Wege aufklärt und sanktioniert. Wenn also die Folgewirkungen eines Eingriffs in die Verhältnismäßigkeitsprüfung mit einbezogen werden müssen[774], dann gehört zu diesen Folgewirkungen eben nicht nur, dass Rechtssuchende in Zukunft auf anwaltlichen Beistand verzichten könnten[775], sondern auch, dass durch diesen Verzicht mittel- bis langfristig die staatlichen Verfahren zur Aufklärung von Straftaten gestärkt[776]

769 BVerfGE 113, 29, 47.

770 BVerfG v. 7.9.2006, 2 BvR 1141/05, NJW 2006, 3411.

771 BVerfG v. 11.7.2008, 2 BvR 2016/06, NJW 2009, 281.

772 Vgl. *Jahn/Kirsch* StV 2011, 151, 154.

773 BVerfGE 113, 29, 49; BVerfG v. 7.9.2006, 2 BvR 1141/05, NJW 2006, 3411, 3412; BVerfG v. 11.7.2008, 2 BvR 2016/06, NJW 2009, 281, 282.

774 Notwendig dafür ist lediglich, dass sich die Wirkung einem Verhalten der öffentlichen Gewalt ursächlich zurechnen lässt, vgl. *Papier/Dengler* BB 1996, 2593, 2597.

775 Dies stellen *Jahn/Kirsch* StV 2011, 151, 154 und *Jahn* ZIS 2011, 453, 459 in den Mittelpunkt ihrer Überlegungen.

776 Wenn man einmal annimmt, dass die Beauftragung von Anwaltskanzleien mit der Durchführung Interner Ermittlungen weniger reizvoll erscheint, wenn letztlich auch dadurch die Geheimhaltung der privaten Ermittlungsergebnisse nicht gewährleistet werden kann.

werden. Im Übrigen können zivilrechtliche Ansprüche auch im Anschluss an eine staatliche Aufklärung noch verfolgt werden.

4. Ergebnis

Unterlagen aus einer Internen Ermittlung können nach überwiegender Ansicht in der Regel beschlagnahmt werden, auch dann wenn sie sich noch im Besitz der für die Interne Ermittlung verantwortlichen Anwaltskanzlei befinden.

IV. Beweisverwertung im Strafverfahren

Eine Absicherung der strafprozessualen Rechtsstellung des Mitarbeiters lässt sich möglicherweise darüber erreichen, dass Informationen aus einer Internen Ermittlung keinen Eingang finden dürfen in ein Strafverfahren.

1. Verfassungsrechtliche Begründung von Beweisverwertungsverboten

Wie man die Notwendigkeit von Verwertungsverboten im Strafprozess verfassungsrechtlich begründen kann, ist noch nicht endgültig geklärt.[777] Vielfach werden Verwertungsverbote als Ausprägung des Rechts auf ein faires Verfahren (Art. 2 I iVm Art. 20 III GG) begriffen.[778] Nach dem fair-trial-Gedanken dürfen etwa grundrechtsverletzende Beweise nicht verwertet werden.[779] Allerdings ist nach Ansicht des BVerfG das Recht auf ein faires Verfahren erst dann verletzt, wenn sich bei einer Gesamtschau auf das Verfahrensrecht und dessen Auslegung und Anwendung durch die Gerichte ergibt, „dass rechtsstaatlich zwingende Folgerungen nicht gezogen worden sind oder rechtsstaatlich Unverzichtbares preisgegeben wurde."[780] Da die nähere Ausgestaltung und Ausrichtung des Verfahrens anhand des Fairness-Gedankens primär dem Gesetzgeber und den Fachgerichten obliege, prüft das BVerfG nur, ob rechtsstaatliche Mindeststandards gewahrt sind.[781]

Unterschieden werden muss danach, ob die betreffenden Informationen auf rechtmäßige oder auf rechtswidrige Weise erlangt wurden. Ein Verwertungsverbot kann nämlich gestützt werden auf die ursprünglich rechtswidrige Beweisgewinnung (unselbstständiges Verwertungsverbot) oder auf den Akt der staatlichen Beweisverwertung (selbstständiges Verwertungsverbot).[782]

777 Vgl. hierzu *Jahn/Krehl/Löffelmann/Güntge* Verfassungsbeschwerde (2011), Rn. 421 ff.
778 *Küpper* JZ 1990, 416, 417; *Beulke* ZStW 103 (1991), 657, 664; *Hauf* NStZ 1993, 457, 458 ff.; *Meyer-Mews* JuS 2004, 39; *Jahn/Krehl/Löffelmann/Güntge* Verfassungsbeschwerde (2011), Rn. 421.
779 *Küpper* JZ 1990, 416, 417.
780 BVerfG NJW 2009, 3225, 3226; BVerfG NJW 2010, 287;
781 BVerfG NJW 2009, 3225, 3226; BVerfG, Beschl. v. 8.6.2010 – 2 BvR 507/08.
782 Vgl. statt aller *Beulke* Strafprozessrecht, 11. Aufl., § 23, Rn. 457.

2. *Rechtswidrige Beweisgewinnung*

Rechtsverstöße können bei der Durchführung Interner Ermittlungen auf vielfältige Weise auftreten. Bei der Kontrolle von E-Mail-Accounts werden unter Umständen die Vorgaben des Datenschutzrechts (§ 32 I 2 BDSG) nicht ausreichend berücksichtigt. Obwohl die Voraussetzung dafür vorliegen, erlaubt es der Arbeitgeber nicht, dass ein Mitglied des Betriebsrates an der Befragung teilnimmt (§ 82 II 1, 2. Alt. BetrVG). Einem Mitarbeiter, der nicht zur Auskunft verpflichtet ist, wird mit arbeitsrechtlichen Konsequenzen für den Fall gedroht, dass er sich weiterhin weigert, an der Aufklärung mitzuwirken (unter Umständen § 240 I StGB) oder ihm wird trotz nicht bestehender Auskunftspflicht eingeredet, er sei zur Auskunft verpflichtet.

In all diesen Fällen werden möglicherweise Informationen gesammelt, auf die später auch die Strafverfolgungsbehörden zugreifen können. Dann stellt sich die Frage, ob solche Informationen, die mit dem Makel der Rechtswidrigkeit behaftet sind, die Grundlage für eine Bestrafung des betroffenen Mitarbeiters bieten können. Eindeutig zu beurteilen sind Fälle, in denen Private im Auftrag der Strafverfolgungsbehörden Befragungen durchführen. Wegen der unproblematischen Zurechnung ist das private Ermittlungshandeln nach allgemeiner Ansicht unmittelbar an § 136 a StPO zu messen.[783] Dagegen muss bei eigeninitiativen Ermittlungen differenziert werden.

a) Differenzierung der möglichen Rechtsverstöße

Rechtswidrige Handlungen im Rahmen von Internen Ermittlungen lassen sich verschiedenen Stufen zuordnen.

Auf der niedrigsten Stufe sind Rechtsverstöße anzusiedeln, die von den Internen Ermittlern unbewusst begangen werden, weil die Rechtslage zum Zeitpunkt der Internen Ermittlung noch nicht eindeutig ist. Hierzu wird man etwa die Frage zählen müssen, ob und wann Arbeitnehmer im Rahmen ihrer Auskunftspflicht nach § 666 BGB dazu verpflichtet sind, sich selbst strafrechtlich zu belasten. Nehmen die Internen Ermittler eine solche Selbstbelastungspflicht an, obwohl diese möglicherweise nicht besteht, verstoßen sie jedenfalls gegen arbeitsrechtliche Rücksichtnahmepflichten, wenn sie trotzdem Druck auf den entsprechenden Mitarbeiter ausüben.

783 *Volk* StPO, 6. Aufl., § 28, Rn. 36; *Roxin/Schünemann* Strafverfahrensrecht, 26. Aufl., § 24, Rn. 65; *Beulke* Strafprozessrecht, 11. Aufl., § 23, Rn. 480 a; *Kühne* Strafprozessrecht, 8. Aufl., § 54, Rn. 904 ff.; SK-StPO/*Rogall*, 4. Aufl., § 136 a, Rn. 12; *Eisenberg* StPO, 7. Aufl., Rn. 401; Radtke/Hohmann/*J. Kretschmer* StPO (2011), § 136 a, Rn. 7.

Als zweite Stufe könnte man bewusste Rechtsverstöße gegen eindeutige Rechtsvorschriften ansehen, die allerdings noch keinen Verstoß gegen ein Strafgesetz darstellen: Einem Mitarbeiter wird in einem Gespräch, in dem es auch um seine persönliche Leistungsbeurteilung gehen soll, die Hinzuziehung eines Betriebsratsmitglieds verweigert (§ 82 II 1, 2. Alt. BetrVG).

Bei der dritten Stufe geschieht ein bewusster Rechtsverstoß, der gleichzeitig auch einen oder mehrere Straftatbestände erfüllt: Die Internen Ermittler wissen, dass ein Mitarbeiter nicht zur Auskunft verpflichtet ist, und versuchen ihn dennoch mit Druck zur Auskunft zu bewegen (§ 240 StGB).

Schließlich gibt es noch eine vierte Stufe, die häufig bei der rechtswidrigen Beweisgewinnung durch Private thematisiert wird[784], die aber bei der Durchführung Interner Ermittlungen keine Rolle spielt. Es geht hier um Akte der Beweisbeschaffung, die mit dem Makel extremer Menschenrechtswidrigkeit behaftet sind oder die Menschenwürde verletzen.[785]

b) Bewertung

aa) Unbewusste Rechtsverstöße und bewusste, aber nicht strafbare Rechtsverstöße

Handeln die Internen Ermittler unbewusst vor dem Hintergrund einer unklaren Rechtslage gegen das Gesetz, hat dies möglicherweise zivilrechtliche Konsequenzen. Der Verstoß erscheint aber nicht gravierend genug, um daraus direkt Auswirkungen auf ein späteres Strafverfahren gegen den Mitarbeiter zu folgern. Näherliegen könnte dies, wenn vor dem Hintergrund einer eindeutigen Rechtslage bewusst gegen gesetzliche Vorschriften verstoßen wurde. Andererseits ist sogar bei privaten Beweisen, die auf strafbare Weise erlangt wurden, äußerst umstritten, ob solche Beweise in einem Strafverfahren verwertet werden dürfen. Umso schwieriger lässt sich wohl ein Verwertungsverbot damit begründen, dass gegen Vorschriften verstoßen wurde, die nicht strafbewehrt sind.

784 Vgl. die Nachweise bei SK-StPO/*Rogall*, 4. Aufl., § 136 a, Rn. 11.

785 Dazu zählen jedenfalls folterähnliche Maßnahmen (*Eisenberg* StPO, 7. Aufl., Rn. 401) und „qualvolle Martern“ (*Roxin/Schünemann* Strafverfahrensrecht, 26. Aufl., § 24, Rn. 65). Es sind allerdings Zweifel angebracht, ob der Begriff der „extremen Menschenrechtswidrigkeit“ bei der Bestimmung weiterer Anwendungsbeispiele weiterhilft. Vgl. hierzu auch *Volk* StPO, 6. Aufl., § 28, Rn. 35: „[...] warum reicht es nicht, wenn der Eingriff schlicht menschenrechtswidrig war? Und was heißt das? Ist es menschenrechtswidrig, jemanden solange in „Beugehaft“ zu nehmen, bis er gesteht?“.

bb) Strafbare Rechtsverstöße

(1) Meinungsspektrum

Ob Beweise verwertbar sind, die durch Private auf strafbare Weise erlangt wurden, wird schon lange diskutiert. Neu aufgeflammt ist die Diskussion im Zusammenhang mit den „Steuer-CDs“ mit Daten von mutmaßlichen Steuersündern, die deutschen Behörden von (ehemaligen) Bankmitarbeitern aus Liechtenstein und der Schweiz angeboten wurden.[786]

Nach überwiegender Ansicht sind Beweismittel, die von Privaten in strafbarer Weise erlangt wurden, im Strafverfahren grundsätzlich verwertbar.[787] Eine Ausnahme wird nur dann gemacht, wenn die privaten Beweismittel mit dem Makel extremer Menschenrechtswidrigkeit behaftet sind oder wenn die illegale private Beweisbeschaffung auf Initiative[788] des Staates erfolgte. Beweiserhebungsvorschriften wie § 136 a StPO seien auf Private nicht anwendbar, denn die StPO richte sich nur an den Staat. Es sei Aufgabe des materiellen Strafrechts und nicht des Strafverfahrensrechts, rechtswidrige Handlungen Privater zu ahnden.[789]

Dagegen muss nach einer anderen Ansicht der Vorschrift des § 136 a StPO wenigstens bei strafrechtlicher Rechtswidrigkeit des privaten Handelns horizontale Drittwirkung zukommen.[790] Begründet wird dies mit der Historie des § 136 a StPO und damit, dass gerade bei einer strafrechtswidrigen Beweisgewinnung die Beweismittel-

786 Vgl. näher zu einem solchen Fall etwa *Sieber* NJW 2008, 881.

787 BGHSt 27, 355, 357; BGHSt 34, 39, 52; BVerfG, Beschl. v. 9.11.2010 – 2 BvR 2101/09, JZ 2011, 249, 252; *Bockemühl* Private Ermittlungen (1996), 125 ff. (es sei denn, Menschenwürdeverstoß); *Jäger* GA 2008, 473, 492 f.; KK-StPO/*Diemer*, 6. Aufl., § 136 a, Rn. 3.; *Roxin/Schünemann* Strafverfahrensrecht, 26. Aufl., § 24, Rn. 65; SK-StPO/*Rogall*, 4. Aufl., § 136 a, Rn. 17; *Ambos* Beweisverwertungsverbote (2010), 106 ff.; *Eisenberg* StPO, 7. Aufl., Rn. 399 ff.

788 Welche Kriterien hierfür allerdings etwa bei den „Steuer-CD-Fällen“ maßgeblich sind, dürfte noch nicht geklärt sein. Denkbar sind verschiedene Sachverhalte: vom bloßen Bestehen einer dem Datendieb bekannten „Ankaufspraxis“ staatlicher Behörden über das konkrete Zeigen von Interesse an entsprechenden Daten bis zur direkten und zielgerichteten Veranlassung seitens der Strafverfolgungsbehörden, vgl. hierzu *Wohlers* JZ 2011, 252, 253 und *Ambos* Beweisverwertungsverbote (2010), 106 ff.; Vgl. auch allgemein zur Zurechnung privaten Verhaltens an den Staat *Jahn* Gutachten 67. DJT, C 100 ff.

789 *Jäger* GA 2008, 473, 493; SK-StPO/*Rogall*, 4. Aufl., § 136 a, Rn. 17. Dagegen können nach Ansicht von *Otto* in: Kleinknecht-FS (1985), 319, 338 generalpräventive Erwägungen auf der Beweisverbotsebene eine Rolle spielen.

790 *Sydow* Kritik (1976), 116; *Hassemer/Matussek* Das Opfer als Verfolger (1996), 76 ff.; *Mende* Grenzen privater Ermittlungen (2001), 200 ff.; *Gaede* StV 2004, 46, 52 f.; *Jahn* Gutachten 67. DJT, C 102 f. *Gössel* Strafverfahrensrecht I (1977), 192 f. und *Joerden* JuS 1993, 927, 928 plädieren sogar dafür, privates Handeln generell den Schranken des § 136 a StPO zu unterwerfen. Nach Ansicht von *Bernsmann* in: 22. StV-Tag (1999), 151, 159 sind Beweise, die durch Straftaten Privater erlangt wurden, auch außerhalb der Handlungen des § 136 a StPO unverwertbar.

qualität äußerst fragwürdig sei.[791] Außerdem folge aus den Schutzpflichten des Staates, dass dieser nicht aus der Verletzung von Individualrechtsgütern noch Profit dergestalt schlagen dürfe, dass die Verletzung die Basis für die Durchsetzung seines Strafanspruchs darstelle.[792] Vielmehr sollte in einem Rechtsstaat nicht die Annahme eines Verwertungsverbots, sondern die ausnahmsweise Verwertbarkeit rechtswidrig erlangter Informationen besonders begründet werden müssen, weil die Strafrechtspflege durch die Verhängung einer auf rechtswidrige Beweise gestützten Strafe letztlich in Gefahr gerate, ihre Dignität einzubüßen.[793]

(2) Stellungnahme

Ob die Ausrichtung der StPO auf die *staatliche* Straftataufklärung wirklich einer Analogiebildung bestimmter Vorschriften für *private* Rechtsverstöße entgegensteht[794], lässt sich durchaus bezweifeln: Denn diese Ausrichtung muss ja nicht bedeuten, dass der Gesetzgeber die private Straftataufklärung allein den Grenzen des materiellen Strafrechts unterwerfen wollte. Vor Inkrafttreten des § 163 a StPO wurden etwa auch für Vernehmungen durch Staatsanwälte und Polizeibeamte die Grundsätze des § 136 a StPO analog herangezogen[795], obwohl die Rechtsgüter des Betroffenen jedenfalls teilweise bereits durch den Tatbestand der Aussageerpressung (§ 343 StGB) geschützt waren.

Es lässt sich wohl auch keine – angeblich vom Gesetzgeber so gewollte – Differenzierung zwischen staatlicher und privater Beweiserhebung daraus ableiten, dass dem Staat bestimmte Versprechungen gegenüber dem Beschuldigten strafprozessual untersagt sind, während Privatpersonen solche Versprechungen materiell-rechtlich nicht verboten sind.[796] Denn schließlich ist es ja auch Amtspersonen materiell-rechtlich nicht verboten, unzulässige Versprechungen zu machen.

Die überwiegende Ansicht kann außerdem nicht überzeugend begründen, warum gerade das Merkmal der „extremen Menschenrechtswidrigkeit“ zur Abgrenzung zwischen verwertbaren und unverwertbaren privaten Beweisen geeignet sein soll. Nicht nur ist dieses Kriterium – im Gegensatz zum Kriterium der Strafbarkeit – in hohem Maße unbestimmt, es fehlt auch schlicht an einem Grund für eine so enge Begrenzung. Vielmehr liefert man dadurch eigenmächtigen „Justizhelfern“ einen

---

791 *Jahn* Gutachten 67. DJT, C 103. Ähnlich auch schon *Bernsmann* in: 22. StV-Tag (1999), 151, 158: „prinzipiell äußerst zweifelhafte Wahrheit“.

792 *Hassemer/Matussek* Das Opfer als Verfolger (1996), 77; *Bernsmann* in: 22. StV-Tag (1999), 151, 159; Vgl. auch *Mende* Grenzen privater Ermittlungen (2001), 200 ff.

793 *Wohlers* JZ 2011, 252, 254. Vgl. auch schon *Ignor/Jahn* JuS 2010, 390, 394.

794 So die Ansicht von *Godenzi* GA 2008, 500, 507.

795 Vgl. *Jahn* Gutachten 67. DJT, C 102 (Fn. 476).

796 So aber *Godenzi* GA 2008, 500, 507.

Anreiz. Nicht nur eine – human gestaltete – „Beugehaft“[797] kann in diesem Sinne ertragreich sein, sondern unter Umständen auch eine Verschleppung des mutmaßlichen Beschuldigten aus dem Ausland in den Zugriffsbereich der deutschen Polizei.[798]

Der Minderansicht ist darin zuzustimmen, dass der Staat äußerst widersprüchliche Signale aussendet, wenn er auf der einen Seite mit der Bestrafung eines privaten Verhaltens ein sozial-ethisches Unwerturteil ausspricht und damit die Allgemeinheit von der Nachahmung abhalten bzw. sie in ihrer Rechtstreue bestärken will, auf der anderen Seite aber genau dieses private rechtswidrige Verhalten benutzt, um darauf in einem Strafverfahren eine Verurteilung zu stützen. Es geht also weniger darum, dass dem privaten rechtswidrigem Handeln bereits materielle Strafnormen entgegenstehen und dass es nicht Aufgabe des Prozessrechts ist, solche privaten Handlungen zu unterbinden – in der Tat, zur Disziplinierung privater Handlungen wird sich das Verfahrensrecht in den seltensten Fällen eignen. Vielmehr darf der Staat sich nicht auch noch selbst auf die Seite des Unrechts stellen und es auf diese Weise perpetuieren. Das gilt jedenfalls für die Verletzung von Normen, die der Wahrung eines „ethischen Minimums“[799] dienen – und eine Beweismittelerlangung durch schweres (und deswegen ja auch strafbewehrtes) privates oder staatliches Unrecht wird man als Verstoß gegen dieses ethische Minimum werten können.

Das BVerfG folgt allerdings in seinem Beschluss zur Frage der Verwertbarkeit von angekauften ausländischen Bankdaten im Steuerstrafverfahren der bisherigen Linie der Rechtsprechung: „Beweismittel, die von Privaten erlangt wurden, sind – selbst wenn dies in strafbewehrter Weise erfolgte – grundsätzlich verwertbar [...]. Dies bedeutet, dass allein von dem Informanten begangene Straftaten bei der Beurteilung eines möglichen Verwertungsverbotes *von vornherein* [Hervorh. d. Verf.] nicht berücksichtigt werden müssen.“[800]

c) Zusammenfassung

Informationen, die im Rahmen von Internen Ermittlungen zutage gefördert wurden, sind also grundsätzlich selbst dann in einem Strafverfahren verwertbar, wenn bei der privaten Beweisgewinnung gegen Strafgesetze verstoßen wurde.

797 Vgl. zu diesem Beispiel *Volk* StPO, 6. Aufl., § 28, Rn. 35.
798 Vgl. hierzu die Schilderung eines wahren Sachverhalts bei *Bernsmann* in: 22. StV-Tag (1999), 151, 152 ff.
799 Vgl. *Amelung* NJW 1991, 2533, 2534 (allerdings zu staatlichen Beweisermittlungen).
800 BVerfG v. 9.11.2010 – 2 BvR 2101/09, JZ 2011, 249, 252.

3. Ansatzpunkte für ein selbstständiges Verwertungsverbot

Anderes könnte gelten, wenn der Akt der Verwertung im Strafverfahren selbst gegen Grundrechte verstößt und die entsprechenden Beweismittel daher mit einem selbstständigen Verwertungsverbot zu belegen sind. Hierfür ist der aus Verwertung folgende Grundrechtseingriff abzuwägen gegen die berechtigten Erfordernisse der Strafrechtspflege in Bezug auf das im Einzelfall konkret in Betracht kommende Tatunrecht.[801] Für diese Abwägung ist also die Kenntnis aller Umstände des Einzelfalls erforderlich, so dass eine abstrakt-generalisierende Betrachtung wie hier keine letztgültigen Antworten geben kann. Wie auch zuvor sollen aber wenigstens die Ansatzpunkte für ein Verwertungsverbot sowie die möglicherweise maßgeblichen Abwägungsgesichtspunkte genannt werden.

Zunächst ist möglicherweise beachtlich, dass die Auskunft eines Mitarbeiters in einer Situation erteilt wurde, in der dieser erheblichem Druck ausgesetzt war. . Zwar genügt dies im Regelfall nicht für die Anwendbarkeit des Nemo-tenetur-Grundsatzes[802], die Tatsache der zwangsweisen Preisgabe muss aber möglicherweise dennoch berücksichtigt werden (a). Unter Umständen müssen auch die Inhalte der erlangten Informationen bei der Frage der Verwertbarkeit berücksichtigt werden (b). Schließlich könnten sich auch Verwertungsverbote daraus ergeben, dass durch eine vorgeschaltete Interne Ermittlung die strafprozessuale Rechtsstellung des betroffenen Mitarbeiters gefährdet wird (c).

a) Drucksituation des Mitarbeiters

Rechtswidriges, sogar strafbares privates Verhalten bei der Beweisgewinnung führt nach überwiegender Ansicht nicht zwingend zu einem Beweisverwertungsverbot.[803] Möglicherweise muss aber weniger die Rechtmäßigkeit oder Rechtswidrigkeit des privaten Ermittlungshandelns als vor allem die Drucksituation des zu befragenden Mitarbeiters in Augenschein genommen werden. Verweigert sich dieser der umfassenden Kooperation, drohen ihm Kündigung und Schadensersatz, es steht also ohne weiteres seine bürgerliche Existenz auf dem Spiel.[804]

---

801 BVerfGE 34, 238, 250; BVerfGE 80, 367, 375; BGHSt 34, 397, 401; BGHSt 36, 167, 173; BGHSt 44, 46, 48; *Küpper* JZ 1990, 416, 419; *Störmer* Dogmatische Grundlagen (1992), 187; *Fezer* Grundfragen (1995), 6; *Jahn* Gutachten 67. DJT, C 79; *Eisenberg* StPO, 7. Aufl., Rn. 385 ff. Vgl. zur Entwicklung der Rechtsprechung *Jäger* Beweisverwertung (2003), 4 ff.

802 Vgl. S. 149 ff.

803 Vgl. S. 178 ff.

804 Die Thematik wurde von den Teilnehmern der Abteilung Strafrecht des 67. DJT diskutiert (Verhandlungen 67. DJT, Band II/2, L 125 ff., L 141 f., L 157 ff.). Dabei verlangten manche, jede mit Aufklärungswillen durchgeführte private Aufklärung an staatlichen Maßstäben zu messen (*Lammer*, L 125 ff.). Andere forderten eine Unverwertbarkeit bei strafbarer privater Beweisgewinnung (*Jahn*, L 142) oder erwogen angesichts des massiven Drucks seitens der

Es kann aber nicht unberücksichtigt bleiben, dass diese Drucksituation die Folge der freiwillig eingegangenen Entscheidung des Mitarbeiters ist, mit dem Arbeitgeber in ein Arbeitsverhältnis einzutreten. Damit ist nicht gesagt, dass ein unter rein wirtschaftlichem Druck erlangtes Beweismittel stets verwertbar ist oder sein sollte. Dies sollte sich aber nach hier vertretener Ansicht auf Fallkonstellationen beschränken, in denen der ausgeübte wirtschaftliche Druck auch strafbar ist.[805] Sofern die Androhung von Maßnahmen durch den Arbeitgeber unter § 240 I StGB fällt, sollten die dadurch erlangten Auskünfte mit einem Verwertungsverbot belegt werden. Der wirtschaftliche Druck alleine genügt allerdings nicht für eine spätere Unverwertbarkeit.[806]

b) Informationsinhalt

Aus dem Inhalt der durch die Interne Ermittlung erlangten Informationen könnte man ein Verwertungsverbot folgern, wenn diese entweder dem absolut geschützten Kernbereich der Persönlichkeit zuzurechnen wären (Art. 2 I GG) oder wenn diese außerhalb des Kernbereichs zwar grundsätzlich der Abwägung zugänglich wären, das Interesse an der Geheimhaltung aber gegenüber dem Strafverfolgungsinteresse überwiegt.

Nach der „Sphärentheorie" des BVerfG gibt es einen unantastbaren Bereich privater Lebensgestaltung, in welchen staatlicherseits unter keinen Umständen eingegriffen werden darf.[807] Beweise aus diesem Bereich unterliegen stets einem Verwertungsverbot. Dagegen können Eingriffe außerhalb dieses Bereichs durch Allgemeininteressen gerechtfertigt werden.[808] Maßgeblich für die Zuordnung eines Sachverhalts zum Kernbereich des Persönlichkeitsrechts soll unter anderem sein, ob der Betroffene einen Lebenssachverhalt geheimhalten will, ob dieser Sachverhalt nach seinem Inhalt höchstpersönlicher Art ist und in welcher Art und Intensität er die Sphäre anderer oder Belange der Gemeinschaft berührt.[809]

Unternehmen die analoge Anwendung des § 136 a StPO (*Wehnert* L 157 ff.). In der Beschlussfassung entschied sich allerdings die Mehrheit nur dafür, ein Verwertungsverbot für Erkenntnisse anzunehmen, die auf strafbare Weise (41:11:8) oder unter Verstoß gegen die Menschenwürde (53:1:8) erlangt wurden. Dagegen sollte es nach Ansicht der Mehrheit nicht für ein Verwertungsverbot genügen, wenn das Beweismittel unter wirtschaftlichem Druck (20:31:8) oder mit rechtswidrigen Mitteln (24:28:9) erlangt wurde (Verhandlungen 67. DJT, Band II/1, L 70).

805 Vgl. S. 180.

806 So auch *Theile* StV 2011, 381, 385.

807 BVerfGE 34, 238, 245; BVerfGE 80, 367, 373; BVerfGE 109, 279, 319. Vgl. hierzu ausführlich mwN *Jahn* Gutachten 67. DJT, C 81 ff.

808 BVerfGE 34, 238, 246; BVerfGE 80, 367, 373.

809 BVerfGE 80, 367, 374.

Dem unantastbaren Bereich privater Lebensgestaltung zugeordnet wurden etwa rein selbstbezogene Tagebuchaufzeichnungen[810], Raumgespräche zwischen Ehepartnern[811] und Selbstgespräche[812]. Dagegen wurden selbst tagebuchartige Aufzeichnungen nicht mehr dem Kernbereich zugeordnet, wenn sich der Betroffene über seine erheblichen psychosozialen Probleme und Neigungen zu Gewalttaten ausließ.[813]

Trotz der äußerst fragwürdigen Konstruktion[814] des Sphärenmodells und der damit verbundenen Unsicherheiten bei der Herleitung von Verwertungsverboten lässt sich wohl sagen, dass Informationen aus Internen Ermittlungen in der Regel nicht zum abwägungsfesten Kern des Allgemeinen Persönlichkeitsrechts gehören werden. Die in die Datensammlung der Internen Ermittler überspielten E-Mails oder die Protokolle über Mitarbeiterbefragungen werden typischerweise einen geschäftlichen Bezug haben und daher als Teil der Sozialsphäre von vornherein in den Abwägungsbereich fallen. Solche Informationen können dann verwertet werden, wenn das Strafverfolgungsinteresse überwiegt, was wohl vor allem von der dem Mitarbeiter konkret vorgeworfenen Straftat abhängt.

c) Gefährdung der strafprozessualen Stellung

Möglicherweise lässt sich aber ein selbstständiges Verwertungsverbot auf die Begründung stützen, der Beschuldigte werde sonst in seiner strafprozessualen Stellung als Prozesssubjekt beeinträchtigt. Als maßgebliche Anknüpfungspunkte kommen in Betracht der Informationstransfer nach der ursprünglich erzwungenen Selbstbelastung (aa), die Beeinflussung der Beweislage durch private Ermittlungen (bb) sowie die Vermischung von privaten und staatlichen Ermittlungserkenntnissen (cc).

aa) Informationstransfer nach erzwungener Selbstbelastung

(1) Vergleichbarkeit mit der Situation des Gemeinschuldners

Im Gemeinschuldner-Beschluss hatte das BVerfG den für die Verletzung des Art. 2 I GG maßgeblichen Gesichtspunkt darin gesehen, dass es das Persönlichkeitsrecht unverhältnismäßig beeinträchtigen würde, wenn unter Zwang herbeigeführte Selbstbezichtigungen gegen den Willen des Gemeinschuldners zweckentfremdet

810 BGHSt 19, 325.
811 BGHSt 31, 296.
812 BGHSt 50, 206, 213; BGH v. 22.12.11 – 2 StR 509/10.
813 BGHSt 34, 397.
814 Vgl. zur Kritik aus dem umfangreichen Schrifttum etwa mwN *Jahn* Gutachten 67. DJT, C 83 f. und *Roxin/Schünemann* Strafverfahrensrecht, 26. Aufl., § 24, Rn. 55 ff.

und der Verwertung für eine Strafverfolgung zugeführt würden.[815] Eine ähnliche Konstellation liegt auch bei der Auskunftspflicht im Rahmen von Internen Ermittlungen vor. Ein wesentlicher Unterschied besteht jedoch darin, dass als unmittelbarer Urheber des Zwangs bei Internen Ermittlungen – anders als beim Gemeinschuldner – nicht der Staat, sondern ein privates Unternehmen anzusehen ist. Rechtliche Grundlage für den ausgeübten Zwang ist nicht eine Vorschrift des öffentlichen Rechts, die an einen bestimmten Sachverhalt anknüpft, sondern die Folge einer freiwillig eingegangenen arbeitsrechtlichen Verpflichtung. Diese Unterschiede führen zwar dazu, dass sich die Unverwertbarkeit nicht aus dem Nemo-tenetur-Prinzip herleiten lässt.[816] Das Nemo-tenetur-Prinzip stellt aber nur einen aus dem Allgemeinen Persönlichkeitsrecht abgeleiteten Sonderfall dar, auch außerhalb dieses Prinzips kann eine Unverwertbarkeit auf eine Verletzung des Allgemeinen Persönlichkeitsrechts gestützt werden.

(2) Besondere Anforderungen an die Drucksituation?

Möglicherweise genügt die rechtliche Durchsetzbarkeit von arbeitsrechtlichen Pflichten aber nicht, damit entsprechend hervorgebrachte Auskünfte unverwertbar sind, sondern es müssen zusätzlich besondere Anforderungen an den Druck gestellt werden, dem der Mitarbeiter ausgesetzt ist. Teilweise wird gefordert, eine Auskunft dann im Strafverfahren zu verwerten, wenn der Mitarbeiter aufgrund eines unternehmensinternen Amnestieprogramms bei umfassender Kooperation keine arbeits- oder zivilrechtlichen Konsequenzen zu befürchten hat. In diesem Fall stehe dem Mitarbeiter nämlich ein echtes Wahlrecht zur Verfügung.[817]

Dieses Wahlrecht besteht in dieser Situation allerdings nur aus folgenden Möglichkeiten: Schweigt der Mitarbeiter, muss er unmittelbare arbeits- und zivilrechtliche Konsequenzen fürchten, da die Amnestie die umfassende Mitwirkung voraussetzt. Gibt der Mitarbeiter hingegen Auskunft, liefert er den Strafverfolgungsbehörden damit unter Umständen die Grundlage für seine Verurteilung. Dieser Lösung liegt anscheinend die Auffassung zu Grunde, ein Mitarbeiter, der „nur" strafrechtliche Konsequenzen zu befürchten habe, könne im Wesentlichen frei entscheiden und seine Auskunft müsse darum in einem späteren Strafverfahren nicht mit einem Verwertungsverbot belegt werden. Entscheidend ist aber, dass die Auskunft auch erzwingbar bleibt, wenn es ein Amnestieprogramm gibt: Der einzige Unterschied ist, dass es bei einem existierenden Amnestieprogramm zusätzlich zur Peitsche auch noch ein Zuckerbrot gibt, an der grundlegenden Situation hat sich aber nichts geändert. Erst wenn es dem Arbeitnehmer völlig freisteht, ob er sich äußern

815 BVerfG 56, 37, 50.
816 Vgl. S. 149 ff.
817 *Beulke* Strafprozessrecht, 11. Aufl., § 23, Rn. 481.

möchte oder nicht, nämlich dann, wenn ihn keine Auskunftspflicht trifft, kommt eine spätere Verwertbarkeit der dennoch getätigten Auskunft in Betracht.[818] Hingegen ist auch eine solche Auskunft unverwertbar, wenn sie auf strafbaren Druck seitens des Arbeitgebers (etwa § 240 StGB) zustande gekommen ist.[819]

(3) Vereinbarkeit mit dem sonstigen Meinungsbild zur privaten Beweisbeschaffung

Dabei stellt sich nun die Frage, wie eine solche Unverwertbarkeit vereinbart werden könnte mit der Ansicht, nach der Beweise, die von Privaten unter Zwang beschafft wurden, nur bei strafbarem Vorgehen (bzw. nach der überwiegenden Ansicht bei extremer Menschenrechtswidrigkeit) der Beweisbeschaffung unverwertbar sind[820]. Denn von einer solchen extremen Menschenrechtswidrigkeit kann nicht ausgegangen werden, wenn der Arbeitgeber seine legitimen Rechte aus dem Arbeitsvertrag geltend macht. Eben hierin besteht aber die Besonderheit, die es rechtfertigt, privat beschaffte Beweise auch dann von der Verwertbarkeit im Strafverfahren auszuschließen, wenn die Beweisbeschaffung nicht auf menschenrechtswidrige oder strafbare Weise erfolgte.

Der Arbeitgeber kann trotz der unter *Privaten* geschlossenen Vereinbarung zurückgreifen auf *staatliche* Instrumente zur Durchsetzung seiner Rechte (§ 888 ZPO). Diese staatlichen Instrumente berücksichtigen aber nicht, dass Informationen Eingang in ein Strafverfahren finden und somit zur Aushöhlung von Rechten des Mitarbeiters führen können und sind daher lückenhaft. Einen solchen Informationstransfer dulden zu müssen, kann in einem Rechtsstaat einen unverhältnismäßigen Eingriff in das Allgemeine Persönlichkeitsrecht (Art. 2 I, 1 I GG) bedeuten.[821] Die Pflicht des Staates zum Schutze der Interessen des Mitarbeiters ist die notwendige

818 Vgl. OLG Karlsruhe NStZ 1989, 287. Vgl. hierzu auch *Jahn* StV 2009, 41, 45.
819 *Jahn* StV 2009, 41, 45.
820 Vgl. S. 178.
821 Ähnlich *Theile* StV 2011, 381, 385. So im Ergebnis auch *Bittmann/Molkenbur* wistra 2009, 373, 378. Ebenfalls für eine Unverwertbarkeit (unter Bezugnahme auf das Nemo-tenetur-Prinzip) *Wastl/Litzka/Pusch* NStZ 2009, 68, 70 ff und (unter Bezugnahme auf die mittelbare Wirkung des § 136 a StPO) *Pfordte* in: DAV-FS (2009), S. 740, 756. Teilweise wird die Unverwertbarkeit auch direkt auf das Fair-Trial-Prinzip gestützt (Vgl. *Knauer/Buhlmann* AnwBl 2010, 387, 390 ff.; *Momsen* ZIS 2011, 508, 515 f.). In der Sache dürfte sich daraus kein großer Unterschied ergeben, wenn man sich vor Augen hält, dass es zum Inhalt einer fairen Verfahrensführung gehört, grundrechtsverletzende Beweise nicht zu verwerten, vgl. hierzu *Küpper* JZ 1990, 416, 417. Soweit die Unverwertbarkeit mit einer entsprechenden Anwendung des § 97 I 3 InsO begründet wird (*Böhm* WM 2009, 1923, 1926; *Neuhaus* in: Kempf/Lüderssen/Volk Finanzkrise (2010), 348, 359 f.), stimmt diese Auffassung insofern mit der hier vertretenen überein, als Grundlage der Vorschrift des § 97 I 3 InsO der Gemeinschuldner-Beschluss des BVerfG und damit ein auf Art. 2 I GG gestütztes Verwertungsverbot war (BVerfG 56, 37, 50).

Kehrseite davon, dass er dem Arbeitgeber die Möglichkeit zur rechtlichen Durchsetzbarkeit seiner Rechte einräumt.

Ein Verwertungsverbot ist also nicht nur bei unmittelbarer Anwendbarkeit des Nemo-tenetur-Prinzips anzunehmen, also dann, wenn der ausgeübte Zwang dem Staat zugerechnet werden kann, sondern auch dann, wenn Private als Urheber des Zwangs anzusehen sind.

bb) Beeinflussung der Beweislage

Private Ermittlungen können die Beweislage beeinflussen.[822] Zeugen etwa sagen möglicherweise vor der Staatsanwaltschaft nicht das, was sie normalerweise aussagen würden, wenn sie noch nicht durch Privatermittler befragt worden wären. Vielmehr werden sie in der Regel einer bereits mit dem Unternehmen abgestimmten Strategie folgen. Dieses Risiko wächst mit dem Umfang der Privatermittlungen. Beginnen die staatlichen Ermittlungen erst nach weitestgehendem Abschluss der Internen Ermittlung, dann erfolgt dies zu einem Zeitpunkt, bei dem die Akteure des Unternehmens möglicherweise bereits auf zivil- und arbeitsrechtlichem Wege eine Art „Rechtsfrieden" hergestellt haben – dementsprechend geschmälert dürften staatliche Aufklärungsbemühungen sein. Das mag man bedauern, vor allem unter dem Gesichtspunkt der dann dann möglicherweise entfallenden spezial- und generalpräventiven Wirkungen von Kriminalstrafen.[823] Da Interne Ermittlungen in Unternehmen nach geltendem Recht aber grundsätzlich durchgeführt werden dürfen[824], können alleine aus ihrer Durchführung auch keine Verwertungsverbote für daraus hervorgegangene Erkenntnisse gefolgert werden.[825]

cc) Vermischung von privaten und staatlichen Ermittlungserkenntnissen

Eine andere Frage ist, auf welche Weise private Erkenntnisse in eine Strafakte Eingang finden dürfen. Oben[826] wurde die Ansicht vertreten, dass alleine die Gefahr einer Vermischung privater und staatlicher Ermittlungserkenntnisse noch nicht zur

822 In der Literatur wird dies unter den Stichpunkten Verzerrung [*Bernsmann* in: 22. StV-Tag (1999), 151, 159], Trübung [*Knierim* in Volk-FS (2009), 247, 267] oder Verwässerung (*de Vries* Kriminalistik 2011, 83, 88) der Beweislage erörtert.

823 *Jaeger* der kriminalist 01/2008, 19, 20.

824 Vgl. S. 101 ff.

825 *Bernsmann* in: 22. StV-Tag (1999), 151, 159 f. Nach Ansicht von *de Vries* Kriminalistik 2011, 83, 88 ließe sich der Gefahr der Verwässerung der Beweismittel dadurch entgegenwirken, dass Arbeitnehmer bis zum Abschluss des Strafverfahrens darauf bestehen dürfen, sich ausschließlich von staatlichen Ermittlungsbehörden vernehmen zu lassen. Außerdem sei staatliches „Erstzugriffsrecht" einzuführen. Diese Lösung dürfte aber nicht nur auf praktische, sondern auch auf rechtliche Bedenken stoßen (vgl. bereits oben).

826 Vgl. S. 118 ff.

generellen Unzulässigkeit privater Ermittlungen führen kann. Allerdings muss wegen des Grundsatzes der Aktenvollständigkeit und Aktenwahrheit aus der Akte selbst ersichtlich sein, wem welche Erkenntnisse zuzuordnen sind, insbesondere in welchen Fällen Strafverfolgungsbehörden private Erkenntnisse für darauf aufbauende Ermittlungen genutzt haben. Ist dies nicht möglich, könnte man deswegen das materielle Verteidigungsrecht[827] des Beschuldigten beeinträchtigt sehen. Denn weder kann die Akteneinsicht (§ 147 StPO) sonst ihren Zweck erfüllen, dem Beschuldigten die Vorbereitung auf seine Verteidigung zu ermöglichen[828], noch kann jener anschließend durch Beweisanträge auf problematische Ermittlungsvorgänge aufmerksam machen.

Aufgrund der Bedeutung des Rechts auf Verteidigung, das sich als rechtliche Gegenwehr gegen Strafverfolgung schlechthin umschreiben lässt[829], gehen Unklarheiten in der Akte zu Lasten der Strafverfolgung. Entsprechende Informationen sind mit einem Verwertungsverbot zu belegen.

4. Umsetzung eines Verwertungsverbots für selbstbelastende Auskünfte

Grundsätzlich obliegt es dem Gesetzgeber, gesetzliche Lücken zu schließen. Die gesetzliche Lücke besteht vorliegend darin, dass materielles und prozessuales Zivilrecht unter bestimmten Voraussetzungen eine Auskunftspflicht des Arbeitnehmers auch bei drohender Selbstbelastung vorsehen, ohne dass diese Auskunft mit einem strafrechtlichen Verwertungsverbot belegt wird. Bei vorkonstitutionellen Regelungen (wie dem BGB und der ZPO) kann aber ausnahmsweise auch ein Richter bis zur Neuregelung durch den Gesetzgeber Gesetzeslücken in möglichst enger Anlehnung an das geltende Recht und unter Rückgriff auf die entsprechenden Vorschriften der Verfassung schließen, falls sich die betreffende Regelung aus verfassungsrechtlichen Gründen als ergänzungsbedürftig erweist.[830]

827 Vgl. zu diesem Begriff *Schroeder* NJW 1987, 301 ff. und *Schroeder/Verrel* StPO, 5. Aufl., Rn. 88 ff.

828 KK-StPO/*Laufhütte*, 6. Aufl., § 147, Rn. 1.

829 *Schroeder* NJW 1987, 301; *Schroeder/Verrel* StPO, 5. Aufl., Rn. 88.

830 So das BVerfG 56, 37, 51, im Gemeinschuldner-Beschluss. Freilich ist dieses Vorgehen nicht unproblematisch (Vgl. ausführlich *Böse* Wirtschaftsaufsicht (2005), 457 ff.): Denn grundsätzlich bestünde zur Wahrung der Verfassung neben der Annahme eines strafprozessualen Verwertungsverbots auch die Möglichkeit, bereits den Zwang zur Auskunft für unzulässig zu erklären. Zuständig für diese Entscheidung ist aber eigentlich der Gesetzgeber, und nicht das BVerfG. Dem kann allerdings dadurch genüge getan werden, dass ein verfassungsrechtliches Verwertungsverbot ausdrücklich nur bis zu einer Neuregelung durch den Gesetzgeber Bestand haben soll.

5. Ergebnis

Strafprozessuale Verwertungsverbote erscheinen vor allem erforderlich für erzwungene Auskünfte im Rahmen von Internen Ermittlungen (Art. 2 I iVm Art. 1 GG). Aber auch bei einer Vermischung von privaten und staatlichen Ermittlungserkenntnissen kommt zur Wahrung des Rechts auf materielle Verteidigung ein Verwertungsverbot in Betracht.

V. Zusammenfassung zu Teil B und Zwischenfazit

Das geltende Recht bietet keine hinreichende Gewähr dafür, dass strafprozessuale Rechte von Mitarbeitern nicht durch eine vorgeschaltete Interne Ermittlung ausgehöhlt werden.

Aus dem Nemo-tenetur-Prinzip ergibt sich nur ausnahmsweise ein Schutz für Auskünfte, die sich auf einen staatlichen Zwang zurückführen lassen. Ein Zwang lässt sich zwar bejahen, wenn der betreffende Mitarbeiter tatsächlich rechtlich zur Auskunft verpflichtet und damit auch zivilprozessual zur Auskunft gezwungen werden kann. Allerdings ist dieser Zwang nur dann dem Staat zurechenbar, wenn dieser seinerseits durch eigenen Zwang oder eigene Inititative die maßgebliche Ursache für den gegenüber dem Mitarbeiter bestehenden Zwang gesetzt hat und damit dieser private Zwang dem Staat zugerechnet werden muss. Ein solcher Zurechnungsgrund liegt aber nur dann vor, wenn staatliche Ermittlungsbehörden unter bewusster Umgehung strafprozessualer Vorschriften Unternehmen mit der Durchführung von „Vernehmungen" beauftragen.

Arbeitsrechtlich lässt sich möglicherweise aus § 241 II BGB herleiten, dass der Arbeitgeber bei einer Internen Ermittlung zu einem Vorgehen greifen muss, bei dem die Rechte von Mitarbeitern möglichst wenig beeinträchtigt werden. Dies lässt sich aber jeweils nur nach den Umständen des Einzelfalls beurteilen und ist abhängig von einer umfassenden Interessenabwägung.

Nach Durchführung einer Internen Ermittlung können staatliche Ermittlungsbehörden im Regelfall die gesammelten Informationen auch dann beschlagnahmen, wenn sich diese noch im Besitz der für die Interne Ermittlung verantwortlichen Anwaltskanzlei befinden. Beschlagnahmeverbote (etwa aus § 97 I Nr. 3 StPO) stehen dem nicht entgegen.

Werden diese Informationen in ein Strafverfahren eingeführt, sind erzwungene selbstbelastende Angaben von Mitarbeitern wegen Art. 2 I iVm Art. 1 I GG mit einem Verwertungsverbot zu belegen. Ein Verwertungsverbot kann sich auch daraus ergeben, dass staatliche und private Erkenntnisse vermischt wurden.

Das geltende Recht bietet deswegen keine ausreichende Gewähr für den Schutz strafprozessualer Rechte von Mitarbeitern, weil es in Teilen einer verfassungsrechtlichen Konkretisierung durch das BVerfG bedürfte (Verwertungsverbot aus Art. 2 I iVm Art. 1 I GG), in anderen Teilen der Schutz von einer – stets ungewissen – Interessenabwägung im Einzelfall abhängt. Insbesondere die fehlende Regelung des Verfahrens von Internen Ermittlungen stellt sich dabei als Gefahr dar. Denn sogar wenn für einzelne Informationen aus Internen Ermittlungen ein strafprozesuales Verwertungsverbot angenommen werden kann – was keinesfalls sicher ist –, wäre dem Mitarbeiter wegen der fehlenden Fernwirkung eines solchen Verwertungsverbotes damit letztendlich nur wenig geholfen.[831]

Dagegen würde eine Regelung des Verfahrens nicht nur dem einzelnen von der Internen Ermittlung betroffenen Mitarbeiter zugute kommen, sondern auch etwa dem Compliance Officer. Für diesen ist nämlich nach geltenden Recht oft nicht klar, ab welchem Verdachtsgrad er zum Eingreifen verpflichtet ist. Dabei wird er ein „zu wenig" schon deswegen nicht riskieren, weil ihm sonst zivil- und strafrechtliche Konsequenzen drohen. Mitarbeiter, denen frühzeitig ein bestimmtes Verfahren garantiert wird, dürften sich verstärkt dazu bereit erklären, an der unternehmensinternen Aufklärung mitzuwirken. Und staatliche Ermittler profitieren von einem festgelegten Verfahren, weil daraus hervorgegangene Informationen für eigene Ermittlungszwecke verwendet werden können und auch vor Gericht Bestand haben.

C. Neue Regelungen

I. Staatliches Erstzugriffsrecht beim Verdacht auf Straftaten in Unternehmen?

1. Die Diskussion über Nutzen und Schaden von Internen Ermittlungen

Die Thematik der Internen Ermittlungen wird längst auch von denen diskutiert, die bei Internen Ermittlungen außen vor bleiben: der Polizei.

Jaeger beklagt, Unternehmen bedienten sich zur Aufklärung von Straftaten nur selten der Hilfe der Polizei.[832] Vielmehr versuchten diese, entsprechende Verdachtsfälle auf eigene Faust aufzuklären, um kosten- und zeitintensive Gerichtsprozesse und den damit verbundenen Reputationsschaden zu vermeiden. Letztendlich hätten solche privaten Ermittlungen aber vielfach negative Auswirkungen: Aufgrund der

831 Skeptisch auch *Ignor* CCZ 2011, 143, 144. Für ein nachwirkendes Beweisverwendungsverbot *Theile* StV 2011, 381, 385 f.

832 Vgl. ausführlich *Jaeger* der kriminalist 01/2008, 19 ff.

oft mangelhaften Qualifikation der Privatermittler würden die Rechte der Mitarbeiter in erheblichem Umfang gefährdet, zumal die Ermittlungen selbst keinerlei Kontrolle unterlägen. Mit delinquenten Mitarbeitern würden problematische Deals geschlossen, oft mit dem Inhalt, dass die Unzuverlässigkeit des Mitarbeiters nicht im Arbeitszeugnis erwähnt wird, damit künftige Bewerbungen nicht erschwert werden. Der Verzicht auf polizeiliche Ermittlungen und die Durchführung von Strafverfahren bedeute auch einen Verzicht auf die damit verbundene Abschreckungswirkung. Viele Taten blieben im Dunkeln und tauchten daher in keiner Kriminal- oder Strafverfolgungsstatistik auf.

Um diesen Entwicklungen entgegenzutreten, schlägt *Jaeger* die Einführung eines „Erstzugriffsrechts" des Staates beim Verdacht auf Straftaten in Unternehmen vor. Dies könne dadurch erreicht werden, dass Unternehmen gesetzlich verpflichtet werden, Straftaten ab einer gewissen Erheblichkeitsschwelle anzuzeigen.[833] Auf diese Weise könnte jedenfalls bei bestimmten Fällen das ausbalancierte Instrumentarium der Strafverfolgung Anwendung finden.

Dem wird von Geschädigtenanwälten entgegen gehalten, Kriminalpolizei und Staatsanwaltschaft seien ohnehin schon chronisch überlastet, obwohl bis jetzt nur ein geringer Prozentsatz der Fälle überhaupt amtlich bekannt würden.[834] Von diesen Wirtschaftsstrafsachen würden die Staatsanwaltschaften in bis zu 75 % der Fälle das Ermittlungsverfahren einstellen und nur in knapp 12 % der Fälle Anklage erheben.[835] Aber es mangele nicht nur an personellen und technischen Kapazitäten zur Bewältigung von Wirtschaftsstrafsachen, auch die Ausbildung der Strafverfolger sei im Hinblick auf die Komplexität und Internationalität von Wirtschaftskriminalität oft unzureichend.[836]

2. Stellungnahme

Der Vorschlag von *Jaeger*, Unternehmen gesetzlich zur Anzeige bestimmter, erheblicher Straftaten zu verpflichten, erscheint nicht überzeugend. Zunächst würden solche Anzeigepflichten weit über das hinaus gehen, was § 138 StGB vorschreibt. § 138 StGB soll helfen, *verbrecherische* Erfolge zu verhindern, sofern und solange diese durch die in § 138 StGB genannten Katalogtaten drohen. Ist der Erfolg durch die Anzeige nicht mehr zu verhindern, besteht auch keine strafbewehrte Anzeigepflicht nach § 138 StGB mehr.[837] Vor dem Hintergrund dieser gesetzgeberischen Wertung

833 *Jaeger* der kriminalist 01/2008, 19, 23.
834 *Görling* der kriminalist 09/2008, 345, 346.
835 *Görling* der kriminalist 09/2008, 345.
836 *Görling* der kriminalist 09/2008, 345, 348 ff. Ähnlich auch *Knierim* in: Volk-FS (2009), 247, 257 f.
837 MüKo-StGB/*Hohmann*, § 138, Rn. 2.

ist es besonders begründungsbedürftig, wenn nun nicht nur Verbrechen, sondern auch *Vergehen* ab einer bestimmten Schadenshöhe anzeigepflichtig gemacht werden sollen, und zwar sogar dann, wenn diese Vergehen bereits abgeschlossen sind.

Ein hohes Dunkelfeld alleine rechtfertigt noch nicht die Einführung von derart weiten Anzeigepflichten, wie *Jaeger* sie vorschlägt. Denn Dunkelfelder gibt es auch in anderen Bereichen der Kriminalität (zB Betäubungsmitteldelikte), ohne dass dort deswegen die Einführung gesetzlicher Anzeigepflichten gefordert würde. Ebensowenig genügt die Befürchtung, dass sich mangels strafrechtlicher Verfolgung kein Abschreckungseffekt einstellen könne. Dies ist letztlich die Folge der Entscheidung des Gesetzgebers für das Legalitätsprinzip, nach dem die Staatsanwaltschaft wegen aller verfolgbaren Straftaten einschreiten muss, sofern ihr zureichende tatsächliche Anhaltspunkte vorliegen (§ 152 II StPO). Die gesetzliche Regelung soll also nicht unmittelbar sicherstellen, dass alle relevanten Straftaten verfolgt werden, sondern lediglich, dass alle bekannt gewordenen Verdachtsfälle auf gleiche Weise behandelt werden.

Am stärksten ist wohl der Einwand zu werten, durch die Interne Ermittlung werde ein Parallelverfahren etabliert, welches die davon Betroffenen möglicherweise um ihre Rechte bringt, die sie in einem Ermittlungsverfahren hätten. Aber hier lassen sich Lösungen denken, die erheblich weniger in die Rechte der Eigentümer des Unternehmens eingreifen. Unter anderem könnte das Verfahren für eine Aufklärung von Straftaten im Unternehmen festgelegt werden.

II. Regelungen für die Ermittlung von Non-Compliance in Unternehmen

1. Staatliche Regulierung oder Selbstregulierung?

Falls sich solche Verfahrensregeln nicht mit Sicherheit auf das geltende Recht stützen lassen, muss darüber nachgedacht werden, auf welche Weise Verfahrensregeln dennoch für Interne Ermittlungen Verbindlichkeit erlangen können. Denkbar ist zum Beispiel eine gesetzliche Regelung[838], auch eine freiwillige Selbstverpflichtung in der Form eines „German Corporate Investigation Codex“[839] würde diesem Zweck dienen. Am besten geeignet erscheint allerdings eine Lösung, bei der jedes Unternehmen als Teil seines Compliance-Programms gleichzeitig Verfahrensregeln für die Aufklärung von Compliance-Verstößen aufstellt.[840] Denn zum einen entspricht dies dem Grundgedanken von Compliance, der Sicherstellung von Norm-

838 So die Forderung von *Pfordte* in: DAV-FS (2009), S. 740, 757 und *Minoggio* Firmenverteidigung (2010), Rn. 1277.

839 Diesen Vorschlag machte *Wehnert* auf dem 61. Deutschen Anwaltstag (2010), vgl. den Tagungsbericht von *Brexl* AnwBl 2010, 498.

840 In diese Richtung wohl auch *Momsen/Grützner* DB 2011, 1792, 1794.

befolgung: Zu diesen Normen zählen nicht nur Normen, die das Handeln des Unternehmens oder seiner Mitarbeiter betreffen, sondern auch Normen, aus denen sich Rechte der Mitarbeiter ableiten lassen. Eine solche Vorgehensweise verspricht außerdem die Vorteile, die auch sonst für die Einführung von Compliance-Programmen angeführt werden. Das Compliance-Programm dürfte als ganzes im Unternehmen besser vermittelbar sein, wenn es von den Mitarbeitern in jeder Hinsicht als fair wahrgenommen wird. Das wird dazu führen, dass durch ein Compliance-Programm gemachte Vorgaben besser eingehalten werden, was wiederum auch die Außenwirkung des Unternehmens verbessert.

Angesichts der unklaren Rechtslage und der daraus resultierenden Probleme sollten Unternehmen nicht erst das Verfahren für die Aufklärung von Compliance-Verstößen einer Regelung zuführen, sondern bereits klare Bestimmungen dafür treffen, wer anzeigepflichtig ist, wenn er von Regelverstößen Kenntnis erlangt.

2. Anzeigepflichten

Hier kann zurückgegriffen werden auf die oben[841] erfolgte Bestimmung der Anzeigepflichten von Mitarbeitern:

Im eigenen Aufgabenbereich trifft Arbeitnehmer bei schädigenden Handlungen Dritter dann eine Mitteilungspflicht, wenn es sich um Gefahren aus ihrem Aufgabenbereich handelt oder wenn Personen involviert sind, mit denen sie aufgrund ihres Arbeitsvertrages zusammenarbeiten müssen und wenn eine Wiederholungsgefahr zu befürchten ist.

Außerhalb des eigenen Aufgabenbereichs sind Arbeitnehmer ohne Vorgesetztenfunktion nur nach § 16 I ArbSchG anzeigepflichtig, eine privatrechtliche Anzeigepflicht nach § 241 II BGB trifft sie nicht. Leitende Angestellte müssen außerhalb des eigenen Aufgabenbereichs Anzeige machen, wenn sie von einem mit Strafe oder Geldbuße bedrohten Verhalten erfahren, das evident den Arbeitgeber zu schädigen droht und wenn die Anzeige im Einzelfall zumutbar ist.

3. Interne Ermittlungen

a) Eingriffsschwelle

Gerade im Interesse der Compliance-Officer wird es liegen, wenn das Unternehmen eine Schwelle festlegt, ab der diese zum Tätigwerden verpflichtet sind. Denn dadurch werden deren zivil- und arbeitsrechtliche Pflichten präzisiert, unter Umständen wird auch die strafrechtliche Verantwortlichkeit für Strafbarkeiten

841 Vgl. S. 30 ff.

wegen Unterlassens (§ 13 I StGB) festgelegt. Gleichzeitig kann auch der Gefahr vorgebeugt werden, dass Mitarbeiter bei jedem auch nur ganz fernliegenden Verdacht internen Ermittlungsmaßnahmen ausgesetzt werden.

Denkbar wäre es, die Eingriffsschwelle für repressive Compliance-Maßnahmen analog dem strafrechtlichen Anfangsverdacht auf Fälle zu begrenzen, in denen ein konkreter Anfangsverdacht für eine Straftat vorliegt. Zwar ist ein Compliance-Officer kein „Ersatz-Staatsanwalt", eine solche Regelung würde ihn aber davor bewahren, bereits auf Gerüchte und vage Anhaltspunkte stets umfassend reagieren zu müssen.

Auf der anderen Seite müssen auch arbeitsrechtliche Fristen berücksichtigt werden. Denn es ist nicht davon auszugehen, dass ein Unternehmen sich durch die Aufstellung einer Eingriffsschwelle des Rechts zur außerordentlichen (Verdachts-)Kündigung berauben möchte. Eine außerordentliche Kündigung kann nur innerhalb von zwei Wochen nach dem Zeitpunkt erfolgen, ab dem der Kündigungsberechtigte von den für die Kündigung maßgebenden Tatsachen Kenntnis erlangt hat (§ 626 II BGB). Zwar ist damit die zuverlässige und möglichst vollständige Kenntnis der für die Kündigung maßgeblichen Tatsachen gemeint[842], was wohl eher über das für den Anfangsverdacht erforderliche Faktenmaterial hinausgehen dürfte. Das bedeutet aber wohl nicht, dass dem Kündigungsberechtigten, der trotz bestehender vager Verdachtsfälle untätig bleibt, das Recht zur außerordentlichen Kündigung so lange erhalten bleibt, bis ihm diese Fakten vorliegen. Zweck der strengen Kündigungsfrist des § 626 II BGB ist es nämlich gerade, den Kündigungsberechtigten schnell zu einer Entscheidung zu veranlassen, da bei einem zu langen Abwarten die Unzumutbarkeit der Weiterbeschäftigung fraglich sein könnte.[843] Dieser soll sich gerade keinen Kündigungsgrund „aufsparen" dürfen.[844] Der Kündigungsberechtigte wird daher grundsätzlich auch bei noch nicht konkretisierten Verdachtsfällen zu Aufklärungsmaßnahmen gezwungen sein, will er nicht das Recht zur außerordentlichen Kündigung verlieren.[845]

Das wird aber nur für Fälle gelten, in denen zum einen der Verdacht nicht ganz fernliegend und vage ist und zum anderen sich der Verdacht bereits auf bestimmte Personen bzw. einen bestimmten Personenkreis bezieht. Mit anderen Worten: bei allgemeinen Gerüchten verliert der Kündigungsberechtigte nicht das Recht zur

---

842 MünchArbR/*Wank*, 3. Aufl., § 98, Rn. 143.

843 MünchArbR/*Wank*, 3. Aufl., § 98, Rn. 140.

844 ErfK/*Müller-Glöge*, 11. Aufl., § 626 BGB, Rn. 200.

845 Entscheidet sich der Kündigungsberechtigte zu solchen Aufklärungsmaßnahmen, ist der Fristablauf bis zum Abschluss der nach pflichtgemäßem Ermessen notwendig erscheinenden Maßnahmen gehemmt, vgl. ausführlich MünchArbR/*Wank*, 3. Aufl., § 98, Rn. 143.

außerordentlichen Kündigung, wenn er zunächst untätig bleibt und keine weiteren Aufklärungsmaßnahmen anstellt.

Will man die Verantwortlichkeit des Compliance-Officers präzisieren, könnte man wenigstens solche Fälle von der Aufklärungspflicht des Compliance-Officers als nicht erfasst ansehen und dies auch in einer Verfahrensregelung über repressive Compliance-Maßnahmen deutlich machen. Der Compliance-Officer wäre danach verpflichtet, Aufklärungsmaßnahmen zu ergreifen, wenn er Kenntnis erhält von nicht ganz fernliegenden Verdachtsfällen, die sich bereits auf bestimmte Personen bzw. einen abgrenzbaren Personenkreis beziehen lassen.

b) Mitarbeiterbefragungen

Neben der Eingriffschwelle sollte eine Verfahrensregelung für Interne Ermittlungen außerdem Regelungen für die Durchführung von Mitarbeiterbefragungen enthalten.

aa) Auskunftspflicht

Vor Durchführung der Befragung sollte der Auskunftsperson die Gelegenheit zur vollständigen und zusammenhängenden Stellungnahme gegeben werden (entsprechend § 69 I 1 StPO).

Fragen mit unmittelbarem Bezug zu seinem Arbeitsbereich muss ein Mitarbeiter grundsätzlich beantworten. Müsste sich der Mitarbeiter aber durch die Auskunft selbst strafrechtlich belasten, trifft ihn die Auskunftspflicht nur dann, wenn der Arbeitgeber bereits konkrete Anhaltspunkte vorbringen kann.

Fragen außerhalb des unmittelbaren Aufgabenbereichs muss der Mitarbeiter beantworten, wenn der Arbeitgeber sein Interesse an der Beantwortung der Fragen begründen kann und der Mitarbeiter keine entgegen gestellten Interessen vorbringt. Bei einer möglichen Selbstbelastung ist der Mitarbeiter nicht zur Auskunft verpflichtet. Allerdings muss der Mitarbeiter diese Gefahr auf Verlangen glaubhaft machen (entsprechend § 56 StPO).

bb) Einflussnahme auf das Auskunftsverhalten

Es ist dem Arbeitgeber nicht grundsätzlich untersagt, Einfluss auf das Auskunftsverhalten des zu befragenden Mitarbeiters zu nehmen. Insbesondere darf der Arbeitgeber die arbeitsrechtlichen Konsequenzen für den Fall aufzeigen, dass der Mitarbeiter nicht zur Auskunft bereit ist. Dies gilt allerdings nur, wenn den Mitarbeiter auch tatsächlich die Pflicht zur Auskunft trifft. Im Übrigen darf der Mitarbeiter während der Befragung nicht eingeschüchtert, getäuscht, oder mit anderen als den (im Falle der Mitwirkungsverweigerung) arbeitsrechtlich zulässigen Maßnahmen bedroht werden.

cc) Recht auf Hinzuziehung eines Rechtsanwalts

Es ist der Auskunftsperson zu gestatten, dass diese einen Rechtsanwalt zur Befragung hinzuzieht. Falls der Mitarbeiter glaubhaft versichern kann, dass er finanziell nicht dazu in der Lage ist, einen Rechtsanwalt zu mandatieren, muss das Unternehmen dem Mitarbeiter einen Rechtsanwalt zur Seite stellen.[846] Das Mandatsverhältnis besteht in jedem Fall zum Mitarbeiter, und nicht zum Unternehmen. Ist es dem Unternehmen nicht möglich, dem Mitarbeiter einen Rechtsanwalt zur Seite zu stellen, könnte der Mitarbeiter etwa darauf bestehen, dass die Befragung für Beweiszwecke auf Video aufgezeichnet und ihm eine Kopie der Aufzeichnung überlassen wird.

dd) Recht auf Einsichtnahme in das Befragungsprotokoll

Die Mitarbeiterbefragung ist schriftlich zu protokollieren. Nach Fertigstellung des Protokolls muss der befragte Mitarbeiter es auf seine Richtigkeit und Vollständigkeit überprüfen können. Zur Bestätigung unterschreibt er das Protokoll.

ee) Belehrungspflichten

Der Mitarbeiter ist umfassend darüber zu belehren, wie weit seine Auskunftspflicht reicht, dass er das Recht hat, einen Rechtsanwalt zur Befragung hinzuzuziehen und dass er Einsicht in das Befragungsprotokoll nehmen kann.

c) Verweigerungsrecht des Mitarbeiters

Hält sich das Unternehmen nicht an die Vorschriften zur Belehrung oder verweigert es dem Mitarbeiter die eben genannten Rechte, kann der Mitarbeiter die weitere Mitwirkung verweigern, ohne dass ihm hieraus arbeitsrechtliche Konsequenzen entstehen dürfen.

---

846 Anderer Ansicht sind *Momsen/Grützner* DB 2011, 1792, 1795: Auch wenn nur die Frage im Raum stehe, wer in die Portokasse gegriffen habe, wäre das Unternehmen gezwungen, alle in Frage kommenden Personen über die Möglichkeit der Hinzuziehung rechtlichen Beistands zu belehren und diese Rechtsanwälte zu bezahlen. Dem kann allerdings entgegnet werden, dass das Unternehmen keinesfalls gezwungen ist, einen derartigen Sachverhalt selbstständig aufzuklären, sondern dass stets auch das Mittel der Strafanzeige zur Verfügung steht. Wenn die Aufklärung von Straftaten aber selbstständig erfolgen soll, muss das Unternehmen auch auf die Rechte der Mitarbeiter Rücksicht nehmen.

III. Zusammenfassung zu C

Die Einführung eines staatlichen Erstzugriffsrechts beim Verdacht auf Straftaten in Unternehmen ist abzulehnen. Der Vorschlag, staatliche Strafverfolgung zu erleichtern, indem Unternehmen zur umfassenden Anzeige bestimmter Straftaten verpflichtet werden, lässt sich nicht in Einklang bringen mit den bisherigen gesetzlichen Anzeigepflichten des § 138 StGB. Dass mit dem Verzicht auf staatliche Strafverfolgung auch die mit einer Bestrafung verbundenen spezial- und generalpräventiven Wirkungen nicht eintreten können, ist als Folge des Legalitätsprinzips hinzunehmen. Dagegen ist die Gefahr der Aushöhlung von Beschuldigtenrechten ernstzunehmen, die Einführung von Anzeigepflichten stellt hierfür allerdings keine adäquate Lösung dar.

Besser wäre es, Unternehmen würden selber Regelungen dafür finden, wie das Verfahren für die Ermittlung und Aufklärung von Compliance-Verstößen ablaufen soll. Das böte nicht nur den Compliance-Officern mehr Rechtssicherheit, sondern würde auch zu einem besseren Schutz von Mitarbeiterrechten führen. Durch die zu erwartende höhere Akzeptanz würde auch dem Compliance-Programm insgesamt zu einer besseren Wirkung verholfen.

Aufgrund der unklaren Rechtslage sollten zunächst die Anzeigepflichten im unternehmen einer Regelung zugeführt werden.

Bei der Ausgestaltung der Verfahrensordnung sollte eine Eingriffsschwelle definiert werden, bei deren Überschreitung bestimmte, näher genannte Aufklärungsmaßnahmen ergriffen werden. Die Regelungen über die Aufklärungsmaßnahmen sollten einen Ausgleich zwischen dem Interesse des Unternehmens an umfassender Aufklärung und dem Interesse der Mitarbeiter an einem fairen Verfahren zum Ziel haben.

§ 5. Ergebnis und Schluss

A. Spannungsverhältnis zwischen Unternehmensinteressen und Mitarbeiterrechten

I. Zusammenfassung

Compliance im Unternehmen wird durch präventive und repressive Maßnahmen hergestellt. Einen wesentlichen Bestandteil bildet das Informieren der Mitarbeiter über die Compliance-Inhalte, etwa durch Schulungsmaßnahmen. Um kontrollieren zu können, ob diese Vorgaben auch eingehalten werden, führt das Unternehmen Stichprobenkontrollen durch, ist aber auch auf Hinweise aus dem Kreis der Mitarbeiter angewiesen. Tauchen auf diese Weise Verdachtsfälle auf, können Interne Ermittlungen dazu beitragen, das Ausmaß und die Verantwortlichen festzustellen.[847]

Die Effektivität von Compliance-Maßnahmen ließe sich nur mit empirischen Studien belegen oder widerlegen. Präventive Maßnahmen können möglicherweise Gefahren anschaulich machen und gesetzliche Normen präzisieren bzw. in den jeweiligen Tätigkeitsbereich übersetzen. Auf der anderen Seite gehen bestimmte Ziele wie die vollständige Vermeidung jeglicher Korruption an der Realität mancher nicht-westlicher Länder vorbei. Auch ist fraglich, ob sich gerade Wirtschaftsstraftäter, die durch die Kriminologie als intelligente und kühl kalkulierende Täter beschrieben werden, von Appellen an die Moral beeindrucken lassen. Repressive Maßnahmen werfen aus soziologischer Sicht Zweifel auf, vor allem wenn diese darauf zielen, jegliches Fehlverhalten im Unternehmen aufzudecken und zu sanktionieren. Auf der anderen Seite ist Vorsicht geboten bei der Übertragung und Anwendung solcher Modelle, da diese erstens auf Perfektionsannahmen basieren, die mit der Realität wenig zu tun haben und zweitens erst recht nicht die besonderen Eigenheiten der Verfolgung von Regelwidrigkeiten in Unternehmen berücksichtigen.[848]

Für kein Unternehmen ist es gut, wenn Unternehmensangehörige Gesetzesverstöße begehen. Das bedeutet aber jedenfalls aus rechtlicher Sicht noch nicht, dass jedes Unternehmen alles dafür tun muss, um Gesetzesverstöße im Unternehmen zu vermeiden. Das gilt vor allem für präventive Maßnahmen. Eine gesellschaftsrechtliche Pflicht zur Einführung von Compliance-Programmen ist stets abhängig von den Umständen des Einzelfalls. Für die ordnungsgemäße Beurteilung dieser

847 S. 11 ff.
848 S. 24 ff.

Umstände ist die jeweilige Unternehmensleitung verantwortlich. Sie muss unter Umständen nicht nur die haftungsrechtlichen Konsequenzen tragen (§§ 93 I 1 AktG, 43 I GmbHG), sondern sieht sich auch dem Vorwurf der Strafbarkeit wegen Untreue (§ 266 StGB) ausgesetzt. Dafür müsste die Unternehmensleitung aber restlos auf Vorsorgemaßnahmen iSd § 91 II AktG verzichten, außerdem müsste ein unmittelbarer Zusammenhang zwischen Vermögensgefährdung und Vermögensschaden vorliegen. Beides – sowohl die zivilrechtliche als auch die strafrechtliche Sanktionsfolge – wird in der Praxis wohl nur ausnahmsweise auftreten, nämlich bei schwerwiegenden Managementfehlern.[849]

Bei repressiven Maßnahmen, also etwa der unternehmensinternen Sachverhaltsaufklärung und anschließenden Sanktionierung von Fehlverhalten sieht das schon etwas anders aus. Hinweisen auf Gesetzesverletzungen oder Unregelmäßigkeiten müssen Vorstandsmitglieder und GmbH-Geschäftsführer nach einhelliger Ansicht unverzüglich nachgehen. Tun sie dies nicht, hat dies nicht nur gesellschaftsrechtliche Konsequenzen, auch die Begehung einer Ordnunsgwidrigkeit (§ 130 I OWiG) oder eine Strafbarkeit wegen Unterlassens (§ 13 StGB) steht dann im Raum. Von der grundsätzlichen Pflicht zum Einschreiten ist aber die Frage zu trennen, welche Maßnahmen dieses Einschreiten umfassen muss. Ordnungswidrigkeitenrechtlich kann gefordert sein, dass die Aufsichtsperson den Sachverhalt selbstständig aufklären muss, wenn nur dadurch gegenwärtige straf- oder bußgeldbewehrte Verstöße gegen betriebs- oder unternehmensbezogene Pflichten abgestellt oder zukünftige Verstöße verhindert werden können. Der Vorstand einer AG kann sich bei der Entscheidung über das „Wie" der Aufklärung auf die Business Judgement Rule (§ 93 I 2 AktG) berufen, sofern er bei seiner Entscheidung die Vor- und Nachteile der verschiedenen Aufklärungsmöglichkeiten berücksichtig. Im Gegensatz zum Vorstand muss der Aufsichtsrat nur ganz ausnahmsweise selbst gegen rechtswidriges Verhalten im Unternehmen einschreiten.[850]

Unternehmensleitungen sind demnach zum Tätigwerden verpflichtet, sobald sie Hinweise auf rechtswidriges Verhalten im Unternehmen erhalten. Wie diese Reaktion aber aussieht, bleibt ihnen in der Mehrzahl der Fälle selbst überlassen. Neben einer eigenen unternehmensinternen Aufklärung kann – beim Verdacht auf Straftaten – auch Strafanzeige erstattet werden, damit staatliche Ermittlungsbehörden die Aufklärung durchführen.

Dies liegt freilich nicht immer im Interesse der Unternehmen. Bei einer zu frühen Veröffentlichung von Verdachtsfällen könnte sich ein Unternehmen nämlich die Möglichkeit der Inanspruchnahme von Bonusregelungen, etwa im Kartellrecht,

849 S. 16 ff.
850 S. 63 ff.

verbauen. Bei anderen Bonusregelungen, etwa solchen US-amerikanischen Ursprungs, aber auch solchen im Vergaberecht oder bei der Exportkreditfinanzierung, ist nicht so sehr die Veröffentlichung von Verdachtsfällen das Problem. Vielmehr wird hier vom Unternehmen gerade die selbstständige Aufklärung verlangt, nur so kann es in den Genuss der Sanktionsmilderung bzw. des vollständigen Ausbleibens von Sanktionen kommen. Neben diesen Fällen kann eine Interne Aufklärung auch die Folge von Auskunftsersuchen seitens staatlicher Behörden sein.[851]

Um die Aufklärung von Verstößen gegen Compliance-Regeln zu erleichtern, legen manche Unternehmen sog. Amnestieprogramme auf. Diese versprechen teilnahmewilligen Mitarbeitern im Falle umfassender Kooperation unter anderem den Verzicht auf arbeits- und zivilrechtliche Sanktionen. Allerdings sind Amnestieprogramme nicht unproblematisch. Für die Unternehmensleitung besteht die Gefahr der Strafbarkeit. Sofern das Amnestieprogramm auch die Übernahme von Geldstrafen, Verfahrens- und Verteidigungskosten zusichert, kann dies als Untreue (§ 266 StGB) zu werten sein, wenn die damit verbundenen finanziellen Nachteile nicht durch andere Vorteile zumindest aufgewogen werden. Dagegen wird eine Amnestiezusage nur in äußerst seltenen Fällen als psychische Beihilfe (§ 27 StGB) an der Mitarbeiterstraftat strafbar sein. Voraussetzung wäre nämlich unter anderem, dass die Tat noch nicht beendet ist und dass die Unternehmensleitung die entsprechende Tat in ihren wesentlichen Merkmalen erkannt hat und die die Förderung in Kauf nimmt. Auch für die an der Vereinbarung beteiligten Mitarbeiter ergeben sich Risiken: Der Verzicht auf die Geltendmachung von Schadensersatzansprüchen seitens des Unternehmens nützt ihnen unter Umständen wenig, wenn sie anschließend von anderen Mitarbeitern in Regress genommen werden. Die Zusage, man werde auf arbeitsrechtliche Sanktionen wie etwa die außerordentliche Kündigung verzichten, ist zwar in einem eventuellen späteren Kündigungsschutzprozess zu berücksichtigen, in jedem Fall verbindlich ist sie jedoch nicht. Das Unternehmen kann trotz einer entgegenstehenden Vereinbarung einen Strafantrag/eine Strafanzeige stellen. Die Zusicherung von Vertraulichkeit ist angesichts gesellschaftsrechtlicher Informationspflichten und kapitalmarktrechtlicher Auskunftspflichten nicht in jedem Fall durchzuhalten.[852]

Auch die allgemeinen Mitwirkungspflichten, die Mitarbeiter im Rahmen einer Internen Ermittlung treffen, sind bis jetzt nur wenig geklärt. Von besonderer Relevanz sind Anzeige- und Auskunftspflichten.

In Bezug auf die Anzeigepflichten hat die Rechtsprechung bis jetzt vor allem Stellung genommen zu Fällen, in denen Arbeitnehmer über Ereignisse in ihrem eige-

851 S. 58 ff.
852 S. 77 ff.

nen Aufgabenbereich berichten mussten. Im Hinblick auf eine bestmögliche Umsetzung der Compliance-Inhalte ist aber vor allem interessant, ob und wann Mitarbeiter auch im Hinblick auf Vorfälle eine Anzeigepflicht trifft, die außerhalb ihres eigenen Aufgabenbereichs liegen. Für diesen Bereich gibt es bereits verschiedene Vorschläge; nach hier vertretener Ansicht trifft einfache Arbeitnehmer ohne Vorgesetztenfunktion außerhalb des eigenen Aufgabenbereichs nur die Anzeigepflicht nach § 16 I ArbSchG. Dagegen müssen leitende Angestellte dann Anzeige machen, wenn sie von einem mit Strafe oder Geldbuße bedrohten Verhalten erfahren, das evident den Arbeitgeber zu schädigen droht und wenn die Anzeige im Einzelfall zumutbar ist. Für den Arbeitgeber, der an der umfassenden Umsetzung seiner Compliance-Regeln interessiert ist, stellt sich die Frage, ob diese Pflichten erweitert werden können. Dabei werden vor allem AGB-rechtliche Grenzen eine Rolle spielen. Für die Erweiterung von Anzeigepflichten im eigenen Aufgabenbereich gilt, dass diese sich an den bereits durch die Rechtsprechung gefundenen Grenzen orientieren müssen und wohl nur ausnahmsweise davon abweichen dürfen. Für Anzeigepflichten außerhalb des eigenen Aufgabenbereichs gibt es bis jetzt noch keine eindeutigen Vorgaben durch die Rechtsprechung. Vieles spricht allerdings dafür, dass deren Grenzen eher noch enger zu ziehen sind. Eine Pflicht zur Selbstanzeige im Falle eigenen Fehlverhaltens kann nicht angenommen werden.[853]

Bei der dogmatischen Einordnung der Auskunftspflichten und ihren Grenzen differenziert die ganz überwiegende Meinung nach der Zielrichtung entsprechender Fragen: Richten sich diese auf den persönlichen Arbeitsbereich des Mitarbeiters, folge seine Auskunftspflicht aus § 666 BGB und es bestehe auch dann eine Auskunftspflicht, wenn sich der Mitarbeiter dabei möglicherweise selbst strafrechtlich belaste. Haben die Fragen lediglich einen Betriebsbezug, lasse sich die Auskunftspflicht nur aus §§ 241 II, 242 BGB herleiten. Hier spielten auch Zumutbarkeitserwägungen eine Rolle, weshalb keine Pflicht zur Selbstbezichtigung bestehe. Allerdings lässt diese Ansicht zumeist arbeitsrechtliche Beweislastregeln (§ 1 II 4 KSchG) außer Acht. Nach hier vertretener Ansicht darf der Arbeitnehmer auch bei Fragen mit Bezug zu seinem unmittelbaren Aufgabenbereich schweigen, wenn er sich sonst strafrechtlich belasten (und damit dem Arbeitgeber einen Kündigungsgrund liefern) müsste und wenn der Arbeitgeber noch keine konkreten Anhaltspunkte für ein Fehlverhalten vorweisen kann.[854]

Mitarbeiter verlieren durch eine Mitwirkung an einer Internen Ermittlung möglicherweise Rechte, auf die sie sich sonst in einem späteren Strafverfahren berufen könnten. Das ist besonders augenfällig für arbeitsrechtliche Auskunftspflichten,

853 S. 29 ff.
854 S. 122 ff.

wenn in einem späteren Strafverfahren die Möglichkeit bestünde, zu schweigen. Verstärkt wird die Gefahr des Verlusts strafprozessualer Rechte dadurch, dass auch flankierende Rechte wie das Recht auf Belehrung, das Recht auf einen Beistand oder Einsichtsrechte nicht eindeutig aus dem Arbeitsrecht hergeleitet werden können. Arbeitnehmer sind bis jetzt vor allem darauf angewiesen, dass ihr Arbeitgeber bei der Internen Ermittlung Fairness walten lässt und Rücksicht nimmt auf die Rechte der Arbeitnehmer.[855]

II. Fazit

Die Auflegung eines umfassenden Compliance-Programms kann zu einem Spannungsverhältnis zwischen den Interessen des Unternehmens und den Interessen der Mitarbeiter führen.

Das hat allerdings nichts mit der Zielsetzung von Compliance-Programmen zu tun, sondern eher mit der konkreten Ausgestaltung. Denn die Vorteile, die regelkonformes Verhalten aus Unternehmenssicht bietet, gelten mittelbar auch für die Mitarbeiter. Kann ein Unternehmen staatlichen Sanktionen aus dem Weg gehen, vermeidet es die damit unmittelbar verbundenen Nachteile und gefährdet nicht seine Reputation und seine Stellung im Wettbewerb, was wiederum für die Mitarbeiter ein höheres Maß an Arbeitsplatzsicherheit bedeutet.

Interessenkonflikte können erst dann auftreten, wenn es um die konkrete Ausgestaltung eines Compliance-Programms geht. Ein Unternehmen hat ein Interesse an der umfassenden Umsetzung seiner Compliance-Regeln, deshalb wird es nach Möglichkeit auch versuchen, die Anzeigepflichten auszuweiten. Mitarbeiter hingegen werden typischerweise nur in Ausnahmefällen Anzeige über das Fehlverhalten anderer Mitarbeiter erstatten wollen, da sie sonst unter Umständen ihre Stellung im Betrieb gefährden.

Noch ausgeprägter sind die Interessenkonflikte bei einer Internen Ermittlung. Aus Unternehmenssicht ist eine zügige und restlose Aufklärung der Verdachtsfälle wünschenswert. Mitarbeiter fürchten möglicherweise, dass sie bei der Preisgabe eigener Fehler zivilrechtlichen oder arbeitsrechtlichen Sanktionen ausgesetzt sind. Dieser Interessenkonflikt lässt sich nur teilweise durch die Einführung von Mitarbeiteramnestien auflösen, denn ein Verzicht auf die Geltendmachung von Schadensersatzansprüchen bedeutet nicht unbedingt, dass der Mitarbeiter auch von Regressforderungen anderer Mitarbeiter freigestellt wird. Ein Verzicht auf personelle Maßnahmen ist nicht in jedem Fall verbindlich: Denn das Unternehmen kann gar nicht für jeden Fall auf das Recht zur außerordentlichen Kündigung verzichten.

---

855 S. 121 ff.

Vor allem aber haben Amnestievereinbarungen keinen Einfluss auf spätere Strafverfahren. Ein Mitarbeiter, der umfassend kooperiert, muss zwar unter Umständen nicht mit Sanktionen seitens des Unternehmens rechnen, verliert damit aber wertvolle und essentielle Möglichkeiten, sich in einem späteren Strafverfahren zu verteidigen. Dieser Interessenkonflikt ist umso bedeutsamer, als die Verfahrensweise einer Internen Ermittlung sich nach den Notwendigkeiten und nach den Spielräumen richtet, die das Arbeitsrecht bietet und nicht schriftlich festgelegt ist.

B. Generelle Zulässigkeit privater Ermittlungen

Interne Ermittlungen werfen Fragen nach dem Konkurrenzverhältnis zu staatlichen Ermittlungen auf, wenn sie jedenfalls auch die Aufklärung von Straftaten zum Ziel haben und zeitlich gesehen entweder vor oder neben den staatlichen Ermittlungen ablaufen. Zum einen besteht die Gefahr, dass Informationen gefiltert oder verfälscht werden und es dadurch letztendlich Private in der Hand haben, ob ein Verhalten bestraft wird oder nicht. Zum anderen orientieren Aufklärungsmaßnahmen einer Internen Ermittlung an den Vorgaben des Arbeitsrechts, sie müssen also nicht den Anforderungen der Strafprozessordnung genügen. Das kann im Einzelfall dazu führen, dass die Anforderungen bewusst umgangen werden, auch ohne eine solche bewusste Umgehung besteht aber die Gefahr der Aushöhlung strafprozessualer Rechte.[856]

Entgegen einer teilweise vertretenen Ansicht lassen sich private Ermittlungen mit dem Gewaltmonopol vereinbaren. Private Ermittler verfügen nicht über Zwangsmaßnahmen, sondern müssen zur Durchsetzung ihrer Rechte auf staatliche Institutionen zurückgreifen. Das bestehende Machtgefälle zwischen Arbeitgeber und Arbeitnehmer und die mit einer umfassenden Informationssammlung verbundenen Möglichkeiten führen nicht zu einer Machtposition, die das staatliche Gewaltmonopol in Frage stellen würde. Außerdem besteht für die einer Internen Ermittlung betroffenen Mitarbeiter die Möglichkeit, durch die Inanspruchnahme rechtlicher Beratung dafür zu sorgen, dass die Grenzen etwa des Arbeits- und des Datenschutzrechts eingehalten werden.[857]

In der bisherigen Diskussion über die Zulässigkeit privater Ermittlungen eines Unternehmens wurde oft vorausgesetzt, dass das Unternehmen als Verletzter der Straftaten anzusehen ist. Das ist aber keineswegs immer eindeutig: Zum einen wegen der rechtlichen Beurteilung, denn gerade bei Wirtschaftsstraftaten kann die Feststellung Probleme bereiten, wer als Verletzter anzusehen ist. Zum anderen wegen der oft im Nebel liegenden Verantwortlichkeiten für Straftaten. Aus diesem

856 S. 101 ff.
857 S. 106 f.

Grund stößt eine Übertragung der Diskussion um Ermittlungsrechte des Beschuldigten auf Bedenken: Beim Beschuldigten steht bereits zu Beginn von dessen Ermittlungen die Beschuldigteneigenschaft fest, beim Verletzten ist diese Feststellung manchmal erst nach Abschluss der Ermittlungen gewiss.

Für den Fall, dass die Verletzteneigenschaft des Unternehmens doch einmal frühzeitig feststehen sollte, hängt die Befugnis zur Durchführung und der Umfang eigener Sachverhaltsaufklärung von der konkreten Rolle des Unternehmens im Strafverfahren ab. Häufiger wird es aber nicht um die Ermittlungsbefugnis als Ausprägung einer konkreten Rolle im Strafprozess gehen, sondern um die Ermittlungsbefugnis unabhängig von einer (auch nur möglichen) Rolle im Strafprozess. Teilweise wird vorgebracht, bereits die zivilrechtliche Ermittlungsbefugnis (also das Recht und die Pflicht zur Beweisbeschaffung in einem Zivilprozess) zeige, dass dem Verletzten diese Ermittlungsbefugnis auch dann nicht verwehrt werden könne, wenn es um die Aufklärung von Straftaten gehe. Dieser Schluss erscheint allerdings voreilig, denn durchaus könnte man sich aus verfassungsrechtlichen Gründen vorstellen, dass der staatlichen Straftataufklärung in diesem Fall der Vorrang gebührt.[858]

Eine eindeutige Antwort darauf ließe sich nur dann geben, wenn sich aus dem Prozessrecht ergäbe, dass für die Aufklärung von Straftaten ausschließlich der Staat zuständig sein soll. Allerdings folgt dies weder aus dem Offizial- noch aus dem Legalitätsprinzip. Die Entscheidung darüber, ob Strafverfolgung erfolgt oder nicht, wird nicht in private Hände gelegt. Sofern die Staatsanwaltschaft nicht von sich aus parteiische Dritte wie den Verletzten mit Ermittlungen beauftragt, ist auch das Legalitätsprinzip nicht betroffen. Für den Fall eines „Wettlaufs" privater und staatlicher Ermittlungen könnte man dem Legalitätsprinzip aber eine „Ermittlungsprärogative" zugunsten des Staates entnehmen.[859]

Auch praktische Bedenken werden gegen die Durchführung privater Ermittlungen vorgebracht. Beweismittel könnten verfälscht werden und der Grundsatz der Aktenvollständigkeit und Aktenwahrheit sei gefährdet. Diese Bedenken greifen nicht durch, denn das Verfälschen von Beweismitteln ist nicht nur dem Verletzten, sondern etwa auch dem Beschuldigten möglich, ohne dass dessen Ermittlungsrecht deswegen in Frage gestellt wird. Die Wahrung des Grundsatzes der Aktenvollständigkeit und Aktenwahrheit fällt in den Verantwortungsbereich der Staatsanwaltschaft und ist kein Grund, privaten Ermittlungen generell die Zulässigkeit zu versagen.[860]

858 S. 112 f.
859 S. 107 ff.
860 S. 118 f.

Schließlich ließe sich noch gegen die generelle Zulässigkeit privater Ermittlungen vorbringen, dass durch ihre Durchführung der von der privaten Ermittlung Betroffene unter Umständen die Rechte verliert, die ihm in einem Strafverfahren zustünden. Dem kann aber auf andere Weise begegnet werden, etwa indem bei der privaten Ermittlung bestimmte Verfahrensweisen gewahrt werden, oder durch die spätere Unverwertbarkeit entsprechender Informationen in einem Strafverfahren.[861]

Das Unbehagen[862], das einen angesichts großflächiger privater Ermittlungen in Unternehmen überkommen kann, lässt sich also nicht mit rechtlichen Gründen unterlegen. Solche privaten Ermittlungen sind grundsätzlich zulässig, Allenfalls in Ausnahmefällen müssen sie hinter staatliche Aufklärungsbemühungen zurücktreten. Umso wichtiger ist die Art und Weise, in der diese privaten Ermittlungen durchgeführt werden.

C. Ansatzpunkte für die Auflösung des Spannungsverhältnisses

I. Zusammenfassung

Ein Vorschlag mit konkreten Hinweisen für die Ausgestaltung des Verfahrens stammt vom Strafrechtsausschuss der Bundesrechtsanwaltskammer. Der Naturwuchs[863] „Interne Ermittlungen" sollte seiner Auffassung nach auf ein rechtsstaatlich erträgliches Maß zurechtgestutzt werden: Bei Internen Ermittlungen, die die Aufklärung von Straftaten zum Ziel haben, müsse das Verfahren an Standards der StPO angeglichen werden. Die Vorschläge skizzieren die Reichweite der Auskunftspflicht und gewähren dem Mitarbeiter ein Recht auf Beistand, ein Recht auf Einsichtnahme und ein bedingtes Auskunftsverweigerungsrecht. Dem Arbeitgeber erlegen sie Belehrungspflichten auf und enthalten eine Regelung für das Auswerten von E-mail-Accounts. Die Stellungnahme des Strauda stellt einen wertvollen Beitrag dar in der noch am Anfang stehenden Diskussion über das Verfahren bei Internen Ermittlungen. Sie lässt allerdings die arbeitsrechtliche Pflichtenlage weitgehend unberücksichtigt: Einen umfassenden Schutz der Willensfreiheit des Mitarbeiters kann es – anders als beim Beschuldigten im Strafprozess – nicht geben: Denn der Mitarbeiter ist nun einmal freiwillig ein Arbeitsverhältnis eingegangen, und die daraus sich ergebenden Pflichten können nicht schon allein deswegen vollkommen unberücksichtigt bleiben, weil der Mitarbeiter durch ihre Befolgung unter Umständen individuelle strafprozessuale Nachteile erleidet. Eine solche Betrachtung würde die Interessen des Arbeitgebers außer Acht lassen. Allerdings kann

---

861 S. 121 ff.

862 So *Jahn* StV 2009, 41, 43. Noch deutlicher *Wastl* ZRP 2011, 57 f.

863 So *Ignor* CCZ 2011, 143.

bereits durch eine Absicherung der flankierenden Rechte des Arbeitnehmers eine wesentliche Verbesserung erreicht werden.[864]

Die Vorschläge des Strauda sind getragen von dem allgemeinen Bemühen, ein rechtsstaatliches Verfahren zu etablieren, um einerseits Individualrechte zu schützen und andererseits die Gerichtsverwertbarkeit der erlangten Informationen zu ermöglichen. Möglicherweise lassen sich entsprechende Verfahrensanforderungen bzw. allgemein Möglichkeiten zum Schutz von Mitarbeiterrechten aber auch konkreten Regelungen des geltenden Rechts entnehmen. Das wurde untersucht mit Blick auf das Nemo-tenetur-Prinzip, die arbeitsrechtliche Pflichtenlage, Beschlagnahme- und Beweisverwertungsverbote.

Das Nemo-tenetur-Prinzip lässt sich zwar nicht eindeutig verfassungsrechtlich verorten. Entgegen einer teilweise vertretenen Ansicht ist seine Anwendung aber nicht auf das Strafverfahren begrenzt; auch außerhalb des Strafverfahrens findet es Anwendung, sofern der Betroffene einem staatlich veranlassten Zwang zur Selbstbelastung ausgesetzt ist. Wird ein Mitarbeiter im Rahmen einer Internen Ermittlung befragt und ist arbeitsrechtlich verpflichtet, sich selbst zu belasten, genügt das, um einen „Zwang" iSd Nemo-tenetur-Prinzips anzunehmen. Trifft den Mitarbeiter hingegen arbeitsrechtlich keine Auskunftspflicht, mag er zwar dennoch erheblichem Druck seitens des Arbeitgebers ausgesetzt sein. Dieser Druck ist aber wegen der fehlenden rechtlichen Legitimität des Drucks kein Druck iSd Nemo-tenetur-Pinzips. Eine spätere Unverwertbarkeit der erlangten Information ließe sich nur auf anderem Wege herleiten. Wegen der Ausgestaltung des Nemo-tenetur-Prinzips als Abwehrrecht gegen den Staat bedarf es einer Zurechenbarkeit des ausgeübten Drucks an den Staat. Dafür genügt noch nicht die Tatsache, dass die Auskunftspflicht gesetzlichen Vorschriften entstammt, denn der Vertragsschluss selbst erfolgt freiwillig. Auch soweit Interne Ermittlungen die Folge rechtlicher Ermittlungspflichten sind, genügt dies nicht für eine Zurechenbarkeit an den Staat. Diese rechtlichen Ermittlungspflichten enthalten nämlich keine Vorgaben über das „wie" der Aufklärung, sondern lassen etwa auch eine staatliche Aufklärung genügen. Anders könnte man urteilen bei Internen Ermittlungen, die zurückgehen auf eine faktische Pflichtenlage (etwa im Vergaberecht), denn hier wird vom Unternehmen oft ausdrücklich oder implizit eine Selbstreinigung verlangt – eine Selbstreinigung umfasst aber typischerweise auch die Befragung von Mitarbeitern. Legt man den Maßstab der Rechtsprechung des BVerfG an, bedarf es für eine Zurechenbarkeit eines Verhaltens an den Staat aber mehr als die bloße Verursachung eines Verhaltens: Ein solches sei dann anzunehmen, wenn grundrechtliche Sicherungen planmäßig oder systematisch außer Acht gelassen würden. Das Nemo-tenetur-Prinzip wird daher

864 S. 145 ff.

im Zusammenhang mit Internen Ermittlungen nur in Ausnahmefällen eine Rolle spielen, etwa wenn die Befragung von Mitarbeitern die direkte Folge von Absprachen zwischen dem Unternehmen und der Staatsanwaltschaft sind. In diesem Fall wird man aus dem Nemo-tenetur-Prinzip ausnahmsweise ein Schweigerecht des Mitarbeiters folgern können.[865]

Verfahrensanforderungen an eine Interne Ermittlung lassen sich möglicherweise aus dem Schutz- und Rücksichtnahmepflichten (§ 241 II BGB) des Arbeitgebers herleiten. Ansatzpunkt könnte die Verpflichtung des Arbeitgebers sein, das Persönlichkeitsrecht seiner Arbeitnehmer zu wahren. Ein Auskunftsverweigerungsrecht eines Mitarbeiters bei drohender Selbstbelastung ließe sich aus arbeitsrechtlicher Perspektive auf den Verhältnismäßigkeitsgrundsatz stützen: Ist der Arbeitgeber nicht zwingend auf die Auskunft des Mitarbeiters angewiesen, weil er sich die gewünschte Information etwa auch leicht auf anderem Wege besorgen kann, wäre eine erzwungene Selbstbelastung des Mitarbeiters unzumutbar. Dagegen kann dem Mitarbeiter kein Recht zur Lüge für den Fall zugebilligt werden, dass ihn arbeitsrechtlich keine Auskunftspflicht trifft. Dieses Recht wurde für Einstellungsgespräche entwickelt und lässt sich nicht auf die Befragung im Rahmen einer Internen Ermittlung übertragen. Hier kann dem Arbeitnehmer viel eher zugemutet werden, auf unzulässige Fragen zu schweigen. Belehrungspflichten lassen sich allgemein nur schwer aus § 241 II BGB ableiten, denn der Arbeitnehmer ist grundsätzlich selbst dafür verantwortlich, sich rechtlichen Rat einzuholen. Eine Ausnahme ist lediglich für die Belehrung darüber zu machen, dass Informationen aus einer Internen Ermittlung Eingang finden können in ein Strafverfahren – immerhin schafft der Arbeitgeber mit der Durchführung einer Internen Ermittlung eine Gefahrenquelle für die Interessen des Arbeitnehmers. Schließlich darf der Arbeitgeber für den Fall, dass der Arbeitnehmer ohne Berechtigung die Mitwirkung verweigert, mit der Kündigung drohen. Das Risiko, dass der Arbeitgeber noch nicht über ausreichend Beweismittel verfügt und mit deswegen mit einer Verdachtskündigung droht, ist zu vernachlässigen: Die Verdachtskündigung eignet sich schon vornherein nicht als Druckinstrument, denn mit einer entsprechenden Drohung ließe sich bereits in Zweifel ziehen, ob eine Weiterbeschäftigung dem Arbeitgeber tatsächlich unzumutbar ist.[866]

Nach einer erfolgten Internen Ermittlung ließen sich die Rechte der daran beteiligten Mitarbeiter schützen, wenn man für die entsprechenden Informationen, die sich unter Umständen noch im Besitz der verantwortlichen Anwaltskanzlei befinden, ein Beschlagnahmeverbot annimmt. Ein Beschlagnahmeverbot nach § 97 I Nr.

865 S. 149 ff.
866 S. 163 ff.

3 StPO scheidet allerdings nach der überwiegenden Ansicht aus, weil davon lediglich Gegenstände erfasst seien, die sich gerade wegen der Beziehung zum Beschuldigten im Gewahrsam des Zeugnisverweigerungsberechtigten befinden. Auch eine entsprechende Heranziehung des Gemeinschuldner-Beschlusses des BVerfG führt zu keinem Beschlagnahmeverbot, denn dort hatte sich die Senatsmehrheit lediglich für ein Beweisverwertungsverbot und nicht für ein Offenbarungsverbot ausgesprochen. Die eigentlich zulässige Beschlagnahme wäre dennoch unzulässig, wenn sie gegen das Verhältnismäßigkeitsgebot verstoßen würde. Der Verhältnismäßigkeitsgrundsatz erfordert grundsätzlich besondere Beachtung, wenn Zwangsmaßnahmen sich gegen Rechtsanwälte und damit zugleich das Vertrauensverhältnis zwischen Rechtsanwalt und Mandant berühren. Die sonst in diesem Zusammenhang vorgebrachten Erwägungen können aber wohl nicht auf die Situation einer Beschlagnahme von Unterlagen aus einer Internen Ermittlung übertragen werden. Das Interesse am Schutz dieses Vertrauensverhältnisses ist hier nämlich weniger schützenswert: Durch die Möglichkeit der Beschlagnahme der Unterlagen ist zu erwarten, dass die private Aufklärung von Straftaten in Zukunft häufiger unterbleiben wird, da die daraus hervorgehenden Informationen nicht geschützt werden können. Das führt aber gleichzeitig zu einer Stärkung der staatlichen Straftataufklärung.[867]

Gelangen Informationen aus Internen Ermittlungen an die Staatsanwaltschaft, könnten diese Informationen dennoch im Strafverfahren einem Verwertungsverbot unterliegen. Ein solches Verwertungsverbot ließe sich daraus folgern, dass die Information auf rechtswidrige Weise erhoben wurde. Die einfache Rechtswidrigkeit genügt dafür jedoch nicht. Entgegen der überwiegenden Ansicht sprechen bei einer strafbaren privaten Beweiserlangung die besseren Argumente dafür, entsprechende Informationen in einem Strafverfahren mit einem Verwertungsverbot zu belegen. Die Rechtsprechung hält allerdings auch solche Informationen für verwertbar. Wurden die Informationen auf rechtmäßige Weise erlangt, könnte dennoch ein Verwertungsverbot anzunehmen sein. Als Begründung genügt noch nicht die – unter Umständen erhebliche – Drucksituation des von einer Internen Ermittlung betroffenen Mitarbeiters. Auch der Inhalt der erlangten Informationen wird normalerweise kein Verwertungsverbot erforderlich machen. Maßgeblicher Gesichtspunkt ist vielmehr der Informationstransfer nach einer erzwungenen Selbstbelastung. Dafür ist unerheblich, ob der Mitarbeiter die Möglichkeit hatte, ein Amnestieprogramm in Anspruch zu nehmen. Mit dem sonstigen Meinungsbild zur Verwertbarkeit privat erlangter Beweise ist die hier vertretene Ansicht vereinbar, weil der Private hier zwar rechtmäßig und nicht etwa „extrem menschenrechtswidrig" handelt, er aber für die Durchsetzung seiner Rechte auf staatliche Verfahren zurückgreifen kann und das Verwertungsverbot die Kehrseite der Ermöglichung dieser Rechte ist.

867 S. 169 ff.

Kein Verwertungsverbot folgt aus einer möglicherweise mit Internen Ermittlungen verbundenen Verschlechterung der Beweislage. Werden staatliche und private Erkenntnisse in einer Strafakte vermischt, so dass der Urheber und das Verfahren nicht mehr nachvollziehbar sind, unterliegen entsprechende Informationen einem Verwertungsverbot.[868]

Neue Regelungen im Hinblick auf die Problematik der Internen Ermittlungen könnten entweder vom Staat oder von den Unternehmen selber ausgehen.

Aus staatlicher Perspektive wird von manchen die Einführung eines staatlichen Erstzugriffsrechts beim Verdacht auf Straftaten in Unternehmen gefordert. Unternehmensleitungen sollen zur Anzeige bestimmter, unternehmenstypischer Straftaten verpflichtet werden. Dieser Vorschlag lässt sich aber weder mit geltenden strafrechtlichen, noch mit geltenden strafprozessualen Regelungen vereinbaren.[869]

Auch die Regelung des Verfahrens für Interne Ermittlungen könnte der Staat übernehmen. Besser erscheint jedoch eine Lösung, bei der die Unternehmen selbst die für sie maßgeblichen Verfahrensregeln als Teil ihres Compliance-Programms aufstellen. Diese Regelungen sollten außerdem die Anzeigepflichten präzisieren. Die Einführung einer Eingriffschwelle für Interne Ermittlungen muss arbeitsrechtliche Fristenregeln beachten und muss daher weiter gehen als der strafrechtliche Anfangsverdacht. Möglich wäre etwa eine Formulierung dahingehend, dass der Compliance-Officer zum Einschreiten verpflichtet ist, Aufklärungsmaßnahmen zu ergreifen, wenn er Kenntnis erhält von nicht ganz fernliegenden Verdachtsfällen, die sich bereits auf bestimmte Personen bzw. einen abgrenzbaren Personenkreis beziehen lassen. Die Verfahrensregelungen selbst sollten eine Klarstellung der Auskunftspflichten, den Grad der zulässigen Einflussnahme auf das Auskunftsverhalten, Rechte auf Beistand und Einsichtnahme und Belehrungspflichten umfassen. Außerdem sollte dem Mitarbeiter ausdrücklich das Recht zugebilligt werden, die Mitwirkung zu verweigern, falls die genannten Verfahrensregeln nicht eingehalten werden sollten.[870]

II. Fazit

Bis jetzt wurde die Thematik des möglichen Spannungsverhältnis zwischen Unternehmensinteressen und Mitarbeiterrechten bei Internen Ermittlungen vor allem mit Blick auf arbeitsrechtliche oder strafprozessuale Lösungen diskutiert. Besonders anschaulich wird dies am Beispiel der Pflicht zur selbstbelastenden Auskunft.

868 S. 186 f.
869 S. 189 f.
870 S. 191 ff.

Diese kann man entweder arbeitsrechtlich verneinen[871] oder man kann für entsprechende Auskünfte strafprozessual ein Verwertungsverbot annehmen, entweder generell[872] oder zumindest für den Fall, dass nicht über ein (postuliertes) Aussageverweigerungsrecht belehrt wurde[873].

Dabei wird aber teilweise der Gesamtzusammenhang aus den Augen verloren: Interne Ermittlungen sind letztendlich die Folge des Bemühens eines Unternehmens um Compliance. Für dieses Ziel hat ein Unternehmen typischerweise bereits präventive Maßnahmen durchgeführt, etwa Verhaltensrichtlinien aufgestellt und Mitarbeiterschulungen durchgeführt. Näherliegend als der Versuch einer rechtlichen Behandlung „pathologischer" Fälle erscheint daher der Ansatz, bereits dieses vorhandene unternehmensinterne Regelwerk dahingehend zu verbessern, dass Interessenkonflikte später bestenfalls in abgeschwächter Form auftreten können.

Dies birgt zugleich zwei Vorteile in sich: Zum einen ist die rechtliche Behandlung erheblichen Unsicherheiten ausgesetzt. Weder das Arbeitsrecht noch das Strafprozessrecht bieten allgemeingültige oder wenigstens für eine Vielzahl von Fällen anwendbare und präzise Maßstäbe, welche Pflichten einen Arbeitnehmer treffen und wann ein Beweis im Strafverfahren verwertbar sein soll. Vielmehr ist beides jeweils von einer umfassenden Abwägung unter Berücksichtigung der Umstände des Einzelfalls abhängig. Zum anderen fügt sich diese Herangehensweise gut ein in das Bemühen der Unternehmen um Compliance. Denn wenn diese darin bestehen soll, die Einhaltung von Regeln sicherzustellen, dann kann damit nicht nur gemeint sein, dass die Regeln eingehalten werden müssen, die Mitarbeiter eines Unternehmens im Unternehmensalltag zu beachten haben. Mindestens genauso wichtig ist das Einhalten von Regeln, die erst dann relevant werden, wenn es um die Aufklärung von Verdachtsfällen auf Regelverstöße geht. Und diese Regelbefolgung bei der „Repression" lässt sich ebenso sicherstellen wie die Regelbefolgung bei der „Prävention", indem bereits im Vorhinein ein Verfahren dafür aufgestellt wird, auf welche Weise ein Unternehmen gegen seine eigenen Mitarbeiter Aufklärungsmaßnahmen durchführen darf.

Es muss also nicht nur die Selbstregulierung kontrolliert werden, sondern auch die Selbstkontrolle reguliert werden. Nur so kann gewährleistet werden, dass die „Compliance" eines Unternehmens auch selbst „compliant" ist.

---

871 *Wastl/Litzka/Pusch* NStZ 2009, 68, 71.

872 Vgl. etwa *Böhm* WM 2009, 1923, 1926 und *Neuhaus* in: Kempf/Lüderssen/Volk Finanzkrise (2010), 348, 359 f.

873 *De Vries* in: Arbeitsstrafrecht im Umbruch (2009), 75, 91.

§ 6. Anhang: Amnestieangebot der Hypo Group Alpe Adria AG

"Sehr geehrte Mitarbeiterinnen und Mitarbeiter![874]

Im Zuge der Übernahme der Hypo Group Alpe Adria durch die Republik Österreich hat sich unser Unternehmen verpflichtet, die Ursachen des in der Vergangenheit eingetretenen dramatischen Vermögensverfalls im Zusammenwirken mit unserem Eigentümer aufzuarbeiten (Projekt CSI – Team Hypo). Im Zuge dessen sind (i) Verdachtsfälle von strafbarem, unser Unternehmen schädigendem Verhalten von Mitarbeitern den Strafverfolgungsbehörden anzuzeigen, (ii) Schadenersatzansprüche gegen rechtswidrig und schuldhaft handelnde Mitarbeiter zu prüfen und gegebenenfalls gerichtlich geltend zu machen und (iii) arbeitsrechtliche Maßnahmen, einschließlich Entlassungen, gegen pflichtwidrig handelnde Mitarbeiter auszusprechen.
Unser Unternehmen kommt dieser Aufgabe nicht nur aufgrund seiner Verpflichtung gegenüber der Republik Österreich nach, sondern vor allem auch, weil uns nur eine glaubwürdige Aufarbeitung ermöglicht, einen Schlussstrich unter die Missstände der Vergangenheit zu ziehen und einen Neustart als unbelastete, transparente und den höchsten ethischen Standards verpflichtete Bank durchzuführen. Die Aufarbeitung liegt daher im Interesse von uns allen. Sie besitzt höchste Priorität und wird durch interne und externe Stellen mit großem Einsatz vorangetrieben. Alle Mitarbeiterinnen und Mitarbeiter sind zur vollen Kooperation und Unterstützung dieses Projektes angehalten.

Unser Unternehmen verfolgt bei der Aufarbeitung der Vergangenheit einen differenzierten, sensiblen Ansatz. Wir beurteilen sehr genau und behutsam die Verantwortlichkeiten im jeweiligen Einzelfall und berücksichtigen Zwangslagen unterschiedlichster Natur ebenso wie volle Kooperationsbereitschaft. Um die laufende Untersuchung zu unterstützen und zu beschleunigen und die vollständige Aufklärung zu erleichtern, wollen wir Mitarbeiterinnen und Mitarbeitern, die Kenntnis von schädigenden Verhaltensweisen in der Vergangenheit erlangt haben, die Sorge vor Nachteilen infolge einer allfälligen Selbstbelastung nehmen.

Daher wurde das folgende Kooperations- und Amnestieangebot beschlossen:
Unser Unternehmen stellt gegenüber derzeitigen und ehemaligen Mitarbeiterinnen und Mitarbeitern, die bis zum 7. Jänner 2011 ihr Interesse an einer Teilnahme an der Kooperations- und Amnestieregelung schriftlich bekundet haben, in Aussicht, (i) keine Ansprüche auf Schadenersatz geltend zu machen (sofern keine Selbstbereicherung vorliegt) und (ii) das Beschäftigungsverhältnis nicht einseitig durch Entlassung zu lösen (vorbehalten bleiben leichtere Disziplinarmaßnahmen wie Abmahnung, Versetzung, Änderungen im Verantwortungsbereich, zusätzliche Schulungen und dergleichen).

Eine Mitarbeiterin/ein Mitarbeiter muss, um für die Kooperations- und Amnestieregelung in Frage zu kommen, einen wesentlichen Beitrag zur Aufklärung von zivil- oder strafrechtlich relevanten Vorfällen der Vergangenheit leisten. Sie/er muss neue und werthaltige Informationen zur Verfügung stellen und mit den ermittelnden Stellen vollumfänglich, wahrheitsgemäß und umgehend kooperieren.
Dieses Kooperations- und Amnestieangebot richtet sich an alle derzeitigen und ehemaligen Mitarbeiterinnen und Mitarbeiter der Hypo Group Alpe Adria (Hypo Alpe-Adria-Bank International AG und sämtliche Konzerngesellschaften); ausgenommen sind jedoch (i) die Mitglieder wei-

874 Das Rundschreiben findet sich unter der Adresse: http://www.hypo-alpe-adria.com/leniency-de (abgerufen am 09.12.2010).

sungsfreier Organe und (ii) Haupttäter (Zentralfiguren krimineller Handlungen).

Die hier vorgestellte Kooperations- und Amnestieregelung ist eine privatrechtliche, nicht-staatliche Maßnahme und bindet in keiner Weise staatliche Strafverfolgungsbehörden. Unser Unternehmen kann Mitarbeiter nicht davon freistellen, dass Ermittlungen von staatlichen Behörden eingeleitet bzw. durchgeführt werden. Jedoch wird unser Unternehmen im Fall von solchen Ermittlungen gegen Mitarbeiter, denen die Teilnahme an der Kooperations- und Amnestieregelung gewährt wurde, die Strafverfolgungsbehörden auf die Kooperation des Mitarbeiters mit unserem Unternehmen hinweisen und im Rahmen der rechtlichen Möglichkeiten darauf hinwirken, dass die Kooperation entsprechend gewürdigt wird. Die Strafverfolgungsbehörden sind in ihrer Entscheidung frei, ob sie die Kooperation des Mitarbeiters berücksichtigen. Unser Unternehmen ist aber zuversichtlich, dass die Strafverfolgungsbehörden eine solche Kooperation vorteilhaft aufnehmen werden.

Zur Beurteilung der individuellen Voraussetzungen zur Teilnahme an der Kooperations- und Amnestieregelung wurde ein unabhängiger Ombudsmann, die internationale Wirtschaftsprüfungsgesellschaft G[...], bestellt. Der Ombudsmann prüft unabhängig und neutral, ohne Einfluss aus dem Unternehmen, ob eine Teilnahme an der Kooperations- und Amnestieregelung im jeweiligen Einzelfall gewährt werden kann. Ein Rechtsanspruch auf Teilnahme am Kooperations- und Amnestieangebot wird durch das vorliegende Rundschreiben nicht begründet.
Der unabhängige Ombudsmann steht Ihnen auch als erste Auskunftsstelle zur Verfügung, wenn Sie nähere Details zur Kooperations- und Amnestieregelung in Erfahrung bringen wollen.
[...]
Wir wollen mit dieser Kooperations- und Amnestieregelung vor allem jenen die Hand reichen, die an pflichtwidrigen Handlungen in der Vergangenheit aufgrund von „Druck von oben“ beteiligt waren, ohne aus dieser Teilnahme selbst persönlichen vermögenswerten Nutzen gezogen zu haben. Liegt eine persönliche Bereicherung vor, ist deren Rückführung Voraussetzung für die Teilnahme an der Kooperations- und Amnestieregelung.
Durch das Kooperations- und Amnestieangebot eröffnet unser Unternehmen seinen Mitarbeiterinnen und Mitarbeitern eine bis 7. Jänner 2011 befristete Möglichkeit, sich unter den genannten Voraussetzungen vor arbeits- und schadenersatzrechtlichen Maßnahmen im dargestellten Ausmaß zu schützen, auch wenn sie an schädigenden Handlungen in der Vergangenheit beteiligt waren.

Was uns bei der Aufarbeitung weiterbringt, sind stichhaltige, gerichtlich verwertbare Informationen. Was wir entschieden ablehnen, sind unsachliche Diffamierungen und haltlose Denunziationen.
Helfen Sie uns bitte dabei, unsere Bank zu dem zu machen, was sie nach dem Wunsch aller sein soll: die Bank unseres Vertrauens.

Der Vorstand der Hypo Alpe-Adria-Bank International AG"

Literaturverzeichnis

Achenbach, Hans/Ransiek, Andreas (Hrsg.): Handbuch Wirtschaftsstrafrecht, 2. Auflage, 2008

Albrecht, Stephan: Die neue Kronzeugenmitteilung der Europäischen Kommission in Kartellsachen,
in: WRP 2007, 417 ff.

Ambos, Kai: Beweisverwertungsverbote, 2010

Amelung, Knut: Grenzen der Beschlagnahme notarieller Unterlagen, in: DNotZ 1984, 195 ff.

Amelung, Knut: Grundfragen der Verwertungsverbote bei beweissichernden Haussuchungen im Strafver-fahren, in: NJW 1991, 2533 ff.

Amling, Thomas/Bantleon, Ulrich: Interne Revision – Grundlagen und Ansätze zur Beurteilung deren Wirksamkeit, in: DStR 2008, 1300 ff.

Annuß, Georg/Pelz, Christian: Amnestieprogramme – Fluch oder Segen?, in: BB-Special Compliance, Nr. 4, 2010, 14 ff.

Annuß, Georg: Betriebsbedingte Kündigung und arbeitsvertragliche Bindung, Habil. (Uni Regensburg), 2004

Ascheid, Reiner/Preis, Ulrich/Schmidt, Ingrid: Kündigungsrecht, Großkommentar zum gesamten Recht der Beendigung von Arbeitsverhältnissen, 3. Auflage, 2007, zit.: APS/*Bearbeiter*, 3. Aufl., §..., Rn...

Ax, Thomas/Schneider, Matthias/Scheffen, Jacob: Rechtshandbuch Korruptionsbekämpfung, 2. Auflage, 2010

Bachmann, Gregor: Private Ordnung, Grundlagen ziviler Rechtssetzung, Habil. (HU Berlin), 2006

Bachmann, Gregor: Compliance – Rechtsgrundlagen und offene Fragen, in: Gesellschaftsrechtliche Verei-nigung (Hrsg.), Gesellschaftsrecht in der Diskussion 2007, 2008, 66 ff.

Bader, Markus: Das Verwendungsverbot des § 97 I 3 InsO, in: NZI 2009, 416 ff.

Barthel, Thomas/Huppertz, Christiane: Ethik-Richtlinien – Arbeitsrecht und Datenschutz, in: AuA 2006, 204 ff.

Barton, Dirk-Michael: Die strafrechtliche Verantwortlichkeit des Compliance-Officers, Teil 1 in: juris-PR-StrafR 22/2009 Anm. 1, Teil 2 in: jurisPR-StrafR 23/2009 Anm. 1

Bastuck, Burkhard: Enthaftung des Managements, Diss. (Uni Bonn), 1986

Bauer, Regina: Werkschutz – Seine rechtliche und gesellschaftliche Stellung, insbesondere im Hinblick auf die Bekämpfung der Betriebskriminalität, Diss. (Uni Frankfurt), 1985

Baumbach, Adolf/Hueck, Alfred: GmbH-Gesetz, 17. Auflage, 2000, zit.: Baumbach/Hueck/*Bearbeiter*, GmbHG, 17. Aufl., §..., Rn...

Baumbach, Adolf/Lauterbach, Wolfgang/Albers, Jan/Hartmann, Peter: Zivilprozessordnung, Beck´sche Kurz-kommentare, 68. Auflage, 2010

Beck´scher Onlinekommentar StPO: hrsg. v. Graf, Jürgen Peter, Stand 15.01.2011, Edition 9, zit.: BeckOK StPO/*Bearbeiter* (Stand: 15.01.2011), §..., Rn...

Behling, Thorsten B.: Compliance versus Fernmeldegeheimnis, Wo liegen die Grenzen bei E-Mail-Kontrollen als Antikorruptionsmaßnahme?, in: BB 2010, 892 ff.

Behrens, Alexander: Internal Investigations: Hintergründe und Perspektiven anwaltlicher „Ermittlungen" in deutschen Unternehmen, in: RIW 2009, 22 ff.

Beisel, Wilhelm/Ebert, Frank/Foerster, Wolfgang/Otto, Frank: Lehrbuch für den Werkschutz und private Sicherheitsdienste, 6. Auflage, 2004

Benz, Markus: Selbstbelastungen in außerstrafrechtlichen Zwangslagen, Diss. (Uni Mannheim), 2005

Berndt, Markus: Anmerkung zu BGH 5 StR 394/08, in: StV 2009, 689 ff.

Bernsmann, Klaus: Privatisierung der Justiz? - Ein Fallbeispiel, in: 22. Strafverteidigertag vom 20.-22. März 1998 in Erfurt, 1999, 151 ff.

Bernsmann, Klaus: Alles Untreue? Skizzen zu Problemen der Untreue nach § 266 StGB, in: GA 2007, 219 ff.

Bernsmann, Klaus: Untreue und Korruption – der BGH auf Abwegen, in: GA 2009, 296 ff.

Berwanger, Jörg/Kullmann, Stefan: Interne Revision – Wesen, Aufgabe und rechtliche Verankerung, 2008

Beulke, Werner: Hypothetische Kausalverläufe im Strafverfahren bei rechtswidrigem Vorgehen von Ermittlungsorganen, in: ZStW 103 (1991), 657 ff.

Beulke, Werner: Beschlagnahmefreiheit von Verteidigungsunterlagen, in: Festschrift für Klaus Lüderssen, 2002, 693 ff.

Beulke, Werner/Lüdke, Inka/Swoboda, Sabine: Unternehmen im Fadenkreuz – Über den Umfang anwaltli-cher Privilegien von Syndici/Rechtsabteilungen im Ermittlungsverfahren, 2009

Beulke, Werner: Wirtschaftslenkung im Zeichen des Untreuetatbestands, in: Festschrift für Ulrich Eisen-berg, 2009, 245 ff.

Beulke, Werner: Gesamtreform der StPO-Vorschriften über "Verteidigung" – notwendig oder wün-schenswert? in: StV 2010, 442 ff.

Beulke, Werner: Strafprozessrecht, 11. Auflage, 2010

Beulke, Werner: Der „Compliance Officer" als Aufsichtsgarant? Überlegungen zu einer neuen Erschei-nungsform der Geschäftsherrenhaftung, in: Festschrift für Klaus Geppert zum 70 Geburtstag, 2011, 23 ff.

Bittmann, Folker/Molkenbur, Josef: Private Ermittlungen, arbeitsrechtliche Aussagepflicht und strafprozes-suales Schweigerecht, in: wistra 2009, 373 ff.

Bittmann, Folker: Anmerkung zu BGH, Beschluss v. 13.4.11 – 1 StR 94/20, in: wistra 2011, 343 f.

Bock, Dennis: Criminal Compliance, Habil. (Uni Kiel), 2011

Bockemühl, Jan: Private Ermittlungen im Strafprozess, Ein Beitrag zu der Lehre von den Beweisverboten, Diss. (Uni Regensburg), 1996

Boemke, Burkhard: Studienbuch Arbeitsrecht, 2. Auflage, 2004

Böhm, Wolf-Tassilo: Strafrechtliche Verwertbarkeit der Auskünfte von Arbeitnehmern bei unternehmensinternen Untersuchungen – Ein Beitrag zur aktuellen Compliance-Debatte, in: WM 2009, 1923 ff.

Böhm, Wolf-Tassilo: Non-Compliance und Arbeitsrecht, Interne Ermittlungen, Sanktionen und Regress-ansprüche nach Rechts- und Regelverstößen von Arbeitnehmern, Diss. (Uni Erlangen), 2011

Bosch, Nikolaus: Aspekte des nemo-tenetur-Prinzips aus verfassungsrechtlicher und strafprozessualer Sicht, Diss. (Uni Augsburg), 1997

Bosch, Nikolaus/Lange, Knut Werner: Unternehmerischer Handlungsspielraum des Vorstands zwischen zivilrechtlicher Verantwortung und strafrechtlicher Sanktion, in: JZ 2009, 225 ff.

Böse, Martin: Wirtschaftsaufsicht und Strafverfolgung, Habil. (Uni Dresden), 2005

Böse, Martin: Aufsichtsrechtliche Vorermittlungen in der Grauzone zwischen Strafverfolgung und Gefahrenabwehr, in: ZStW 119 (2007), 848 ff.

Böttger, Marcus (Hrsg.): Wirtschaftsstrafrecht in der Praxis, 2011, zit.: Böttger/*Bearbeiter* WiPra (2011), Kap..., Rn...

Brachmann, Carsten/Diebold, Markus: Die Verdachtskündigung, in: AuA 2011, 72 ff.

Brammsen, Joerg: Vorstandsuntreue – Aktienrechtliche Unternehmensführung auf dem Prüfstand des
§ 266 StGB, in: wistra 2009, 85 ff.

Brand, Christian: Anmerkung zu BGH v. 13.4.2011 – 1 StR 94/10, NJW 2011, 1751

Breßler, Steffen/Kuhnke, Michael/Schulz, Stephan/Stein, Roland: Inhalte und Grenzen von Amnestien bei Internal Investigations, in: NZG 2009, 721 ff.

Broß, Siegfried: Der Einfluss des Verfassungsrechts auf strafprozessuale Eingriffsmaßnahmen, in: HFR 2009, 1 ff.

Brunhöber, Beatrice: Privatisierung des Ermittlungsverfahrens im Strafprozess, in: GA 2010, 571 ff.

Brüning, Janique/Wimmer, Nadine Sophie: Anmerkung zu BGH, Urt. v. 29.08.2008, 2 StR 587/07, in: ZJS 2009, 94 ff.

Buck-Heeb, Petra/Dieckmann, Andreas: Selbstregulierung im Privatrecht, 2010

Bürkle, Jürgen: Corporate Compliance – Pflicht oder Kür für den Vorstand der AG? In: BB 2005, 565 ff.

Bürkle, Jürgen: Corporate Compliance als Standard guter Unternehmensführung des Deutschen Corporate Governance Kodex, in: BB 2007, 1797 ff.

Burgi, Martin: Privatisierung (§ 75), in: Isensee, Josef/Kirchhof, Paul (Hrsg.), Handbuch des Staatsrechts der Bundesrepublik Deutschland, Band IV, Aufgaben des Staates, 3. Auflage, 2006

Campos Nave, José A./Bonenberger, Saskia: Korruptionsaffären, Corporate Compliance und Sofortmaß-nahmen für den Krisenfall, in: BB 2008, 734 ff.

Corsten, Johannes: Anmerkung zu BGH, Beschluss v. 13.4.11 – 1 StR 94/20, in: wistra 2011, 389 f.

Cramer, Peter: Rechtspflicht des Aufsichtsrats zur Verhinderung unternehmensbezogener strafbarer Handlungen und Ordnungswidirgkeiten, in: Festschrift für Walter Stree und Johannes Wessels zum 70. Geburtstag, 1993, 563 ff.

Dannecker, Gerhard/Dannecker, Christoph: Die "Verteilung" der strafrechtlichen Geschäftsherrenhaftung im Unternehmen, in: JZ 2010, 981 ff.

Däubler, Wolfgang/Bonin, Birger/Deinert, Olaf: AGB-Kontrolle im Arbeitsrecht, Kommentar zu den §§ 305 bis 310 BGB, 3. Auflage, 2010, zit.: D/B/D/*Bearbeiter*, 3. Aufl.,...

Däubler, Wolfgang/Hjort, Jens Peter/Schubert, Michael/Wolmerath, Martin (Hrsg.): Arbeitsrecht, Individualar-beitsrecht mit kollektivrechtlichen Bezügen, Handkommentar, 2. Auflage, 2010, zit.: HK-ArbR/*Bearbeiter*, 2. Aufl., §..., Rn...

Däubler, Wolfgang/Kittner, Michael/Klebe, Thomas (Hrsg.): BetrVG mit Wahlordnung, 11. Auflage, 2008, zit.: DKK-*Bearbeiter*, 11. Aufl., §..., Rn...

Dann, Matthias: Compliance-Untersuchungen im Unternehmen: Herausforderung für den Syndikus, AnwBl 2/2009, 84 ff.

Dann, Matthias/Schmidt, Kerstin: Im Würgegriff der SEC? - Mitarbeiterbefragungen und die Selbstbelastungsfreiheit, in: NJW 2009, 1851 ff.

Dann, Matthias: Private Ermittlungshelfer in Arztstrafverfahren – Zur Delegation staatlicher Ermitt-lungskompetenzen auf potentiell Geschädigte, in: ZMGR 2010, 286 ff.

Deutscher, Jörg: Zur Strafbarkeit des Compliance-Officer – Erhöhte Berufsrisiken nach dem Urteil des BGH vom 17.7.2009 = WM 2009, 1882, in: WM 2010, 1387 ff.

Diekmann, Andreas/Przepiorka/Rauhut, Heiko: Die Präventivwirkung des Nichtwissens im Experiment, in: Zeitschrift für Soziologie, Jg. 40, Heft 1, Februar 2011, 74 ff.

Diller, Martin: Der Arbeitnehmer als Informant, Handlanger und Zeuge im Prozess des Arbeitgebers gegen Dritte, in: DB 2004, 313 ff.

Dreher, Meinrad: Die „Selbstreinigung" zur Rückgewinnung der kartellvergaberechtlichen Zuverlässigkeit, in: Baurecht als Herausforderung, Festschrift für Horst Franke zum 60. Geburtstag, 2009, zit.: *Dreher* in: FS-Franke, S...

Dütz, Wilhelm: Arbeitsrecht, 14. Auflage, 2009

Dzida, Boris: Die Mitbestimmung des Konzernbetriebsrats bei Ethikrichtlinien, in: NZA 2008, 1265 ff.

Ebenroth, Carsten Thomas/Willburger, Andreas: Die strafrechtliche Verantwortung des Vorstands für Umweltstraftaten und gesellschaftsrechtliche Vermeidungsstrategien, in: BB 1991, 1941 ff.

Ebert, Ina: Pönale Elemente im deutschen Privatrecht, Habil. (Uni Kiel), 2004

Eckstein, Ken: Europa und der Opferschutz, in: Festschrift für Friedrich-Christian Schroeder zum 70. Geburtstag, 2006, 777 ff.

Eidam, Lutz: Die strafprozessuale Selbstbelastungsfreiheit am Beginn des 21. Jahrhunderts, Diss. (Uni Frankfurt), 2007

Einsiedler, Mark: Auswirkung einer Erlassvereinbarung mit einem Gesamtschuldner in Bezug auf die übrigen Gesamtschuldner, in: MDR 2009, 1369 ff.

Eisenbeis, Ernst/Nießen, Cristoph: Auf Kollisionskurs: Ethikrichtlinien nach US-amerikanischem Vorbild und deutsches Arbeitrecht, in: Festschrift für Wolfgang Leinemann zum 70. Geburtstag, 697 ff.

Eisenberg, Ulrich: Beweisrecht der StPO, Spezialkommentar, 7. Auflage, 2011

Engelhart, Marc: Die neuen Compliance-Anforderungen der BaFin (MaComp), in: ZIP 2010, 1832 ff.

Erfurter Kommentar zum Arbeitsrecht: hrsg. v. Müller-Glöge, Rudi/Preis, Ulrich/Schmidt, Ingrid, 11. Auflage, 2011, zit.: ErfK/*Bearbeiter*, 11. Aufl., §..., Rn...

Erman: Bürgerliches Gesetzbuch, Handkommentar, Band I, 12. Auflage, 2008, zit.: Erman/*Bearbeiter*, 12. Aufl., §..., Rn...

Ensthaler, Jürgen/Füller, Jens Thomas/Schmidt, Burkhard: Kommentar zum GmbH-Gesetz, 2. Auflage, 2010, zit.: E/F/S/*Bearbeiter*, GmbHG, 2. Aufl., §..., Rn...

Etzel, Gerhard u.a.: Gemeinschaftskommentar zum Kündigungsschutzgesetz und zu sonstigen kündi-gungsschutzrechtlichen Vorschriften, 8. Auflage, 2007, zit.: KR/*Bearbeiter*, 8. Aufl., §..., Rn...

Fahrig, Stephan: Verhaltenskodex und Whistleblowing im Arbeitsrecht, in: NJOZ 2010, 975 ff.

Fahrig, Stephan: Die Einführung eines Verhaltenskodexes und das Whistleblowing, Diss. Uni Bochum (2010)

Fastrich, Lorenz: Betriebsvereinbarung und Privatautonomie, in: RdA 1994, 129 ff.

Favoccia, Daniela/Richter, Thomas: Rechte, Pflichten und Haftung des Compliance Officers aus zivilrecht-licher Sicht, in: AG 2010, 137 ff.

Fezer, Gerhard: Grundfragen der Beweisverwertungsverbote, 1995

Fischer, Thomas: Strafgesetzbuch und Nebengesetze, Kommentar, 57. Auflage, 2010

Fitting: Betriebsverfassungsgesetz, Handkommentar, 25. Aufl., bearb. v. Engels, Gerd/Schmidt, Ingrid/Trebinger, Yvonne/Linsenmaier, Wolfgang, 2010, zit.: Fitting, 25. Aufl., §..., Rn...

Fleischer, Holger: Vorstandsverantwortlichkeit und Fehlverhalten von Unternehmensangehörigen – Von der Einzelüberwachung zur Errichtung einer Compliance-Organisation, in: AG 2003, 291 ff.

Fleischer, Holger: Haftungsfreistellung, Prozesskostenersatz und Versicherung für Vorstandsmitglieder,
in: WM 2005, 909 ff.

Fleischer, Holger (Hrsg.): Handbuch des Vorstandsrechts, 2006

Fleischer, Holger: Kartellrechtsverstöße und Vorstandsrecht, in: BB 2008, 1070 ff.

Forst, Gerrit: Grundfragen der Datenschutz-Compliance, in: DuD 2010, 160 ff.

Fritz, Hans-Joachim: Whistleblowing – Denunziation oder Wettbewerbsvorteil? Inhalt und Grenzen des Whistleblowings im Rahmen von Corporate Compliance, in: Maschmann, Frank (Hrsg.), Corporate Compliance und Arbeitsrecht, Mannheimer Arbeitsrechtstag 2009, 2009, 111 ff.

Fritz, Hans-Joachim/Nolden, Dagmar: Unterrichtungspflichten und Einsichtsrechte des Arbeitnehmers im Rahmen von unternehmensinternen Untersuchungen, in: CCZ 2010, 170 ff.

Fuchs, Andreas (Hrsg.): Wertpapierhandelsgesetz, Kommentar, 2009, zit.: Fuchs/*Bearbeiter* WpHG (2009), §..., Rn...

Gaede, Karsten: Das Verbot der Umgehung der EMRK durch den Einsatz von Privatpersonen bei der Strafverfolgung, in: StV 2004, 46 ff.

Galen, Margarete Gräfin von: Anmerkung zu LG Hamburg v. 15.10.2010, NJW 2011, 945

Gamillscheg, Franz: Der zweiseitig-zwingende Charakter des § 626 BGB, in: AuR 1981, 105 ff.

Gemeinschaftskommentar zum Betriebsverfassungsgesetz: hrsg. Wiese, Günther/Kreutz, Peter/Oetker, Hartmut/Raab, Thomas/Weber, Christoph/Franzen, Martin, Band II, §§ 74-132, 8. Aufl., 2005, zit.: GK-BetrVG/*Bearbeiter*, 8. Aufl., §..., Rn...

Gercke, Björn: Anmerkung zu BGH v. 31.03.2009, 1 StR 76/09 und BVerfG v. 16.06.2009, 2 BvR 902/06, in: StV 2009, 624 ff.

Gless, Sabine: Der Nemo tenetur-Grundsatz – Ein Erbe Napoleons im deutschen, französischen und europäischen Recht, in: Jung, Heike/Leblois-Happe, Jocelyne/Witz, Claude (Hrsg.), 200 Jahre Code d`instruction criminelle – Le Bicentenaire du Code d`instruction criminelle, 2010, 79 ff.

Godenzi, Gunhild: Das strafprozessuale Verbot staatlicher Beweismittelhehlerei: Königsweg oder Luft-schloss? In: GA 2008, 500 ff.

Godenzi, Gunhild: Private Beweisbeschaffung im Strafprozess, Diss. (Uni Zürich), 2008

Goeckenjan, Ingke: Neues aus dem Irrgarten von Zeugnisverweigerungsrecht und Beschlagnahmefreiheit, in: Recht – Wirtschaft – Strafe, Festschrift für Erich Samson, 2010, 641 ff.

Göhler, Erich: Gesetz über Ordnungswidrigkeiten, fortgeführt von Gürtler,Franz/Seitz, Helmuth, 15. Auflage, 2009, zit.: Göhler/*Bearbeiter* OWiG, 15. Aufl., §..., Rn...

Göpfert, Burkard/Merten, Frank/Siegrist, Carolin: Mitarbeiter als „Wissens-Träger“ - Ein Beitrag zur aktuel-len Compliance-Diskussion, in: NJW 2008, 1703 ff.

Görling, Helmut: Wirtschaftskriminalität: Ausufernde Schadenssummen in Deutschland, in: der kriminalist 2008, 345 ff.

Görling, Helmut/Inderst, Cornelia/Bannenberg, Britta (Hrsg.): Compliance, Aufbau – Management – Risiko-bereiche, 2010

Gössel, Karl Heinz: Strafverfahrensrecht 1, 1977

Groeber, Patrick/Rauhut, Heiko: Does ignorance promote norm compliance? In: Computational & Mathematical Organization Theory ,2010 (16), 1 ff.

Gröschler, Peter: Die notwendige Unterscheidung von Leistungspflichten und Nebenpflichten nach neuem Schuldrecht, in: Festschrift für Horst Konzen, 2006, 109 ff.

Hamblock, Dieter/Wessels, Dieter: Wörterbuch Wirtschaftsenglisch, 7. Auflage, 2008

Handbuch zum Arbeitsrecht: hrsg. v. Leinemann, Wolfgang, Stand 09/2010, zit.: HzA/*Bearbeiter*, Stand der Bearbeitung, Gruppe..., Rn...

Hassemer, Winfried/Matussek, Karin: Das Opfer als Verfolger, Ermittlungen des Verletzten im Strafverfahren, 1996

Haurand, Günter: Sicherheit und Gewaltmonopol, in: Kriminalistik 1997, 770 ff.

Hauschka, Christoph E.: Compliance am Beispiel der Korruptionsbekämpfung, Eine Erwiderung aus der Praxis auf Uwe H. Schneiders Vorschläge (ZIP 2003, 645), in: ZIP 2004, 877 ff.

Hauschka, Christoph E. (Hrsg.): Corporate Compliance, Handbuch der Haftungsvermeidung im Unter-nehmen, 2. Auflage, 2010

Hauschka, Christoph E.: Compliance als Teil einer modernen Unternehmensführung, in: AnwBl 10/2010, 629 ff.

Hefendehl, Roland: Beweisermittlungs- und Beweisverwertungsverbote bei Auskunfts- und Mitwirkungspflichten – das sog. Verwendungsverbot nach § 97 I 3 InsO, in: wistra 2003, 1 ff.

Hefendehl, Roland: Corporate Governance und Business Ethics: Scheinberuhigung oder Alternativen bei der Bekämpfung der Wirtschaftskriminalität? In: JZ 2006, 119 ff.

von Hehn, Paul/Hartung, Wilhelm: Unabhängige interne Untersuchungen in Unternehmen als Instrument guter Corporate Governance – auch in Europa?, in: DB 2006, 1909

Hellmann, Uwe: Strafprozessrecht, 2. Auflage, 2006

Helmrich, Jan/Eidam, Lutz: Untreue durch Verzicht auf Schadensersatzforderungen gegen (ehemalige) Führungskräfte einer Aktiengesellschaft?, in: ZIP 2011, 257 ff.

Hemeling, Peter: Compliance im Erst- und Rückversicherungsunternehmen, in: CCZ 2010, 21 ff.

Herschel, Wilhelm: Beschränkung der Befugnis zur außerordentlichen Kündigung, in: Festschrift für Arthur Nikisch, 1958, 49 ff.

Herschel, Wilhelm: Gedanken zur Theorie des arbeitsrechtlichen Kündigungsgrundes, in: Festschrift für Gerhard Müller, 1981, 191 ff.

Herzog, Felix/Mülhausen, Dieter (Hrsg.): Geldwäschebekämpfung und Gewinnabschöpfung, 2006, zit.: Herzog/Mülhausen/*Bearbeiter* GwbHdb, §..., Rn...

Hilger, Hans: Über den Begriff des Verletzten im Fünften Buch der StPO, in: GA 2007, 287 ff.

Hillenkamp, Thomas: Anmerkung zum Urteil des BGH v. 7.11.1990 – 2 StR 439/90, in: JR 1992, 74

Hölters, Wolfgang (Hrsg.): Aktiengesetz, Kommentar, 2011, zit.: Hölters/*Bearbeiter* AktG (2011), §..., Rn...

Hoffmann, Volker H./Wißmann, Anke C.: Die Erstattung von Geldstrafen, Geldauflagen und Verfahrens-kosten im Strafverfahren durch Wirtschaftsunternehmen gegenüber ihren Mitarbeitern,

in: StV 2001, 249

Holly, Hans G./Friedhofen, Peter: Die Abwälzung von Geldbußen auf den Arbeitgeber, in: NZA 1992, 145 ff.

Hoppe, Renè/Braun, Frank: Arbeitnehmer-E-Mails – Vertrauen ist gut, Kontrolle ist schlecht, in: MMR 2010, 80 ff.

Hromadka, Wolfgang/Maschmann, Frank: Arbeitsrecht Band 1, Individualarbeitsrecht, 4. Auflage, 2008

Hromadka, Wolfgang/Maschmann, Frank: Arbeitsrecht Band 2, Kollektivarbeitsrecht + Arbeitsstreitigkeiten, 3. Auflage, 2004

Hüffer, Uwe: Das Leitungsermessen des Vorstands in der Aktiengesellschaft, in: Festschrift für Thomas Raiser zum 70. Geburtstag am 20. Februar 2005, 2005, zit. *Hüffer* in: Raiser-FS (2005), S...

Hüffer, Uwe: Aktiengesetz, Beck`sche Kurzkommentare, 9. Auflage, 2010

Hüffer, Jens/Schneider, Uwe H.: Juristen an die Compliance-Front! in: ZIP 2010, 55

Ignor, Alexander/Rixen, Stephan: Untreue durch Zahlung von Geldauflagen? Zum Strafbarkeitsrisiko von Aufsichtsratsmitgliedern am Beispiel der sog. Banken-Strafverfahren, in: wistra 2000, 448

Ignor, Alexander/Jahn, Matthias: Der Staat kann auch anders – Die Schweizer Daten-CDs und das deut-sche Strafrecht, in: JuS 2010, 390 ff.

Ignor, Alexander: Rechtsstaatliche Standards für interne Erhebungen in Unternehmen, in: CCZ 2011, 143 ff.

Immenga, Ulrich/Mestmäcker, Ernst-Joachim (Hrsg.): Wettbewerbsrecht, Band 1. EG/Teil 2, Kommentar zum Europäischen Kartellrecht, 4. Auflage, 2007, zit.: Immenga/Mestmäcker/*Bearbeiter*, WettbwR, 4. Auflage, Art..., Rn...

Isensee, Josef: Staat und Verfassung (§ 15), in: Isensee, Josef/Kirchhof, Paul (Hrsg.), Handbuch des Staats-rechts der Bundesrepublik Deutschland, Band II, Verfassungsstaat, 3. Auflage, 2004

Itzen, Uta: Richtungswechsel, Bestandsaufnahme, Prävention: Das Gerüst einer erfolgreichen Compliance-Strategie, in: BB-Special Compliance, 2008 (Nr. 5) 12 ff.

Jaeger, Rolf Rainer: Problematik privater Ermittlungsorganisationen in Unternehmen, in: der kriminalist 2008, 19 ff.

Jäger, Christian: Beweiserhebungs- und Beweisverwertungsverbote als prozessuale Regelungsinstrumente im strafverfolgenden Rechtsstaat – Zugleich ein Beitrag zum 67. Deutschen Juristentag, in: GA 2008, 473 ff.

Jäger, Christian: Untreue durch Auslösung von Schadensersatzpflichten und Sanktionen, in: Festschrift für Harro Otto, 2007, 593 ff.

Jäger, Christian: Beweisverwertung und Beweisverwertungsverbote im Strafprozess, Habil. (Uni Mün-chen), 2003

Jahn, Matthias: Beweiserhebungs-- und Beweisverwertungsverbote im Spannungsfeld zwischen den Garantien des Rechtsstaates und der effektiven Bekämpfung von Kriminalität und Terrorismus, Gutachten C für den 67. Deutschen juristentag 2008, 2008, zit.: *Jahn* Gutachten 67. DJT, C...

Jahn, Matthias: Ermittlungen in Sachen Siemens/SEC, in: StV 2009, 41 ff.

Jahn, Matthias/Kirsch, Stefan: Anmerkung zu LG Hamburg, Beschluss vom 15.10.2010 – 608 Qs 18/10, NJW 2011, 942, in: StV 2011, 151 ff.

Jahn, Matthias/Krehl, Christoph/Löffelmann, Markus/Güntge, Georg-Friedrich: Die Verfassungsbeschwerde in Strafsachen, 2011

Jahn, Matthias: Die verfassungskonforme Auslegung des § 97 I Nr. 3 StPO, in: ZIS 2011, 453 ff.

Jahn, Matthias: Strafrecht BT: Pflichtverletzung bei Untreue (Rechtsprechungsübersicht), JuS 2011, 1133 ff.

Jarass, Hans D./Petersen, Frank/Weidemann, Clemens (Hrsg.): Kreislaufwirtschafts- und Abfallgesetz (KrW-AbfG), Kommentar, 25. Ergänzungslieferung, Stand: 1. Juli 2009, zit.: J/P/W-KrW-AbfG/*Bearbeiter*, 25. Erg.-Lfg., §..., Rn...

Joerden, Jan C.: Verbotene Vernehmungsmethoden – Grundfragen des § 136 a StPO, in: JuS 1993, 927 ff.

Joussen, Edgar: Sicher handeln bei Korruptionsverdacht, 2010

Jung, Heike: Die Stellung des Verletzten im Strafprozess, in: ZStW 93 (1981), 1147 ff.

Kandaouroff, Ines/Rose, Franz-Josef: Personalgespräch: Darf der Arbeitnehmer dritte Personen mitbringen? in: DB 2008, 1210 ff.

Kapp, Thomas: Dürfen Unternehmen ihren (geschäftsleitenden) Mitarbeitern Geldstrafen bzw. -bußen erstatten? In: NJW 1992, 2796

Karlsruher Kommentar zum Gesetz über Ordnungswidrigkeiten: hrsg. von Senge, Lothar, 3. Auflage, 2006, zit.: KK-OWiG/*Bearbeiter*, 3. Aufl., §..., Rn...

Karlsruher Kommentar zur Strafprozessordnung: hrsg. von Hannich, Rolf, mit GVG, EGGVG und EMRK, 6. Aufl., 2008, zit.: KK-StPO/*Bearbeiter*, §..., Rn...

Kittner, Michael/Däubler, Wolfgang/Zwanziger, Bertram (Hrsg.): KSchR, Kündigungsschutzrecht, 7. Auflage, 2008, zit.: K/D/Z/*Bearbeiter* KSchR, 7. Aufl., §..., Rn...

Klebe, Thomas/Wroblewski, Andrej: Verbotene Liebe? Zur rechtlichen Zulässigkeit von Ethikrichtlinien, insbesondere von internen "Whistleblowing"-Systemen, in: Individuelle und kollektive Freiheit im Arbeitsrecht, Gedächtnisschrift für Ulrich Zachert, 2010, 313 ff.

Klengel, Jürgen Detlef W./Mückenberger, Ole: Internal Investigations – typische Rechts- und Praxisprobleme unternehmensinterner Ermittlungen, in: CCZ 2009, 81 ff.

Klengel, Jürgen Detlef W./Müller, Clemens Alexander: Der anwaltliche Zeugenbeistand im Strafverfahren, in: NJW 2011, 23 ff.

Knauer, Christoph/Buhlmann, Erik: Unternehmensinterne (Vor-)Ermittlungen – was bleibt von nemo-te-netur und fair-trial? In: AnwBl 6/2010, 387 ff.

Knierim, Thomas C.: Detektivspiele – Vom Sinn und Unsinn privater Ermittlungen, in: Festschrift für Klaus Volk zum 65. Geburtstag, 2009, 247 ff.

Kock, Martin: Einführung einer Ethikrichtlinie im Unternehmen, in: MDR 2006, 673 ff.

Kölbel, Ralf: Wirtschaftskriminalität und unternehmensinterne Strafrechtsdurchsetzung, in: MschrKrim 2008, 22 ff.

Kölner Kommentar zum Aktiengesetz: hrsg. von Zöllner, Wolfgang/Noack, Ulrich, Band 2/1, §§ 76-94 AktG, 3. Auflage (2010), zit: KK-AktG/*Bearbeiter*, 3. Auflage, §..., Rn...

Kölner Kommentar zum WpHG: hrsg. von Hirte, Heribert/Möllers, Thomas M. J., 2007, zit. KK-WpHG/*Bearbeiter* (2007), §..., Rn...

Kopetzky, Matthias: Standard "Sonderunteruchung", in: ZIR 5/2010, 211 ff.

Kort, Michael: Compliance-Pflichten von Vorstandsmitgliedern und Aufsichtsratsmitgliedern, in: Fest-schrift für Klaus J. Hopt, 2010, 983 ff.

Kraft, Oliver: Die Garantenpflicht des Leiters der Innenrevision und des Compliance-Officers zur Abwendung von unternehmensbezogenen Straftaten, in: wistra 2010, 81 ff.

Krause, Rüdiger: "Nützliche" Rechtsverstöße im Unternehmen – Verteilung finanzieller Lasten und Sank-tionen, in: BB- Special Nr. 8, 2007, 2 ff.

Krekeler, Wilhelm: Zufallsfunde bei Berufsgeheimnisträgern und ihre Verwertbarkeit, in: NStZ 1987, 1999 ff.

Kremer, Thomas/Klahold, Christoph: Compliance-Programme in Industriekonzernen, in: ZGR 2010, 113 ff.

Kremer, Thomas: Kooperation des Unternehmens mit der Staatsanwaltschaft im Compliance Bereich, in: Festschrift für Uwe H. Schneider, 2011, 701 ff.

Krey, Volker: Zur Problematik privater Ermittlungen des durch eine Straftat Verletzten, 1994

Krieger, Steffen/Günther, Jens: Die arbeitsrechtliche Stellung des Compliance Officers – Gestaltung einer Compliance-Organisation unter Berücksichtigung der Vorgaben im BGH-Urteil vom 17.7.2009, in: NZA 2010, 367 ff.

Kudlich, Hans/Oğlakcioğlu, Mustafa Temmuz: Wirtschaftsstrafrecht, 2011

Kühl, Kristian: Strafrecht Allgemeiner Teil, 6. Auflage, 2008

Kühne, Hans-Heiner: Strafprozessrecht, 8. Auflage, 2010

Küpper, Georg: Tagebücher, Tonbänder, Telefonate – Zur Lehre von den selbständigen Beweisverwertungsverboten im Strafverfahren, in: JZ 1990, 416 ff.

Lackner, Karl/Kühl, Kristian: Strafgesetzbuch, Kommentar, 27. Auflage, 2011

Lange, Niels/Vogel, Thius: Verdachtskündigung: Teilnahmerecht des Rechtsanwalts an der Anhörung, in: DB 2010, 1066 ff.

Leipold, Klaus: Der Strafverteidiger als Unternehmensanwalt, in: NJW-Spezial 2/2011, 56 f.

Leipziger Kommentar: Strafgesetzbuch, 12. Auflage, Band 1, §§ 1-31, 2007, zit.: LK/*Bearbeiter*, 12. Aufl., §..., Rn...

Leipziger Kommentar: Strafgesetzbuch, 12. Auflage, Band 6, §§ 146-210, 2010, zit.: LK/Bearbeiter, 12. Aufl., §..., Rn...

Leipziger Kommentar: Strafgesetzbuch, 12. Auflage, Band 8, §§ 242-262, 2010, zit.: LK/*Bearbeiter*, 12. Aufl., §..., Rn...

Lelley, Jan Tibor: Compliance im Arbeitsrecht, Leitfaden für die Praxis, 2010

Liese, Jens: Much Adoe About Nothing? Oder: Ist der Vorstand einer Aktiengesellschaft verpflichtet, eine Compliance-Organisation zu implementieren? In: BB-Special 5.2008, 17 ff.

Loewenheim, Ulrich/Meessen, Karl M./Riesenkampff, Alexander: Kartellrecht, Kommentar, 2. Auflage, 2009, zit.: Loewenheim/Meessen/Riesenkampff/Bearbeiter, Kartellrecht, 2. Auflage, Art..., Rn...

Lösler, Thomas: Die Mindestanforderungen an Compliance und die weiteren Verhaltens-, Organisations- und Transparenzpflichten nach §§ 31 ff. WpHG (MaComp), in: WM 2010, 1917 ff.

Löwe-Rosenberg: Die Strafprozessordnung und das Gerichtsverfassungsgesetz, Großkommentar, hrsg. v. Erb, Volker/Esser, Robert/Franke, Ulrich/Graalmann-Scheerer, Kirsten/Hilger, Hans/Ignor, Alexander, Fünfter Band, §§ 151-212 b, 26. Auflage, 2008, zit.: LR/*Bearbeiter*, 26. Aufl., §..., Rn...

Lomas, Paul/Kramer, Daniel J. (Hrsg.): Corporate Internal Investigations – An International Guide, 2008

Lüderssen, Klaus: Strafrecht und „Dunkelziffer", Recht und Staat, Heft 412, 1972

Lützeler, Martin/Müller-Sartori, Patrick: Die Befragung des Arbeitnehmers – Auskunftspflicht oder Zeugnisverweigerungsrecht? in: CCZ 2010, 19 ff.

Lunk, Stefan: Prozessuale Verwertungsverbote im Arbeitsrecht, in: NZA 2009, 457 ff.

Lunk, Stefan: Die Verdachtskündigung – Eine Rechtsfigur vor dem Aus? In: NJW 2011, 2753 ff.

Lutter, Marcus/Krieger, Gerd: Rechte und Pflichten des Aufsichtsrats, 5. Auflage, 2008

Mackeben, Andreas: Grenzen der Privatisierung der Staatsaufgabe Sicherheit, Diss. (Uni Bremen), 2004

Mahnhold, Thilo: "Global Whistle" oder "deutsche Pfeife" – Whistleblowing-Systeme im Jurisdiktionskonflikt, in: NZA 2008, 737 ff.

Maier, Götz A./Garding, Stefan: Einsatz eines Privatdetektivs im Arbeitsrecht, in: DB 2010, 559 ff.

Maschmann, Frank: Mitarbeiterkontrolle und private Ermittlungen, in: Maschmann, Frank (Hrsg.), Corporate Compliance und Arbeitsrecht, Mannheimer Arbeitsrechtstag 2009, 2009

Mäsch, Gerald (Hrsg.): Praxiskommentar zum deutschen und europäischen Kartellrecht, 2010, zit.: Mäsch/*Bearbeiter*, PK-KartellR, Art..., Rn...

Matt, Holger: Missverständnisse zur Untreue – Eine Betrachtung auch zum Verhältnis von (Straf)recht und Moral, in: NJW 2005, 389 ff.

Maunz, Theodor/Dürig, Günther: Grundgesetz, Loseblatt-Kommentar, hrsg. von Herzog, Roman/Scholz, Rupert/Herdegen, Matthias, 57. Erg.-Lfg. (Januar 2010), zit.: Maunz/Dürig/*Bearbeiter*, 57. Erg.-Lfg., Art..., Rn...

Maurer, Hartmut: Die verschiedenen Formen der Privatisierung, in: Festschrift für Udo Steiner, 2009, 528 ff.

Maier-Greve, Daniel: Vorstandshaftung wegen mangelhafter Corporate Compliance, in: BB 2009, 2555 ff.

Meder, Stephan: Ius non scriptum – Traditionen privater Rechtssetzung, 2008

Medicus, Dieter: Allgemeiner Teil des BGB, 10. Auflage, 2010

Medicus, Dieter/Lorenz, Stephan: Schuldrecht I, Allgemeiner Teil, Ein Studienbuch, 18. Auflage, 2008

Mende, Boris: Grenzen privater Ermittlungen durch den Verletzten einer Straftat, Diss. (HU Berlin), 2001

Mengel, Anja: Arbeitsrechtliche Besonderheiten der Implementierung von Compliance-Programmen in internationalen Konzernen, in: CCZ 2008, 85 ff.

Mengel, Anja: Compliance und Arbeitsrecht – Implementierung, Durchsetzung, Organisation, 2009

Mengel, Anja/Ullrich, Thilo: Arbeitsrechtliche Aspekte unternehmensinterner Investigations, in: NZA 2006, 240 ff.

Mengel, Anja/Hagemeister, Volker: Compliance und arbeitsrechtliche Implementierung im Unternehmen, in: BB 2007, 1386 ff.

Meyer-Mews, Hans: Beweisverwertungsverbote im Strafverfahren, in: JuS 2004, 39 ff.

Michalke, Regina: Neue Garantenpflichten? – oder: Haftung des Compliance-Officers, in: AnwBl 10/2010, 666 ff.

Michalke, Regina: Untreue – neue Vermögensbetreuungspflichten durch Compliance-Regeln, in: StV 2011, 245 ff.

Michalski, Lutz (Hrsg.): Kommentar zum Gesetz betreffend die Gesellschaften mit beschränkter Haftung (GmbH-Gesetz), Band II, §§ 35-85 GmbHG, 2. Auflage, 2010, zit.: Michalski/*Bearbeiter*, 2. Aufl., §..., Rn...

Minoggio, Ingo: Firmenverteidigung, 2. Auflage, 2010

Mitsch, Wolfgang: Die Geldstrafe, in: JA 1993, 304 ff.

Momsen, Carsten: Internal Investigations zwischen arbeitsrechtlicher Mitwirkungspflicht und strafprozessualer Selbstbelastungsfreiheit, in: ZIS 2011, 508 ff.

Momsen, Carsten/Grützner, Thomas: Verfahrensregeln für interne Ermittlungen, in: DB 2011, 1792 ff.

Moosmayer, Klaus: Compliance – Praxisleitfaden für Unternehmen, 2010

Mosbacher, Andreas/Dierlamm, Alfred: Betriebsangehöriger als Überwachungsgarant (Anm. zu BGH 5 StR 394/08), in: NStZ 2010, 268 ff.

Mosiek, Marcus: Risikosteuerung im Unternehmen und Untreue, in: wistra 2003, 370 ff.

Mues, Werner M./Eisenbeis, Ernst/Laber, Jörg: Handbuch Kündigungsrecht, 2. Auflage, 2010, zit.: M/E/L/*Bearbeiter*, 2. Aufl., Teil..., Rz...

Müller-Bonanni, Thomas/Sagan, Adam: Arbeitsrechtliche Aspekte der Compliance, BB-Special Nr. 5, 2008, Compliance, 28 ff.

Müller-Bonanni, Thomas: Arbeitsrecht und Compliance – Hinweise für die Praxis, in: AnwBl 2010, 651 ff.

Müller-Christmann, Bernd: Die Bezahlung einer Geldstrafe durch Dritte – BGHSt 37, 226, in: JuS 1992, 379

Münchener Handbuch zum Arbeitsrecht: hrsg. von Richardi, Reinhard/Wlotzke, Otfried, Band I, Individualarbeitsrecht, 2. Auflage, 2000, zit.: MünchArb/*Bearbeiter*, 2. Aufl., §..., Rn...

Münchener Handbuch zum Arbeitsrecht: hrsg. von Richardi, Reinhard/Wlotzke, Otfried/Wißmann, Hellmut/Oetker, Hartmut, Band I, Individualarbeitsrecht, 3. Auflage, 2009, zit.: MünchArb/*Bearbeiter*, 3. Aufl., §..., Rn...

Münchener Kommentar zum Aktiengesetz: hrsg. von Goette, Wulf/Habersack, Matthias, Band 2 §§ 76-117, 3. Aufl. (2008), zit.: MüKo-AktG/*Bearbeiter*, 3. Auflage, §..., Rn...

Münchener Kommentar zum Bürgerlichen Gesetzbuch: Band 1, Allgemeiner Teil, 1. Halbband: §§ 1-240 BGB, ProstG, 5. Auflage, 2006, zit.: MüKo-BGB/*Bearbeiter*, 5. Aufl., §..., Rn...

Münchener Kommentar zum Bürgerlichen Gesetzbuch: Band 2, Schuldrecht Allgemeiner Teil, §§ 241-432 BGB, 5. Auf-lage, 2007, zit.: MüKo-BGB/*Bearbeiter*, 5. Aufl., §..., Rn...

Münchener Kommentar zum Bürgerlichen Gesetzbuch: Band 4, Schuldrecht Besonderer Teil II, §§ 611-704 BGB, EFZG, TzBfG, KSchG, 5. Aufl., 2009, zit.: MüKo-BGB/*Bearbeiter*, 5. Aufl., §..., Rn...

Münchener Kommentar Europäisches und Deutsches Wettbewerbsrecht (Kartellrecht): hrsg. v. Hirsch, Günter/Montag, Frank/Säcker, Franz Jürgen, Band 1, 2007, zit.: MüKo-EuWettbR/*Bearbeiter* ...

Münchener Kommentar zum Strafgesetzbuch: hrsg. v. Joecks, Wolfgang/Miebach, Klaus, Band 2/2, §§ 80-184f StGB, 2005, zit.: MüKo-StGB/*Bearbeiter*, §..., Rn...

Münchener Kommentar zum Strafgesetzbuch: hrsg. v. Joecks, Wolfgang/Miebach, Klaus, Band 4, §§ 263-358 StGB, 2006, zit.: MüKo-StGB/*Bearbeiter*, §..., Rn...

Musielak, Hans-Joachim (Hrsg.): Kommentar zur Zivilprozessordnung, 7. Auflage, 2009, zit.: Musielak/*Bearbeiter*, 7. Aufl., §..., Rn...

Neuhaus, Ralf: Compliance-Systeme und Vorfeldermittlungen, in: Kempf, Eberhard/Lüderssen, Klaus/Volk, Klaus (Hrsg.), Die Finanzkrise, das Wirtschaftsstrafrecht und die Moral, 2010, 348 ff.

Nothhelfer, Martin: Die Freiheit von Selbstbezichtigungszwang, Diss. (Uni Heidelberg), 1989

Ohle, Mario Mathias/Albrecht, Stephan: Die neue Bonusregelung des Bundeskartellamtes in Kartellsachen, in: ZRP 2006, 866

Ohrtmann, Nicola: Korruption im Vergaberecht, Konsequenzen und Prävention – Teil 2: Konsequenzen und Selbstreinigung, in: NZBau 2007, 278

Otto, Harro: Die strafprozessuale Verwertbarkeit von Beweismitteln, die durch Eingriff in Rechte anderer von Privaten erlangt wurden, in: Festschrift für Theodor Kleinknecht zum 75. Geburtstag, 1985, 319 ff.

Otto, Harro: Untreue durch Übernahme der mit einem Strafverfahren verbundenen Aufwendungen für Unternehmensangehörige durch ein Unternehmen, in: Festschrift für Klaus Tiedemann, 2008, 693 ff.

Palandt: Bürgerliches Gesetzbuch, Beck´sche Kurzkommentare, 69. Auflage, 2010, zit.: Palandt/*Bearbeiter*, 69. Aufl., §..., Rn...

Papier, Hans-Jürgen/Dengler, Andreas: Verfassungsrechtliche Fragen im Zusammenhang mit Steuerfahndungsmaßnahmen bei Banken (Teil II), in: BB 1996, 2593 ff.

Park, Tido (Hrsg.): Kapitalmarktstrafrecht, Handkommentar, 2. Auflage, 2008, zit.: Park/*Bearbeiter*, 2. Aufl., §..., Rn...

Park, Tido: Durchsuchung und Beschlagnahme, Rechtsgrundlagen, Voraussetzungen und Grenzen, 2. Auflage, 2009

Pfordte, Thilo: „Outsourcing of Investigations?" Anwaltskanzleien als Ermittlungsgehilfen der Staatsanwaltschaft, in: Strafverteidigung im Rechtsstaat, Festschrift 25 Jahre Arbeitsgemeinschaft des Deutschen Anwaltsvereins, 2009, zit.: *Pfordte* in: DAV-FS (2009), S...

Poller, Stefan: Untreue durch Übernahme von Geldsanktionen, Verfahrenskosten und Verteidigerhonoraren?, in: StraFo 2005, 274 ff.

Popitz, Heinrich: Über die Präventivwirkung des Nichtwissens, Recht und Staat, Heft 350, 1968

Preis, Ulrich: Prinzipien des Kündigungsrechts bei Arbeitsverhältnissen, Diss. (Uni Köln), 1987

Preis, Ulrich: Arbeitsrecht, Individualarbeitsrecht, 3. Auflage, 2009

Prieß, Hans-Joachim/Stein, Roland M.: Nicht nur sauber, sondern rein: Die Wiederherstellung der Zuverlässigkeit, in: NZBau 2008, 230 ff.

Prieß, Hans-Joachim/Thoms, Anahita: Die Bedeutung von Compliance-Maßnahmen für die Exportfinanzierung, in: BB 2010, 2127 ff.

Prölss, Erich R.: Versicherungsaufsichtsgesetz, Beck´sche Kurzkommentare, hrsg. von Hellmut Kollhosser, 12. Auflage, 2005, zit.: Prölss/*Bearbeiter*, VAG, 12. Aufl., §..., Rn...

Radtke, Henning: Privatisierung von Geschwindigkeitsüberwachung – Einbruch in das staatliche Gewaltmonopol?, in: NZV 1995, 428 ff.

Radtke, Henning/Hohmann, Olaf (Hrsg.): Strafprozessordnung, Kommentar, 2011, zit.: Radtke/Hohmann/*Bearbeiter* StPO (2011), §..., Rn...

Ransiek, Andreas: Zur strafrechtlichen Verantwortung des Compliance Officers, in: AG 2010, 147 ff.

Rehbinder, Eckard: Rechtliche Schranken der Erstattung von Bußgeldern an Organmitglieder und Angestellte, in: ZHR 148 (1984), 555 ff.

Reichert, Jochem/Ott, Nicolas: Non Compliance in der AG – Vorstandspflichten im Zusammenhang mit der Vermeidung, Aufklärung und Sanktionierung von Rechtsverstößen, in: ZIP 2009, 2173 ff.

Reichert, Jochem: Reaktionspflichten und Reaktionsmöglichkeiten der Organe auf (möglicherweise) strafrechtsrelevantes Verhalten innerhalb des Unternehmens, in: ZIS 2011, 113 ff.

Reichling, Tilmann: Strafprozessuale Ermittlungen bei Kreditinstituten – Ein Überblick, in: JR 2011, 12 ff.

Reichold, Hermann: Kommunikation ist alles? Zu Dogmatik und Struktur der Informationspflichten des Arbeitnehmers, in: Festschrift für Jobst-Hubertus Bauer, 2010, 843 ff.

Rengier, Rudolf: Strafrecht Besonderer Teil I, Vermögensdelikte, 12. Auflage, 2010, zit. *Rengier* BT I, §..., Rn...

Richardi, Reinhard (Hrsg.): Betriebsverfassungsgesetz mit Wahlordnung, Kommentar, 12. Auflage, 2010, zit.: Richardi/*Bearbeiter*, 12. Aufl., §..., Rn...

Rieble, Volker: Schuldrechtliche Zeugenpflicht von Mitarbeitern, in: ZIP 2003, 1273 ff.

Rieder, Markus S./Holzmann, Daniel: Die Auswirkungen der Finanzkrise auf die Organhaftung, in: AG 2011, 265 ff.

Ringleb, Henrik-Michael/Kremer, Thomas/Lutter, Marcus/v. Werder, Axel: Kommentar zum Deutschen Corporate Governance Kodex, 4. Auflage (2010)

Rönnau, Thomas/Schneider, Frédéric: Der Compliance-Beauftragte als strafrechtlicher Garant, in: ZIP 2010, 53 ff.

Rönnau, Thomas: Die Zukunft des Untreuetatbestandes, in: StV 2011, 753 ff.

Röh, Lars: Compliance nach der MiFiD – zwischen höherer Effizienz und mehr Bürokratie, in: BB 2008, 398

Rogall, Klaus: Der Beschuldigte als Beweismittel gegen sich selbst, Diss. (Uni Bonn), 1977

Rolshoven, Max Philipp: Compliance- und Unternehmensrichtlinien, in: Renz, Hartmut/Hense, Dirk (Hrsg.), Wertpapier-Compliance in der Praxis, 2010, 899 ff.

Ronellenfitsch, Michael: Allgemeine Betrachtungen zur Verkehrsüberwachung durch Private, in: DAR 1997, 147 ff.

Rosen, Rüdiger v. (Hrsg.): Internal Investigations bei Compliance-Verstößen, Praxisleitfaden für die Unternehmensleitung, Studien des Deutschen Aktieninstituts, Heft 48, 2010

Rotsch, Thomas: Garantenpflicht aufgrund dienstlicher Stellung, Entscheidungsbesprechung zu BGH, Urt. v. 17.7.2009 - 5 StR 394/08, in: ZJS 2009, 712 ff.

Roxin, Claus: Strafrecht Allgemeiner Teil, Band II, Besondere Erscheinungsformen der Straftat, 2003

Roxin, Claus/Schünemann, Bernd: Strafverfahrensrecht, 26. Auflage, 2009

Rudkowski, Lena: Die Aufklärung von Compliance-Verstößen durch „Interviews“, in: NZA 2011, 612 ff.

Rübenstahl, Markus: Zur "regelmäßigen" Garantenstellung des Compliance Officers, in: NZG 2009, 1341 ff.

Salvenmoser, Steffen/Hauschka, Christoph E.: Korruption, Datenschutz und Compliance, NJW 2010, 331 ff.

Satzger, Helmut: Grundprobleme der Strafvereitelung (§ 258 StGB), in: Jura 2007, 754 ff.

Satzger, Helmut/Schmitt, Bertram/Widmaier, Gunter: StGB, Strafgesetzbuch, Kommentar, 2009, zit.: SSW-StGB/*Bearbeiter* (2009), §..., Rn...

Schäfer, Carsten: Die Binnenhaftung von Vorstand und Aufsichtsrat nach der Renovierung durch das UMAG, in: ZIP 2005, 1253 ff.

Schäfer, Gerhard: Zum Schutz der Verteidigung gegen Zugriffe der Strafverfolgungsorgane, in: Festschrift für Ernst-Walter Hanack zum 70. Geburtstag, 1999, 77.

Schaefer, Torsten: Selbstbelastungsschutz außerhalb des Strafverfahrens, in: NJW-Spezial 4/2010, 120 f.

Schaub, Günter (Hrsg.): Arbeitsrechts-Handbuch, 13. Auflage, 2009, zit.: Schaub/*Bearbeiter* ArbR-Hdb., 13. Aufl., §..., Rn...

Schild, Hans-Hermann: E-Mail und Internet am Arbeitsplatz und im Personalrats-/Betriebsratsbüro – Eine Betrachtung der Probleme unter Berücksichtigung des Gesetzentwurfs zum Beschäftigtendatenschutz, in: ZfPR 2011, 25 ff.

Schimansky, Herbert/Bunte, Hermann-Josef/Lwowski, Hans-Jürgen: Bankrechts-Handbuch, Band II, 3. Auflage, 2007

Schimpfhauser, Eva Maria: Das Gewaltmonopol des Staates als Grenze der Privatisierung von Staatsaufgaben – dargestellt am Beispiel des Strafvollzugs, Diss. (Uni Passau), 2009

Schmidhäuser, Eberhard: Die Begründung der Notwehr, in: GA 1991, 97 ff.

Schmidt, Karsten/Lutter, Marcus (Hrsg.): Aktiengesetz, Kommentar, I. Band (§§ 1-149), 2008, zit.: K. Schmidt/Lutter/*Bearbeiter*, AktG, 2008, §..., Rn...

Schmidt, Jens: Das Recht des Zeugenbeistands – ein Plädoyer für eine gesetzliche (Neu-)regelung, in: Festschrift für Egon Müller, 2008, 651 ff.

Schneider, David: Die arbeitsrechtliche Implementierung von Compliance- und Ethikrichtlinien, Diss. (Uni Köln), 2009

Schneider, U. H.: Compliance als Aufgabe der Unternehmensleitung, in: ZIP 2003, 645 ff.

Schneider, U. H./v. Buttlar, Julia: Die Führung von Insider-Verzeichnissen: Neue Compliance-Pflichten für Emittenten, in: ZIP 2004, 1621 ff.

Schneider, U. H./Schneider, S. H.: Konzern-Compliance als Aufgabe der Konzernleitung, in: ZIP 2007, 2061 ff.

Schneider, U. H.: Compliance im Konzern, in: NZG 2009, 1321 ff.

Schneider, U. H./Nowak, Claudia: Sind die Einrichtung einer Whistleblowing-Stelle und der Schutz des Whistleblowers Teil guter Corporate Governance? In: Günther Hönn/Hartmut Oetker/Thomas Raab (Hrsg.), Festschrift für Peter Kreutz zum 70. Geburtstag, 2010, 855 ff.

Schneider, U. H.: Investigative Maßnahmen und Informationsweitergabe im konzernfreien Unternehmen und im Konzern, in: NZG 2010, 1201 ff.

Scholl, Amand: Die Bezahlung einer Geldstrafe durch Dritte – ein altes Thema und noch immer ein Problem, in: NStZ 1999, 599 ff.

Scholz, Rupert: Verkehrsüberwachung durch Private?, in: NJW 1997, 14 ff.

Schönke, Adolf/Schröder, Horst: Strafgesetzbuch, Kommentar, 28. Aufl., 2010, zit.: Schönke/Schröder/*Bearbeiter*, 28. Aufl., §..., Rn...

Schroeder, Friedrich-Christian: Formelle und materielle Verteidigung, in: NJW 1987, 301 ff.

Schröder, Christian: Handbuch Kapitalmarktstrafrecht, 2. Auflage, 2010

Schünemann, Bernd: Wohin treibt der deutsche Strafprozess? in: ZStW 114 (2002), 1 ff.

Schürrle, Thomas/Olbers, Lucie Anne Mary: Compliance-Verantwortung in der AG – Praktische Empfehlungen zur Haftungsbegrenzung an Vorstände und Aufsichtsräte, in: CCZ 3/2010, 102 ff.

Schürrle, Thomas/Olbers, Lucie Anne Mary: Praktische Hinweise zu Rechtsfragen bei eigenen Untersuchungen im Unternehmen, in: CCZ 2010, 178 ff.

Schultz, Hans: Von der dreifachen Bedeutung der Dunkelziffer, in: Festschrift für Heinrich Henkel, 1974, 239 ff.

Schulz, Mike: Ethikrichtlinien und Whistleblowing – Arbeitsrechtliche Aspekte der Einführung eines Compliance-Systems, Diss. (Uni Augsburg), 2010

Schulz, Mike: Compliance – Internes Whistleblowing: Die Verpflichtung zur Medlung von Fehlverhalten Dritter aus den arbeitsrechtlichen Pflichten, in: BB 2011, 629 ff.

Schulze, Reiner (Schrftl.): Bürgerliches Gesetzbuch, Handkommentar, 6. Auflage, 2009, zit.: Schulze u.a./*Bearbeiter*, BGB, 6. Aufl., §..., Rn...

Schuster, Frank Peter: IT-gestützte interne Ermittlungen in Unternehmen – Strafbarkeitsrisiken nach den §§ 202 a, 206 StGB, in: ZIS 2010, 68 ff.

Schwark, Eberhard/Zimmer, Daniel (Hrsg.): Kapitalmarktrechts-Kommentar, 4. Auflage, 2010, zit.: Schwark/Zimmer/*Bearbeiter* KMRK, 4. Aufl., §..., Rn....

Schwennicke, Andreas/Auerbach, Dirk (Hrsg.): Kreditwesengesetz (KWG), Kommentar, 2009, zit.: Schwennicke/Auerbach/Bearbeiter, KWG, 2009, §..., Rn...

Schwind, Joachim: Staatsanwaltschaftlicher Umgang mit nach § 149 ZPO ausgesetzten Zivilverfahren, in: NStZ 2006, 598 ff.

Seibt, Christoph H./Schwarz, Simon: Aktienrechtsuntreue – Analyse und akteinrechtsspezifische Konturierung der Untreuestrafbarkeit von Geschäftsleitern bei Pflichtverletzungen, in: AG 2010, 301 ff.

Semler, Johannes: Leitung und Überwachung der Aktiengesellschaft, 2. Auflage, 1996

Sidhu, Karl/von Saucken, Alexander/Ruhmannseder, Felix: Der Unternehmensanwalt im Strafrecht und die Lösung von Interessenkonflikten, in: NJW 2011, 881 ff.

Sieber, Ulrich: Compliance-Programme im Unternehmensstrafrecht – Ein neues Konzept zur Kontrolle von Wirtschaftskriminalität, in: Strafrecht und Wirtschaftsstrafrecht, Festschrift für Klaus Tiedemann zum 70. Geburtstag, 2008, S. 449 ff.

Sieber, Ulrich: Ermittlungen in Sachen Liechtenstein – Fragen und erste Antworten, in: NJW 2008, 881 ff.

Sieg, Rainer: Arbeitnehmer im Banne von Compliance-Programmen – zwischen Zivilcourage und Denunziantentum, in: Festschrift für Herbert Buchner, 2009, 859 ff.

Simon, Stefan/Kock, Martin: Anmerkung zu ArbG Wuppertal, Beschl v. 15.06.2005 – 5 BV 20/05, in: DB 2005, 1800 ff.

Spatschek, Rainer/Ehnert, Manja: Übernahme von Geldsanktionen und Verteidigerhonorar, in: StraFo 2005, 265 ff.

Spindler, Gerald/Stilz, Eberhard (Hrsg.): Kommentar zum Aktiengesetz, Band 1, §§ 1-149, 2. Auflage, 2010, zit.: Spindler/Stilz/*Bearbeiter*, 2. Aufl., §..., Rn...

Spindler, Gerald/Schuster, Fabian (Hrsg.): Recht der elektronischen Medien, 2. Auflage, 2011, zit.: Spindler/Schuster/*Bearbeiter* RdeM, 2. Aufl., §..., Rn...

Staudinger: Kommentar zum Bürgerlichen Gesetzbuch mit Einführungsgesetz und Nebengesetzen, Buch 1, Allgemeiner Teil, §§ 90-133; §§ 1-54, 63 BeurkG (Allgemeiner Teil 3 und Beurkundungsverfahren), 2004, zit.: Staudinger/*Bearbeiter* (2004), §..., Rn...

Staudinger: Kommentar zum Bürgerlichen Gesetzbuch mit Einführungsgesetz und Nebengesetzen, Buch 2, Recht der Schuldverhältnisse, Einleitung zum Schuldrecht; §§ 241-243 (Treu und Glauben), 2009, zit.: Staudinger/*Bearbeiter* (2009), §..., Rn...

Staudinger: Kommentar zum Bürgerlichen Gesetzbuch mit Einführungsgesetz und Nebengesetzen, Buch 2, Recht der Schuldverhältnisse, §§ 305-310; UKlaG (Recht der Allgemeinen Geschäftsbedingungen), 2006, zit.: Staudinger/*Bearbeiter* (2006), §..., Rn...

Staudinger: Kommentar zum Bürgerlichen Gesetzbuch mit Einführungsgesetz und Nebengesetzen, Buch 2, Recht der Schuldverhältnisse,§§ 397-432 (Erlass, Abtretung, Schuldübernahme, Mehrheit von Schuldnern und Gläubigern), 2005, zit.: Staudinger/*Bearbeiter* (2005), §..., Rn...

Steegmann, Christoph: Verkehrsüberwachung durch Private, in: NJW 1997, 2157 ff.

Stein, Roland M./Friton, Pascal: Internationale Korruption, zwingender Ausschluss und Selbstreinigung, in: VergabeR 2010, 151 ff.

Steinkühler, Bernhard/Kunze, Kati: Schmiergelder, Schwarze Kassen und ihre kündigungsrechtlichen Konsequenzen, in: RdA 2009, 367 ff.

Stöhr, Alexander: Verdachtskündigung und Druckkündigung, in: JuS 2010, 1052 ff.

Störmer, Rainer: Dogmatische Grundlagen der Verwertungsverbote, Diss. (Uni Marburg), 1992

Stoffers, Kristian: Untreue durch Zusage der Übernahme von Geldsanktionen und Verteidigerkosten, in: JR 2010, 239 ff.

Strafrechtsausschuss der BRAK: Reform der Verteidigung im Ermittlungsverfahren, Thesen mit Begründung, 2004

Stürner, Rolf: Der Anspruch auf Erfüllung von Treue- und Sorgfaltspflichten, in: JZ 1976, 384 ff.

Sydow, Fritz: Kritik der Lehre von den „Beweisverboten“, Diss. (Uni Würzburg), 1976

Systematischer Kommentar zur Strafprozessordnung: hrsg. von Wolter, Jürgen, Band II, §§ 94-136 a StPO, 4. Auflage, 2010, zit.: SK-StPO/*Bearbeiter*, 4. Aufl., §..., Rn...

Systematischer Kommentar zur Strafprozessordnung: hrsg. von Wolter, Jürgen, Band III; §§ 137-197 StPO, 4. Auflage, 2011, zit.: SK-StPO/*Bearbeiter*, 4. Aufl., §..., Rn...

Szesny, André-M.: § 4 Abs. 3 WpHG: Mitwirkungspflicht trotz Selbstbelastungsgefahr?, in: BB 2010, 1995 ff.

Szesny, André-M.: Anmerkung zu LG Hamburg v. 15.10.2010, 608 Qs 18/10, in: GWR 2011, 315984

Theile, Hans: Unternehmensrichtlinien – Ein Beitrag zur Prävention von Wirtschaftskriminalität?, in: StV 9/2008, 406 ff.

Theile, Hans: Strafbarkeitsrisiken der Unternehmensführung aufgrund rechtswidriger Mitarbeiterpraktiken, in: wistra 2010, 457 ff.

Theile, Hans: „Internal Investigations" und Selbstbelastung – Zum Verantwortungstransfer bei Akkumulation privater und staatlicher Ermittlungen, in: StV 2011, 381 ff.

Thüsing, Gregor: Arbeitnehmerdatenschutz und Compliance, 2010

Tilch, Horst/Arloth, Frank (Hrsg.): Deutsches Rechts-Lexikon, Band 1, A-F, 3. Auflage, 2001

Torka, Ronald: Nachtatverhalten und Nemo tenetur, Diss. (Uni Passau), 2000

Triskatis, Claudiana: Ethikrichtlinien im Arbeitsrecht, Diss. (Uni München), 2008

Verhandlungen des 67. Deuteschen Juristentages: Erfurt 2008, Band II/1, Sitzungsberichte (Referate und Beschlüsse), 2009

Verhandlungen des 67. Deuteschen Juristentages: Erfurt 2008, Band II/2, Sitzungsberichte (Diskussion und Beschlussfassung), 2008, zit.: *Diskutant* in: Verh. des 67. DJT (2008), S...

Vetter, Eberhard: Compliance in der Unternehmerpraxis, in: Wecker, Gregor/van Laak, Hendrik (Hrsg.), Compliance in der Unternehmerpraxis, 2008, 29 ff.

Verrel, Torsten: Nemo tenetur – Rekonstruktion eines Verfahrensgrundsatzes – 1. Teil, in. NStZ 1997, 361 ff.

Volk, Klaus: Grundkurs StPO, 6. Auflage, 2008

Vries, Hinrich de: Arbeitnehmer als Mittäter und Mitwisser im klassischen Wirtschaftsstrafrecht, in: Rieble, Volker/Junker, Abbo/Giesen, Richard (Hrsg.), Arbeitsstrafrecht im Umbruch, 5. Ludwigsburger Rechtsgespräch, 2009, 75 ff.

Vries, Hinrich de: Privatisierung der Ermittlungen – Ermittlungen durch Private, in: Kriminalistik 2011, 83 ff.

Wagner, Andreas: Ethikrichtlinien: Inhalte – Implementierung – Mitbestimmung, in: Maschmann, Frank (Hrsg.), Corporate Compliance und Arbeitsrecht, Mannheimer Arbeitsrechtstag 2009, 2009

Wagner, Jens: „Internal Investigations" und ihre Verankerung im Recht der AG, in: CCZ 2009, 8 ff.

Wastl, Ulrich/Litzka, Philippe/Pusch, Martin: SEC-Ermittlungen in Deutschland – eine Umgehung rechtlicher Mindeststandards! In: NStZ 2009, 68 ff.

Wastl, Ulrich/Pusch, Martin: Haftungsrechtliche Konsequenzen einer so genannten Mitarbeiter-Amnestie – dargestellt am Beispiel „Siemens", in: RdA 2009, 376 ff.

Wastl, Ulrich: Zwischenruf: Privatisierung staatsanwaltschaftlicher Ermittlungen, in: ZRP 2011, 57 f.

Wehnert, Anne: Anmerkung zu LG Kiel v. 22.6.2006, 37 Qs 54/06, in: JR 2007, 82 ff.

Wessing, Jürgen: Compliance – oder wie sich der Staat aus der Kriminalprävention stiehlt, in: Festschrift für Klaus Volk, 2009, 867 ff.

Wessing, Jürgen/Hugger, Heiner/Dann, Matthias: Strafrechtliche Aspekte der Compliance in Kreditinstituten, in: Renz, Hartmut/Hense, Dirk (Hrsg.), Wertpapier-Compliance in der Praxis, 2010, 203 ff.

Wieland, Josef/Steinmeyer, Roland/Grüninger, Stephan (Hrsg.): Handbuch Compliance-Management, 2010, zit.: *Bearbeiter* in: W/S/G (Hrsg.), Hdb. Compliance-Management (2010), S...

Willemsen, Alexander: Einführung und Inhaltskontrolle von Ethikrichtlinien, Diss. (Uni Köln), 2009

Willems, Heiko/Schreiner, Manja: Anmerkungen zum Entwurf eines IDW Prüfungsstandards/EPS 980 aus Sicht der deutschen Industrie, in: CCZ 6/2010, 214 ff.

Windolph, Jürgen: Risikomanagement und riskcontrol durch das Unternehmensmanagament nach dem KonTraG, in: NStZ 2000, 522 ff.

Winter, Martin: Die Verantwortlichkeit des Aufsichtsrats für „Corporate Compliance“, in: Festschrift für Uwe Hüffer, 2010, 1103 ff.

Wittig, Petra: Wirtschaftsstrafrecht, 2010

Wlotzke, Otfried/Preis, Ulrich/Kreft, Ulrich: Betriebsverfassungsgesetz, Kommentar, 4. Auflage, 2009, zit.: WPK/*Bearbeiter* BetrVG, 4. Aufl., §..., Rn...

Wodicki, Josef M.: Anmerkung zu BGH, Urteil vom 07.11.1990 - 2 StR 439/90, in: NStZ 1991, 487

Wohlers, Wolfgang: Anmerkung zu BVerfG v. 9.11.2010 – 2 BvR 2101/09, in: JZ 2011, 252 ff.

Wolf, Klaus: Der IDW-Prüfungsstandard 980 zur ordnungsgemäßen Prüfung von Compliance Management Systemen, in: DStR 2011, 997 ff.

Wolf, Abraham de: Kollidierende Pflichten: Zwischen Schutz von E-Mails und "Compliance" in Unternehmen, in: NZA 2010, 1206 ff.

Wolff, Heinrich Amadeus: Selbstbelastung und Verfahrenstrennung, Diss. (HS Speyer), 1997

Wollschläger, Leona Sofie: Unzumutbarkeit als Rechtsgedanke im Rahmen der außerordentlichen Kündigung, Diss. (Uni Potsdam), 2009

Wuttke, Inken: Straftäter im Betrieb, Diss. (Uni München), 2010

Zöllner, Wolfgang/Loritz, Karl-Georg/Hergenröder, Curt Wolfgang: Arbeitsrecht, Ein Studienbuch, 6. Auflage, 2008

Intradisziplinäre Forschung zur Compliance
Studien zur Rechtsentwicklung und -praxis

Herausgegebenvon Andrea Lohse und Roman Seer

Band 1 Henrik Zapfe: Compliance und Strafverfahren. Das Spannungsverhältnis zwischen Unternehmensinteressen und Beschuldigtenrechten. 2013

Band 2 Christina Altemeier: Verantwortlichkeit des Vorstands für Kartellrechtsverstöße. Ein Beitrag zur Organhaftung und zur Organuntreue. 2013

www.peterlang.com

www.ingramcontent.com/pod-product-compliance
Ingram Content Group UK Ltd.
Pitfield, Milton Keynes, MK11 3LW, UK
UKHW022101051026
15623UKWH00003B/611

9 783631 645482